ECONOMIA POLÍTICA DE DADOS E SOBERANIA DIGITAL

conceitos, desafios e experiências no mundo

CONTRA
CORRENTE
10 ANOS

Helena Maria Martins Lastres
José Eduardo Cassiolato
Marcos Dantas
(Organizadores)

ECONOMIA POLÍTICA DE DADOS E SOBERANIA DIGITAL

conceitos, desafios e experiências no mundo

AVARÉ

2025

CONTRA CORRENTE 10 ANOS

Centro Internacional CELSO FURTADO de Políticas para o Desenvolvimento

RedeSist
Rede de Pesquisa em Sistemas e Arranjos Produtivos e Inovativos

Travessa Vergílio de Araújo Valim, 167
Avaré – SP – Brasil | CEP 18707 815
www.editoracontracorrente.com.br
contato@editoracontracorrente.com.br

EDITORES
Camila Almeida Janela Valim
Gustavo Marinho de Carvalho
Rafael Valim
Walfrido Warde
Silvio Almeida

EQUIPE EDITORIAL
COORDENAÇÃO DE PROJETO: Erick Facioli
PREPARAÇÃO DE TEXTO E REVISÃO TÉCNICA: Amanda Dorth
REVISÃO: Beatriz Duarte Lopes
DIAGRAMAÇÃO: Gisely Fernandes
ILUSTRAÇÃO DA CAPA: Maria Fernanda Valois Lastres
CAPA: Maikon Nery

EQUIPE DE APOIO
Carla Vasconcelos
Regina Gomes
Nathalia Oliveira
Geovanna Sales

Comitê Editorial RedeSist
José Eduardo Cassiolato
Helena Maria Martins Lastres
Ana Arroio
Cristina Lemos
Jorge Britto

Dados Internacionais de Catalogação na Publicação (CIP)
(Câmara Brasileira do Livro, SP, Brasil)

Economia política de dados e soberania digital : conceitos, desafios e experiências no mundo / Helena Maria Martins Lastres, José Eduardo Cassiolato, Marcos Dantas (organizadores). -- Avaré, SP : Editora Contracorrente ; Rio de Janeiro : Centro Internacional Celso Furtado, 2025.

ISBN 978-65-5396-248-4 (Editora Contracorrente)
ISBN 978-65-85327-04-6 (Centro Internacional Celso Furtado)

1. Capitalismo 2. Dados - Proteção 3. Economia política 4. Globalização 5. Internet I. Lastres, Helena Maria Martins. II. Cassiolato, José Eduardo. III. Dantas, Marcos.

25-252053 CDD-330

Índices para catálogo sistemático:

1. Economia política 330

Eliete Marques da Silva - Bibliotecária - CRB-8/9380

@editoracontracorrente
Editora Contracorrente
@ContraEditora
Editora Contracorrente

SUMÁRIO

PREFÁCIO

Uma Economia Política do Digital

Os apelos ideológicos e as práticas discursivas do final do século XX propunham um mundo globalizado e com fronteiras cada vez mais porosas e menos importantes. Essas ideias foram decisivas para a expansão das redes digitais, em especial, para o espraiamento da internet. Tais discursos fundamentavam as ações da primeira grande onda neoliberal facilitando a privatização das áreas de energia, transportes e telecomunicações. Simultaneamente, a circulação dos capitais especulativos se beneficiou desses processos e impuseram a liberalização e a desregulamentação das economias, o que foi decisivo para que a internet avançasse pelo planeta sob o controle das agências estadunidenses. O desfecho de uma rede de redes digitais incentivou a digitalização intensiva de tudo que pudesse ser convertido em dígitos, em *bits*.

O sucesso dos protocolos abertos pela internet acelerou a utilização das tecnologias da informação e comunicação. A digitalização se intensificou ainda mais. A esperança na democratização radical das sociedades e na solução de problemas históricos a partir das redes digitais parecia embalar os sonhos de muitos intelectuais pelo planeta. A crença de que a arquitetura distribuída da internet seria sinônimo de democratização geral do poder e das tecnologias foi sendo solapada pela realidade das primeiras décadas do novo milênio. Concentração econômica em ritmo acelerado, novos cercamentos do conhecimento, vigilância massiva e ubíqua do conjunto dos indivíduos, novas formas de colonialismo, eram também resultados da nova era informacional.

As barreiras de entrada no reduzido time de criadores e desenvolvedores das tecnologias da informação não pareciam ter sido reduzidas. Em vez disso, os fluxos tecnoeconômicos reforçavam a frase de Eduardo Galeano, na introdução do livro *As veias abertas da América Latina*: "a divisão internacional do trabalho significa que alguns países se especializam em ganhar e outros em perder". Esta sentença continuava valendo na era informacional. A divisão internacional do trabalho no cenário digital talvez seja ainda mais assimétrica do que no mundo industrial.

No ventre da intensa digitalização emergiram os modelos de negócios baseados na criação, captura, armazenamento, tratamento e análise de dados. A Economia Digital e dataficada acondicionada pelos capitais especulativos, pela financeirização impuseram um ritmo alucinante para a circulação de produtos e serviços digitais. A abordagem simbólica da Inteligência Artificial, dos anos 1970 e 1980, conhecida por sistemas especialistas, peritos, enfim, os sistemas automatizados baseados na supremacia da lógica, foi suplantada pela abordagem conexionista baseada em dados que tornou hegemônico o aprendizado de máquina e o aprendizado profundo como o epicentro da chamada Inteligência Artificial realmente existente.

Controlar dados, infraestruturas de processamento, semicondutores e patentear o conhecimento da tecnociência, principalmente da IA, faz parte do cenário da geopolítica e da economia atual. Uma Ordem Executiva da Presidência da República dos Estados Unidos, em 2019, afirmava que

> a liderança americana contínua em IA é de suma importância para manter a segurança econômica e nacional dos Estados Unidos e para moldar a evolução global da IA de uma maneira consistente com os valores, políticas e prioridades de nossa Nação.

Todavia, a liderança tecnocientífica estadunidense estava e está sendo ameaçada pelos avanços da China e de outras potências regionais. Parece que o mundo entrou em modo instável, com alterações importantes nos fluxos de poder.

O domínio da tecnologia sempre foi imprescindível ao poder político, cultural e econômico. Apesar disso, boa parte das correntes da economia e da política desconsideram essa constante histórica. Tal equívoco se amplia quanto mais os Estados-nação são confrontados pelo alcance global das infraestruturas computacionais e pelas alterações nas cadeias mundiais de desenvolvimento das tecnologias estratégicas e transversais. Oligopólios digitais, as big techs ou as grandes corporações digitais e os Estados Unidos estão buscando interiorizar os elementos fundamentais das cadeias de desenvolvimento das tecnologias digitais e de IA. Desde 2020, as corporações como Amazon, Microsoft, Meta (controlador do Facebook) e Alphabet (*holding* do Google) estão construindo seus próprios *chips* e placas de processamento de IA. Os Estados Unidos pretendem trazer a parte da produção de semicondutores que está sendo feita na Ásia para o seu território. Além disso, até 2023, o grupo Alphabet já havia implantado mais de 100 mil km de cabos submarinos, a Meta instalou mais de 80 mil km e a Amazon mais de 25 mil km. A Microsoft também entrou nessa corrida pelas infraestruturas de conectividade. Açambarcar tudo que for possível parece ser uma tendência de uma concorrência avassaladora.

O conhecimento como força produtiva direta está se concentrando junto com os descomunais investimentos nas infraestruturas de hiperescala da economia dataficada. Segundo o AI Index Report de 2024, o número de modelos de aprendizado de máquina notáveis desenvolvidos integralmente pelas grandes corporações eram 51, no ano 2023. O número dos modelos notáveis desenvolvidos nas universidades eram 15, no mesmo ano. Um levantamento sobre a primazia e complexidade desses modelos demonstram que, desde 2014, as corporações dirigem os avanços na área da IA realmente existente. Isso porque as big techs concentram dados, infraestruturas gigantescas e capacidade de processamento que a Academia, cercada pela lógica neoliberal, não pode alcançar. O fato é que o GPT-4 da OpenAI usou cerca de US$ 78 milhões em computação para seu treinamento, enquanto o modelo Gemini Ultra do Google custou US$ 191 milhões em computação. Com a pressão para que os Estados de países tecnodependentes fiquem de fora do investimento em infraestruturas digitais das universidades públicas dificilmente será possível recuperar a primazia da Academia e a alteração do papel desses países na atual divisão internacional do trabalho. Caberá a países como o Brasil, fornecer dados de sua população, comprar produtos e serviços desenvolvidos a partir desses dados e, no máximo, criar aplicativos que sejam treinados no "ecossistema das big techs".

Diante desse cenário, um conjunto de pesquisadoras e pesquisadores com uma trajetória consistente e experiente na análise das dinâmicas sociotécnicas e tecnoeconômicas apresentam, neste livro, resultados de pesquisas sobre a Economia Digital, sobre seus modelos, em especial, a dataficação e suas estruturas, analisando sua difusão em países importantes, medindo e comparando suas assimetrias, bem como, realizando esforços de conceituação e análise do que pode ser chamado de Economia Política Digital. Esse esforço empírico e analítico se vincula à perspectiva e busca pela construção de uma soberania digital e de dados em meio a disputa histórica para romper a dependência e subordinação tecnoeconômicas que o capitalismo neoliberal e a digitalização consolidaram no início do século XXI.

A leitura dos capítulos aqui presentes descortina os desafios, as barreiras e também as possibilidades de avanços tecnopolíticos e tecnoeconômicos. As novas formas de colonialismo podem ser enfrentadas em um cenário de instabilidade e de realinhamentos globais. Conhecer esses processos e dinâmicas é vital para abandonarmos a ingenuidade e a alienação técnica que somente sufocam nossas possibilidades criativas, inventivas e nossa tecnodiversidade, elementos indispensáveis ao nosso desenvolvimento. Temos aqui um conjunto de textos que realmente precisam ser lidos e amplamente debatidos. Em uma palavra: indispensáveis.

SÉRGIO AMADEU DA SILVEIRA

Professor da UFABC e bolsista de produtividade do CNPq.

PREÂMBULO

Este livro que, em muito boa hora chega às livrarias, nasceu em meados de 2022. Eu era (ainda sou, por enquanto) membro do Conselho de Administração do Núcleo de Informação e Coordenação do Ponto BR – NIC.Br e, também, integrava o Comitê Gestor da Internet no Brasil – CGI.Br (este, não mais) e propus ao Presidente do NIC.Br, professor Demi Getschko, a realização de um estudo sobre a economia dos dados, no âmbito do Centro Regional de Estudos para o Desenvolvimento da Sociedade da Informação – CETIC.

Demi aceitou na hora. Então convidei para realizar o estudo, a professora Helena Lastres e o professor José Cassiolato, coordenadores da RedeSist – Rede de Pesquisa em Arranjos e Sistemas Produtivos e Inovativos Locais, por saber estarem esses dois economistas há décadas envolvidos com pesquisas sobre a indústria em geral e a digital, em particular; e terem inquestionáveis compromissos com o desenvolvimento e a soberania nacionais.

"Economia Digital" e "Economia de Dados" são temas que, salvo melhor juízo, pouco têm motivado estudos no campo da Economia Política, em que pese a dimensão econômica atingida por esse setor nas últimas décadas. O lugar que corporações baseadas na captura, processamento e monetização de dados pessoais e empresariais, tais como Alphabet, Meta, Amazon, Microsoft, ainda outras, ocupam na economia e na sociedade, têm sido objeto de estudo e debate muito mais por advogados, sociólogos, comunicólogos e afins, do que por economistas profissionais. E os economistas que têm procurado entender esse mercado, geralmente atendem a demandas de instituições multilaterais, como FMI ou OCDE, ou nacionais, como o CADE, logo respondem às suas necessidades imediatas conforme as suas lógicas teóricas e objetivos políticos, sem buscarem maior aprofundamento crítico e independente a respeito dos mecanismos que permitem àquelas corporações amealhar receitas e lucros bilionários em benefício de um punhado de grandes operadores dos mercados financeiros: Vanguard, BlackRock e que tais.

Tendo participado, por cerca de uma década, de inúmeros eventos internacionais e nacionais sobre internet, não podia deixar de reparar uma sutil disposição dos organizadores desses eventos, dentre eles a ONU, em evitar colocar frontalmente na agenda de discussão o escandaloso poder econômico e político alcançado por aquelas corporações, em que pese tornar-se cada vez mais indisfarçável o incômodo de muita gente, nesses mesmos eventos, diante de tamanho poder. Entende-se: quase sempre, entre os generosos patrocinadores desses eventos, encontram-se aquelas mesmas corporações...

Já que o debate das disfunções políticas e éticas provocadas pelos processos de produção e apropriação de dados não pode mais ser contornado, tenta-se contê-lo em seus aspectos superestruturais, como se medidas jurídicas ou legislações regulatórias, umas e outras não penetrando na essência do problema, fossem suficientes para resolvê-las. Estão aí os debates e regulações sobre "privacidade", "desinformação", outros tópicos similares que, se trazem à tona o tamanho do problema, não atingem a sua real natureza: a própria (e historicamente inédita) Economia de Dados. Esta parece ter sido tão naturalizada quanto um dia de céu azul ou um dia de chuva.

Este livro, produto do projeto "Medição de Economia de Dados: um estudo de caso sobre o Brasil" – patrocinado pelo NIC. Br e realizado pelo Centro Internacional Celso Furtado de Políticas para o Desenvolvimento (Cicef) – pretende perfurar o poço que não só permita alcançar tal necessária profundidade analítica e política como, também e muito importante, avance esse estudo a partir de uma perspectiva brasileira, portanto inserida no agora denominado "Sul Global". Do livro participam 13 pesquisadores vinculados à RedeSist que, ao longo de 2023-2024, produziram 13 notas técnicas já disponíveis para o público,[1] das quais nasceram os capítulos aqui reunidos. Realizamos também seis webinários, alguns com presença de autoridades do atual governo.[2] Ainda como produto da pesquisa, Lastres, Cassiolato e Dantas escreveram três artigos entregues ao NIC.Br ou CGI.Br para posterior publicação.

Em resumo, este livro constitui uma introdução, tenho certeza que pioneira no Brasil, à melhor compreensão da Economia Política dos Dados e da digitalização da sociedade. No momento em que o nosso país, busca ampliar o seu protagonismo internacional, inclusive nos temas relativos à regulação da internet, pode vir a constituir uma importante contribuição do assim chamado "Sul Global" a um debate que, até agora, tem sido pautado quase exclusivamente por relatórios da OCDE, FMI, UNESCO e outras instituições do "Norte Global", cujo viés (neo)liberal é indisfarçável. Nosso objetivo é intervir na construção dessa pauta "global", porém com os "óculos" de quem se encontra deste lado do mundo.

MARCOS DANTAS

Professor Titular do Programa de Pós-Graduação em Comunicação e Cultura da ECO-UFRJ e Coordenador Geral do projeto "Medição de Economia de Dados: um estudo de caso sobre o Brasil".

1 Disponível em: https://www.ie.ufrj.br/atividades-redesist/projetos-redesist.html?id=636#notastecnicas.

2 Disponíveis em: https://bit.ly/4kvLjSX.

APRESENTAÇÃO

Somos a todo momento surpreendidos pelo desenvolvimento de novas tecnologias da informação e comunicação (TICs), como Inteligência Artificial, Internet das Coisas e big data. Cada avanço parece se apresentar como sendo capaz de abrir possibilidades para importantes mudanças socioeconômicas. A história mostra que as tecnologias de comunicação sempre despertaram otimismo. Marx e Engels, no Manifesto Comunista (21/02/1848), falando sobre a recém-inventada telegrafia elétrica, já diziam que as modernas comunicações poderiam favorecer a mobilização e a organização da classe trabalhadora.

Passados quase duzentos anos, tal visão otimista talvez deva ser reconsiderada à luz dos fatos históricos. Novas tecnologias de comunicação favorecem, majoritariamente, a mobilização e a organização do capital, e recentemente se avolumam os alertas sobre os impactos da digitalização em novas formas de dominação sociopolítica, geopolítica e geoeconômica. O poder do capital, crescentemente expresso por dados e informações, tem seu domínio restrito a poucas grandes corporações digitais (GCDs), situadas quase exclusivamente em um único país, acumulando riqueza e poder extraordinários.

Os Estados nacionais tornaram-se os principais clientes das tecnologias, equipamentos, serviços e capacidade de processamento e armazenamento de dados das grandes corporações digitais. Os recorrentes apagões, a apropriação dos dados públicos, as espionagens e outros graves eventos exigem urgência no equacionamento de garantias da soberania digital para embasar práticas inclusivas, éticas e democráticas. Sem controles, a própria democracia e soberania dos Estados e suas sociedades encontram-se crescentemente comprometidas.

O Centro Internacional Celso Furtado de Políticas para o Desenvolvimento (Cicef) em parceria com a Editora Contracorrente, tem grande prazer em oferecer para os leitores brasileiros a obra, em suas mãos, que traz elementos concretos para o debate essencial suscitado por essas transformações em curso. O livro resume e divulga os resultados de pesquisa, concluída em 2024, realizada pela Rede de Pesquisa em Arranjos e Sistemas Produtivos e Inovativos Locais (RedeSist), com apoio do Centro Regional de Estudos para o Desenvolvimento da Sociedade da Informação (Cetic.br), departamento do Núcleo de Informação e Coordenação do Ponto BR (NIC.br), e do Cicef.

Os capítulos que se seguem examinam a difusão do novo paradigma socioeconômico digital. O livro está organizado em três blocos. O primeiro: Definições, Mensurações e Papel da Economia Política Digital no Mundo, contém dois capítulos que abordam os desafios de conceituação e mensuração dessa nova economia e analisa os principais desafios na busca de soberania pelos países, considerando as grandes corporações digitais e a financeirização. Nesse esforço, ressalta-se especialmente a relevância da discussão dos resultados de pesquisa sob a ótica da Economia Política Digital e seu sistema produtivo e inovativo; e da tentativa pioneira de fornecer uma estrutura capaz de orientar a produção de dados e indicadores para representar o estado atual dessas atividades. A indisponibilidade de tal instrumental em muito fragiliza a definição de estratégias para o desenvolvimento futuro.

O bloco 2 contém cinco capítulos que mapeiam a experiência de países como EUA, União Europeia, Reino Unido, os (B)RICS

(Rússia, Índia, China e África do Sul) e uma seleção de países latino-americanos, africanos e asiáticos. As iniciativas nesses países foram analisadas considerando as formas de conceituação, mensuração e orientação de políticas públicas para a digitalização. Seus objetivos, estratégias e resultados variam significativamente.

O bloco 3 focaliza, em três capítulos, a experiência brasileira na conceituação, mensuração e as políticas governamentais para a Economia de Dados, e também delineia perspectivas para o país. O mapeamento da capacidade instalada de ciência e tecnologia para suporte à nova Economia, na região Nordeste do Brasil, é tema de um capítulo específico.

O último capítulo, conclusivo, propõe caminhos possíveis para nosso país. O livro resgata, além das principais conclusões sobre conceituação e mensuração, aquelas mais robusta em termos de perspectivas e iniciativas de política em prol do desenvolvimento digital inclusivo, integrado e soberano.

Nesse momento em que formuladores de políticas em todo o mundo se confrontam com a necessidade de conceber estratégias para promover o desenvolvimento e a regulação das novas estruturas produtivas e inovativas digitais, é importante resgatar o pensamento de Celso Furtado (1920-2004), observando que a dependência cultural precede a dependência técnica, produtiva, econômica ou tecnológica, e que "as duas dimensões do desenvolvimento – econômica e cultural – não podem ser captadas senão em conjunto".[1]

A relevância e a atualidade da presente obra está justamente em iluminar ideias e abordagens inovadoras aos principais desafios colocados pelo avanço desregrado da digitalização nas diversas regiões do mundo. A pesquisa sintetizada nesse livro é uma contribuição essencial para um projeto dinâmico que coloque explicitamente as

1 FURTADO, Celso. *Teoria e política do desenvolvimento econômico*. São Paulo: Ed. Nacional, 1975, p. 129.

dimensões do desenvolvimento, incluindo a cultura, o bem-estar e o bem viver, o meio ambiente, a política industrial, cientifica, tecnológica e a inovação, no centro das análises e propostas de acadêmicos e, esperemos, formuladores de políticas públicas.

CARLOS PINKUSFELD BASTOS

Diretor Presidente do Centro Internacional Celso Furtado de Políticas para o Desenvolvimento – CICEF

AGRADECIMENTOS

Este livro é resultado de um esforço coletivo realizado através de intenso trabalho de pesquisa colaborativo que percorreu longos caminhos. Agradecemos, assim, inicialmente a todos os parceiros da RedeSist, especialmente aos que participam direta e indiretamente da pesquisa sobre a Economia Digital e de Dados que originou o livro.

Em tempos difíceis de pandemias e guerras e de financeirização e globalização, se agravam os problemas que rondam o meio acadêmico, dificultando ainda mais as possibilidades de realizar pesquisas e contribuir para a geração de novos conhecimentos. Vencer e superar essas e outras dificuldades constitui-se em inegável esforço reconhecido por todos nós e saudado com entusiasmo.

Agradecemos fortemente aos autores dos diferentes capítulos e das palavras, gentis e encorajadoras, das partes pré-textuais e de apresentação do livro.

Agradecemos também a todos que participaram dos diversos webinários, reuniões e entrevistas, nos quais pudemos expor ideias, visões e enfoques, assim como debater os diferentes temas abordados no livro e enriquecer nossos conhecimentos. Nomeadamente a: Demi Getschko (Diretor-Presidente do Nic.Br); Renata Mielli, (Coordenadora do Comitê Gestor da Internet no Brasil (CGI.br)); Alessandro Pinheiro (IBGE); Aline Visconti Rodrigues (IBGE); Flávio

José Marques Peixoto (IBGE e RedeSist), Priscila Koeller e Graziela Zucolotto (ambas do IPEA e RedeSist); Graziela Castello (Cetic.br); Valdênia Apolinário (UFRN e RedeSist); Vanessa Petrelli (UFU); Henrique de Oliveira Miguel (Secretário de Ciência e Tecnologia para a transformação Digital do Ministério da Ciência, Tecnologia e Inovação) e Luanna Roncaratti (Secretária Adjunta de Governo Digital do Ministério da Gestão e da Inovação em Serviços Público).

Estendemos nosso reconhecimento ao Centro Internacional Celso Furtado, na pessoa de seu Diretor-Presidente Carlos Pinkusfeld, parceiro da RedeSist nesta empreitada. E dirigimos um agradecimento especial ao secretário-executivo, Claudio Correa, pelo apoio incansável em todas as fases da pesquisa e na elaboração deste livro.

Finalmente, e sobretudo, agradecemos ao Professor Marcos Dantas cujo convite a realizarmos a pesquisa tornou tudo isso possível.

JOSÉ EDUARDO CASSIOLATO

HELENA MARIA MARTINS LASTRES

CRISTINA LEMOS

ANA ARROIO

JORGE BRITTO

INTRODUÇÃO

DESAFIOS E EXPERIÊNCIAS MUNDIAIS PARA ALCANÇAR A SOBERANIA DIGITAL

Desde a virada do século XXI, assistimos como os avanços da digitalização vêm ampliando dependências e divisões entre e intra países e ocupando o centro das disputas geopolíticas. Em meados dos anos 2020, crescem os alertas sobre o papel da digitalização, e especialmente da Inteligência Artificial, nas novas formas de imperialismo e colonialismo epistemológico, social, econômico e político. O poder do capital passa crescentemente a ser expresso por dados e informações e seu controle está restrito a grandes corporações digitais oligopolistas, que têm origem em um único país, mas que acumulam riqueza e poder superiores a quase todos os demais países do mundo.

Os principais clientes das tecnologias, equipamentos, serviços e capacidade de processamento e armazenamento de dados das grandes corporações digitais (GCDs) são os Estados. A apropriação dos dados públicos, as espionagens e outras afrontas já vivenciadas – e não só no Brasil – exigem urgência no equacionamento de garantias da soberania digital para embasar práticas inclusivas, éticas e democráticas. Sem controles, a própria democracia e soberania dos Estados nacionais e suas sociedades encontram-se crescentemente comprometidas.

Destaca-se o modo como as GCDs se articulam com os maiores gestores de ativos financeiros e seus Estados de origem, gerando inúmeros reflexos na dinâmica geopolítica e econômica internacional, particularmente através do exercício de múltiplas formas de "*soft power*". Como resultado observam inúmeros impactos negativos de tais desenvolvimentos inclusive sobre a democracia e os modos de participação das sociedades nos processos políticos em diversos países do Sul Global. Mais ainda, a financeirização das GCDs mostra que – em contraste com sua imagem de inovatividade e dinamismo excepcional que beneficiariam as sociedades contemporâneas – elas na prática optaram por uma estratégia de gestão ultraconservadora que bloqueia potenciais inovações virtuosas e se centra no desenvolvimento daquelas que favorecem diversos tipos de "rentismo digital". Com isso, são ampliadas as ameaças econômicas, políticas e sociais. Na dimensão social isso ocorre através de vieses raciais, de gênero e de classe.

Como discutido no livro, o uso crescente e de forma opaca e mistificadora da "Inteligência Artificial"[1] e sua principal ferramenta, os algoritmos, também apresentam inúmeros problemas e desafios. Entre esses ressalta-se o risco de uma "governança e discriminação algorítmica", especialmente no plano mais amplo da definição, alocação de recursos e operacionalização de políticas públicas.

Cumpre alertar, sobretudo, a respeito dos problemas e perigos da submissão de analistas e formuladores de política à perspectiva neoliberal que domina o debate sobre a digitalização, advogando a importância da "livre circulação de dados", assumida, em menor ou

1 A noção de IA do ponto de sua terminologia é contraditória: o termo "inteligência" remete a um atributo individual transplantado para um artefato tecnológico, enquanto o termo "artificial" remete a um processo dotado de uma mecânica complexa que opera de forma automática.

maior grau, por diversos organismos multilaterais, como o Banco Mundial, FMI e OCDE. Em tal perspectiva, destaca-se a ausência de uma discussão explícita sobre a busca do bem-estar coletivo e os problemas decorrentes do acirramento de desigualdades nas condições de acesso e proteção dos dados. Ao desconsiderar a necessidade de proteção coletiva, especialmente dos direitos de grupos sociais menos favorecidos, a ênfase estrita no bem-estar e direitos individuais ignora e propositalmente obscurece a importância do Estado.

Esses e outros desafios do futuro da humanidade precisam ser muito melhor compreendidos e enfrentados. Visando avançar nessa direção, os capítulos deste livro visam contribuir para o necessário debate sobre o processo de digitalização, seus impactos e papel no capitalismo atual. Focalizam principalmente as especificidades da chamada "transformação digital"[2] e das novas formas de produção e comercialização de dados, assim como a significativa concentração de poder exercida pelas GCDs que as controlam e em como os Estados nacionais têm se preparado para enfrentá-los.

Assim, o livro resume e divulga os resultados de pesquisa realizada sobre a difusão do novo paradigma socioeconômico digital, a partir das experiências de países selecionados relacionadas a formas de conceituação, mensuração e orientação de políticas sob a ótica da Economia Política Digital. Os países analisados foram EUA, Canadá, União Europeia, Reino Unido, os BRICS (Brasil, Rússia, Índia, China e África do Sul) e uma seleção de países latino-americanos, africanos, asiáticos e da Oceania.

No Capítulo I, Marcos Dantas e seus coautores avaliam criticamente as principais definições de Economia de Dados e respectivas

2 Esse termo sem muita substância é usado sem maiores qualificações, maiormente se referindo ao uso acrítico das tecnologias digitais, é, porém, chave de orientação dos organismos multilaterais, sendo amplamente replicado desde os países americanos e europeus, africanos, asiáticos, incluindo aqueles com maior independência dos padrões ocidentais.

abordagens metodológicas de medição disponíveis na literatura nacional e internacional. Notam a existência de vários pontos comuns nas diversas tentativas examinadas: todas se inspiram e utilizam ferramentas da Economia Neoclássica, com a introdução de alguns elementos novos para dar conta dos desafios; há nesses esforços uma superposição entre o termo "Economia de Dados" e aquele mais popularizado de "Economia Digital". Ambos são comumente utilizados de forma intercambiável, tanto na literatura acadêmica, quanto nos documentos oficiais de organismos internacionais e nacionais. Governos e organismos internacionais confessam que não há definição acordada e padronizada de ambos os conceitos. Os autores mostram como isso influencia negativamente a compreensão do fenômeno, irradiando dificuldades de diversos tipos.

Ao serem discutidos os problemas de mensuração, apontam-se as três principais lacunas das tentativas de medição: não há limites claros entre a produção de dados para autoconsumo e para comercialização; as transações e os produtos digitais são "intangíveis" e, muitas vezes, não precificados; e os limites fronteiriços não são registrados. Além disso, os limites temporais do circuito de valorização dos dados – e de seus possíveis impactos diretos e indiretos – são, a princípio, indefinidos.

A noção de Economia Política de Dados é introduzida na análise. As questões históricas, geopolíticas, sociais e econômicas associadas são destacadas, o que nos remete aos anos 1970, momento em que as TICs iniciavam seu desenvolvimento e difusão. Uma característica essencial, ausente das discussões ortodoxas sobre o tema, é especialmente realçada: a assimetria de poder entre os países e empresas que fazem parte do sistema produtivo digital e as pessoas que fornecem, utilizam e adquirem dados.

Várias correntes do pensamento fora da ortodoxia contribuíram para o debate sobre as transformações da digitalização e seus impactos. Tais contribuições são resgatadas e incluem, desde Marx até alguns dos próprios autores, como: Dantas, 1996, 1999, 2006, 2011 e 2022;

Cassiolato e Lastres, 1999; Lastres e Albagli, 1999; Lastres, Cassiolato e Arroio, 2005; e Cassiolato, Dantas e Lastres, 2024.

Nessas linhas, argumenta-se que a Economia de Dados constitui parte importante de uma mais ampla Economia Digital, mostrando que aquela não pode ser desassociada de dois elementos essenciais: a infraestrutura que lhes sustenta e onde são armazenados e a geração de lucros a que se destinam. As ideias e conceito de Circuito de Produção e Valorização dos Dados e de Sistema Produtivo e Inovativo Digital são propostas e elaboradas. Reitera-se que o mais importante para a geração de riqueza continua sendo a infraestrutura de conectividade, igualmente concentrada e comandada pelo oligopólio das grandes corporações digitais (GCDs), as quais dominam o acesso e controle dos imensos volumes de dados acumulados e gerados diariamente.

Reafirma-se que essas GCDs, com suas novas formas de atuação, abocanham e concentram riquezas, cujos fundamentos se baseiam na invasão da privacidade individual e apropriação das condições sociais e psicológicas do indivíduo 24 horas por dia. E alerta-se que, ainda sem um quadro regulatório adequado, tais práticas muitas vezes passam a ser legitimadas e naturalizadas. Dantas e coautores apontam, ainda, que o controle absoluto de tal volume de dados por parte das GCDs implica em novas relações de dependência, mas continua tão desigual e desfavorável à periferia capitalista, quanto aquela relativa à troca de produtos primários por industrializados, nas quais se basearam os estudos de Prebisch e Furtado sobre o que denominavam "deterioração dos termos de intercâmbio".

Os autores mostram alguns indicadores dessas trocas desiguais fornecidos nos relatórios financeiros das GCDs para o ano de 2023. Por exemplo, o lucro líquido, a ser distribuído aos acionistas da Meta, Alphabet, Amazon, Apple e Microsoft foi de US$ 257,3 bilhões, enquanto, o saldo positivo da balança comercial brasileira foi de US$ 90 bilhões. Apesar de os relatórios financeiros não permitirem especificar a contribuição da América do Sul e do Brasil na formação dessas exorbitantes receitas e lucros, os números disponíveis deixam evidente como o mercado de dados se tornou um duto que suga bilhões de dólares para os cofres desse grupo extremamente concentrado, todos situados nos EUA.

No Capítulo II, José E. Cassiolato e coautores propõem uma reflexão sobre a importância de alcançar a soberania digital no Brasil. A análise focaliza as articulações da digitalização com a financeirização e as formas resultantes de aprisionamento das inovações digitais em trajetórias tecnológicas, não apenas de baixa eficácia econômica, mas principalmente produtoras de significativos efeitos negativos em termos sociais, políticos e ambientais.

No capítulo discute-se a crise crônica multidimensional – econômica, social, política e ambiental – que marca a fase atual do sistema mundo. O aumento brutal das desigualdades entre e interpaíses é sem dúvida a característica de tal policrise, a qual se aprofunda num período em que informações e dados são totalmente controlados pelas GCDs. Essas corporações se consolidam e adquirem poder político e econômico sem precedentes. Argumenta-se, assim, que, desde os anos 1980, ao contrário de observarmos efeitos virtuosos da globalização neoliberal e do desenvolvimento e difusão das TICs – como apregoado pelas elites globais e organizações multilaterais – vivemos em um mundo caracterizado por crises, concentração de riqueza e poder e aumento de desigualdades.

Assim, longe de constituir-se em um novo paradigma, os desenvolvimentos associados à digitalização representam apenas uma intensificação do paradigma das TICs. Cassiolato e coautores notam que os discursos sobre as tecnologias digitais i) foram historicamente construídos em torno de mitos com grandes referências a mundos e possibilidades utópicas; e ii) legitimam a ideologia neoliberal, a qual coloca o consumismo e o individualismo acima de todos os valores e concebe o desenvolvimento tecnológico como um processo estritamente econômico e independente da sociedade e seu contexto; e iii) sustentam a crença de que essa onda digital cumprirá a promessa radical e revolucionária de corrigir o capitalismo, subtrair do sistema capitalista global suas crises recorrentes e que qualquer problema social estaria sujeito a soluções supostamente técnicas e neutras.

Os autores apontam que o poder das GCDs, superior ao da maioria dos Estados-nação, só pode ser compreendido através da percepção de suas estreitas articulações com o capital financeiro. Esses dois conjuntos de megacorporações atuam e se articulam através de diversos mecanismos. Por um lado, mostra-se que as principais empresas gestoras de ativos detinham conjuntamente, em dezembro de 2023, mais de 30% do capital votante das GCDs, o que as consolida como de fato, as principais controladoras das GCDs e definidoras de suas estratégias corporativas. Por outro lado, argumenta-se que as conexões do capital financeiro com a Economia Digital se estendem muito além de tal controle acionário.

As GCDs adotam cada vez mais as práticas de domínio do setor financeiro e dispõem de inúmeras maneiras para aumentar a riqueza a ser distribuída aos acionistas: corte implacável dos custos de produção, especialmente os do trabalho, por meio de terceirização e imposição de relações de trabalho que destituem o trabalhador de seus direitos. Incluem também o *offshoring*, com a contratação de trabalho, inclusive intelectual, em outros países pagando salários aviltantes e utilizando infraestrutura local sem a correspondente remuneração dos custos e não pagando impostos locais. Outra prática consiste na "meticulosamente organizada" evasão fiscal que "aumenta ainda mais as rendas das GCDs". Isso para não mencionar as atividades ilegais que realizam. Daí a ênfase nos malefícios da conexão entre a hegemonia financeira e a dominação tecnológica, a qual potencializa a concentração do capital e do poder mundial, o que juntamente com os crescentes níveis de desigualdades, têm sido apontados como definidores do "hipercapitalismo autofágico contemporâneo".

A partir de tais discussões, as conclusões do capítulo enfatizam que: a percepção de diversos países – sobre os efeitos políticos, econômicos e sociais negativos do domínio das GCDs e seus financiadores em todos os aspectos da digitalização e, especialmente, do poder político e econômico que detêm – tem ampliado a preocupação sobre a necessidade de maior controle público das atividades digitais; e que a busca de soberania digital por parte dos diferentes países tem crescentemente feito parte da agenda de políticas públicas. Apresenta-se, portanto, uma breve apreciação sobre as principais perspectivas vislumbradas para o Brasil.

No capítulo III, Jorge Britto procura delimitar conceitualmente a noção de Economia de Dados, também distinguindo-a do conceito mais amplo de Economia Digital e sistematizando os elementos conceituais para a sua mensuração nos Sistemas de Contas Nacionais. Em seguida, Britto associa tal discussão conceitual-metodológica à experiência recente das políticas de EUA e Canadá.

No caso dos EUA, Britto, discute as recentes propostas de política para dados, destacando que o consenso interno, quanto à continuidade da liderança global em tecnologias digitais, exige que o governo daquele país reforce sua estratégia baseada na doutrina de "realpolitik digital", cuja prioridade é difundir o sistema de inovação digital dos EUA e restringir o campo de ação dos adversários digitais, especialmente a China.

Um aspecto importante realçado do posicionamento do governo estadunidense em relação à dimensão "geopolítica" é a Estratégia Nacional de Cibersegurança, de 2018, que propõe uma abordagem de todo o governo para implementar eficazmente estratégias de cibersegurança compatíveis com os interesses da segurança nacional. Entre os quatro pilares identificados como prioridades em termos da segurança cibernética destaca-se a proposição de "aumentar a influência global dos EUA e garantir uma internet e um espaço digital aberto, interoperável e seguro, estimulando o uso de tecnologias digitais para promover a influência dos EUA".

Dentre os vários aspectos apontados por Britto, ressaltam:

- As restrições de segurança nacional nas transações de dados pessoais. O autor aponta que, em fevereiro de 2024, o Presidente estadunidense assinou uma ordem executiva sobre a "prevenção do acesso a dados pessoais sensíveis em massa dos americanos e a dados relacionados ao governo dos Estados Unidos por países hostis", que orienta atividades das diversas agências governamentais e com capacidade de bloquear ou impor restrições "a transações designadas de dados pessoais com países adversários dos EUA e seus representantes". Os regulamentos existentes definem como "países hostis" a China, Cuba, Irã, Coreia do Norte, Rússia e Venezuela;

- A lenta definição e adoção por parte dos EUA de medidas para regulamentar o desenvolvimento e o uso da IA, notando-se que, desde 2015, foram aprovados nove projetos de lei e que, em novembro de 2023, 33 projetos legislativos ainda estavam pendentes para consideração pelos legisladores daquele país;

- A inclusão da chamada "transformação digital" também no escopo das atividades da Agência dos Estados Unidos para o Desenvolvimento Internacional (USAID na sigla em inglês), órgão do governo desse país encarregado de promover a maior parte da ajuda externa, seguindo as diretrizes do Departamento de Estado estadunidense.

No caso do Canadá, Britto nota que as tendências nas políticas destinadas a proteger os dados pessoais digitais centram-se: na Carta Canadense de Direitos e Liberdades ("a Carta"), aprovada em 1982, que fornece proteção constitucional aos direitos humanos; a Lei de Proteção de Informações Pessoais e Documentos Eletrônicos, estatuto federal para privacidade e proteção de dados no setor privado que, aprovado em 2000, rege o uso de informações pessoais em contextos comerciais; e a Carta Digital, de 2022, que com 10 princípios, orienta as ações do governo, com base em uma abordagem digital *made in Canada*, moderniza a estrutura para a proteção de informações pessoais no setor privado e introduz novas regras para o desenvolvimento e implantação de Inteligência Artificial.

Britto adiciona haver uma percepção clara de que:

- o país vêm progressivamente perdendo o controle sobre as suas redes e seus dados, uma vez que grande parte da comunicação canadense na internet passa pelos Estados Unidos, o que é conhecido como "roteamento bumerangue";
- essa forte dependência em relação à infraestrutura digital estadunidense, tanto para comunicações nacionais como internacionais, coloca em risco os dados pessoais e empresariais, ao mesmo tempo que prejudica a eficiência e a qualidade dos serviços de internet canadenses;
- a dependência unilateral dos Estados Unidos para grande parte das infraestruturas críticas enfraquece também o poder de negociação bilateral.

No capítulo IV, Maria Lucia Falcón apresenta a experiência de planejamento e regulação na União Europeia. Na primeira parte, dedicada à compreensão do sistema de planejamento, instrumentos, investimentos e estratégias de desenvolvimento adotadas pela UE, Falcón aponta a elaboração e execução de um plano estratégico de "transformação digital", com indicadores e metas acompanhados regularmente, incluindo um grande plano de investimentos. A autora realça o pioneirismo da UE em regular a Economia de Dados, o valor geopolítico e militar de seu controle e sua importância na pesquisa, desenvolvimento e inovação. Nota que a UE, além de pioneira na recomposição dos direitos da cidadania no ambiente virtual,

- investe em infraestruturas digitais do Estado, como *cloud*, *edge nodes* e *blockchain* para custodiar dados pessoais, empresariais e governamentais, alcançando até o comércio exterior e a sua moeda digital;

- adotou o imposto sobre as empresas multinacionais com faturamento mundial acima de 750 milhões de euros/ano;
- foi também a primeira a regular a IA, tipificar crimes relacionados e criar um sistema de governança, supervisão e fiscalização das atividades empresariais na Economia de Dados.

Na segunda parte, a autora descreve e comenta a experiência europeia de regulação "em árvore", desde a consolidação política dos direitos digitais e da proteção de dados até os mercados digitais e financeiro e os ativos digitais, a tributação das grandes empresas tecnológicas, a IA e a cibersegurança. Evidências de como se está aplicando a regulação e subsequentes consequências para as empresas e cidadania são apresentadas, com exemplos de fiscalização, de investimentos e política tributária, e podem iluminar novas iniciativas mundiais.

Dado o impacto e o papel da Economia de Dados mundialmente, Falcón realça a importância da experiência europeia de seu planejamento e regulação na manutenção da coesão social e territorial do bloco, especialmente frente à sua posição geopolítica nas disputas dos EUA e China. Tal experiência ressalta a relevância da regulação, tanto no que se refere ao sistema produtivo e inovativo, quanto ao sistema financeiro globalizado, tendo em vista a importância de sua moeda, o Euro. Destaca-se que, além da defesa da soberania, todas as medidas regulatórias – tecnológicas, de direitos civis, monetárias (Euro Digital em fase de teste, a *blockchain* estatal, etc.), de comércio exterior e fluxo de dados e de capitais/ativos digitais – buscam, na verdade, reposicionar a economia Europeia e sua moeda, o Euro, na Economia de Dados global.

Por fim, tendo em vista seu impacto estruturante e de longo prazo na economia da UE, discute-se a regulação de proteção das empresas consideradas estratégicas dos países-membros conhecidos como "escudo antiopas" (opas – ofertas públicas de aquisição). Falcón analisa em detalhe o caso da Telefônica na Espanha, no qual o governo espanhol implementou tal política de proteção de empresas estratégicas. Ao adquirir aproximadamente 10% do capital votante da Telefônica (cerca de 2.000 milhões de euros), o Estado espanhol tornou-se seu maior acionista. O governo justificou a operação devido ao caráter estratégico da empresa, em especial pelos contratos que possui na área da defesa e o acesso e controle dos imensos volumes de dados gerados no país.

No capítulo V, Ana Arroio discute a Economia Política de Dados na perspectiva dos (B)RICS – Rússia, Índia, China e África do Sul – e suas experiências no desenho de políticas digitais inclusivas e que visam orientar o progresso tecnológico para promover a melhoria de qualidade de vida a partir das necessidades humanas e da sociedade. Destacando que a estrutura formal para o intercâmbio e o fortalecimento dos laços de cooperação entre esses países quanto à Economia de Dados tem dado largos passos, a autora ressalta a criação do Novo Banco de Desenvolvimento, em 2014 e o estabelecimento do Instituto de Redes Futuras do BRICS, a fim de promover a cooperação prática no campo da tecnologia da informação e comunicação (TIC).

Arroio mostra que China, Índia e Rússia têm diversos programas voltados à criação de um sistema produtivo e inovativo sob controle nacional, oferecendo relevantes lições para o Brasil sobre a importância de investimentos sistêmicos e continuados para o desenvolvimento de competências produtivas e tecnológicas endógenas e infraestrutura digital para a segurança e soberania nacional.

A Rússia instituiu o programa “Digital Economy of the Russian Federation”, de 2018 a 2024. Mesmo antes, o país vinha adotando um “sistema operacional alternativo” de forma a assegurar a soberania tecnológica, a proteção e integridade dos dados públicos nacionais: o Astra Linux, que serve a todos os sistemas críticos do Estado e inclui as grandes empresas como a Gazprom e a Rosatom. A “Lei de Dados Pessoais”, Lei Federal – de 2006, atualizada em 2022 – obriga os operadores de dados a armazenarem dados pessoais de cidadãos russos em servidores e bancos de dados fisicamente localizados no território nacional. A Lei "Internet Soberana", de 2019, garante o funcionamento da internet na Rússia, em caso de sua desconexão da rede global, por meio de uma arquitetura própria de rede digital. Empresas russas têm, também, forte presença nacional e internacional na Economia Digital. Entre essas, destacam-se a Yandex, companhia que ocupa o quarto lugar na lista mundial dos maiores provedores de internet. Arroio apontou ainda os processos abertos por "violação dos requisitos de localização de dados pessoais" contra diversas GCDs atuantes na Rússia.

No caso da Índia, Arroio mostra como o Estado foi também determinante na criação de um sistema nacional de ciência e tecnologia e no suporte às capacidades nacionais para a inovação. Além da conhecida capacitação em *software* e o fato de que as principais empresas indianas em TICs são estatais (as chamadas *navratnas*) e subordinadas a ministérios militares, podem-se mencionar alguns exemplos ilustrativos:

- o "India Stack", uma plataforma de *software* unificada e aberta que permite que governo, empresas, *startups* e desenvolvedores utilizem uma infraestrutura digital nacional exclusiva;
- diversas grandes empresas privadas indianas alcançaram renome mundialmente, como Tata Consultancy Services (TCS), Infosys, Wipro, HCL Technologies, e Tech Mahindra.

Quanto à China, Arroio aponta que a Economia de Dados é tratada no mais alto nível decisório. Diversas empresas nessa área se tornaram líderes mundiais, incluindo a Huawei, a maior fabricante mundial de equipamento de telecomunicações; ZTE, Tencent, Baidu e TikTok. As Plataformas digitais Alibaba e WeChat Pay são líderes em comércio eletrônico e pagamentos digitais. O país desenvolveu tecnologia de computação em nuvem avançada e abriga alguns dos maiores e mais avançados centros de dados do mundo (Tencent e Alibaba Cloud). Além da infraestrutura para a Economia Digital, a

China investe significativamente em tecnologias para coletar, analisar e relatar dados nacionais e indicadores estatísticos. O órgão oficial de estatística, o National Bureau of Statistics, utiliza uma variedade de indicadores para analisar e mensurar a Economia Digital. Arroio, resume, notando que a China consolida-se como um dos principais países no cenário global em termos de produção, inovação e infraestrutura de dados e lidera a corrida global rumo à infraestrutura 6G.

Quanto à África do Sul, Arroio nota que o país possui uma estratégia para a digitalização sintetizada no documento: *Digital Society SA – South Africa's National e-Strategy*: towards a thriving and inclusive digital future, 2017-2030, que prevê intervenções em áreas industriais específicas para promover a aceitação e a utilização das TICs nos setores-chave da economia e um programa massivo de desenvolvimento de competências digitais.

No capítulo VI, Cristina Lemos, apresenta as experiências de políticas relacionadas à digitalização em sete países da África, Ásia e Oceania: Austrália, Coreia do Sul, Indonésia, Japão, Vietnã, Etiópia e Quênia. De forma geral, os países analisados têm adotado amplamente o termo "transformação digital", chave de orientação dos organismos multilaterais para o tratamento de políticas referentes à Economia Digital e de Dados. Também o conteúdo das políticas se inspira em modelos conceituais, regulatórios e de medição de países mais avançados e dos manuais orientadores dos organismos multilaterais.

Austrália e Coreia, como citado pela autora, vêm adotando políticas para a conformação de uma Economia de Dados, estabelecendo planos com ênfase no seu valor crescente e em formas de monetização e aproveitamento de informações cruciais para a tomada de decisões, visando alcançar um maior domínio e controle do sistema de dados públicos e privados. A Austrália é apontada como pioneira no mundo na regulação da remuneração da mídia pelas GCDs. A Coreia, por sua vez, se destaca por longa experiência em políticas de TICs e digitais, disputando espaço e liderança através de suas grandes corporações com papel global relevante na era digital, enquanto o Japão parece se ressentir da vitalidade de políticas de outrora para responder às exigências da fase atual.

Já Indonésia e Vietnã, potências emergentes do Sudeste Asiático, apresentam políticas ambiciosas no que diz respeito ao desenvolvimento produtivo e capacitação para o domínio das tecnologias e estabelecimento de parcerias para além das megacorporações ocidentais. E, como também notado por Lemos, o Vietnã confere prioridade à formação altamente qualificada em ciências e tecnologias digitais e de dados, e aspira ao desenvolvimento de todo o sistema produtivo e inovativo em torno da Economia Digital, desde a P&D, design e fabricação de dispositivos digitais, em direção ao almejado "*Make in Vietnam*". E a Indonésia trata com especial atenção a soberania dos dados, seu armazenamento, localização e gestão, empenhando-se, ainda, pela soberania nas finanças digitais.

Por fim, ao resumir as práticas de implementação de processos participativos para a formulação de estratégias, Lemos destaca o caso australiano que usualmente realiza consultas à sociedade para definição de suas políticas; e o do Vietnã que, por sua vez, pratica processos rotineiros de sensibilização, popularização e capacitação na sociedade a partir dos espaços locais, bairros, comunidades e associações.

Quanto aos países africanos, a autora lembra que eles têm ainda que lidar com problemas de conectividade em áreas rurais ou remotas e priorizam ações para aumento do acesso de suas populações à internet. E acrescenta que:

- muitas vezes, os investimentos em infraestrutura e conectividade são realizados pelas ou em parceria com as GDC, sem contrapartidas significativas para o desenvolvimento produtivo local ou nacional, consolidando o viés de consumidores de tecnologias, bens e serviços importados;

- além de buscarem avançar em questões já superadas por outros, nos países africanos, os investimentos em infraestrutura básica de insumos vitais para a vida, como energia e água, vêm sendo disputados com aqueles que visam prover o acesso e o processamento de dados.

No capítulo VII, Manuel Gonzalo e Carina Borrastero discutem como Argentina, Chile e México e instituições latino-americana – Cepal (Comissão Econômica para a América Latina e o Caribe) e CAF (Banco de Desenvolvimento da América Latina e do Caribe) – conceituam a Economia de Dados e quais temas fazem parte de sua agenda de políticas. Segundo os autores, embora a importância dos dados apareça em diferentes documentos da Cepal, do CAF e dos países analisados, não há uma discussão explícita e sistematizada sobre a economia de dados. As contribuições se concentram principalmente no fortalecimento da Economia Digital, do "ecossistema digital",[3] da "transformação digital" e da digitalização de esferas consideradas vitais para as economias e sociedades da região.

Gonzalo e Borrastero argumentam que a "Economia de Dados" deve ser entendida como um fenômeno atual, mas que se enquadra na continuidade do paradigma tecnoeconômico das TICs. E lembram que o desmantelamento do desenvolvimento de capacidades na área computacional enfrentado por países do Cone Sul (Brasil, Argentina e Chile), durante a década de 1980, contribui para limitar a adoção de políticas mais ambiciosas e que almejem criar capacidades

---

3 Este é outro neologismo amplamente empregado para se referir genericamente aos ambientes de inovação, inclusive os digitais, e que utiliza a terminologia emprestada da ecologia de forma equivocada e, até contraditória por geralmente ignorar a própria dimensão ecológica. Para uma crítica ao conceito de "ecossistema de empreendedorismo", ver CASSIOLATO, José Eduardo *et al.* "Territory, development and systemic innovation: a Southern perspective". *In*: TSVETKOVA, Alexandra; SCHMUTZLER, Jana; PUGH, Rhiannon (Coord.). *Entrepreneurial Ecosystems Meet Innovation Systems*: synergies, policy lessons and overlooked dimensions. Londres: Edward Elgar Publishing, 2020.

domésticas. Assim, notam que a maioria dos equipamentos, sistemas e infraestruturas 4G e 5G para hospedar nuvens de dados e operar plataformas e redes na América Latina foram e são fornecidos por empresas estadunidenses, chinesas e nórdicas. E que após a pandemia, paulatinamente, consolida-se uma agenda conscientemente focada na digitalização, ressaltando que: a medição de várias dimensões relevantes da Economia Digital é uma preocupação generalizada; e existem iniciativas relevantes, em termos de criação de empresas públicas, substituição de importações, incentivos ao fortalecimento de atores nacionais e melhoria da infraestrutura nacional.

Os autores destacam que nem todos os problemas se devem às limitações de infraestrutura e que ainda existem divisões digitais inter-regionais, de gênero, renda e outros tipos que dificultam as estratégias de acesso e de exploração de novas infraestruturas e novas gerações de tecnologia. Ressaltam a tensão entre o aprofundamento dos esforços para a adoção de infraestruturas fornecidas por empresas estrangeiras e para a garantia de bens digitais básicos à população como um todo, reduzindo as clivagens digitais internas. E concluem ser desejável encontrar um equilíbrio de ambos os esforços, o que implica não apenas apoiar a introdução de infraestruturas e também o desenvolvimento de habilidades e aptidões digitais na população como um todo.

Entre os núcleos centrais da discussão regional em torno das condições e possibilidades da digitalização os autores destacam a necessidade de:

- estudar sistematicamente a dinâmica da Economia Digital na região latino-americana para ter diagnósticos atualizados e precisos da situação;
- abordar os *déficits* de segurança cibernética que parecem ser onipresentes na região;
- desenvolver infraestruturas de conectividade e "infraestruturas facilitadoras" em geral;

- promover o uso efetivo e o aprendizado tecnológico em termos das infraestruturas de conectividade disponíveis;
- estabelecer uma agenda de dados na América Latina que contemple especificidades contextuais, evitando a cópia linear e acrítica de abordagens do Norte Global, e que empodere atores, tecnologias e infraestruturas locais;
- avançar na coordenação regional e intranacional das regulamentações e políticas de digitalização, dada a natureza transfronteiriça da Economia Digital e o tamanho dos atores que a governam.

No capítulo VIII, Marcelo Matos discute as conceituações, o marco legal e as políticas para a Economia de Dados no Brasil. De forma geral, o autor revela o estágio ainda inicial do reconhecimento da importância da Economia de Dados para a economia e a sociedade brasileira, o marco legal em contínua construção e a ausência de iniciativas estruturadas de mensuração dessa área da economia. E argumenta que:

- na ausência de uma conceituação consolidada, o país corre o risco de navegar às cegas, tendendo a se subordinar a padrões e estratégias de grandes empresas internacionais, colocando em xeque a soberania nacional em múltiplas dimensões;
- a inexistência de modelos de mensuração e de indicadores para sua medição também contribui para que as políticas públicas tenham dificuldade para determinar metas claras e mobilizar os instrumentos adequados para que essas sejam atingidas.

Não por acaso, os planos e estratégias discutidos – digitalização, IA, Internet das Coisas, *blockchain*, cibersegurança – se limitam a diretrizes abstratas e "não aterrissam em programas e ações concretas", com a identificação de instrumentos de política específicos.

Daí a conclusão que a adoção acrítica dos conceitos internacionais e da retórica liberal subjacente contribui para que os documentos de política priorizem a inserção do país como mero usuário das tecnologias emergentes, e a tônica esteja nos benefícios de sua adoção, independentemente de suas especificidades técnicas e de quais atores e sistemas de inovação são fortalecidos com a mobilização e desenvolvimento de competências produtivas e tecnológicas.

Matos acrescenta que a ausência de conceituação e de critérios de mensuração também contribuem para que inexista um quadro de referência capaz de embasar as necessárias articulações e promover o diálogo entre diferentes pastas/ministérios e organizações da Administração Pública. Nota ainda que várias estratégias foram gestadas até 2022, unicamente dentro do MCTI ou por este ministério em parceria com outras organizações públicas, mas não se configuram como efetivas políticas intersetoriais. Assim, as perspectivas de estímulo ao desenvolvimento de competências no país tendem a se restringir à política tradicional de C&T e à política de ambientes de inovação com foco em *startups* e nos tais "ecossistemas empreendedores". Aponta também que contribui para este quadro fragmentado o fato de importantes políticas públicas do atual governo estarem, passados quase dois anos do início do mandato, ainda em processo de atualização ou gestação.

O autor recomenda evitar um recorrente traço de colonialismo na importação de conceitos descontextualizados e de concepções acríticas, e avançar na criação de visão adequada do futuro da sociedade, com foco nas ações de política industrial e de inovação para o desenvolvimento de tecnologias nacionais. Adiciona que o governo digital, a integração de dados do setor público e o aperfeiçoamento de metodologias de mensuração da Economia de Dados no Brasil podem trazer instrumentos relevantes de políticas públicas, enfatizando o potencial do poder de compra do Estado no desenvolvimento de sistemas operacionais, plataformas, centros de dados e todo um conjunto que integre o sistema produtivo e inovativo digital nacional.

No capítulo IX, Severino José Lima e coautores mostram o desenvolvimento da infraestrutura científico-tecnológica do Nordeste em tecnologias digitais, realçando o pioneiro caso da implantação em Campina Grande, nos anos 1970, de um centro de pesquisas em tecnologias computacionais na então Universidade Federal da Paraíba. Apontando a existência de 1.332 grupos de pesquisas nas áreas de sistemas de computação e engenharias na região NE, são ressaltados os papéis e áreas de atuação desses centros de pesquisa de várias universidades e institutos federais. Também é dado destaque ao papel dessas instituições nordestinas no esforço de inovação realizado durante a pandemia da Covid-19. Especialmente importantes foram as ações da Universidade Federal do Ceará e da Universidade Estadual do Ceará e o respirador desenvolvido pela Universidade Federal da Paraíba, através da Agência UFPB de Inovação Tecnológica.

Os autores detalham as ações dos organismos do governo federal (em especial a Embrapii) com diferentes instituições de pesquisa da região. As principais áreas do conhecimento envolvidas estão na Paraíba (*software* e automação, *hardware* e *software* para saúde, otimização de energia e sistemas para manufatura), Ceará (sistemas embarcados complexos e mobilidade digital, manufatura inteligente), Rio Grande do Norte (Internet das Coisas e tecnologia mineral), Alagoas (computação industrial, aprendizados de máquinas, eletrônica, automação, Internet das Coisas, robótica, *deep learning*), Bahia (tecnologias em saúde) e Pernambuco (computação científica, biotecnologia, nanotecnologia, bionanomateriais e nanomateriais, inteligência computacional, ciência de dados e engenharia de *software*). Tais ações visam maiormente estimular o relacionamento das instituições de pesquisas com o setor privado.

Lima e coautores notam que o Serpro e a Dataprev prestam importantes serviços aos governos estaduais e municipais e à iniciativa privada o que os torna peça fundamental nesse arranjo nordestino de instituições potencializadoras da Economia Digital/Dados. Discutem o papel do Instituto Santos Dumont (ISD) Macaíba/RN em Neurociências. Os autores identificaram uma série de políticas que apoiaram articulações das instituições nordestinas com as GCDs, como Google, Amazon e Meta. Essas, conforme as discussões apresentadas neste livro, especialmente nos capítulos I e II, são de fato predadoras dos conhecimentos gerados nas universidades de países como o Brasil e não geram nenhum benefício para a sociedade brasileira. Parece contraditório que as instituições que, teoricamente, deveriam criar as alavancas da soberania digital se articulem de forma subordinada às principais GCDs responsáveis por nossa dependência. Em linha semelhante Lima *et al.*, apontam ser preciso melhorar a ação política no enfrentamento do crescente poder e controle das GCDs de tais infraestruturas implantadas no território nordestino e cruciais no cenário nacional e global.

No capítulo X, Marcelo G. P. Matos, Cristina Lemos e Ana Arroio apresentam um panorama do estado da Economia Digital e de Dados no Brasil, seus atores e políticas. Observam a forte penetração da internet e da infraestrutura digital na sociedade e na economia, em 2023: mais de 84% da população estava conectada à internet; os brasileiros utilizavam a internet, em média, por 9 horas e 32 minutos por dia; e com 181,8 milhões de usuários conectados à internet, poucos países superavam a marca brasileira: China (1.050), Índia (692), EUA (311,3) e Indonésia (212,9); o Brasil coloca-se como o terceiro país que mais consome redes sociais em todo o mundo; e a audiência nessas plataformas superou o tempo despendido em outras categorias, como serviços, entretenimento, trabalho, presença corporativa, varejo, serviços financeiros, entre outras.

Os autores destacam que, se a presença da internet na sociedade brasileira é quase universal, por outro lado, esse gigantesco mercado está totalmente dominado pelas GCDs estadunidenses. Na intermediação para provisão de serviços existe, também, um predomínio de plataformas internacionais em segmentos de mercado como transporte (Uber), locação de imóveis (Airbnb), turismo (TripAdvisor) etc. Porém, em alguns segmentos observa-se forte presença de empresas de origem nacional, como Ifood, QuintoAndar, 99; Zé

Delivery; etc.; e, em muitas cidades médias e pequenas, cooperativas locais de transporte pessoal são mais importantes que o Uber.

Matos, Lemos e Arroio argumentam que a despeito dos documentos de política para a área digital, elaborados nos últimos anos e parcialmente atualizados na atual gestão, cabem questionamentos aos compromissos assumidos, tendo em vista as escolhas práticas em curso. Ressaltam que a efetiva promoção de autonomia econômica e política em relação a tecnologias estrangeiras e provedores forâneos de serviços encontra-se praticamente ausente nos documentos anteriores. Um exemplo é a localização dos centros de processamento de dados – apontada como central para qualquer projeto de desenvolvimento, tendo em vista suas implicações na divisão internacional do trabalho e segurança nacional – a qual precisa estar explicitada na formulação e implementação de uma "real política nacional de digitalização e segurança cibernética".

Outro exemplo discutido pelos autores remete aos "acordos" que o governo, findado em 2022, firmou com a Microsoft, o Google Cloud e outras empresas estrangeiras para prestarem um serviço completo, envolvendo praticamente todas as atividades de armazenamento e transmissão de dados, desde *e-mails* até "nuvem", aos órgãos do Estado brasileiro:

> por esses acordos, qualquer órgão do Estado – em quaisquer dos três poderes e das três instâncias federativas – pode, mediante adesão, usar as plataformas Microsoft ou Google, seja para armazenar seus dados financeiros, administrativos e outros, seja para trocar mensagens, seja para reuniões remotas, etc.

Os autores criticam as justificativas para tal realçando que, do ponto de vista estritamente financeiro e orçamentário, elas podem estar corretas, mas de um ponto de vista mais amplo e capaz de enxergar as oportunidades de desenvolvimento tecnológico, geração de empregos, além de soberania nacional, trata-se de uma visão, no mínimo, estreita.

Reafirma-se, portanto, que a pesquisa que levou à elaboração deste livro demonstrou, sobretudo, a importância de avançar muito mais do que apenas orientar e regular a Economia Digital e de Dados. Nesse sentido, destaca-se o papel do Estado como criador, utilizador e depositário de dados em suas diversas atividades e dimensões, enfatizando-se a urgência de uma Política Nacional Digital como parte de uma estratégia nacional assentada na noção de soberania digital.

No capítulo XI, Helena Maria Martins Lastres e coautores resgatam as principais conclusões do livro, apresentam uma síntese das políticas para soberania digital nos países analisados e apontam caminhos para o Brasil. Inicialmente, notam que a avaliação da Economia de Dados através de diferentes "óculos estrangeiros" exige a contextualização e o exercício da visão sistêmica. E, em linha com a visão estruturalista latino-americana, enfatizam a necessidade e relevância de usar conceitos e modelos analíticos e de política próprios e apropriados e ressaltam os esforços de desenvolver um quadro teórico-conceitual adequado para lidar com a natureza do novo paradigma socioeconômico digital, como colocado em todos os capítulos, especialmente o primeiro deste livro. Salientam que, dada a carência de literatura, inclusive internacional, tais esforços foram realizados desde uma ótica brasileira, visando criar uma perspectiva "nossa" a respeito do significado e das implicações das transformações em curso.

Nessa busca, são resumidas as transformações, mitos e ameaças associadas à digitalização, enfatizando-se a importância de focalizar a Economia Política Digital e a necessidade de entender o novo paradigma sociotécnico na base do modo de acumulação capitalista hegemônico do terceiro milênio. Retomando as principais conclusões do livro, os autores sublinham que apesar de diferentes esforços para mensurar tal Economia de Dados, ela ainda é maiormente invisível. E reafirmam que as novidades introduzidas incluem atividades e produtos ainda não inteiramente conhecidos e muito menos seus impactos, os quais incluem: a "espionagem em massa" e a extração de imensas quantidades de dados e informações que vêm sendo vendidas sem o conhecimento de seus donos, visando à "microssegmentação comportamental" e outros mecanismos de manipulação altamente personalizados; a revolução no mundo do trabalho, a crescente precarização e o aprofundamento da divisão internacional do trabalho; a falta de um balanço ambiental da digitalização; a enorme concentração de poder das GCDs que comandam tal evolução; a transformação da maioria dos países em consumidores de produtos e processos desenvolvidos por essa megaempresas sediadas em um único país; e a criação de novas formas de dependência, vulnerabilidade e colonialismo, ainda mais deletérias aos países periféricos.

Lastres *et al.* discorrem também criticamente sobre a proposta de a "regulação algorítmica" substituir as políticas dos Estados nacionais pelas GCDs; os aspectos excludentes da IA e demais tecnologias digitais, que reforçam exclusões e desigualdades de gênero, raça e classe, dado que os parâmetros usados são maiormente definidos por equipes formadas principalmente por homens brancos, com um olhar que carrega a falta de diversidade, equidade e inclusão; o crescente isolamento, epidemias de solidão, as polarizações e o empobrecimento de nossas vivências e expectativas, na medida em que os seres humanos passam a se subordinar às distorções sectárias do império dos "algoritmos enviesados", da vigilância e manipulação.

Quanto ao Brasil os autores reafirmam os estágios ainda muito iniciais de seu entendimento e do reconhecimento de sua relevância e impactos pelas atuais gerações; o marco legal ainda em construção; e a inclinação à emulação de padrões vindos de fora para regulação, métricas, conceitos e políticas e à resignação ao poder das GCDs, como meros consumidores de seus sistemas e produtos digitais. Reiteram que a compreensão sobre a definição de conceitos, métricas, indicadores e índices, longe de ser neutra, constituiu um processo político e estratégico relevante. E sublinham que, como resultado da desistência da política de informática, nos anos 1980, tanto o Estado, quanto a sociedade e a economia ficam subordinados aos interesses, padrões e estratégias das GCDs, desafiando nossa soberania em múltiplas dimensões, reforçando o papel de "cobaias desavisadas" e "servos voluntários" e perdendo a chance de direcionar o significativo poder de compra do Estado brasileiro ao desenvolvimento do sistema produtivo e inovativo digital nacional e, assim, de ampliar a soberania do próprio Estado.

Lastres e coautores também retomam a discussão sobre a imbricada, invisível e perversa relação entre digitalização e financeirização, apoiando-se no capítulo II e no que Milton Santos denominou de "dupla tirania do dinheiro e da informação", a qual forneceu as bases do sistema ideológico validado pelo "pensamento único" e legitimou as características das relações sociais e interpessoais, influenciando o caráter e as formas de agir dos Estados, das empresas e dos indivíduos.

Discutem-se, então os possíveis caminhos para o Brasil, explicitando um dos principais argumentos do livro: nosso futuro depende do fortalecimento do Estado brasileiro e de suas capacidades de coordenar e implementar políticas que – além de garantir os direitos fundamentais da cidadania digital e sua própria soberania – coloquem em seu centro a vida, de modo inclusivo, participativo e sustentável no longo prazo. Aponta-se que o Estado e o governo brasileiro precisam dispor de infraestrutura e todos os meios e conteúdos próprios, com criptografia nossa, para manter suas bases de dados e de comunicações protegidas e estruturadas para gestão e planejamento e para o fornecimento de serviços públicos de qualidade.

Para tal, sugere-se, portanto, lançar um programa de criação de um sistema produtivo e inovativo digital integrado e contextualizado, abrangendo desde a infraestrutura até os demais bens e serviços. Esse SPID deve ser potencializado pelo uso do poder de compra do Estado, o que implica acelerar a composição de uma ação governamental concertada de soberania e gestão digital; rever urgentemente contratos anteriormente realizados pelo Estado que ferem ou fragilizam a segurança e soberania nacional; reavaliar e reajustar programas de apoio ao desenvolvimento produtivo, científico, tecnológico e inovativo que não consideram as implicações para a soberania nacional na concessão de recursos; e, realizar séries de programas de sensibilização e auscultação popular visando informar e qualificar os objetivos das políticas.

Uma recomendação principal refere-se à oportunidade de liderar a criação de uma Iniciativa Mundial em prol dos Estados Soberanos (IMEDS) centrada na oferta de sistemas produtivos e inovativos integrados para uso dos Estados nacionais. Recomendando-se, que tal iniciativa seja liderada pelo New Development Bank dos BRICS e o BNDES.

Ao final, Lastres *et al.* reafirmam que – após meio século e ainda sem um quadro político e regulatório adequado – mostra-se urgente alterar a situação que nos obriga a permanecer como fornecedores desavisados de informações e usuários passivos dos produtos digitais ofertados, ampliando nossas vulnerabilidades e dependências de países e empresas estrangeiras.

Desejamos boa leitura e inspirações!

JOSÉ EDUARDO CASSIOLATO
HELENA MARIA MARTINS LASTRES
CRISTINA LEMOS
ANA ARROIO
JORGE BRITTO
MARCOS DANTAS

BLOCO 1

DEFINIÇÕES, MENSURAÇÕES E PAPEL DA ECONOMIA POLÍTICA DIGITAL NO MUNDO

CAPÍTULO I

A ECONOMIA POLÍTICA DE DADOS E DIGITAL: DESAFIOS DE CONCEITUAÇÃO E MENSURAÇÃO

MARCOS DANTAS
JOSÉ EDUARDO CASSIOLATO
HELENA MARIA MARTINS LASTRES
MARIA LUCIA FALCÓN
JORGE BRITTO
CRISTINA LEMOS

Introdução

Embora a palavra "dados" tenha ganhado especial significado ao final do primeiro quartel do século XXI, todas as sociedades sempre funcionaram com base nos dados que podem colher e organizar para a tomada de decisões quanto à produção e distribuição dos recursos necessários à sobrevivência comum; à prevenção de acidentes, sobretudo naturais; à segurança contra inimigos etc. Mas talvez tenha sido a sociedade capitalista, e sua expansão desde os séculos XVII e XVIII, a que mais tenha registrado e organizado dados sociais e econômicos necessários ao seu funcionamento. Para isso foram desenvolvidos censos populacionais, técnicas matemáticas de apuração e mensuração da produção e distribuição de riqueza, estatísticas epidemiológicas, etc. Na maior parte dos casos, esses dados eram de natureza pública, por isso, de fácil acesso por qualquer pessoa interessada e não percebidos como algo dotado de valor econômico.

A noção de "Paradigma das Tecnologias da Informação e Comunicação e de Era", "Economia e Sociedade de Dados", "Informação" e do "Conhecimento" caracterizou o debate político-econômico sobre as transformações globais, nos anos 1970-1990.[1] Enquanto a heterodoxia neo-schumpeteriana, além de apontar diferenças críticas entre dados, informações e conhecimentos, insistia na necessidade de fortalecer a intervenção estatal para assegurar a proteção social e a virtuosidade no desenvolvimento, a ortodoxia enfatizava a predominância e suposta superioridade e "livre força dos mercados" em tais processos. Evidentemente, no plano de políticas públicas marcadas pela evolução de um "pensamento único" difundido pelos organismos internacionais, a ortodoxia prevaleceu. Tal prevalência se reflete até hoje nos debates da economia ortodoxa, nos quais dados são tratados como informações e essas como conhecimentos. Ainda mais grave foram as plataformas sociodigitais (PSD), que desreguladas fizeram dos dados sobre condições e comportamentos da sociedade, objeto de transação mercantil, assim dando origem ao que ficou maiormente chamado de Economia de Dados, a partir dos anos 2000.

De fato, desde a virada do milênio, novos atores, ligados às TICs – as então denominadas GAFAMs (Google, Apple, Facebook, Amazon, Microsoft), nos EUA; Alibaba e Tencent, na China; dentre

---

1 LASTRES, Helena Maria Martins; ALBAGLI, Sarita. *Informação e globalização na era do conhecimento*. Rio de Janeiro: Campus, 1999.

outros – passaram a comandar um novo padrão capitalista de acumulação baseado na extração, processamento, análise e comercialização de dados, viabilizado pelas novas tecnologias digitais, em especial Inteligência Artificial (IA) e big data.

Destaca-se que, por ser sempre relativo às necessidades sociais e produzido nas interações interpessoais, "os dados são, antes de mais nada, um recurso social – como o petróleo ou a água".[2] Nessa etapa do capitalismo em que esse recurso social, agora digitalizado, se torna tão importante – e não exclusivamente do ponto de vista econômico – a principal questão a ser abordada, em qualquer análise sobre uma Economia de Dados, seria como fazer a riqueza por ela trazida gerar benefícios para toda a sociedade. Infelizmente, o seu desenvolvimento não tem alcançado tal objetivo, e o benefício resultante tem abrangido apenas um pequeno grupo de grandes corporações digitais (GCDs) e seus principais acionistas, maiormente grupos financeiros institucionais, proprietários das PSDs, como discutido a seguir.

Assim, esse estudo inevitavelmente nos remete a aspectos institucionais, daí políticos, abrangendo diversos interesses para além daqueles que poderiam ser considerados exclusivos dos negócios e das empresas. Será, portanto, mais apropriado falarmos de uma *Economia Política de Dados*, incorporando na formulação teórica e em sua prática, aspectos também determinantes que extrapolam os limites daquilo que se entende por Economia Neoclássica.

Ultrapassar esses limites implica recuperar as linhas do pensamento que ressaltam a importância de entender o processo fundamental que comanda o novo paradigma sociotécnico na base do modo de acumulação capitalista hegemônico do início do terceiro milênio: a digitalização. Assim como também implica entender que, em sua atual etapa, o processo de digitalização da economia tem

2 DANTAS, Marcos. "A Economia de Dados no Brasil". *Entrevista, Panorama Setorial da Internet*, ano 15, nº 3, set. 2023, p. 16.

como principal esquema de reprodução do capital a mercadificação de dados tratados eletronicamente em redes digitais. Nessa vertente, o conjunto das transformações associado à digitalização ainda precisa ser mais bem compreendido, regulado e limitado. De qualquer forma, a presente hegemonia dos dados e das GCDs, que se apropriam do valor gerado por muitos outros agentes e controlam o processo de digitalização e de produção de riqueza, é tida como característica principal da atual etapa do processo civilizatório.

A Economia Política de Dados focaliza o valor derivado da geração, captura, armazenamento, custódia, processamento, análise e reuso de dados, realizados pelos diversos segmentos da sociedade, incluindo organizações, governos e indivíduos. Nos termos dessa definição, envolve não somente aspectos relativos à produção, comercialização, organização empresarial, receitas, lucros, finanças, empregos e outros próprios da atividade econômica, como também os relativos à privacidade, segurança e ética, os institucionais e ainda os geopolíticos e estratégicos.[3]

Os dados, ao se tornarem o "petróleo do século XXI" – entendendo essa metáfora como expressão da "mineração de dados" de bilhões de indivíduos e empresas em todo o mundo, por parte de um punhado de bilionárias corporações – está conferindo riqueza e do poder a centros de decisão econômicos, políticos, até geopolíticos, situados nos Estados Unidos, com crescente atuação também da China. Em decorrência, testemunhamos autoridades políticas e regulatórias de diferentes países mobilizarem pesquisadores e centros de estudos, buscando entender a Economia de Dados, como mensurar seu valor e sugerir instrumentos de política, regulação e controle.

Faz-se necessário averiguar em que medida as definições explícitas ou implícitas englobam e atribuem a devida importância a

---

3 CASSIOLATO, José Eduardo; DANTAS, Marcos; LASTRES, Helena Maria Martins. "Marco conceitual e analítico da Economia de Dados". Nota Técnica 11 do Projeto EconDados. *RedeSist e Cicef*, 2024.

cada uma das etapas que contribuem para a geração de valor nessa economia, assim como cabe caracterizar o sistema produtivo e inovativo mais amplo no qual se insere. A Economia Política de Dados não pode também deixar de considerar a divisão internacional do trabalho e os laços de dependência, até mesmo colonialismo,[4] costurados pelos detentores dos meios de produção e comercialização dos dados: grandes corporações controladas pelo capital financeiro e sediadas, na maioria, nos Estados Unidos.

Visando discutir o marco conceitual e analítico da Economia Política de Dados, este capítulo contempla a avaliação crítica de suas principais definições e respectivas abordagens metodológicas de medição disponíveis na literatura nacional e internacional. As questões geopolíticas e econômicas associadas são destacadas. O capítulo organiza-se da seguinte maneira: além desta introdução, o item 2 levanta e avalia criticamente as principais conceituações em uso e apresenta e analisa os conceitos básicos da Economia Política de Dados; no item 3 são resumidos os esforços de mensuração da Economia de Dados adotados por organismos multilaterais, países e blocos de países, verificando e discutindo as vantagens e restrições das diferentes abordagens; os itens 4 e 5 apresentam tentativas pioneiras de compreender e conceituar o Sistema Produtivo e Inovativo Digital; e o item 6 resume as principais conclusões das discussões travadas, pontuando a relevância de buscar e explorar as abordagens que contribuem para uma nova ótica, contextualizada, sistêmica, coletiva, apropriada para compreender e orientar processos de transformação digital soberanos, inclusivos e sustentáveis.

---

4 FAUSTINO, Deivison; LIPOLD, Walter. *Colonialismo digital*: por uma crítica hacker-fanoniana. São Paulo: Boitempo, 2023; JIN, Dal Yong. *Digital Platforms, Imperialism and Political Culture*. Nova York: Routledge, 2015.

1 O debate conceitual

Como argumentado em Cassiolato, Dantas e Lastres,[5] há um consenso de que não existe, ainda, uma literatura consolidada que delimite o campo da Economia de Dados e que caracterize seu papel na transformação das sociedades e economias contemporâneas. Observa-se, porém, o esforço de conceituação que se vincula, num primeiro momento, às tentativas de mensuração dessa economia, realizado por instituições internacionais e organismos nacionais produtores de estatísticas.

Falcón,[6] aponta as iniciativas da OCDE, União Europeia e FMI e alguns países como Reino Unido, EUA, Canadá e Austrália, a partir da orientação SCN 2008/ONU, que reiterou a necessidade de produzir estatísticas adequadas a essa nova área e seus impactos. Destaca-se a contratação de estudo, pelo Reino Unido, à London School of Economics (LSE) para subsidiar a proposta do Escritório Nacional de Estatística para medição da Economia de Dados;[7] e pela União Europeia, de um levantamento sobre a temática,[8] o qual vem sendo atualizado anualmente. Acrescenta-se a elaboração de um relatório internacional objetivando medir e monitorar a "nova economia" resultante da "transformação digital" e sintetizar o estado da arte sobre medição da Economia de Dados.[9]

---

5 CASSIOLATO, José Eduardo; DANTAS, Marcos; LASTRES, Helena Maria Martins. "Marco conceitual e analítico da Economia de Dados". Nota Técnica 11 do Projeto EconDados. *RedeSist e Cicef*, 2024.

6 FALCÓN, M. L. "Economia de Dados: conceito, mensuração e repercussões na agenda de políticas da União Europeia". Nota Técnica 1 do Projeto EconDados. *RedeSist e Cicef*, 2024.

7 BEAN, Charles. "Independent Review of UK Economic Statistics". *Final Report*. Londres: LSE, 2016.

8 IDC/Open Evidence, 2017.

9 FMI. *Measuring The Digital Economy*. Washington: IMF Publication, 2018.

Devido à impossibilidade de propor a medição do que não se compreende, nem se define, a grande maioria desses estudos inicia com uma reflexão conceitual. Exemplo típico é o estudo da LSE que, a partir do conceito de "produto digital", sugere uma explicação para o surgimento e funcionamento de um "mercado de dados" e, a partir daí, estabelece um conceito para a Economia de Dados. O "produto digital" é um termo genérico que designa todos os produtos que podem ser armazenados, utilizados e negociados em formato eletrônico, mas cujas características de "não-rivalidade", reutilização, intangibilidade e ubiquidade – tornam muito difícil identificar seu valor e preço. E enfatiza-se o denominado "efeito rede" que, ao contrário da ideia neoclássica de rendimentos decrescentes, permitiria elevar o valor de um produto digital quanto mais consumidores o utilizam. A reutilização residiria justamente nessa característica de ser um produto replicável infinitamente, mantendo todas as qualidades do original e a custo zero ou imensurável.[10]

Em normativo elaborado pela Comissão Europeia,[11] com apoio do FMI, para a revisão do sistema de contas nacionais, dados são definidos como "conteúdo de informação", em formato digital, produzido pelo acesso e observação de fenômenos e pelo registro, organização e armazenamento de informações sobre tais fenômenos que geram "benefício econômico quando usado em atividades produtivas". Os dados são classificados segundo sua produção original, e mesmo os destinados a autoconsumo podem ser incluídos na formação bruta

10 LASTRES, Helena Maria Martins; ALBAGLI, Sarita. *Informação e globalização na era do conhecimento*. Rio de Janeiro: Campus, 1999; FALCÓN, M. L. "Economia de Dados: conceito, mensuração e repercussões na agenda de políticas da União Europeia". Nota Técnica 1 do Projeto EconDados. *RedeSist e Cicef*, 2024; CASSIOLATO, José Eduardo; DANTAS, Marcos; LASTRES, Helena Maria Martins. "Marco conceitual e analítico da Economia de Dados". Nota Técnica 11 do Projeto EconDados. *RedeSist e Cicef*, 2024.

11 Handbook on Capitalisation of Data in the System of National Accounts (SNA).

de capital fixo, caso resultem de atividades produtivas. Os dados estão sujeitos à propriedade, avaliação, reavaliação e depreciação.

Vários pontos comuns nas diversas tentativas examinadas acabam influenciando negativamente a compreensão do fenômeno e, mais importante, o debate conceitual e político sobre o tema:

- todas se inspiram e utilizam as ferramentas da Economia Neoclássica e introduzem alguns elementos novos para dar conta dos desafios;
- há nesses esforços uma superposição entre o termo "Economia de Dados" e aquele mais popularizado de "Economia Digital". Ambos são usualmente utilizados de forma intercambiável, tanto na literatura acadêmica, quanto nos documentos oficiais de organismos internacionais e nacionais;
- governos e organismos internacionais confessam que não há definição acordada e padronizada de ambos os conceitos: "Economia de Dados" e "Economia Digital" o que dificulta também os esforços para sua medição.[12]

---

12 Ver CASSIOLATO, José Eduardo; DANTAS, Marcos; LASTRES, Helena Maria Martins. "Marco conceitual e analítico da Economia de Dados". Nota Técnica 11 do Projeto EconDados. *RedeSist e Cicef*, 2024; FALCÓN, M. L. "Economia de Dados: conceito, mensuração e repercussões na agenda de políticas da União Europeia". Nota Técnica 1 do Projeto EconDados. *RedeSist e Cicef*, 2024; BRITTO, Jorge. "Economia de dados: conceitos e sistemas de medição nos EUA e Canadá". Nota Técnica 4 do Projeto EconDados. *RedeSist e Cicef*, 2024; LEMOS, Cristina. "Economia de Dados: abordagens conceituais, sistemas de mensuração e políticas em países e blocos de países selecionados na África, Ásia e Oceania". Nota Técnica 3 do Projeto EconDados. *RedeSist e Cicef*, 2024; ARROIO, Ana. "Economia de Dados na perspectiva das Organizações Multilaterais e nos (B)RICS: mitos, conceitos e sistemas de mensuração para informar políticas públicas no Brasil". Nota Técnica 2 do Projeto EconDados. *RedeSist e Cicef*, 2024; MATOS, Marcelo P. "Economia de Dados: conceituações, sistemas de mensuração e políticas no Brasil". Nota Técnica 5 do Projeto EconDados. *RedeSist e Cicef*, 2024; GONZALO, Manuel; BORRASTERO, Carina. "América Latina

O estudo elaborado em 2018 pelo FMI – deixa claro tais problemas:

> a falta de uma definição geralmente aceita de "Economia Digital" ou "setor digital" e a falta de classificação de indústrias e produtos para plataformas de internet e serviços associados são obstáculos para a medição da Economia Digital.[13]

Sugere que os esforços de mensuração se concentrem na definição proposta de "setor digital", que abrange as atividades de digitalização, bens e serviços de TICs, plataformas *on-line* e atividades correlatas.[14]

As dificuldades identificadas remetem aos desafios enfrentados pelos teóricos neoclássicos, conforme o debate sobre informação e conhecimento, liderado por Kenneth Arrow,[15] em artigo clássico, publicado numa época na qual nem se imaginava a internet e mal havia

---

y la Economía de Dados: definiciones, mediciones, temas de agenda e implicancias de política". Nota Técnica 8 do Projeto EconDados. *RedeSist e Cicef*, 2024; CASSIOLATO, José Eduardo; GASPAR, W. "Digitalização e Financeirização: imbricações, desafios e possibilidades". Nota Técnica 6 do Projeto EconDados. *RedeSist e Cicef*, 2024; LIMA, Severino José de; ARRUDA, Danilo Raimundo de; PINTO, Pablo Aurélio Lacerda Almeida. "Medição da economia baseada em dados: impactos, desafios e oportunidades para o Nordeste brasileiro". Nota Técnica 9 do Projeto EconDados. *RedeSist e Cicef*, 2024; LASTRES, Helena Maria Martins; CASSIOLATO, José Eduardo; DANTAS, Marcos. "Estado atual da conceituação e mensuração da Economia de Dados no Brasil". Nota Técnica 12 do Projeto EconDados. *RedeSist e Cicef*, 2024.

13 FMI. *Measuring The Digital Economy*. Washington: IMF Publication, 2018, p. 1.

14 Ver FALCÓN, M. L. "Economia de Dados: conceito, mensuração e repercussões na agenda de políticas da União Europeia". Nota Técnica 1 do Projeto EconDados. *RedeSist e Cicef*, 2024.

15 ARROW, Kenneth J. "Economic Welfare and the Allocation of Resources for Invention". *In*: *The Rate and Direction of Inventive Activity*: Economic and Social Factors. National Bureau Committee for Economic Research. Princeton: Princeton University Press, [1962] 1977.

nascido a fotocópia. Dados, folhas de papel impressas, imagens num filme ou em tela de computador são diferentes exemplos de registros informacionais. Isto é, são produtos de alguma forma de trabalho humano cujo valor só se realiza se comunicado. Implica dizer que quem comunica, não importa por qual meio ou suporte, transfere a outros o conteúdo comunicado sem, porém, deixar de continuar detendo, registrado em sua mente ou em algum outro suporte, esse mesmo conteúdo, podendo divulgá-lo em tantas outras comunicações quantas deseje. Seja na forma eletrônica dos dados, seja algo posto em folhas de papel, essas formas são alguns dos *meios* de se efetuar a comunicação da informação. Tal relação é totalmente distinta da relação mercantil clássica, na qual a troca de alguma mercadoria significa transferir para algum outro ou outra, integralmente, a *propriedade do valor de uso* da mercadoria trocada. Quem troca deixa de possuir o objeto trocado. Mas quem comunica continua também detendo o conteúdo compartilhado.

Entendendo isso, Arrow chamou a atenção que a informação "se torna uma mercadoria especial", adquirindo valor, o que acarretaria pelo menos, três problemas, nos termos da teoria neoclássica: a informação é indivisível, por isso inapropriável e também incerta. Dadas suas características, o valor da informação, uma vez reproduzida, tende a "custo marginal zero". Na discussão sobre formas de apropriação do valor da informação, Arrow considera como uma das soluções possíveis o investidor ter assegurado os "direitos de propriedade intelectual". Porém, dada a própria natureza da informação, "as leis de patentes teriam que se tornar incrivelmente complexas e sutis para permitir apropriação em larga escala".[16]

---

16 ARROW, Kenneth J. "Economic Welfare and the Allocation of Resources for Invention". *In*: *The Rate and Direction of Inventive Activity*: Economic and Social Factors. National Bureau Committee for Economic Research. Princeton: Princeton University Press, [1962] 1977, p. 623.

Ao longo dos anos, as leis de propriedade intelectual tornaram-se cada vez mais complexas e o capital desenvolveu modelos para se apropriar do valor da informação. Antes de abordar tais modelos, no contexto em que dados podem ser objeto de transação comercial, é preciso resgatar o resumo de nossas pesquisas sobre a definição de dados e como são gerados.

1.1 O que são "dados", como e por quem são gerados

Entendemos por dados digitais os registros numéricos binários em dispositivos eletrônicos de memória que, uma vez acionados pelo trabalho vivo, diretamente ou por meio de algoritmo de máquina, fornecem – através de tela ou meio impresso – objetos semióticos (textos, figuras, sons, imagens em movimento) que atendem às finalidades econômicas, políticas ou culturais do sujeito social da ação. Assim, independentemente de serem governamentais, públicos ou privados, a Economia Política dos Dados trata daqueles que são extraídos, processados, organizados, registrados e acessados através de sistemas digitais para fins de comercialização e lucro.

Alguns autores, visando definir o atual estágio do regime, dominado pelas GCDs, baseado em mecanismos de extração, comercialização e uso de dados, chamaram a atenção para seu atributo central – o capital-informação[17] e aderiram à noção de Capitalismo Informacional,[18] Capitalismo Cognitivo,[19] Capitalismo de Plataforma[20]

---

17 DANTAS, Marcos. *A lógica do capital-informação*: a fragmentação dos monopólios e a monopolização dos fragmentos num mundo de comunicações globais. Rio de Janeiro: Contraponto, 1996.

18 CASTELLS, Manuel. *A sociedade em rede*. São Paulo: Paz e Terra, 1999.

19 VERCELLONE, C. *Capitalismo cognitivo*. Conoscenza e finanza nell'epoca postfordista. Roma: Manifestolibri, 2006.

20 SRNICEK, Nick. *Platform Capitalism*. Cambridge: Polity Press, 2017.

e Capitalismo de Vigilância,[21] Colonialismo de Dados,[22] Colonialismo Digital[23] e Tecnofeudalismo,[24] entre outras.

Ao fornecer a infraestrutura e a intermediação entre os agentes, as GCDs e suas plataformas se colocam numa posição a partir da qual podem monitorar e explorar as interações entre eles. Esse posicionamento é a fonte de seu poder econômico e político.

> As plataformas sociodigitais (...) e sítios semelhantes, são infraestruturas físicas e lógicas para o processamento e a comunicação de informações que permitem que dois ou mais usuários interajam diretamente entre si, sejam essas interações recreativas, profissionais ou comerciais. Esses usuários podem ser compradores ou vendedores de bens e serviços, anunciantes de *marketing*, desenvolvedores de *software* ou, na maioria das vezes, apenas pessoas comuns trocando mensagens com outras pessoas comuns... Apesar de suas diferenças aparentes, as "redes sociais", (...) mecanismos de busca, serviços audiovisuais como Netflix ou grandes lojas "virtuais", como Amazon, Alibaba ou e-Bay, são todos semelhantes em sua essência: funcionam como grandes mercados, um "lugar" onde compradores e vendedores de bens e serviços se encontram para negociações diretas sobre suas condições de oferta e demanda. Essas obtêm suas receitas e lucros principalmente com a monetização de dados extraídos de seus usuários, que

---

21 ZUBOFF, Shoshana. *The age of surveillance capitalism*: the fight for a human future at the new frontier of power. Nova York: Public Affairs Books, 2018.

22 COULDRY, Nick; MEJIAS, Ulises. "The decolonial turn in data and technology research: what is at stake and where is it heading?" *Information, Communication & Society*, vol. 26, Issue 4, 2023. DOI: 10.1080/1369118X.2021.1986102.

23 FAUSTINO, Deivison; LIPOLD, Walter. *Colonialismo digital*: por uma crítica hacker-fanoniana. São Paulo: Boitempo, 2023.

24 COLOMBINI, Iderley. "Limites lógicos da tese do capitalismo cognitivo". *Revista da Sociedade Brasileira de Economia Política*, vol. 4, nº 65, 2023.

> são "consumidores", "anunciantes", "vendedores" de bens ou serviços e assim por diante.[25]

Novas formas de produzir valor e exercer poder emergem do cenário em que predominam as atividades econômicas baseadas em dados.[26] No âmago desse fenômeno está a interpenetração entre atividades distintas, configurando "mercados de dois ou vários lados". As GCDs que proveem serviço de intermediação – de bens, de pessoas ou, cada vez mais, em um misto entre ambos – beneficiam-se da coleta massiva de dados pessoais e não pessoais. Os dados – processados e usados para produzir valor e novas ferramentas tecnológicas incorporadas em novos produtos – são vendidos, na forma de leilões de propaganda direcionada, listas de contatos, bases de dados de sistemas de IA; bem como o acesso às inferências derivadas de seu processamento.

Em ambientes de baixíssima regulação, as GCDs monetizam os dados pessoais em diferentes plataformas, sem oferecer compensação adicional aos indivíduos que são sua fonte e seus proprietários. Por exemplo, as empresas especializadas em rastrear dados de localização de indivíduos, por meio de telefones celulares, podem seguir as localizações dos indivíduos com grande precisão e conectar as atividades *on-line* dos indivíduos com esses dados de localização. Essas empresas vendem o acesso ao conjunto de dados de localização para outras especializadas em sua análise, publicidade, pesquisa política, etc. sem compensar os usuários e sem sua autorização ou conhecimento.

Adiciona-se que, é especialmente difícil determinar o valor dos dados nas diferentes etapas de seu sistema produtivo, uma vez que

---

25 DANTAS, Marcos. "The Financial Logic of Internet Platforms: The Turnover Time of Money at the Limit of Zero". *TripleC*, vol. 17, nº 1, 2019, p. 132.

26 MOROZOV, Evgeny. *Big tech*: a ascensão dos dados e a morte da política. São Paulo: Ubu, 2018.

parcela significativa dos mesmos representa "produtos de experiência" com "fungibilidade limitada" e pode:

- ser reutilizada infinitamente e por várias entidades, não sendo assim possível se determinar o valor a partir dos princípios de escassez e outros tradicionais;
- assumir a característica de "bem público", cuja produção gera importantes efeitos de "trasbordamento" para o conjunto da economia, com apropriação dependente da "capacidade de absorção" dos agentes;
- ser direcionada a diferentes finalidades, o que indica que nenhuma função de produção única pode descrever o processo completo de transformação de fatores de produção em produtos.[27]

Novos sistemas desenhados, desde sua concepção, para articular usuários e plataformas, são criados e reforçam os efeitos de rede nestes ambientes digitais. Tudo isso se encaixa em uma forma de produção e extração de valor, cujo objetivo final é monitorar o que as pessoas veem, ouvem, fazem, experimentam, sentem e consomem, e lucrar ao tentar fazer com que elas vejam, ouçam, façam, sintam, experimentem e consumam mais coisas de que gostam ou que as empresas concluem que podem ou devem gostar.

No campo da Economia Política, os autores marxistas que examinaram a relação entre informação e trabalho – Schiller,[28] Lojkine[29]

27 Ver BRITTO, Jorge. "Economia de Dados: conceitos e sistemas de medição nos EUA e Canadá". Nota Técnica 4 do Projeto EconDados. *RedeSist e Cicef*, 2024.

28 SCHILLER, Dan. "How to think about information". *In*: MOSCO, Vincent; WASKO, Janet. *The Political Economy of Information*. Madison: The University of Wisconsin Press, 1988.

29 LOJKINE, Jean. *A revolução informacional*. São Paulo: Cortez, 1995.

e Dantas[30] – destacaram a necessidade de considerar, nos processos de produção e realização de valor, o trabalho informacional. Tais abordagens focalizam as características intrínsecas da informação, distinguindo-a de suas muitas formas: "notícia", "fato comunicado", "dado" etc.

Para compreender o valor da informação numa abordagem marxiana deve-se partir dos poucos parágrafos do Livro II de *O Capital*[31] *ou de algumas passagens dos Grundrisse*,[32] nos quais examina-se a produção de valor e de mais valor nas "comunicações". Entende-se que os meios de transporte e de comunicações (telegrafia, à sua época) integram e concluem o processo de produção por levar a mercadoria até o seu consumidor. Porém, nesse ato, não produzem nova mercadoria. Por isso, o valor e mais valor nas indústrias de comunicação são produzidos e realizados no próprio movimento de trabalho. O "efeito útil" (ou valor de uso) é dar velocidade à rotação do capital-dinheiro e do capital-produto, logo, reduzir ao mínimo possível os tempos de circulação e, principalmente, de rotação do capital. Por essa lógica, entende-se por que as GCDs – transportando tanto mercadorias, em tempos extraordinariamente curtos (veja-se o sucesso, no Brasil, das plataformas varejistas), quanto dinheiro

---

30 DANTAS, Marcos. "Capitalismo na era das redes: trabalho, informação e valor no ciclo da comunicação produtiva". *In*: LASTRES, Helena Maria Martins; ALBAGLI, Sarita (Coord.). *Informação e Globalização na Era do Conhecimento*. Rio de Janeiro: Campus, 1999; DANTAS, Marcos. "Informação como trabalho e como valor". *Revista da Sociedade Brasileira de Economia Política*, nº 19. Rio de Janeiro: SEP, 2006; DANTAS, Marcos. "Informação, trabalho e capital". *In*: ______ *et al. O valor da informação*: de como o capital se apropria do trabalho social na era do espetáculo e da internet. São Paulo: Boitempo, 2022.

31 MARX, Karl. *O Capital*: crítica da Economia Política, Livro II. São Paulo: Boitempo, [1885] 2014.

32 MARX, Karl. *Grundrisse (Manuscritos econômicos de 1857-1858)*. São Paulo: Boitempo, [1976] 2011.

num tempo no limite de zero – tornaram-se tão essenciais ao capital-informação "globalizado" do século XXI.[33]

Nessa Economia Política de transformação capitalista, o poder do capital é crescentemente expresso por dados e informações e seu controle comandado por essas grandes corporações oligopolistas. No formato assumido, na virada do milênio, isto significou mensurar e registrar, na forma de dados digitais, características cada vez mais pormenorizadas da atividade humana para a produção de ativos intangíveis – constituindo a "nova fronteira de acumulação" composta pelo capital-informação. Também se manifestou em formas mais tradicionais de cerceamento do acesso ao conhecimento, como o uso de direitos de propriedade intelectual para compor "sistemas corporativos de inovação" voltados à formação de "monopólios intelectuais".[34]

De fato, ao longo dos anos, as leis de propriedade intelectual tornaram-se cada vez mais complexas e o capital desenvolveu um modelo para se apropriar do valor da informação: os "jardins

---

33 DANTAS, Marcos. "The Financial Logic of Internet Platforms: The Turnover Time of Money at the Limit of Zero". *TripleC*, vol. 17, nº 1, 2019.

34 Ver DANTAS, Marcos. *A lógica do capital-informação*: a fragmentação dos monopólios e a monopolização dos fragmentos num mundo de comunicações globais. Rio de Janeiro: Contraponto, 1996; DANTAS, Marcos. "Informação como trabalho e como valor". *Revista da Sociedade Brasileira de Economia Política*, nº 19. Rio de Janeiro: SEP, 2006; DANTAS, Marcos. "Informação, trabalho e capital". *In*: ______ *et al. O valor da informação*: de como o capital se apropria do trabalho social na era do espetáculo e da internet. São Paulo: Boitempo, 2022; ORMAY, Larissa. "Propriedade intelectual e rendas informacionais". *In*: DANTAS, Marcos *et al.* (Coord.). *O valor da informação*: de como o capital se apropria do trabalho social na era do espetáculo e da internet. São Paulo: Boitempo, 2022; CASSIOLATO, José Eduardo; DANTAS, Marcos; LASTRES, Helena Maria Martins. "Marco conceitual e analítico da Economia de Dados". Nota Técnica 11 do Projeto EconDados. *RedeSist e Cicef*, 2024.

murados".[35] Exemplo: os modelos de realização do Netflix ou Spotify, nos quais o acesso aos registros informacionais (filmes, músicas etc.) só é possível mediante o pagamento de assinaturas garantido por um sistema – formado por terminais de acesso (aparelho celular ou de TV) e por redes de telecomunicações – que pune a inadimplência quase instantaneamente. O principal objetivo é manter o controle dos dados e, com isso, o cliente fiel à sua plataforma, reativando as suas audiências ali mesmo, especialmente para recomercialização.

Também os dados comercializados pelas PSDs são protegidos por jardins murados: todo o processo de negociação, inclusive os leilões, é efetuado no interior dos servidores das plataformas, de forma opaca. Os anunciantes e seus clientes só têm acesso ao resultado final da negociação na forma de dados como: endereço, tempo de entrega e outros básicos para a conclusão do negócio. Esses dados, porém, permanecem também nos servidores da plataforma e podem, assim, ser ilimitadamente oferecidos a quaisquer outros anunciantes. Os jardins murados estariam para a acumulação de capital-informação no século XXI como o cercamento das terras esteve para a acumulação primitiva no século XVIII.[36]

Em suma, a concepção da Economia Política Digital e de Dados articula-se com a tese de que o padrão capitalista de acumulação mudou a partir da difusão das TICs, IA e práticas de programação do poder cognitivo coletivo do trabalho em um sistema econômico orientado por dados e informações digitais. A mercadificação do trabalho informacional de maior qualificação, entendido como

---

35 DANTAS, Marcos. "Milionários nada por acaso: capital rentista e apropriação do trabalho artístico nas redes do espetáculo". *Eptic Online*, vol. 13, nº 2, mai.-ago. 2011; DANTAS, Marcos. "Informação, trabalho e capital". *In*: ______ *et al. O valor da informação*: de como o capital se apropria do trabalho social na era do espetáculo e da internet. São Paulo: Boitempo, 2022.

36 DANTAS, Marcos. "Informação, trabalho e capital". *In*: ______ *et al. O valor da informação*: de como o capital se apropria do trabalho social na era do espetáculo e da internet. São Paulo: Boitempo, 2022.

"analítico-simbólico"[37] ou "cognitivo",[38] é o fundamento do valor desse novo sistema capitalista, no qual os modos de controle sobre produção, consumo, distribuição e trocas são em muitos aspectos decisivos, diferentes das formas anteriores de capitalismo.[39]

Sem dispor de acesso às reais dimensões dos fluxos de dados e informações, pesquisadores e autoridades têm buscado desenvolver metodologias que permitam obter resultados ao menos aproximativos. É o tema do próximo item.

2 Os esforços de mensuração da Economia de Dados

Ao se tornarem um recurso crescentemente relevante, em termos econômicos, políticos e sociais, coloca-se como crítica a questão da mensuração dos dados. Isso no plano analítico-conceitual mais geral, assim como no plano das orientações de políticas públicas e privadas. De fato, apesar de sua crescente e inegável importância, as iniciativas para conceituar e medir o valor dos dados nas estatísticas econômicas permanecem relativamente limitadas, tanto no Sistema de Contas Nacionais (SCN) como em outras abordagens, tendo em vista as dificuldades de compreensão da tal Economia de Dados, sua mensuração de seu "valor".

---

37 REICH, Robert. *The Work of Nations*: Preparing Ourselves for 21st Century Capitalism. Nova York: Vintage Books, 1992.

38 AZAÏS, Christian; CORSANI, Antonella; DIEUAIDE, Patrick. *Vers un capitalisme cognitif*. Paris: L'Harmattan, 2001.

39 DANTAS, Marcos. "Capitalismo na era das redes: trabalho, informação e valor no ciclo da comunicação produtiva". *In*: LASTRES, Helena Maria Martins; ALBAGLI, Sarita (Coord.). *Informação e Globalização na Era do Conhecimento*. Rio de Janeiro: Campus, 1999; DANTAS, Marcos. "Informação como trabalho e como valor". *Revista da Sociedade Brasileira de Economia Política*, nº 19. Rio de Janeiro: SEP, 2006; DANTAS, Marcos. "Informação, trabalho e capital". *In*: ______ *et al. O valor da informação*: de como o capital se apropria do trabalho social na era do espetáculo e da internet. São Paulo: Boitempo, 2022.

As especificidades dos dados, como visto acima, resultam em imensas dificuldades para sua conceituação e mensuração. Nesse último caso, apontam-se as três principais lacunas das tentativas de medição:[40] não há limites claros entre a produção para autoconsumo e para comercialização; as transações e os produtos digitais são "intangíveis" e, muitas vezes, não precificados; e os limites fronteiriços não são registrados. Além disso, os limites temporais do circuito de valorização dos dados – e de seus possíveis impactos diretos e indiretos – são, a princípio, indefinidos.

Segundo a Comissão Europeia, a Economia de Dados abrangeria a geração, coleta, armazenamento, processamento, distribuição, análise, elaboração, fornecimento e exploração de dados possibilitados pelas tecnologias digitais. No entanto, a metodologia é muito opaca e utiliza, além de fontes oficiais, vários levantamentos e estatísticas da empresa de consultoria contratada, sem demonstração clara de como teriam sido gerados. Já a Pesquisa Social e Econômica Mundial das Nações Unidas (2018) destacou como a incapacidade de valorar os dados consiste em obstáculo para abordar questões de privacidade, equidade e ética relacionadas ao uso dos mesmos.[41]

Objetivando enfrentar os desafios colocados e avançar na mensuração da Economia de Dados, Falcón,[42] nota que a maioria dos países busca soluções entre duas alternativas:

- construir uma cesta de variáveis que permita a construção de um Índice, como o Digital Economy and Society Index (DESI) da União Europeia; e

---

40 BEAN, Charles. "Independent Review of UK Economic Statistics". *Final Report*. Londres: LSE, 2016.

41 FALCÓN, M. L. "Economia de Dados: conceito, mensuração e repercussões na agenda de políticas da União Europeia". Nota Técnica 1 do Projeto EconDados. *RedeSist e Cicef*, 2024.

42 FALCÓN, M. L. "Economia de Dados: conceito, mensuração e repercussões na agenda de políticas da União Europeia". Nota Técnica 1 do Projeto EconDados. *RedeSist e Cicef*, 2024.

- elaborar uma "conta satélite" na matriz insumo-produto (MIP), base do cálculo do PIB, onde os aspectos técnicos e medições podem ser testadas e avaliadas.

A elaboração da nova Norma SNA/2025 da ONU, para atualização dos sistemas de contas nacionais, visa manter a estrutura de cálculo nas MIPs e introduz novos produtos e atividades a serem precificados e identificados, especialmente aqueles do sistema financeiro e tecnológico. O foco está na atualização do cálculo do PIB diante da transformação digital e o novo recorte da Economia de Dados.[43] Para tanto, a ONU designou um grupo de trabalho[44] que criou forças-tarefas (Digitalization Task Team – DZTT), encarregadas de estudar 10 temas ligados à Economia de Dados como insumo à SNA 2025:[45]

1. Medição do preço e do volume dos bens e serviços afetados pela digitalização;

2. Criptoativos;

3. Tratamento de produtos digitais "gratuitos" nas contas nacionais "principais";

4. Registro e avaliação de produtos "gratuitos" numa conta satélite SNA;

---

43 O processo de revisão conjunta, tanto da SNA quanto do Manual de Balanço de Pagamentos (BPM7), foi iniciado em 2020 e se previa a publicação em março de 2025. Além das alterações reconhecidamente feitas para adequar-se à Economia de Dados, há também relevantes mudanças para incorporar a dimensão ambiental e seus impactos.

44 ISWGNA – Intersecretariat Working Group on National Accounts, ver temas estudados para a reforma SNA em: https://unstats.un.org/unsd/nationalaccount/SNAUpdate/DZTT.asp.

45 Em 2022 foi aprovada a estrutura da SNA 2025 com 39 capítulos, enquanto a SNA 2008 tinha 29. Em 2023 ocorreu uma rodada de consulta aos países membros, que podem fazer sugestões e recomendações. Em 2024 o texto final seguiria para aprovação na ONU.

5. Aumento da visibilidade da digitalização nas estatísticas através de tabelas digitais de fontes e usos;

6. Registro de dados nas contas nacionais;

7. Melhorar a visibilidade da Inteligência Artificial nas Contas Nacionais;

8. Computação em nuvem;

9. Incorporar Plataformas de Intermediação Digital no Sistema de Contas Nacionais;

10. *Tokens* não fungíveis (NFTs).

As principais alterações propostas pelo grupo de trabalho[46] referentes à digitalização incluem:

- Desagregações mais pormenorizadas de determinadas categorias de ativos (dados e banco de dados) no âmbito dos produtos de propriedade intelectual;
- Tabelas digitais de oferta e uso são incentivadas como tabelas estendidas/temáticas, incluindo também a contabilidade estendida para serviços "gratuitos" (Facebook, Instagram, TikTok, etc.);
- Identificação desagregada das *fintech* das corporações financeiras, como rubricas suplementares nos países em que estas atividades são significativas;
- Desagregação padronizada, em ativos não-financeiros, para criptoativos sem passivo correspondente concebidos como meio de troca e *tokens* não fungíveis (NFT).

[46] ONU/ISWGNA/UNECE, 2024.

Especificamente sobre a contabilização dos ativos intangíveis em dados e banco de dados, um normativo elaborado pela Comissão Europeia,[47] com apoio do FMI, para a revisão da SNA é conclusivo:

> A inclusão de Dados como uma nova classe de ativos é uma das principais inovações previstas para o SCN 2025. Embora os conceitos sejam bem definidos, a compilação de ativos de dados está apenas em seus estágios iniciais para muitos países.[48]

Uma revisão e atualização da norma europeia ESA 2010 para classificações e estruturas das contas (*benchmark revision*) está prevista para o final de 2024, com as seguintes características:[49] a) consolida alterações implementadas desde 2019, começando pelas definições técnicas no glossário e classificação de produtos na MIP; b) novas fontes de dados e métodos de processamento; c) a conta do consumo das famílias incorpora mudanças de hábito de consumo com novos produtos digitais; d) monitoramento dos fluxos das multinacionais e balanço de pagamentos; e) integração de dados de estatísticas de negócio e sociais/ambientais; f) estatísticas financeiras dos Estados; g) impactos da Economia de Dados sobre o PIB, balanço de pagamentos, emprego e inflação, especialmente produtos não financeiros intangíveis e as finanças digitalizadas.

Mesmo diante das revisões e atualizações, a contabilidade social onde se apoiam os cálculos dos indicadores macroeconômicos está diante de uma situação desafiadora. Sem contabilizar ativos intangíveis produzidos pela nova figura do consumidor-produtor, os quais são apropriados, comercializados ou consumidos na atividade produtiva como bens intermediários, chega-se à situação bastante surreal de haver produção de valor sem insumos nem ativos consumidos no

---

47 "Handbook on Capitalisation of Data in the SNA".

48 CE/FMI, 2024, p. 1.

49 EUROSTAT/EC, 2024.

processo. Talvez o único rastro possível de contabilizar seja o consumo de energia e água, como "fenômenos observáveis".

As dificuldades dos métodos tradicionais de captura das informações para elaborar a MIP na Economia de Dados são inúmeras. A solução proposta volta-se para o instrumento da conta satélite específica – Digital Economy Satellite Account (DESA) – que seria construída para a transição até a aprovação da nova Norma SCA 2025, permitindo aos países conhecerem melhor os diversos aspectos com que está sendo reestruturada sua economia e testarem soluções estatísticas. O Asian Development Bank,[50] o FMI[51] e LSE/UK[52] apontam problemas de medição da "nova economia" nos seguintes elementos:

a) Classificação das atividades econômicas, destacando-se os serviços, citando como exemplo a estrutura da MIP do Reino Unido em 2014, que considerava para a indústria 44 setores e para os serviços apenas 51 setores, apesar de ser responsável por uma riqueza gerada oito vezes maior que a da indústria;

b) Capital intangível, considerado mais além das normas europeias para as contas nacionais,[53] como sendo de três tipos: informação digitalizada em programas/*softwares* e bases de dados; 2) ativos de pesquisa, desenvolvimento e inovação, inclusive originais artísticos e *design*; 3) competências econômicas em "capital humano e organizacional" como *marketing, training, branding* etc.;

c) Fluxos transfronteiriços de pessoas, bens e serviços não detectados pela captura convencional de dados;

50 ADB, 2021.

51 FMI. *Measuring The Digital Economy*. Washington: IMF Publication, 2018.

52 BEAN, Charles. "Independent Review of UK Economic Statistics". *Final Report*. Londres: LSE, 2016.

53 ESA, 2010.

d) Estatísticas financeiras e monetárias, desde o cálculo da inflação x qualidade dos bens e serviços, até a própria oferta monetária diante das novas formas de meios de pagamento;

e) Balanço de pagamentos e a definição do que é produto interno/nacional, diante da produção compartilhada em múltiplos países de bens e serviços digitais, com o trabalho e produtos sendo precificados ou não.

É importante marcar as diferenças na mensuração da Economia de Dados – definida como conjuntos particulares de bens e serviços possíveis de serem isolados dentro do SCN – para o que já existe como metodologia relativamente consolidada[54] e a mensuração de fluxos e ativos mais difusos na qual a metodologia é ainda tentativa e exploratória. Britto,[55] apresenta um detalhamento dos três principais métodos de aferição atualmente adotados pelas organizações responsáveis pela elaboração de estatísticas nacionais, todos de orientação neoclássica: baseados em custos, em rendimentos e nos valores de mercado.

A fundamentação dos métodos baseados nos custos – relativos à geração, coleta, armazenamento e substituição de dados – provém do SCN, onde, se o valor não puder ser observado diretamente, recomenda-se a utilização de uma abordagem de "soma de custos". Entre suas pretensas vantagens, aponta-se que custos ocorrem no passado e a maior parte são custos salariais dos trabalhadores

54 Ver Britto para detalhamento das experiências dos Canadá e Estados Unidos (BRITTO, Jorge. "Economia de Dados: conceitos e sistemas de medição nos EUA e Canadá". Nota Técnica 4 do Projeto EconDados. *RedeSist e Cicef*, 2024). Ver CAICT (2020) para o detalhamento da experiência da China. A Huawei e a Oxford Economics (2017) realizaram ajustamentos na metodologia para captar efeitos diretos e indiretos do tipo "*spill over*" do investimento digital sob a forma de aumentos de produtividade.

55 BRITTO, Jorge. "Economia de Dados: conceitos e sistemas de medição nos EUA e Canadá". Nota Técnica 4 do Projeto EconDados. *RedeSist e Cicef*, 2024.

– envolvidos na aquisição, manipulação, processamento e análise de dados – tradicionalmente captados nas pesquisas realizadas por agências estatísticas. Por tais razões, o método baseado em custos é usado pela literatura acadêmica neoclássica e agências estatísticas para medir bens intangíveis, como *software* e despesas de P&D. Esse método foi testado por vários institutos nacionais de estatística, como o Statistics Canada, US Bureau of Economic Analysis (BEA), UK Office of National Statistics (ONS) e Statistics Netherlands. Ao discutir suas especificidades, Britto,[56] conclui que, embora conceitualmente simples, esse método se baseia em hipóteses muito irreais e representa, na melhor das hipóteses, uma inferência sobre um limite inferior para o valor dos dados.

O segundo método – baseado nos rendimentos – utiliza os fluxos de receitas esperadas das empresas (tais como a venda de análises de *marketing* ou os serviços de informação) para estimar um "valor" para os dados subjacentes. Tal método utiliza estimativas diretas dos fluxos de receitas esperados que derivam da posse de dados. Sua implementação também seria relativamente simples, se houvesse estimativas confiáveis dos fluxos de receita. Este é um método do tipo "valor em uso", conforme definido na Norma Internacional de Contabilidade. Todavia, Britto,[57] nota que sua correta utilização somente é possível quando existem fluxos de receitas diretamente atribuíveis à utilização dos dados. E alerta que, além das dificuldades de identificação desses casos, esse método exclui o valor criado pelos dados em empresas que não comercializam dados diretamente, mas os utilizam para melhorar suas atividades. O autor aponta ainda que essa abordagem envolve muita subjetividade, dada pela dificuldade de separar as receitas resultantes de dados daquelas provenientes de

---

56 BRITTO, Jorge. "Economia de Dados: conceitos e sistemas de medição nos EUA e Canadá". Nota Técnica 4 do Projeto EconDados. *RedeSist e Cicef*, 2024.

57 BRITTO, Jorge. "Economia de Dados: conceitos e sistemas de medição nos EUA e Canadá". Nota Técnica 4 do Projeto EconDados. *RedeSist e Cicef*, 2024.

outros insumos e pela dificuldade de se prever o valor de um fluxo de receitas antes de esses ganhos serem realizados, o que o torna um método retrospectivo e com aplicação muito limitada.

Já os métodos baseados no valor do mercado utilizam, basicamente, evidências observáveis de preços. Este é o método preferido de avaliação, embora os chamados "preços de mercado" sejam apenas uma estimativa muito precária e parcial do valor social total e existam muito poucos observáveis para os dados. Por um lado, a maioria dos dados é criada e utilizada internamente por empresas ou outras organizações, em vez de ser comercializada. Por outro, a hipótese de existência de um "mercado de dados" é problemática, dada a forma como estão organizadas as atividades de extração e comercialização de dados e o poder das empresas que comandam tais atividades em suas relações com os proprietários reais dos dados (indivíduos) e com potenciais compradores. Mesmo nos poucos casos em que se poderia sugerir a existência de mercados de dados bem estabelecidos, como os de pontuação de crédito, não existem "preços de mercado", com os dados sendo fornecidos às agências de classificação de risco – pelas próprias empresas que serão avaliadas e pagarão, de forma no mínimo opaca, por sua análise e pretensa avaliação.

De modo geral, a baixa transparência dos mercados de dados impossibilita o estabelecimento do que seria um preço de mercado para um tipo específico de dados em um determinado momento. De fato, praticamente inexiste informação observável sobre os preços de compra e venda de conjuntos de dados. Mesmo para aquelas empresas que estão envolvidas na venda direta de dados, as transações são mantidas privadas e não disponibilizadas ao público em geral. Mais ainda, a noção de que dados podem ser concebidos, no linguajar neoclássico, como um "bem de experiência" – cujo valor só é conhecido quando é adquirido – significa uma assimetria inerente de informação entre comprador e vendedor, o que torna equivocado o próprio conceito de mercado de dados. De fato, a natureza privada das transações leva a uma discriminação de preços por parte dos vendedores, com diferentes compradores pagando preços muito diferentes. Não existe um preço de mercado único para um determinado conjunto de dados.[58]

A literatura econômica neoclássica tenta contornar tais problemas recorrendo ao mercado de ações. Em tese, se uma empresa se dedica principalmente à venda de dados, a sua avaliação de mercado deveria refletir o valor atual líquido desses dados, juntamente com os outros ativos que possui, tanto tangíveis (edifícios e equipamentos) como intangíveis (forças organizacionais, conhecimento do cliente, patentes, P&D, etc.). Ker e Mazzini,[59] apontam numerosos problemas com tal abordagem. Além do fato de que nem todas as empresas de dados estão cotadas nos mercados de ações – como a X (ex-Twitter) –, mostra-se impossível separar o valor dos dados do valor de outros ativos intangíveis.

Britto,[60] discute também outros métodos de mensuração da Economia de Dados analisados na literatura econômica e que formam um híbrido de métodos ortodoxos baseados em custos e em rendimentos, estimativas de valores, em contextos no qual não existem preços de mercado disponíveis, utilizados para calcular o excedente do consumidor e ainda métodos baseados no impacto que tentam estimar o valor dos dados através do efeito causal que teria nos resultados. E aponta que tais métodos são ainda mais imprecisos do que aqueles acima discutidos, lembrando que, mesmo ao se considerar apenas as dimensões privilegiadas pela abordagem neoclássica do que seria uma Economia de Dados, elas omitem a

---

58 BRITTO, Jorge. "Economia de Dados: conceitos e sistemas de medição nos EUA e Canadá". Nota Técnica 4 do Projeto EconDados. *RedeSist e Cicef*, 2024.

59 KER, Daniel; MAZZINI, Emanuele. "Perspectives on the value of data and data flows". *OECD Digital Economy Papers*, No. 299. Paris: OECD Publishing, 2020.

60 BRITTO, Jorge. "Economia de Dados: conceitos e sistemas de medição nos EUA e Canadá". Nota Técnica 4 do Projeto EconDados. *RedeSist e Cicef*, 2024.

necessária discussão sobre o valor econômico potencial mais amplo. De fato, questões fundamentais como, por exemplo, assimetrias de poder, perda de privacidade ou violações de segurança de dados, são tratadas por tais instituições (e suas metodologias de mensuração) apenas como potenciais "externalidades negativas", o que resulta, evidentemente, em importante equívoco metodológico.

Cabe, contudo, notar que tais abordagens são propostas por organismos internacionais pretensamente neutros, apresentando estimativas do "valor" da Economia de Dados, sem muita contestação. Porém, além dos intransponíveis problemas já discutidos, não se pode ignorar que tais tentativas se baseiam em fundamentos conceituais que estão longe de ser estritamente "técnicos" (como geralmente apregoado) e são carregadas de ideologias e inconsistências. A assertiva de Arrow[61] permanece: há significativos limites da teoria econômica tradicional para tratar da produção de informação e sua valoração e distribuição.

Reafirma-se, portanto, que uma característica essencial e ausente – nas discussões ortodoxas sobre definição e mensuração da Economia de Dados – refere-se à assimetria de poder entre as empresas que comandam sua dinâmica e as pessoas que fornecem, utilizam e adquirem dados. Assim, nos aportes ortodoxos, fica de fora o entendimento de uma das mais importantes características da Economia Política de Dados e Digital: a questão do poder e sua imensa assimetrias.

Os fluxos de dados se dão por dentro de infraestruturas proprietárias das próprias plataformas ou de operadoras privadas de telecomunicações que não têm obrigação de fornecê-los às autoridades e instituições de pesquisa e estatísticas. Assim, a dificuldade

61 ARROW, Kenneth J. "Economic Welfare and the Allocation of Resources for Invention". *In*: *The Rate and Direction of Inventive Activity*: Economic and Social Factors. National Bureau Committee for Economic Research. Princeton: Princeton University Press, [1962] 1977.

de mensurar a Economia de Dados pode estar mais relacionada aos modos de atuação das GCDs do que, de fato, a algum problema real de quantificação. Essas corporações conhecem o *quantum* de dados que trafegam por seus sistemas e geram seus bilionários lucros.

Reitera-se que tais restrições explicam parte das dificuldades dos formuladores em definir e mensurar os dados, os avanços da digitalização e seus impactos e que o caso brasileiro mostra que quando as operadoras de telecomunicações ainda eram públicas, até meados dos anos 1990, o controle quantitativo do fluxo de dados por parte de autoridades regulatórias era possível. Exemplo: em 1979, ao pedir canais de telecomunicações à Embratel, então uma empresa pública, a IBM precisou informar o volume e finalidade dos dados que transferiria entre sua sede nos Estados Unidos e sua filial no Brasil. No conjunto dos seus sistemas, a IBM enviava para os Estados Unidos 77 Kb/h de dados e de lá enviava para o Brasil, 392 Kb/h de dados. Esses números são hoje irrisórios, mas por eles se pode ter uma ideia de como funciona a *divisão internacional do trabalho* numa Economia de Dados. Os dados enviados para os EUA eram, por assim dizer, "brutos": colhidos pelos representantes de vendas, técnicos de manutenção, empregados em treinamento. Na sede estadunidense da empresa, eles eram analisados e enriquecidos por seus engenheiros e outros técnicos qualificados, para serem enviados de volta como decisões ou instruções. A IBM, no documento entregue à Embratel, informa inclusive que um dos sistemas, se instalado no Brasil, exigiria investimentos de US$ 21 milhões. No outro sistema, ela estaria "economizando" US$ 617 milhões. Além disso, ficava claro que as operações da filial brasileira dependiam por completo dessas conexões, que se fossem interrompidas, por motivos técnicos ou em decorrência de "sanções" do governo dos EUA, os computadores IBM instalados no Brasil poderiam parar de funcionar.[62]

---

62 Ver DANTAS, Marcos. *A lógica do capital-informação*: a fragmentação dos monopólios e a monopolização dos fragmentos num mundo de comunicações globais. Rio de Janeiro: Contraponto, 1996.

Daí a conclusão de que a maioria dos conceitos e modelos de mensuração utilizados pelos organismos internacionais, por diferentes países e pesquisadores ortodoxos, ao ignorarem características tão fundamentais das dinâmicas da Economia Digital e de Dados, revelam fragilidades que exigem a incorporação de outros elementos conceituais, metodológicos e analíticos.

3 Circuito de produção e valorização dos dados

O circuito de produção e valorização dos dados está representado na Figura 1.

Figura 1 – Produção e valorização de dados

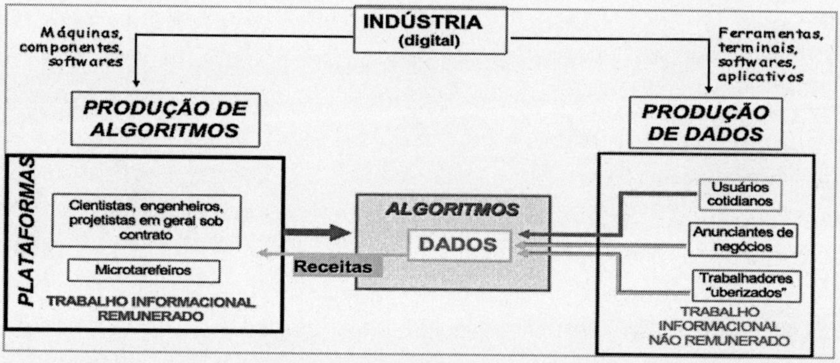

Fonte: Elaboração dos autores.

De um lado, estão os produtores de dados, indivíduos que fornecem dados sobre seus hábitos de consumo, interesses e opiniões, finanças, condições de saúde e aspectos mais gerais de seu corpo, características e aspectos de seu lar etc., na condição de usuários das plataformas sociodigitais, em redes sociais ou em atividades de busca, compra, etc. Com eles interagindo estão os governos, as empresas e demais agentes que disputam entre si as melhores posições nas telas de computador ou celular dos consumidores através de mecanismos de leilão. São ainda produtores de dados, os trabalhadores empregados pelas GCDs no transporte de mercadorias e pessoas nas distâncias urbanas.[63]

Do outro lado, desse processo produtivo, encontram-se os produtores de algoritmos, empregados diretos ou indiretos das GCDs que desenvolvem, gerenciam e treinam os algoritmos. Trata-se de um processo de trabalho efetuado em territórios bem definidos, por cientistas, engenheiros e demais técnicos empregados por essas empresas que, para isso, utilizam largamente sistemas e redes de computação de altíssima capacidade e elevado consumo de energia e água. Reafirma-se, ainda, o crescente trabalho de baixíssima qualificação e salários idem, para atividades de "treinamento dos algoritmos".

Fazendo analogia com empreendimentos industriais, guardadas as devidas diferenças, os produtores de algoritmos estariam nos laboratórios e departamentos de engenharia das empresas, enquanto os usuários das PSDs estariam no chão de fábrica. Para trabalharem, seja num departamento ou no outro, o *trabalho vivo* na sua totalidade necessita de máquinas e componentes, desde grandes servidores, processadores de alto desempenho, cabos de telecomunicações etc., até terminais de computadores ou *smartphones*, produzidos pela indústria eletroeletrônica. No conjunto, entendemos o processo de trabalho e valorização dos dados como informacional. O objeto desse trabalho não é a transformação da matéria visando produzir alguma mercadoria tangível, embora para isso, além dos arranjos e fluxos de elétrons nos componentes de processamento e nos cabos de transmissão, consumam-se máquinas computadoras, sejam grandes servidores nas empresas, sejam *smartphones*. O objeto desse trabalho é a produção de informação em formatos semióticos: textos, números, imagens e sons. São essas informações semióticas que os algoritmos processam e reduzem a dados que, por sua vez, também

---

63 GROHMANN, Rafael; SALVAGNI, Julice. *Trabalho por plataformas digitais*. São Paulo: SESC, 2023; CASILI, Antonio A. *En attendant les robots*: Enquête sur le travail du clique. Paris: Seuil, 2019.

serão acessados por telas de computadores, *smartphones*, etc., por quem queira/possa pagar por eles, nas formas de texto, números, imagens ou sons.

O valor dos dados é o valor produzido pelo trabalho vivo, isto é, humano. Na interação acima descrita, além do tempo remunerado de trabalho informacional empregado na produção dos algoritmos, é também utilizada uma incomensurável quantidade de tempo de trabalho informacional não remunerado empregado na produção dos dados, que "movimenta" os algoritmos nos tempos em que os "usuários" estão enviando ou "curtindo" textos ou imagens que expressam suas atividades cotidianas.[64]

As informações disponíveis indicam que, em 2020, foram gerados aproximadamente 2,5 quintilhões de *bytes* de dados todos os dias.[65] A quantidade total de dados criados globalmente se expande velozmente, tendo atingido 64,2 *zettabytes* e deve crescer para além de 180 *zettabytes* até 2025.[66] Já a capacidade instalada de armazenamento de dados atingiu 6,7 *zettabytes*, em 2020, e, desde então, tem aumentado à taxa de crescimento anual média de 19,2%.[67]

---

64 SCHOLZ, Trebor. *Digital Labor*: the Internet as Playground and Factory. Nova York: Routledge, 2013; FUCHS, Christian. "Dallas Smythe today – the audience commodity, the digital labour debate, Marxist Political Economy and Critical Theory. Prolegomena to a digital labour theory of value". *tripleC – Journal for a Global Sustainable Information Society*, vol. 10, nº 2, 2012; FUCHS, Christian. "With or Without Marx? With or Without Capitalism? A Rejoinder to Adam Arvidsson and Eleanor Colleoni". *tripleC – Journal for a Global Sustainable Information Society*, vol. 10, nº 2, 2012; RAULINO, Gabriela. "Capital e trabalho nas plataformas sociodigitais". *In*: DANTAS, Marcos *et al*. (Coord.). *O valor da informação*: de como o capital se apropria do trabalho social na era do espetáculo e da internet. São Paulo: Boitempo, 2022.

65 Disponível em: https://www.domo.com/data-never-sleeps.

66 STATISTA. *Volume of data/information captured*, 2021.

67 ARROIO, Ana. "Economia de Dados na perspectiva das Organizações Multilaterais e nos (B)RICS: mitos, conceitos e sistemas de mensuração para informar políticas públicas no Brasil". Nota Técnica 2 do Projeto

Figura 2 – Volume de dados criados, capturados, copiados e consumidos no mundo, 2010/25 (em *zettabytes*)

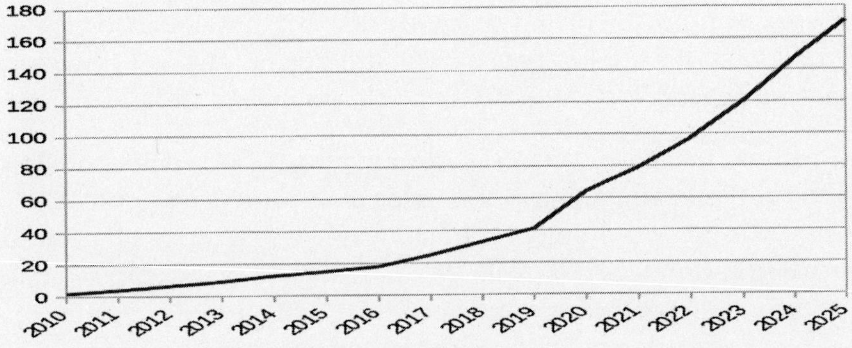

Fonte: Statista, 2021.

Os números apresentados, ao chamarem a atenção do mundo inteiro, vêm atraindo interesses e investimentos de todo tipo e, como observou a revista *The Economist*,[68] inclusive "gigantes industriais, como a GE e a Siemens, agora se vendem como empresas de dados".[69]

A monetização de dados rendeu a uma das principais GCDs, Facebook/Meta Platforms Inc., a receita de cerca de US$ 133 bilhões, em 2023. A Alphabet, a maior corporação desse mercado, teve receitas de US$ 307,4 bilhões em 2023. Em seu relatório de 2023, a Meta informa ainda que sua receita anual média por usuário foi de US$ 39,6. Receita essa extraída das atividades dos usuários em

---

EconDados. *RedeSist e Cicef*, 2024; MATOS, Marcelo P. "Economia de Dados: conceituações, sistemas de mensuração e políticas no Brasil". Nota Técnica 5 do Projeto EconDados. *RedeSist e Cicef*, 2024; e Figura 2.

68 THE ECONOMIST. "The world's most valuable resource is no longer oil, but data". *The Economist*, 6 mai. 2017.

69 Para detalhes ver CASSIOLATO, José Eduardo; DANTAS, Marcos; LASTRES, Helena Maria Martins. "Marco conceitual e analítico da Economia de Dados". Nota Técnica 11 do Projeto EconDados. *RedeSist e Cicef*, 2024.

suas plataformas Facebook e Instagram que, como sabemos, nada pagam, logo não gerariam receitas. Se o mais-valor, no conceito de Marx, resulta do tempo de trabalho não remunerado, as GCDs estão extraindo extraordinário mais-valor das atividades ordinárias de seus bilhões de "usuários", em todo o mundo. Entender como se dá a extração desse mais-valor é um dos objetivos da Economia Política de Dados.

A comercialização dos dados não obedece a um modelo único. A Meta, por exemplo, através de suas plataformas Facebook e Instagram, busca levar anúncios publicitários para grupos segmentados de consumidores. Seu modelo de valorização e realização dos dados se apoia na "produção de audiência" através da atração de usuários para os conteúdos (textos, vídeos, fotos) produzidos por esses próprios usuários. A Amazon busca reduzir ao menor tempo possível a negociação entre um ofertante de bem ou serviço e um consumidor potencial: os conteúdos que oferece em seu portal são textos e imagens mostrando dados básicos sobre o produto oferecido. Canais de *streaming*, por sua vez, usam os dados para "sugerir" a seus assinantes produtos audiovisuais que os algoritmos identificariam como mais de acordo com os "gostos" ou "interesses" de cada assinante.

A diversidade de modelos de realização faz com que diferentes autores sugiram diferentes classificações para as PSDs.[70] Considerando os processos políticos regulatórios em curso, mostra-se fundamental diferenciar corretamente as PSDs, conforme valorizem e realizem os dados que mineram e negociam, e criar instrumentos regulatórios

---

70 VALENTE, Jonas. *Das plataformas online aos monopólios digitais*: tecnologia, informação e poder. Belo Horizonte: Dialética, 2021; SRNICEK, Nick. *Platform Capitalism*. Cambridge: Polity Press, 2017; MARTENS, Bertin. "An Economic Policy Perspective on Online Platforms". *JRC Technical Report*, European Commission, 2016. Para uma revisão crítica dessas taxonomias ver DANTAS, Marcos. "Informação, trabalho e capital". *In*: ______ *et al. O valor da informação*: de como o capital se apropria do trabalho social na era do espetáculo e da internet. São Paulo: Boitempo, 2022.

específicos para suas distintas formas, em função de como suas atividades interfiram ou moldem relações políticas, econômicas ou culturais no conjunto da sociedade.

Assim, para a Economia Política *crítica*, antes de mais nada, os dados seriam a objetivação do que Marx denominou *general intellect*, devendo ser entendidos como um recurso social, pois mesmo que individualmente produzidos, o são nas interações sociais determinadas pelas condições culturais, educacionais, ideológicas dos indivíduos e, portanto, usadas para atender às necessidades humanas de desenvolvimento material e bem-estar social. A abordagem político-econômica precisaria ser sistêmica, coletiva, totalizante, integrando os seus diversos segmentos informacionais enquanto produtores e usuários e, sobretudo, teriam que ser postos – ou repostos – sob domínio público. Nesse caso, a crítica da Economia Política, porque entenderia a imbricada relação entre informação e trabalho, e a natureza social e compartilhada da informação, poderia oferecer fundamentos a um projeto realmente de transformação e superação do capital-informação.

4 Sistema Produtivo e Inovativo Digital

O conceito explorado neste item, também parte da compreensão da Economia Política de Dados e Digital. Ao relembrar que tal abordagem nos remete aos anos 1970, momento em que as TICs iniciavam seu desenvolvimento e difusão, destacamos o impulso significativo dado pela literatura heterodoxa – baseada nas ideias de Marx, List e Schumpeter – que apontava a necessidade de compreender o fenômeno das TICs, a partir da compreensão do caráter cíclico do capitalismo e dos desenvolvimentos tecnológicos radicais que permitiriam engendrar novos processos de crescimento. E por outro lado, que as principais contribuições no campo neo-schumpeteriano, nos anos 1980, resultaram dos estudos liderados por Chris Freeman e Carlota Perez sobre os paradigmas tecnoeconômicos e, na teoria marxista, os textos de Ernest Mandel e François Chesnais. Todos destacavam o papel da inovação e do progresso técnico nos processos de transformação social, política, econômica e produtivas associados ao novo paradigma sociotecnoeconômico.[71]

Com base no referencial teórico-conceitual desenvolvido pela RedeSist, de arranjos e sistemas produtivos e inovativos locais, cujo arcabouço foi criado a partir, particularmente, das contribuições do pensamento estruturalista latino-americano sobre progresso técnico e da abordagem neo-schumpeteriana sobre sistemas de inovação. Ambas as visões apresentam fortes pontos de convergência, e consideram os processos de desenvolvimento caracterizados por profundas mudanças estruturais resultantes de descontinuidades tecnológicas que afetam e são afetadas pela estrutura social, política, cultural e institucional de cada contexto. O desenvolvimento é visto como um processo sistêmico, único e específico, e as recomendações de políticas são altamente dependentes de cada contexto particular. Além disso, ambas visões enfatizam o papel dos Estados nacionais orientando e regulando o surgimento e difusão de novas tecnologias, especialmente em épocas de mudanças paradigmáticas.[72]

Assim, a abordagem aqui proposta para compreender a Economia Política de Dados e Digital engloba as dimensões geopolítica, social, econômica e financeira, cruciais e destaca três características do processo de transformações por que passa o mundo.[73] Em primeiro

---

71 Para detalhes ver CASSIOLATO, José Eduardo; DANTAS, Marcos; LASTRES, Helena Maria Martins. "Marco conceitual e analítico da Economia de Dados". Nota Técnica 11 do Projeto EconDados. *RedeSist e Cicef*, 2024.

72 Ver CASSIOLATO, José Eduardo; LASTRES, Helena Maria Martins. "Discussing innovation and development: converging points between the Latin American school and the Innovation Systems perspective?" *Globelics Working Paper Series*, nº 8, 2008; MATOS, Marcelo Pessoa de *et al.* (Coord.). *Arranjos produtivos locais*: referencial, experiências e políticas em 20 anos da RedeSist. Rio de Janeiro: E-Papers, 2017.

73 CASSIOLATO, José Eduardo; LASTRES, Helena Maria Martins. *Globalização e Inovação Localizada*: experiências de sistemas locais no Mercosul. Brasília: IBICT, 1999; LASTRES, Helena Maria Martins; CASSIOLATO, José Eduardo; ARROIO, Ana. *Conhecimento, sistemas*

lugar, a noção de que os processos de desenvolvimento tecnológico, inovação, geração, uso e difusão do conhecimento tornam-se crescentemente fundamentais e estratégicos para o desenvolvimento socioeconômico. Como inclusive apontado por Faustino e Lippold,[74] na ausência de uma estratégia para endogeneizar tais processos, os países periféricos caminham rapidamente para uma inserção subordinada na nova divisão internacional do trabalho, submetendo-se ao colonialismo digital.[75] Em segundo lugar, ao mesmo tempo que as atividades de produção se globalizam por meios de estratégias das GCDs, os processos de inovação continuam sendo de cunho essencialmente localizado, apesar de terem sido distribuídas várias de suas etapas menos nobres para diferentes países. Em terceiro lugar, subordinados à lógica da globalização dominada pelas finanças e em um contexto de crise econômica e geopolítica globais, não surpreende que esses processos tenham se estabelecido no mundo de forma tão assimétrica e desigual, com o aumento significativo

---

de inovação e desenvolvimento. Rio de Janeiro: Editora da UFRJ/ Contraponto, 2005; MATOS, Marcelo Pessoa de *et al.* (Coord.). *Arranjos produtivos locais*: referencial, experiências e políticas em 20 anos da RedeSist. Rio de Janeiro: E-Papers, 2017.

74 FAUSTINO, Deivison; LIPOLD, Walter. *Colonialismo digital*: por uma crítica hacker-fanoniana. São Paulo: Boitempo, 2023; JIN, Dal Yong. *Digital Platforms, Imperialism and Political Culture*. Nova York: Routledge, 2015.

75 Diversos autores têm alertado sobre os problemas desse neocolonialismo e também sobre os riscos das novas formas de dependência tecnológica, ressuscitando o antigo debate dos anos 1960-1970. Ver capítulo II; LEMOS, Cristina. "Economia de Dados: abordagens conceituais, sistemas de mensuração e políticas em países e blocos de países selecionados na África, Ásia e Oceania". Nota Técnica 3 do Projeto EconDados. *RedeSist e Cicef*, 2024; ARROIO, Ana. "Economia de Dados na perspectiva das Organizações Multilaterais e nos (B)RICS: mitos, conceitos e sistemas de mensuração para informar políticas públicas no Brasil". Nota Técnica 2 do Projeto EconDados. *RedeSist e Cicef*, 2024; LASTRES, Helena Maria Martins *et al.* "Mitos, colonialismo e outros desafios da Economia de Dados". Nota Técnica 7 do Projeto EconDados. *RedeSist e Cicef*, 2024.

das disparidades de riqueza, renda e capacitações entre indivíduos, comunidades e nações.

A dinâmica produtiva e inovativa subjacente a essa Economia Política é extremamente complexa, com as GCDs formando redes transnacionais, formais e informais, de suposta colaboração para a produção dos bens e serviços. Na prática tal "colaboração" contempla trabalhadores informais em países do Sul Global (mal) remunerados para operar a classificação de conjuntos de dados de treinamento de IA para empresas sediadas no Norte. Essas também se apropriam de plataformas de compartilhamento de código aberto, que são, de fato, campo fértil para aprimorar suas ferramentas proprietárias.[76]

Pequenas e médias empresas (PMEs) ofertantes de novas tecnologias são compradas e integradas aos conjuntos de serviços das grandes plataformas existentes. Por trás disso tudo, complexas redes de financiamento proveem parte dos recursos e essas grandes empresas plataformizadas se inserem, como apontado acima, na financeirização. Os critérios de investimento nas diferentes trajetórias tecnológicas são direcionados a "atender aos objetivos de portfólio de grandes acionistas institucionais",[77] frequentemente atrelados ao curto-prazo e incompatíveis com o desenvolvimento virtuoso de qualquer sistema de inovação. A estruturação da produção se dá no contexto de "flexibilização do trabalho", transnacionalização e liberalização financeira e do comércio.[78]

---

76 CASSIOLATO, José Eduardo; GASPAR, W. "Digitalização e Financeirização: imbricações, desafios e possibilidades". Nota Técnica 6 do Projeto EconDados. *RedeSist e Cicef*, 2024.

77 SAUVIAT, Catherine; CHESNAIS, François. "As transformações das relações salariais no regime de acumulação financeira". *In*: LASTRES, Helena Maria Martins; CASSIOLATO, José Eduardo; ARROIO, Ana. *Conhecimento, sistemas de inovação e desenvolvimento*. Rio de Janeiro: Editora da UFRJ/Contraponto, 2005.

78 LASTRES, Helena Maria Martins; CASSIOLATO, José Eduardo; ARROIO, Ana. *Conhecimento, sistemas de inovação e desenvolvimento*. Rio de Janeiro: Editora da UFRJ/Contraponto, 2005.

A Figura 3 apresenta a perspectiva ampla do Sistema Produtivo e Inovativo Digital, a qual inclui interligações e influências de vários contextos e dimensões, geopolítico, político, econômico, cultural, social, internacional, local etc., particularmente importantes em função da natureza dos fluxos de dados e do poder das GCDs.[79]

No centro, há o sistema de trabalho, produção e inovação, que contempla a estrutura produtiva e inovativa, grau de informalidade, distribuição espacial, nível e qualidade do emprego. Interagindo com esse, o sistema de educação, ciência e serviços tecnológicos; o sistema de política, promoção e financiamento, que considera políticas explícitas (industrial, CT&I) e implícitas (macroeconômica, investimento, comércio, etc.), além da regulamentação (setorial, comércio exterior, propriedade intelectual, meio ambiente), a promoção e o financiamento; e o sistema de representação e participação social, como os representantes da sociedade civil, em especial, sindicatos e demais confederações de empresários, pesquisadores e trabalhadores. Por fim, há a dimensão da demanda, que inclui a estrutura de consumo, o padrão de distribuição de renda, a organização e a demanda social (infraestrutura básica, saúde, educação, etc.).

79 Para detalhes ver LASTRES, Helena Maria Martins *et al.* "Mitos, colonialismo e outros desafios da Economia de Dados". Nota Técnica 7 do Projeto EconDados. *RedeSist e Cicef*, 2024; CASSIOLATO, José Eduardo; DANTAS, Marcos; LASTRES, Helena Maria Martins. "Marco conceitual e analítico da Economia de Dados". Nota Técnica 11 do Projeto EconDados. *RedeSist e Cicef*, 2024; LASTRES, Helena Maria Martins; CASSIOLATO, José Eduardo; DANTAS, Marcos. "Estado atual da conceituação e mensuração da Economia de Dados no Brasil". Nota Técnica 12 do Projeto EconDados. *RedeSist e Cicef*, 2024.

Figura 3 – Sistema Produtivo e Inovativo Digital em seu contexto amplo

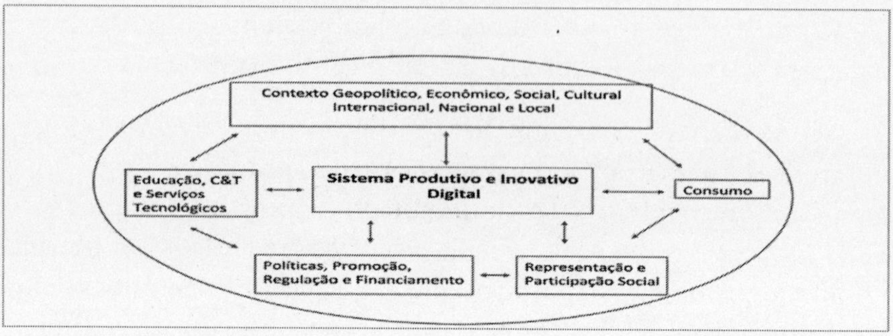

Fonte: Elaboração dos autores com base em Cassiolato, Dantas e Lastres, 2024.

A Figura 4 apresenta, em detalhes, o Sistema Produtivo e Inovativo Digital. No centro do sistema, encontra-se a Economia de Dados, cujo componente principal são as atividades de captura, armazenamento, processamento, análise e comercialização de dados.

Figura 4 – Sistema Produtivo e Inovativo Digital

Fonte: Elaboração dos autores com base em Cassiolato, Dantas e Lastres, 2024.

A Economia de Dados, colocada no centro da Figura 4, é parte e se articula profundamente com a mais ampla Economia Digital, não sendo possível separar uma da outra. Couldry e Mejias,[80] inclusive, apontam que o conceito de dados não pode ser desassociado de dois elementos essenciais: a infraestrutura que os sustenta e onde são armazenados, e a geração de lucros a que se destinam. Tal perspectiva realça que a Economia de Dados constitui uma parte, de crescente relevância, da Economia Digital que, por sua vez, constitui a base sociotécnica da própria economia capitalista em seu presente estágio de desenvolvimento.

Assim, o que mais importa para a geração de riqueza continua sendo a infraestrutura de conectividade, igualmente concentrada e comandada por esse grande oligopólio. Ressalta-se, contudo, a importância do acesso e controle sobre os imensos volumes de dados acumulados e gerados diariamente. Essa infraestrutura – composta por *hardwares*, como redes de satélites, fibras óticas, granjas de computadores, assim como equipamentos dos usuários finais, *PCs*, *notebooks*, *tablets*, celulares, relógios e *smart tvs*, redes de dispositivos de Internet das Coisas (IoT), etc. –, permite acessar, capturar, armazenar, transportar e processar dados e comercializar bens e serviços digitais em todos os níveis de complexidade, por meio de motores de busca, aplicativos visualizados nas telas dos usuários, bem como de complexos algoritmos que possibilitam seu funcionamento, incluindo criptografia e vigilância para cibersegurança, e aqueles voltados à IoT e à IA de vários tipos.

A situação atual nos remete ao que foi apontado acima, ao expormos o fluxo internacional de dados da IBM no final da década 1970 e como, naquele momento, operava a divisão internacional do trabalho. Ela se replica, nos tempos atuais, em novas relações de

---

80 COULDRY, Nick; MEJIAS, Ulises. "The decolonial turn in data and technology research: what is at stake and where is it heading?" *Information, Communication & Society*, vol. 26, Issue 4, 2023. DOI: 10.1080/1369118X.2021.1986102.

dependência, numa economia capitalista mundial baseada na mercadificação de dados. Se fosse possível, hoje, quantificar o tráfego de dados como podemos quantificar em peso e preço, por exemplo, a exportação de minério de ferro contra a importação de vagões ferroviários, poderíamos demonstrar objetivamente o volume de riqueza nacional que deixa de ser apropriada pela economia do país, bem como o volume de empregos exportados (isto é, gerado num outro país) pelo fluxo de dados transfronteiros. Assim constataríamos que esse fluxo de dados é tão desigual e desfavorável à periferia capitalista, quanto aquela troca de produtos primários por industrializados nas quais se basearam os estudos de Prebisch,[81] Furtado[82] e outros sobre o que denominavam “deterioração dos termos de intercâmbio”.

Apesar da impossibilidade, no âmbito deste artigo, de aprofundar esta discussão, alguns indicadores dessas trocas desiguais são fornecidos por informações dos relatórios financeiros públicos destas empresas para o ano de 2023 (Tabela 1). O exame desses relatórios mostra os extraordinários lucros obtidos pelas GCDs e sua imbricação com o capital financeiro, denominado por Marx “capital fictício”. O lucro líquido somado, a ser distribuído aos acionistas, do conjunto das GCDs estadunidenses, foi de US$ 257,3 bilhões, em 2023, enquanto, o saldo positivo da balança comercial brasileira foi de US$ 90 bilhões. Pode-se, por aí, ter-se ideia da diferença entre exportar minério de ferro, petróleo e soja, e “minerar” dados. Esse lucro resulta de receitas auferidas em todo o mundo, embora os mercados de dados mais importantes sigam sendo os EUA e a União Europeia.

---

81 PREBISCH, R. *O Manifesto Latino-Americano e outros ensaios*. Rio de Janeiro: Contraponto/Centro Internacional Celso Furtado, [1949-1981] 2011.

82 FURTADO, Celso. *Desenvolvimento e subdesenvolvimento*. Rio de Janeiro: Contraponto/Centro Internacional Celso Furtado, [1961] 2009.

Tabela 1 – Estrutura societária das principais GCDs estaduniden-ses (1º trimestre de 2024)

GCDs	Lucro líquido em 2023 (USD 10^9)	Acionistas Controladores ("insiders")	Participação	Principais II – investidores institucionais (%)[1]										Total de II	
				Vanguard	Blackrock	State Street	Fidelity (FMR,LCC)	Price (T. Rowe) Assoc.	Geode Capital	JP Morgan Chase	Morgan Stanley	Bershire Hathaway	% total dos principais	Número de instituições	% total das instituições
Alphabet	73,8	Brinn; Page Outros[2]	"B"	7,3	6,3	3,4	1,9	1,6	1,8	1,5	1,3		25,1	4.877	61,8
Amazon	30,4	Jeff Bezos; Outros	10,0	7,6	6,1	3,4	3,1	1,8	1,8	1,6	1,5		26,9	6.222	63,7
Meta[2]	30,1	Zuckerberg ; Outros	"A"	8,5	7,2	3,9	6,2	2,0	2,1	2,3	1,6		33,8	5.087	79,3
Apple	33,9	Levinson e outros	5,2	8,6	6,8	3,8	1,9	1,4	2,0	1,0	1,5	5,2	32,2	6.306	57,6
Microsoft	72,4	Ballmer; Gates; Outros	5,5	9,0	7,4	4,0	3,0	1,9	2,1	1,7	1,6		30,7	6.816	73,6

Fonte: Elaboração própria a partir de: Yahoo Finance, https://finance.yahoo.com, acessado em 20/07/2024 e relatórios financeiros 10-K das empresas.

Obs.: centésimos arredondados para mais (acima de 0,05, inclusive) ou para menos.

1 Além dos investidores institucionais, uma parcela das ações – que pode chegar a mais de 40% no caso da Apple ou pouco mais de 20% no caso da Microsoft – é negociada no varejo.

2 As ações da Alphabet são divididas em três classes: A, B e C. Quase 90% das ações B são detidas por Brinn e Page, valendo nas assembleias 10 votos por cada ação A. Elas, porém, não são negociadas nas bolsas, portanto não têm "valor de mercado". As ações C não têm direito a voto.

3 As ações da Meta são divididas nas classes "A" e "B", aquelas exclusivas do núcleo dirigente. No início de 2024, Zuckerberg tinha apenas 958 mil ações "A" e 346 mil ações "B", porém 61% do poder de voto.

Conforme essas GCDs informam em seus relatórios financeiros, em 2023, 47% das receitas de US$ 307,4 bilhões da Alphabet vieram dos Estados Unidos; 30% da Europa e Oriente Médio; 17% da Ásia-Pacífico; e 6% das "*other Americas*", aqui incluída a América Latina e Canadá. A Meta obteve 39% das suas receitas de US$ 134,9 bilhões nos Estados Unidos e Canadá; 23,1% na Europa; 26,8% na *Asia-Pacífico*, inclusive China; e 10,6% no "*rest of world*", onde cabe a América Latina. A Amazon obteve 61,4% de suas receitas de US$ 574,8 bilhões, com vendas de bens e serviços, nos Estados Unidos e 28,8% fora. Ela contabilizou também 15,8% como serviços em "nuvem", Amazon Prime, outros serviços na Web. A Apple, cujo faturamento ainda se apoia fortemente em seus aparelhos celulares e computadores, obteve 41,2% da sua receita de US$ 119,6 bilhões nas "Américas", sem distinguir os Estados Unidos do restante da região; 25,4% da Europa; 17,4% da "*Greater China*"; 6,5% do Japão e 8,5% do "*rest of Asia Pacific*". No caso da Microsoft, da sua receita de US$ 211,9 bilhões em 2023, cujas fontes não são apenas ou diretamente dados, 50,4% foram geradas no mercado estadunidense e o restante em "outros países".[83]

Os relatórios financeiros dessas corporações não nos permitem conferir a específica contribuição da América do Sul e do Brasil, para a formação das suas receitas e dos seus exorbitantes lucros. Seria uma tarefa das nossas autoridades obter e tornar públicos esses números, inclusive para efeito de efetivo controle fiscal. Os números disponíveis, porém, deixam evidente como o mercado de dados se tornou um duto que suga bilhões de dólares para os cofres de um grupo extremamente concentrado de detentores de capital, todos situados nos EUA.[84]

---

83 Ver os relatórios *Form 10-K*, publicados pela SEC dos Estados Unidos, referentes às corporações citadas.

84 Deve-se mencionar a existência de GCDs em alguns poucos países (especialmente China. Rússia e India) sob outros regimes institucionais, políticos e regulatórios. No caso da China conglomerados como Tencent e Alibaba tem várias características semelhantes às GCDs estadunidenses.

Dippon,[85] fornece mais elementos sobre a importância das GCDs para a economia dos Estados Unidos: o crescimento e expansão internacional dessas corporações muito se deve à liberal legislação estadunidense, sobretudo o "Communications Decency Act" de 1996 e o "Digital Millenium Copyright Act (DMCA)" de 1998. Essas leis são como "porto seguro" que protegem os "intermediários de internet" e outros que publicam conteúdo de terceiros de serem responsabilizados por esse conteúdo.

Porém, adverte-se que a "robusteza" desses "portos seguros" está sob ameaça, naquele país e em todo o mundo, por iniciativas governamentais ou parlamentares que, se forem exitosas, poderiam desmontar um sistema mundialmente estabelecido de proteção às GCDs, com base nessas leis nacionais exclusivas dos Estados Unidos. Segundo seus cálculos, se tais "portos seguros" vierem a ser enfraquecidos ou derrocados, os preços para os consumidores estadunidenses subiriam; as receitas dos serviços de "nuvem" e de publicidade cairiam 7,8%; poderiam ser perdidos 53 mil empregos; e o PIB dos Estados Unidos cairia 5 bilhões de dólares. Considerando os demais serviços prestados pelas GCDs, as perdas em empregos, nos Estados Unidos, poderiam chegar a 425 mil postos de trabalho e a do PIB a 44 bilhões de dólares, anualmente.

A conscientização sobre os riscos econômicos, sociais e políticos associados à crescente concentração do poder dessas corporações tem levado a impulsos regulatórios e à imposição de políticas para soberania digital, não apenas na União Europeia mas, como mostram outros capítulos deste livro, na Ásia, em alguns países africanos, além do caso da China que, desde os anos 1990, têm se preocupado e chamado a atenção para tal questão. Esses avanços são importantes, porém ainda insuficientes. O que está em jogo é

---

85 DIPPON, Christian M. "Economic Value of Internet Intermediaries and the Role of Liability Protections". *NERA Economic Consulting*, 2017.

como enfrentar, de forma sistêmica e contextualizada, a enorme concentração de riqueza e poder em tão poucas GCDs.

Conclusões

Este capítulo buscou contribuir ao estudo e debates sobre a Economia de Dados na ótica da Economia Política. Mostra que se trata ainda de uma investigação incipiente para a qual, inclusive, fazem falta dados e sistemas de mensuração consistentes e seguros: não dispomos de bons dados sobre dados. Aponta para a carência de formulação teórica e conceitual mais rigorosa, não apenas para o estudo da Economia de Dados, como para a própria economia da informação e comunicação, da qual a produção e realização de dados seriam apenas uma parte, ainda que decisiva, no interior do atual padrão capitalista de acumulação.

As grandes corporações digitais introduzem um novo tipo de atuação, abocanhando e concentrando riquezas, cujos próprios fundamentos se baseiam na invasão da privacidade individual e apropriação das condições sociais e psicológicas do indivíduo 24 horas por dia. Ainda sem quadros conceituais, analíticos e regulatórios adequados, tal prática passa a ser legitimada e naturalizada. Ainda mais importante é que tal atuação em muito reforça a concentração da riqueza e do poder de centros de decisão econômica, política e geopolítica, situados nos Estados Unidos e também da China. Tais processos precisam ser mais bem entendidos, questionados e regulados.

Como veremos nos próximos capítulos deste livro, diferentes iniciativas têm buscado criar alternativas e impor limites e controles ao poder das GCDs. Esse movimento, porém, precisa ser bem embasado para dar conta das especificidades da Economia de Dados e da informação. Um dos principais entraves, discutidos no capítulo, remete à predominância dos enfoques teóricos ortodoxos nos esforços de conceituar, mensurar e desenhar políticas para essa área. Como alguns de seus próprios teóricos reconhecem, tal ortodoxia não tem conseguido ultrapassar as principais restrições que impossibilitam lidar e tratar as novidades dos desafios colocados.

Daí a relevância de buscar, dentre as diferentes abordagens, aquelas condizentes com as características necessárias à compreensão e análise da Economia Política de Dados e Digital e que permitam contribuir para uma nova ótica: contextualizada, sistêmica, coletiva e totalizante; e com capacidade de abranger seus diversos segmentos, agentes e captar a imbricada relação entre dados, informação, conhecimento e trabalho e a natureza social e compartilhada dos mesmos. É com base nessa perspectiva que se pretende avançar em duas direções fundamentais: (i) discutir os elementos cruciais requeridos para a compreensão e mensuração da difusão digital e seus impactos sobre as várias economias e sociedades do mundo; e (ii) identificar os fundamentos essenciais para orientar projetos efetivos e apropriados de transformação digital inclusiva, soberana e sustentável.

CAPÍTULO II

GRANDES CORPORAÇÕES DIGITAIS E FINANCEIRIZAÇÃO: QUE ESPAÇO PARA A BUSCA DE SOBERANIA DIGITAL?

JOSÉ EDUARDO CASSIOLATO
HELENA MARIA MARTINS LASTRES
CRISTINA LEMOS
ANA ARROIO
MARCOS DANTAS

Introdução

Como reiterado neste livro, informação e dados sempre tiveram valor para a atividade econômica. A história tem também demonstrado repetidamente que o controle sobre a informação é fundamental para quem tem poder e o que pode ser feito com seu domínio. Todavia, a partir da revolução das Tecnologias de Informação e Comunicações (TICs) e do surgimento e consolidação da internet, e no bojo de uma economia globalizada e dominada pelas finanças, ambos se tornam crescentemente centrais para um número cada vez maior de atividades do capitalismo contemporâneo. Entre os vários aspectos relevantes na discussão sobre seu estágio atual e impacto na geopolítica e economia global alguns podem ser destacados.

O primeiro é que os principais avanços científicos e tecnológicos se deram em um contexto de acirrada disputa por hegemonia global e foram viabilizados por meio de políticas governamentais, maiormente direcionadas a finalidades militares e ao alcance da liderança mundial. É amplamente reconhecido que foram as políticas das forças armadas estadunidenses – nomeadamente o Departamento de Defesa – que possibilitaram o desenvolvimento dos principais produtos das TICs como os sistemas computacionais, a infraestrutura informacional e a internet.[1]

O segundo, que será objeto de discussão neste capítulo, é que no capitalismo financeirizado dos anos 2000, informações e dados são totalmente controlados por um reduzido número de grandes corporações digitais (GCDs) que adquirem poder político e econômico sem precedentes. No quadro de crescente financeirização da economia global e de total liberalização e desregulamentação, tais corporações transformam dados brutos em valor tangível, ou seja, realizam a monetização dos dados. Aproveitando o enorme aumento da capacidade de computação das últimas décadas, o desenvolvimento descontrolado desses oligopólios torna-se o epicentro do processo de transformação do capitalismo. A internet deixa de ser apenas um serviço de conexão do usuário à sua infraestrutura, através de alguma rede de telecomunicações, com o acesso a ela passando a ser intermediado por uma camada de “plataformas” e “aplicativos”,

---

1 DOSI, Giovanni. *Technical change and industrial transformation*: the theory and an application to the semiconductor industry. Berlim: Springer, 1984; MAZZUCATO, Mariana. *The entrepreneurial state, debunking private vs. public sector myths in risk and innovation*. Londres: Anthem Press, 2013.

consolidando-se uma "nova fronteira de acumulação" composta pelo capital-informação.[2]

As GCDs de mídia social, em particular, começaram sua atuação na internet no início do milênio, oferecendo produtos gratuitos para, em seguida, usarem a agregação do conteúdo e o poder que tinham sobre os usuários para direcionar a sua atenção. O que permitiu tal transformação foi o avanço da chamada Inteligência Artificial (IA). Quanto mais os usuários utilizarem a internet e as mídias sociais, mais informações serão disponibilizadas e vendidas, mais publicidade será vendida e maior será a extração de valor por parte dessas empresas.

A partir do início do milênio, portanto, tal regime entra em novo estágio, cuja característica mais importante é precisamente a explosão do novo padrão de acumulação centrado na extração, processamento, análise e comercialização de dados. As GCDs – e seus principais acionistas financeiros – são os maiores beneficiários desse processo que se retroalimenta e reforça a concentração de riquezas. A orientação dada por essas grandes corporações marca esta "segunda fase da internet" (também chamada de internet 2.0) que deixa de ser um espaço aberto e torna-se cada vez mais controlada por tais empresas.[3]

Sob a hegemonia financeira e com as grandes gestoras de ativos[4] especulativos crescentemente controlando a maioria das empresas

---

2 DANTAS, Marcos. "Informação, trabalho e capital". *In*: ______ *et al*. *O valor da informação*: de como o capital se apropria do trabalho social na era do espetáculo e da internet. São Paulo: Boitempo, 2022.

3 MOROZOV, Evgeny. *Big tech*: a ascensão dos dados e a morte da política. São Paulo: Ubu, 2018.

4 Gestora de ativos é uma empresa financeira que toma decisões de investimento comprando e vendendo ativos como ações, títulos e imóveis para clientes institucionais e indivíduos de alto patrimônio líquido. As três maiores gestoras de ativos – Vanguard, BlackRock e State Street Global Advisors – juntos detêm mais de 20% da quase

de capital aberto, as GCDs estadunidenses que dominam a internet desenvolvem, num quadro de desregulamentação, estratégias centradas nesse processo de mercadificação de dados pessoais. Como resumido por Zuboff,[5] trata-se de uma lógica baseada na colonização audaciosa e ilegítima da experiência humana privada para uma nova era de mercantilização e controle.

A percepção de diversos países e instituições sobre os efeitos negativos – políticos, econômicos e sociais – do domínio das GCDs sobre todos os aspectos da digitalização e, especialmente do poder político e econômico que detêm, tem ampliado a preocupação sobre a necessidade de maior controle público das atividades digitais. A busca de soberania digital por parte dos diferentes países tem crescentemente feito parte da agenda de políticas públicas, conforme detalhadamente discutido em diversos capítulos deste livro.

Este capítulo objetiva apresentar uma breve reflexão sobre a importância de alcançar a soberania digital no Brasil. Focalizam-se as articulações da digitalização com a financeirização e as resultantes formas de aprisionamento das inovações digitais em trajetórias tecnológicas, não apenas de baixa eficácia econômica, mas principalmente de significativos efeitos negativos em termos sociais, políticos e ambientais.

Nessas linhas, o capítulo analisa o imperativo de o Brasil buscar sua soberania digital e está organizado da seguinte maneira. O item 2 sintetiza as grandes transformações globais trazidas pela digitalização e à mistificação das contribuições das tecnologias digitais ao desenvolvimento. O item 3 discute as relações entre as

---

totalidade das 500 maiores empresas estadunidenses (BRAUN, Benjamin; CHRISTOPHERS, Brett. "Asset manager capitalism: an introduction to its political economy and economic geography". *Environment and Planning A: Economy and Space*, vol. 56, nº 2, 2024).

5 ZUBOFF, Shoshana. *The age of surveillance capitalism*: the fight for a human future at the new frontier of power. Nova York: Public Affairs Books, 2018.

GCDs e o capital financeiro e seu impacto na sociedade e nas estratégias de inovação adotadas pelas GCDs financeirizadas. O item 4 discorre sobre os principais problemas e obstáculos enfrentados por países do Sul Global na busca de soberania digital e os espaços para tais países, dadas as suas especificidades. Finalmente, o item 5, conclusivo, apresenta uma breve apreciação sobre as principais perspectivas vislumbradas para o Brasil.

1 Transformações mundiais trazidas pela Economia Digital e mitos associados

1.1 Múltiplas crises, globalização, digitalização e financeirização

Uma crise crônica multidimensional – econômica, social, política e ambiental –marca a fase atual do sistema mundo. Sugerimos alguns indicadores das vicissitudes que assolam a economia global desde os anos 1990, mas que se manifestaram mais claramente após a crise financeira de 2007-2008. O aumento brutal das desigualdades entre e inter países é sem dúvida o mais importante. Além da diminuição da intensidade do comércio internacional, destacam-se o baixo crescimento real do produto interno bruto (PIB) da grande maioria dos países, a estagnação relativa da demanda, particularmente nos países capitalistas centrais, a existência de capacidade ociosa global em importantes atividades econômicas, o baixo crescimento do investimento produtivo e da produtividade, e o endividamento dos governos, empresas, famílias e indivíduos.[6]

Porém, essa "policrise" não atinge todos os países e indivíduos igualmente. Alguns países, como China, Vietnã e Índia têm

---

6 CASSIOLATO, José Eduardo; SZAPIRO, Marina; FALCÓN, Maria Lucia. "Novas tecnologias digitais, financeirização e pandemia Covid-19: transformações na dinâmica global produtiva, no papel do Estado e impactos sobre o CEIS". *Cadernos do Desenvolvimento*, vol. 16, nº 28, 2021.

apresentado taxas significativas de crescimento econômico e passado por importantes mudanças estruturais. Por outro lado, a parcela mais rica da população tem ampliado sua riqueza em termos absolutos e relativos[7] nas últimas décadas.

Assim, longe de observarmos, desde os anos 1980, efeitos virtuosos da globalização neoliberal e do desenvolvimento e difusão das TICs – como apregoado pelas elites globais e organizações multilaterais – vivemos em um mundo caracterizado por crises. Chesnais[8] sugere que, "é da esfera financeira que é necessário partir, se desejarmos compreender o movimento em seu conjunto". Segundo esse autor, o conteúdo efetivo da globalização é dado pelo modo através do qual o capital opera:

> sob a tripla forma do capital industrial, do capital concentrado engajado no negócio e na grande distribuição e, sobretudo, ...do capital-dinheiro concentrado, que se valoriza no seio da esfera financeira, mas que se nutre de punções sobre a esfera produtiva onde se formam o valor, a mais-valia e outras variedades de sobreproduto.[9] Portanto, o atual estágio do capitalismo deve ser compreendido por essa financeirização caracterizada, particularmente, pela progressiva interdependência das esferas produtivo-tecnológica-comercial e monetário-financeira.

Já no final dos anos 1990, tornava-se claro que a forte aceleração da mudança tecnológica fundada nas TICs se constituía numa das principais especificidades da globalização dominada pelas finanças. Liberalização e desregulamentação permitiram e promoveram a globalização e também o desenvolvimento tecnológico das TICs,

7 PIKETTY, Thomas. *O Capital no século XXI*. Rio de Janeiro: Intrínseca, 2013.

8 CHESNAIS, François. *A Mundialização do capital*. São Paulo: Xamã, 1996, p. 7.

9 CHESNAIS, François. *A Mundialização do capital*. São Paulo: Xamã, 1996, p. 67.

levando ao estabelecimento de um novo padrão de organização das atividades produtivas, à concentração de capitais por meio da interpenetração patrimonial e ao aumento do comércio regional intraindústria e intrafirma.

A ascensão da China como potência global, particularmente do ponto de vista produtivo e tecnológico, e a subordinação dos Estados no Ocidente aos desígnios das finanças constituem características importantes da economia e política globais das primeiras décadas do milênio. A esses fatores se juntam as exigências da sustentabilidade e a explosão da exploração econômica das informações e dos dados, objeto de nossa preocupação principal neste livro.

Quanto ao avanço de tal exploração, cabe lembrar que o Fórum Econômico Mundial, conhecida reunião anual das elites globais em Davos, havia sido abalado, em 2015, pela repercussão do livro de Piketty[10] que demonstrava o aumento brutal na desigualdade de renda e riqueza nas economias capitalistas. A reação das elites financeiras globais, já no encontro de 2016, foi a de introduzir uma agenda radical sobre a inevitabilidade de uma suposta e inexorável "quarta revolução industrial" (ou Indústria 4.0), que seria impulsionada pela fusão de tecnologias para criar avanços na produtividade, por exemplo, em robótica, IA, impressão 3D e armazenamento de energia.[11] Aos países do Sul Global só restaria acelerar a introdução e uso de tais tecnologias e diversos países passaram a discutir estratégias com tal finalidade.

Porém, como apontado por diversos autores, longe de constituir-se em um novo paradigma tecno-organizacional, o desenvolvimento tecnológico associado à digitalização representa apenas uma intensificação das principais características do paradigma das

---

10 PIKETTY, Thomas. *O Capital no século XXI*. Rio de Janeiro: Intrínseca, 2013.

11 SCHWAB, Klaus. *The Fourth Industrial Revolution*. Nova York: Portfolio Penguin, 2017.

TICs.[12] Como argumentado por Chesnais[13] o avanço da robótica e da coleta e processamento de dados em massa,

> não é portador de uma nova onda tecnológica... (mas sim um novo momento da terceira revolução industrial, que agora)... fornece ao capital e aos Estados uma capacidade sem precedentes de controle político e social.

Assim, longe de se constituir numa revolução, temos maiormente o desenvolvimento de algoritmos por parte das GCDs que possibilitou o surgimento do oligopólio global ultra concentrado de plataformas digitais, cuja alta lucratividade se baseia na apropriação e na venda de dados pessoais, ilegalmente subtraídos dos indivíduos, e que domina a maior parte de atividades e processos na economia como um todo.

1.2 Os mitos da atual fase da digitalização

As elites econômicas globais anteviram as potenciais oportunidades de negócios trazidas pelas tecnologias e passaram a colocá-las como inexoráveis, neutras e portadoras de um suposto futuro virtuoso.[14] Mais uma vez, utilizava-se o conhecido mecanismo já apontado

---

12 Ver MANDEL, Ernest. *Long Waves of Capitalist Development*: A Marxist Interpretation. 2ª ed. Londres: Verso, 1995; CASSIOLATO, José Eduardo; SZAPIRO, Marina; FALCÓN, Maria Lucia. "Novas tecnologias digitais, financeirização e pandemia Covid-19: transformações na dinâmica global produtiva, no papel do Estado e impactos sobre o CEIS". *Cadernos do Desenvolvimento*, vol. 16, nº 28, 2021; BOLAÑO, César; ZANGHELINI, Fabrício. "A dialogue between the concept of the Industrial-Economic Healthcare Complex and the Brazilian Political Economy of Information, Communication and Culture". *Journal of Latin American Communication Research*, vol. 12, nº 1, 2024.

13 CHESNAIS, François. "La théorie des ondes longues et la technologie contemporaine". *A l'Encontre*, 2019.

14 THE ECONOMIST. "The world's most valuable resource is no longer oil, but data". *The Economist*, 06 mai. 2017; SCHWAB, Klaus. *The Fourth Industrial Revolution*. Nova York: Portfolio Penguin, 2017.

por uma série de estudiosos da Economia Política, que mostraram como os discursos sobre as tecnologias digitais foram historicamente construídos em torno de mitos modernos[15] com grandes referências a mundos e possibilidades utópicas.

Estruturando um discurso hegemônico que impossibilita pensar em caminhos alternativos, tais mitos, associados à ideia de "Indústria 4.0", tornam-se dispositivos poderosos que, ao determinar que o desenvolvimento tecnológico está predestinado, praticamente impedem a concepção de outras opções.[16] Mais ainda, eles legitimam a ideologia neoliberal que coloca o consumismo acima de todos os valores e concebe o desenvolvimento tecnológico como um processo estritamente econômico e independente da sociedade.[17]

A literatura sobre revoluções e paradigmas tecnológicos[18] é bem explícita na caracterização de um novo paradigma bem-sucedido. Essa literatura aponta que a fase ascendente de um novo paradigma geralmente envolve uma combinação virtuosa de inovações inter-relacionadas, de produtos, processos, técnicas organizacionais e gerenciais, que resultaria num salto quântico na produtividade potencial para toda ou a maior parte da economia, e abriria uma gama excepcionalmente ampla de oportunidades de investimento e lucro. Porém, os últimos 40 anos têm sido marcados exatamente

15 MOSCO, Vincent. *The Digital Sublime*: Myth, Power and Cyberspace. Cambridge: The MIT Press, 2004.

16 BREVINI, Benedetta; PASQUALE, Frank. "Revisiting the Black Box Society by rethinking the political economy of big data". *Big Data & Society*, 2020.

17 WILLIAMS, Raymond. "Communication Technologies and Social Institutions". *In*: ______. (Coord.). *Contact*: Human Communication and its History. Londres: Thames & Hudson, 1981; BREVINI, Benedetta; PASQUALE, Frank. "Revisiting the Black Box Society by rethinking the political economy of big data". *Big Data & Society*, 2020.

18 PEREZ, Carlota. "Technological revolutions and techno-economic paradigms". *Cambridge Journal of Economics*, vol. 34, nº 1, 2010.

pelo oposto: queda no investimento em atividades produtivas e estagnação da produtividade nas principais economias ocidentais.[19]

A Figura 1 apresenta a evolução da relação investimento/PIB dos países do G7, de 1980 a 2024, período do desenvolvimento e difusão das TICs. Os dados da figura, produzidos pelo FMI são inequívocos ao demonstrarem a queda significativa dos níveis de investimento ao longo de todo o período, particularmente após a crise financeira de 2008, quando se consolida a dominação das GCDs.

Figura 1 – Países do G7. Investimento/PIB, 1980-2024

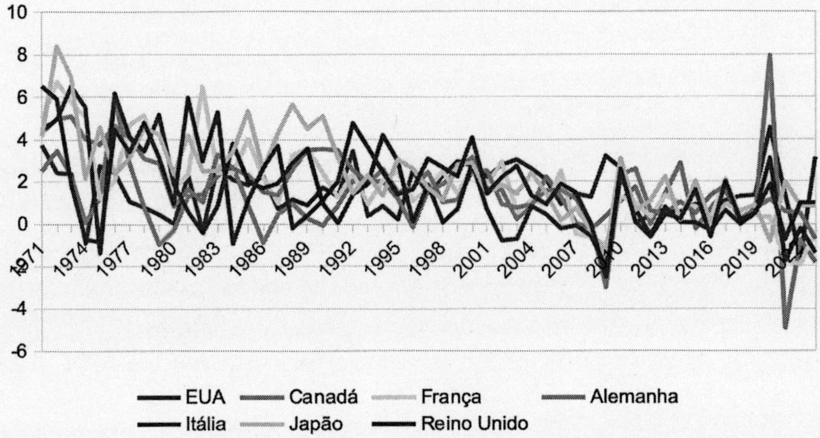

Fonte: International Monetary Fund, 2024.

Por sua vez, as informações da Figura 2, a partir de dados da OCDE, apresentam outro importante indicador, a evolução da produtividade (PIB por hora trabalhada) para o mesmo grupo de

19 CASSIOLATO, José Eduardo *et al.* "Territory, development and systemic innovation: a Southern perspective". *In*: TSVETKOVA, Alexandra; SCHMUTZLER, Jana; PUGH, Rhiannon (Coord.). *Entrepreneurial Ecosystems Meet Innovation Systems*: synergies, policy lessons and overlooked dimensions. Londres: Edward Elgar Publishing, 2020.

países, entre 1971 e 2023. A mesma tendência pode ser também observada: uma queda significativa na produtividade, a qual se mantém em níveis muito reduzidos, ao longo do período.

Figura 2 – Países do G7. Produtividade (PIB por hora trabalhada), 1971-2023

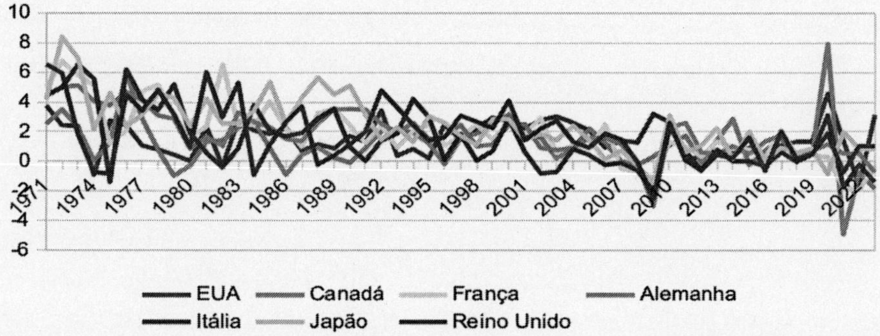

Fonte: OCDE.

Tais indicadores são incompatíveis e totalmente opostos ao que se esperaria de uma revolução tecnológica e do estabelecimento virtuoso de um novo paradigma tecnológico. À medida em que aumenta o entendimento das características oferecidas por uma nova tecnologia e das oportunidades que apresenta, as empresas que dominam os diferentes mercados desenvolvem um quadro de referência das expectativas e entendimentos sobre como maximizar os benefícios (lucros) reais e potenciais. Isso leva à concentração de esforços ao longo de trajetórias tecnológicas determinadas por percepções, tanto do que é tecnicamente viável alcançar, quanto, principalmente, da expectativa de lucratividade.

Isto significa que as tecnologias tendem a evoluir de maneiras específicas: uma determinada trajetória tecnológica não é neutra, inerente à tecnologia em si, mas o resultado das estratégias e dos esforços tecnológicos das empresas que dominam as estruturas produtivas. O problema é que, conforme apontado por Freeman,[20] em uma economia impulsionada principalmente por "forças de mercado de curto prazo", as inovações ocorrem de forma incremental e são direcionadas atualmente por estratégias que visam maximizar o retorno rápido aos acionistas.

Novas ondas tecnológicas costumam ser acompanhadas por uma série de mitos, quanto ao seu desenvolvimento e eficácia, para dar conta dos diferentes problemas das sociedades. Isto é particularmente perceptível durante crises, dado que no imaginário social os mitos trabalham para sustentar um senso ilusório de domínio de processos, modelando condutas voltadas a conformar a introdução de mudanças e a preservação da ordem vigente.[21]

Nos tempos atuais da digitalização e IA, repete-se o que ocorreu a partir do final da década de 1970, com os desenvolvimentos das TICs. Já no final dos anos 1990, alertávamos[22] para estes mitos, tentando separar o determinismo tecnológico das reais possibilidades e problemas trazidos pela Terceira Revolução Industrial das TICs. De fato, o mito da "revolução da informação" dos anos 1980 surgiu como o novo dogma do planejamento empresarial[23] continuando a se fortalecer ao longo das décadas seguintes, sendo endossado pelas elites corporativas e governamentais. Associado à globalização neoliberal, o avanço inexorável das TICs era apontado como a solução para a crise de "crescimento" que começa no final dos anos 1970 e que permanece até os dias atuais.

---

20 FREEMAN, Christopher. "The greening of technology and models of innovation". *Technological forecasting and social change*, vol. 53, nº 1, 1996.

21 GRAMSCI, Antonio. *The Gramsci reader*: selected writings, 1916-1935. Nova York: NYU Press, 2000.

22 LASTRES, Helena Maria Martins; ALBAGLI, Sarita. *Informação e globalização na era do conhecimento*. Rio de Janeiro: Campus, 1999.

23 DYER-WITHEFORD, Nick. *Cyber-Marx*: Cycles and circuits of struggle in high-technology capitalism. Illinois: University of Illinois Press, 1999.

Tais mitos sustentam a crença de que a onda tecnológica mais recente cumprirá a promessa radical e revolucionária de corrigir o capitalismo e se tornar a arma mais poderosa que pretende tirar o sistema capitalista global de suas crises recorrentes. Mais ainda, praticamente qualquer problema social estaria sujeito a soluções supostamente técnicas e neutras,[24] ao mesmo tempo em que são naturalizadas as soluções baseadas no mercado para todas as questões do desenvolvimento tecnológico.

Essa é, de fato, a noção de determinismo tecnológico: uma nova tecnologia – no caso atual a IA – "emerge" de pesquisa e desenvolvimento tecnológico, mudando, em seguida, a sociedade e/ou a dinâmica das atividades nas quais "emergiu".[25] Esta suposta neutralidade do desenvolvimento tecnológico e da inovação é um dos mitos mais poderosos que fazem parte dos discursos atuais de empresas, governos e mídia, e que minimizam ou ocultam o alinhamento da inovação digital com os interesses comerciais dos GCDs.

---

24 KURZWEIL, Raymond. "What Is Artificial Intelligence Anyway? As the techniques of computing grow more sophisticated, machines are beginning to appear intelligent –but can they actually think?" *American Scientist*, vol. 73, nº 3, 1985; LASTRES, Helena Maria Martins; CASSIOLATO, José Eduardo. "APLs, conhecimento, desenvolvimento e os desafios da colonialidade do saber". *In*: MATOS, Marcelo Pessoa de *et al.* (Coord.). *Arranjos produtivos locais*: referencial, experiências e políticas em 20 anos da RedeSist. Rio de Janeiro: E-Papers, 2017.

25 WILLIAMS, 1985, p. 129.

Arroio[26] examina este e outros mitos apontados por Lastres e Albagli,[27] Mansell,[28] e Barthes,[29] incluindo as crenças, poderosas e prevalecentes, como a suposta virtude de um "campo de concorrência equitativo"; transparência de mercado; independência regulatória; datificação "para o bem maior"; existência de sistemas digitais éticos; e "desaparecimento da História", entre outros, revelando como esses alicerçam as recomendações disseminadas pelos organismos multilaterais de "apoio" ao desenvolvimento, como ONU, OCDE, FMI, etc., e encobrem, ou minimizam, os interesses das empresas de tecnologia e dos países detentores do poder.

Um desses mitos, importante para as discussões deste capítulo, refere-se à noção de que a atual configuração estrutural das atividades comandadas pelas GCDs tem um papel positivo quanto à inovação e que qualquer tentativa por parte do setor público de regular os "mercados" de dados, além de inócua, terá efeitos negativos quanto à inovatividade. Este mito é recorrente tanto no debate acadêmico quanto nas discussões dentro do aparelho estatal da grande maioria de países, inclusive no Brasil.

Para melhor compreender tal mito, deve-se ressaltar que as empresas gestoras de ativos, que estão no comando acionário das GCDs, concentram suas estratégias na criação e implementação de métodos para "capturar renda", sob a lógica de transformar tudo em um ativo financeiro, sem que qualquer nova riqueza seja criada

---

26 ARROIO, Ana. "Economia de Dados na perspectiva das Organizações Multilaterais e nos (B)RICS: mitos, conceitos e sistemas de mensuração para informar políticas públicas no Brasil". Nota Técnica 2 do Projeto EconDados. *RedeSist e Cicef*, 2024.

27 LASTRES, Helena Maria Martins; ALBAGLI, Sarita. *Informação e globalização na era do conhecimento*. Rio de Janeiro: Campus, 1999.

28 MANSELL, Robin. "Digital technology innovation: Mythical claims about regulatory efficacy". *Journal of the European Institute for Communication and Culture*, vol. 30, nº 2, 2023.

29 BARTHES, Roland. *Mythologies*. Trad. Annette Lavers. Nova York: Noonday Press, 1957.

nesse processo.[30] Apesar de não representar uma novidade, essa estratégia se apoia, pela primeira vez, em complexas tecnologias e inovações – digitais, como os sistemas orientados por dados, em rede e algorítmicos; jurídicas, como direitos de propriedade; e financeiras, como derivativos, títulos e índices de risco, etc. Interligadas, essas tecnologias e inovações "foram projetadas para ampliar e potencializar as habilidades do capital de patrimonialização, extração e confinamento".[31]

Isto explica a razão pela qual tais empresas direcionam seu desenvolvimento tecnológico (e, portanto, suas inovações) a atividades que fundamentalmente visam maximizar a extração de valor de indivíduos, trabalhadores e demais organizações._Conforme apontado por diversos autores,[32] os esforços tecnológicos das grandes corporações resultam em inovações que possibilitem um retorno maior de curto prazo, de duvidosa eficácia em termos de benefícios à sociedade como um todo. Acemoglu e Restrepo (2020), discutem maiormente como as GCDs direcionam seus esforços de inovação para uma trajetória tecnológica centrada na substituição de trabalho humano por "máquinas" com resultados medíocres e impacto nulo na produtividade. Erik Brynjolfsson, conhecido entusiasta das tecnologias digitais, reconhece que, da forma como estão sendo desenvolvidas por GCDs e fundos de investimento, as inovações em IA não apenas aumentam a concentração de poder e riqueza,

---

30 SADOWSKI, Jathan. "The internet of landlords: Digital platforms and new mechanisms of rentier capitalism". *Antipode*, vol. 52, nº 2, 2020.

31 SADOWSKI, Jathan. "The internet of landlords: Digital platforms and new mechanisms of rentier capitalism". *Antipode*, vol. 52, nº 2, 2020.

32 CHESNAIS, François. "La théorie des ondes longues et la technologie contemporaine". *A l'Encontre*, 2019; GORDON, Robert. "Is U. S. Economic Growth Over? Faltering Innovation Confronts the Six Headwinds". NBER Working Paper 18315, 2012; ACEMOGLU, Daron; RESTREPO, Pascual. "The wrong kind of AI? Artificial intelligence and the future of labour demand". *Cambridge Journal of Regions, Economy and Society*, vol. 13, nº 1, 2020.

mas levam a uma situação por ele denominada de "Armadilha de Turing"[33] com resultados desastrosos para a humanidade. Acemoglu e Johnson (2023) sugerem que estas inovações representam a "mãe de todas as tecnologias inapropriadas".

Exemplos incluem os desenvolvimentos em IA comandados e controlados por duas GCDs: Microsoft e Alphabet/Google. As trajetórias tecnológicas perseguidas por essas duas empresas, cujas estratégias estão filosoficamente enraizadas na noção de "inteligência de máquina", enfatizam a capacidade de os computadores superarem os humanos em atividades específicas. Como apontado acima, esta filosofia foi complementada pelo objetivo principal de maximizar a riqueza dos acionistas no curto prazo. Combinadas, essas ideias estão cimentando a catastrófica noção de que as aplicações mais produtivas da IA poderão substituir a humanidade.

Assim, as possibilidades promissoras de transformação trazidas pelas novas tecnologias digitais têm sido enviesadas negativamente pelas estratégias das GCDs e dos fundos de investimento que as controlam e que têm direcionado seus esforços inovativos para áreas com maior potencial de cortar custos, em especial os do trabalho. O que se observa, portanto, é que a revolução digital, em geral, e da IA, em particular, inauguram as profecias imaginadas por Karl Marx há mais de um século, de que o capitalismo naturalmente levaria à propriedade monopolista sobre os "meios de produção" e que os oligarcas usariam sua influência econômica para administrar o sistema político e manter os trabalhadores pobres. Assim, o baixo impacto econômico e social das tecnologias digitais se deve ao fato de que a direção do progresso técnico da IA, produção de robôs, etc., tenha sido deixada para o "mercado" desregulado, concentrado e comandado por poucas empresas.

---

33 Em 1950, Alan Turing propôs um "jogo de imitação" como o teste final para saber se uma máquina era inteligente: uma máquina poderia imitar um ser humano tão bem que respondesse a perguntas de forma indistinguível a dele.

As GCDs utilizam outras maneiras para afetar negativamente as potenciais possibilidades de inovação e submetê-las ao seu controle. A mais conhecida são as chamadas "aquisições assassinas".[34] Os autores mostram que as aquisições por parte das GCDs de *startups*, se dão, por muitas vezes, com o único propósito de eliminar potenciais concorrentes, sem a intenção de utilizar/comercializar a inovação da empresa adquirida. Há inúmeros exemplos de aquisições de pequenas *startups* pelas GCDs apenas para encerrar suas atividades. Gautier e Lamesch,[35] mostram que uma parte substancial dos produtos e serviços comprados pelas GCDs foi descontinuada após a aquisição. No caso do Google, Affeldt e Kesler (2021) afirmam que metade dos aplicativos adquiridos no Google Play Store simplesmente desapareceu. Mesmo quando as GCDs comercializam a inovação adquirida dessa forma, elas ampliam a liderança tecnológica, tornando a entrada de concorrentes ainda mais difícil.[36]

Há ainda outras formas utilizadas pelas GCDs para bloquear a inovação. A P&D das GCDs têm se concentrado cada vez mais no avanço dos modelos de IA. Já em 2017, a Amazon era a empresa que oferecia o maior número de empregos em IA nos EUA, seguida pela Nvidia e pela Microsoft. Rikap,[37] aponta como os resultados das chamadas "parcerias" das GCDs com universidades, organizações públicas de pesquisa e outras empresas são totalmente apropriados por elas. Além disso, o poder econômico das GCDs drena o talento em IA do meio acadêmico e direciona a pesquisa nas instituições de

34 CUNNINGHAM, Colleen; EDERER, Florian; MA, Song. "Killer acquisitions". *Journal of Political Economy*, vol. 129, nº 3, 2021.

35 GAUTIER, Axel; LAMESCH, Joe. "Mergers in the digital economy". *Information Economics and Policy*, vol. 54, 2021.

36 BRYAN, Kevin A.; HOVENKAMP, Erik. "Antitrust limits on startup acquisitions". *Review of Industrial Organization*, vol. 56, 2020.

37 RIKAP, Cecilia. "Same end by different means: Google, Amazon, Microsoft and Facebook's strategies to dominate artificial intelligence". *CITYPERC Working Paper*, No. 2023-03, Londres, 2023.

ensino e pesquisa.[38] Gofman e Jin,[39] por exemplo, documentaram fuga de cérebros sem precedentes do corpo docente de IA da academia para a indústria estadunidense o que resulta numa redução do conhecimento de IA nas universidades afetadas e numa diminuição no número de *startups*. No Brasil, há pouca discussão sobre como essas empresas também drenam nossos talentos, com órgãos governamentais não apenas incentivando tal prática, mas até utilizando recursos públicos para facilitar tal relacionamento predatório.[40]

Rikap[41] analisa o impacto das estratégias das GCDs na qualidade e direção da pesquisa em IA, concluindo que a sua diversidade estagnou nos últimos anos e que os pesquisadores tendem a se especializar em métodos de aprendizagem profunda que consomem muitos dados e exigem muita computação, em detrimento de pesquisas que envolvam outros métodos de IA e considerem suas implicações sociais e éticas e aplicações em atividades como saúde e educação. O relatório do Congresso estadunidense (2020) também aponta que há cada vez mais evidências de que o domínio das GCDs enfraqueceu substancialmente a inovatividade e a qualidade da pesquisa nos EUA.

Mas sem dúvida, o lado mais repulsivo dessa pretensa inovatividade das GCDs é o seu viés de gênero e racial. Como apontado por O'Neil,[42] um algoritmo é apenas uma opinião incorporada a

---

38 JUROWETZKI, Roman *et al.* "The Privatization of AI Research(-ers): Causes and Potential Consequences: From university-industry interaction to public research brain-drain?" *arXiv*, 2021.

39 GOFMAN, Michael; JIN, Zhao. "Artificial intelligence, education, and entrepreneurship". *The Journal of Finance*, vol. 79, nº 1, 2024.

40 Ver capítulo X neste livro.

41 RIKAP, Cecilia. "Same end by different means: Google, Amazon, Microsoft and Facebook's strategies to dominate artificial intelligence". *CITYPERC Working Paper*, No. 2023-03, Londres, 2023.

42 O'NEIL, Cathy. *Weapons of math destruction*: How big data increases inequality and threatens democracy. Nova York: Crown, 2017.

programas, e como tal passível de equívocos, preconceitos e discriminações levando a práticas discriminatórias contra indivíduos e populações. Existe uma crescente literatura que analisa em detalhe tais vieses de práticas discriminatórias. No caso estadunidense, por exemplo, pesquisas mostraram que os afro-americanos são mais frequentemente penalizados por decisões legais baseadas no uso de algoritmos e mais discriminados em plataformas populares de aluguel de apartamentos on-line.[43] Quanto à discriminação relacionada a gênero, podemos mencionar como os anúncios *on-line* direcionados a oportunidades de emprego nas áreas de ciência, tecnologia, engenharia e matemática nos EUA são maiormente oferecidos a homens do que a mulheres.[44]

Assim, o uso indiscriminado e desregulado de modelos preditivos afeta principalmente as pessoas mais vulneráveis e mais pobres em termos de oportunidades de emprego, estabilidade financeira (busca de crédito), acesso à moradia ou à educação e outros serviços públicos. A arrogância dos desenvolvedores desses modelos é tal que eles cada vez mais consideram os seres humanos como sendo um problema, usando nosso comportamento em suas plataformas como prova de nossa natureza essencialmente falha, a ser solucionada através de uma tecnologia supostamente neutra e superior.[45]

Finalmente deve-se enfatizar que a regulação, como imaginada e discutida por governos e organizações internacionais é também um mito que prevê um "equilíbrio" de interesses comerciais, estatais

---

43 EDELMAN, Benjamin; LUCA, Michael; SVIRSKY, Dan. "Racial discrimination in the sharing economy: Evidence from a field experiment". *American Economic Journal: Applied Economics*, vol. 9, nº 2, 2017.

44 LAMBRECHT, Anja; TUCKER, Catherine E. "Algorithmic discrimination? apparent algorithmic bias in the serving of stem ads". *Massachusetts Institute of Technology*, Cambridge, 2017.

45 RUSHKOFF, Douglas. *Survival of the richest*: Escape fantasies of the tech billionaires. Nova York: WW Norton & Company, 2022.

e cidadãos através de um processo de ajustamento liderado pelo mercado, apoiado por intervenções regulamentares em mercados de tecnologia digital.[46] O "fato" mítico é que a inovação seria desviada para alcançar o "bem" social e que a regulamentação garantirá que as empresas recebam novos incentivos, por exemplo, para fornecer garantias reforçadas de privacidade de dados.[47] Os principais pressupostos de tal mito e do imaginário predominante de inovação tecnológica – enfatizando o investimento em Inteligência Artificial com danos mitigados por "proteções" regulatórias – não presta atenção às relações desiguais de poder e às suas consequências para a proteção de direitos fundamentais dos cidadãos.

O imaginário que privilegia a lógica financeira curto prazista e a inovação comercial liderada pelo "mercado moldado pelas preferências de indivíduos autônomos"[48] mina a eficácia das proteções regulatórias que são sugeridas e introduzidas. Essa autora nota que a pretensa eficácia destas proteções é condicionada e é prejudicada por outros dois mitos relacionados: que os interesses dos agentes estatais, corporativos e cidadãos em um mercado capitalista podem ser equilibrados; e que a adaptação às inovações tecnológicas orientadas ao consumo possam garantir resultados equitativos e justos no longo prazo. As proteções regulatórias em voga não consideram questões de justiça, equidade e direitos humanos no enquadramento imaginário dominante porque não estão explícitas nas premissas teóricas da dinâmica de mercado e nem nas que discutem a inovação

46 MANSELL, Robin. "Digital technology innovation: Mythical claims about regulatory efficacy". *Journal of the European Institute for Communication and Culture*, vol. 30, nº 2, 2023.

47 EDLIN, Aaron; SHAPIRO, Carl. "Opinion: Why Breaking up Facebook Would Likely Backfire". *The Mercury News*, 2019.

48 MANSELL, Robin. "Digital technology innovation: Mythical claims about regulatory efficacy". *Journal of the European Institute for Communication and Culture*, vol. 30, nº 2, 2023.

tecnológica. Mansell[49] argumenta que isso não se restringe à ortodoxia econômica, mas alcança também uma grande parte da heterodoxia evolucionária.

Deve-se reconhecer que outro imaginário em inovação enfatiza as questões sociais, como alívio da pobreza, preocupações com a desigualdade e a sustentabilidade em seu quadro analítico.[50] Definindo a inovação como um processo social, e não meramente econômico, e tratando-a como uma transformação social, e não como um simples resultado das ações do mercado,[51] essa visão reconhece que o "equilíbrio" dos interesses dos atores não é automático e que os ajustes políticos e sociais necessários para se beneficiar das potencialidades da tecnologia digital são difíceis de realizar, dado que envolvem enormes resistências dos detentores do poder.[52]

---

49 MANSELL, Robin. "Digital technology innovation: Mythical claims about regulatory efficacy". *Journal of the European Institute for Communication and Culture*, vol. 30, nº 2, 2023.

50 FREEMAN, Christopher. *The Economics of Industrial Innovation*. Londres: Pinter, 1984; FREEMAN, Christopher. "The greening of technology and models of innovation". *Technological forecasting and social change*, vol. 53, nº 1, 1996; FREEMAN, Christopher. "Um pouso forçado para a "nova economia"? A tecnologia da informação e o sistema nacional de inovação dos Estados Unidos". *In*: LASTRES, Helena Maria Martins; CASSIOLATO, José Eduardo; ARROIO, Ana. *Conhecimento, sistemas de inovação e desenvolvimento*. Rio de Janeiro: Editora da UFRJ/Contraponto, 2005.

51 FREEMAN, Christopher. *The Economics of Hope*: Essays on Technical Change, Economic Growth and the Environment. Londres: Pinter Publishers, 1992, p. 29.

52 FREEMAN, Christopher; PEREZ, Carlota. "Structural Crises of Adjustment, Business Cycles and Investment Behaviour". *In*: DOSI, Giovanni *et al*. *Technical Change and Economic Theory*. Londres: Pinter, 1988.

2 As GCDs e o capital financeiro

A financeirização tem marcado o desenvolvimento capitalista por vários séculos. Chesnais[53] e Coutinho e Belluzzo[54] apontam que ela é disparada por uma desaceleração da acumulação e queda na taxa de lucros, que inviabiliza o reinvestimento em capital produtivo. Os capitalistas passam a buscar renda através de retornos de créditos financeiros líquido, tendo como força motriz uma oferta quase que ilimitada de capital financeiro.

A atual onda de financeirização é dominada econômica e politicamente por dois grandes grupos: as GCDs e as grandes gestoras de ativos. Quanto às primeiras, a exploração de seu papel de proprietárias de infraestruturas imprescindíveis lhes confere o poder de monopolizar a oferta e de controlar os preços de insumos e produtos. Uma grande parte dos produtos é também propriedade das GCDs. Beneficiando-se de informações – capturadas de forma opaca e à margem de controle público e cujo acesso é intransponível por parte de usuários, clientes, potenciais rivais e órgãos governamentais – elas extraem rendas de difícil quantificação de todos estes atores.

As segundas são, de fato, grandes oligopólios financeiros, conhecidos por usar seu peso econômico-financeiro para gerar movimentos especulativos nos mercados acionários.[55] Em meados de 2023 as cinco maiores gestoras de ativos do planeta (Vanguard, Blackrock, Fidelity, State Street Corp e Morgan Stanley)

---

53 CHESNAIS, François. *Finance capital today*: corporations and banks in the lasting global slump. Leiden: Brill, 2016a.

54 COUTINHO, Luciano; BELLUZZO, Luiz Gonzaga de Mello. "Desenvolvimento e estabilização sob finanças globalizadas". *Economia e Sociedade*, nº 7, dez. 1996.

55 CHESNAIS, François. *Finance capital today*: corporations and banks in the lasting global slump. Leiden: Brill, 2016a.

administravam quase US$ 30 trilhões em ativos, mais que o PIB dos EUA.[56] Em dezembro de 2022, elas, conjuntamente, detinham o controle acionário das cem maiores empresas estadunidenses, com uma participação média de 27,4% do capital votante.[57] O valor total do investimento dessas gestoras de ativos nessas empresas era, naquele período, de US$ 5,3 trilhões, representando apenas 25% dos ativos sob sua gestão.[58] Assim, tais gestoras são os principais acionistas de empresas teoricamente "rivais" o que lhes permite tanto administrar a competição, destruindo, de fato, a noção de "mercado competitivo", quanto limitar o investimento para proteger a quantidade total de lucros. Além disso, possuem títulos públicos de vários países e controlam inúmeras pequenas empresas nas áreas de TI, biotecnologia, materiais avançados e energia. A Blackrock, principal delas, gerencia mais de US$ 10 trilhões com participação acionária em mais de 8 mil empresas, inclusive no Brasil.

Nessa nova fase do capitalismo, as GCDs constituem o suporte material do capital financeiro, permitindo-lhe uma forma nova de aferir renda de indivíduos, empresas e governos. O que se move por meio das plataformas é o capital financeiro, a forma dominante no capitalismo atual e a qual se submetem os Estados nacionais. É importante explicitar que essa Economia Política Digital e de Dados comporta infraestrutura (equipamentos, plataformas, dispositivos, *softwares*, telecomunicações, redes, IoT e instalações); transações comerciais (comércio eletrônico); e o conteúdo da mídia digital (gratuita e paga, big data, etc.), permitindo e reforçando a lógica do "regime de acumulação dominado pelas finanças".[59]

---

56 VERSIGNASSI, Alexandre; BARROS, Camila. "Donos do Mundo: os fundos que mandam nas maiores empresas da Terra". *Vocesa*, 2023.

57 NEUFELD, Dorothy. "Ranked: The 100 Biggest Public Companies in the World". *Visual Capitalist*, 26 dez. 2022.

58 LAMA, Fadi. *Why the West Can't Win*: From Bretton Woods to a Multipolar World. Atlanta: Clarity Press, 2023, p. 404.

59 CHESNAIS, François. *Finance capital today*: corporations and banks in the lasting global slump. Leiden: Brill, 2016a.

O poder das GCDs, superior ao da maioria de Estados-nação, só pode ser compreendido, portanto, através da percepção de suas articulações estreitas com o capital financeiro.[60] Pessanha,[61] inclusive sublinha que:

> *a conexão entre a hegemonia financeira e a dominação tecnológica explica o atual estágio de oligopolização das corporações do setor, a concentração do capital e o nível de desigualdades que parece definir o "hipercapitalismo autofágico" contemporâneo.*

Esses dois conjuntos de megacorporações atuam e se articulam através de diversos mecanismos. A estratégia das GCDs traz impactos significativos nas suas diferentes atividades. Neste item pretendemos discutir alguns desses impactos, especialmente negativos, quanto ao progresso técnico e aos resultados, também negativos, nas trajetórias tecnológicas e nos tipos de inovação das empresas por elas controladas, como já sugerido por diversos analistas.[62]

A Tabela 1 mostra as cinco maiores empresas globais por capitalização de mercado nos anos de 1990, 2000, 2010 e 2019.

---

60 DANTAS, Marcos. "The Financial Logic of Internet Platforms: The Turnover Time of Money at the Limit of Zero". *TripleC*, vol. 17, nº 1, 2019; Pessanha, 2021; CASSIOLATO, José Eduardo; GASPAR, W. "Digitalização e Financeirização: imbricações, desafios e possibilidades". Nota Técnica 6 do Projeto EconDados. *RedeSist e Cicef*, 2024.

61 PESSANHA, Roberto Moraes. "Inovação, financeirização e startups como instrumentos e etapas do capitalismo de plataformas". *In*: GOMES, Maria Terezinha; TUNES, Regina; OLIVEIRA, Floriano (Coord.). *Geografia da inovação*: território, redes e finança. Rio de Janeiro: Consequência, 2020b.

62 Ver, por exemplo, LAZONICK, William. "The Financialization of the U.S. Corporation: What Has Been Lost, and How It Can Be Regained". *Seattle University Law Review*, vol. 36(2), 2013; CHESNAIS, François. *Finance capital today*: corporations and banks in the lasting global slump. Leiden: Brill, 2016a.

Percebe-se que, num período relativamente pequeno, as cinco GCDs tornam-se as maiores empresas capitalistas do mundo. Em 2023, essas cinco empresas e mais duas – Tesla e Nvidia – tiveram, em média, um aumento de seu valor acionário de 75%, enquanto as outras 493 grandes empresas que fazem parte das 500 maiores em capitalização nos EUA viram suas ações aumentarem em apenas 12%.

Tabela 1 – Cinco maiores empresas globais por capitalização, 1990 a 2019

Posição/Anos	1990	2000	2010	2019 (US$ bil)
1	IBM	General Electric	Exxon Mobil	Microsoft (1080)
2	Exxon Mobil	Exxon Mobil	Apple	Apple (999)
3	General Electric	Cisco	Microsoft	Amazon (901)
4	Bristol-Myers Squibb	Wal-Mart	Berkshire Hathaway	Alphabet (859)
5	Merck	Microsoft	General Electric	Facebook (552)

Fonte: Bustos, 2019 e Norfield, 2019, *apud* Cassiolato e Gaspar, 2024.

O Google se transforma na Alphabet, uma empresa *holding*, que a controla, mas também outras empresas, como o Google X, um laboratório de pesquisa; o Google Brain, uma empresa que objetiva usar IA em outras atividades, como diagnósticos médicos; a Waymo voltada à construção de carros autônomos; a Verily, uma empresa de saúde, etc. O Google, também tem um conjunto completo de tecnologias de mapeamento, Google Maps e Waze, além de ser proprietária do YouTube.

Da mesma maneira, o Facebook, se transforma na Meta que, por sua vez, controla o Instagram, uma das redes sociais mais populares do mundo, o WhatsApp, o aplicativo de mensagens mais utilizado, com exceção do We Chat, da China. A Amazon, além da sua loja, é proprietária de muitas empresas de mídia, como a Audible, de livros em áudio, e até de empresas de calçados, como a Zappos e de diferentes sites de comércio eletrônico. Atua, ainda, em infraestrutura de armazenamento em nuvens (Amazon Web Services) e desenvolve projetos para lançamento de pequenos satélites para acesso à internet. Nos últimos anos tem avançado na aquisição de empresas de IA, produz e comercializa "assistentes", como o Amazon Echo.

Esses poucos exemplos de empresas e produtos que fazem parte dos GCDs ilustram como eles se organizam horizontalmente, no sentido de que uma parte substantiva de bens e serviços que desejemos utilizar terá que, inexoravelmente, passar por empresas a eles subordinadas. Comandam e exercem poder através de redes transnacionais, formais e informais, de "colaboração" para a produção dos produtos e serviços oferecidos. Por trás disso tudo, complexas redes de financiamento proveem parte dos recursos dispendidos.

Ao serem inseridas no contexto da financeirização, as atividades desempenhadas pelas GCDs sofrem importantes influências. Por exemplo, os critérios de investimento em determinadas trajetórias tecnológicas são direcionados a "atender aos objetivos de portfólio de grandes acionistas institucionais",[63] o que tem um impacto significativo no tipo de inovação resultante, como discutido mais adiante.

Dantas,[64] ao explorar as conexões e participações acionárias do capital financeiro nas GCDs, nota que, no caso do Facebook/Meta, cerca de 1500 instituições financeiras, fundos de investimento e outros investidores institucionais detêm 68% do seu capital social. No Google/Alphabet, mais de 1.700 investidores detêm 73,1% das ações. Quanto à Amazon, cerca de 3 mil dessas instituições detêm

---

63 SAUVIAT, Catherine; CHESNAIS, François. "As transformações das relações salariais no regime de acumulação financeira". *In*: LASTRES, Helena Maria Martins; CASSIOLATO, José Eduardo; ARROIO, Ana. *Conhecimento, sistemas de inovação e desenvolvimento*. Rio de Janeiro: Editora da UFRJ/Contraponto, 2005.

64 DANTAS, Marcos. "The Financial Logic of Internet Platforms: The Turnover Time of Money at the Limit of Zero". *TripleC*, vol. 17, nº 1, 2019.

69,8% das ações. A situação é idêntica no caso das outras empresas que controlam os diferentes mercados dessas plataformas.

A Figura 3 abaixo mostra que os dez maiores gestores de ativos detinham conjuntamente, em dezembro de 2023, mais de 30% do capital votante das GCDs. Essa participação tem crescido ao longo do tempo. A Figura 4 mostra que os dois maiores gestores, Blackrock e Vanguard, aumentaram sua participação em aproximadamente 30%, em todas as cinco empresas entre 2018 e 2024.

As conexões do capital financeiro com a Economia Digital se estendem muito além de tal controle acionário. Essas GCDs – as maiores rentistas do mundo[65] – "participam cada vez mais de práticas que têm sido de domínio do setor financeiro".[66] Uma primeira forma refere-se ao processo através do qual as GCDs buscam inflar o preço de suas ações. Nesse caso, a estratégia visa aumentar os balanços patrimoniais pela manutenção de uma quantidade maior de ativos financeiros em comparação com o capital fixo. Diversos estudos apontam que as GCDs detêm estoques (extraordinariamente) grandes de ativos financeiros, normalmente mantidos como títulos ou outros instrumentos financeiros. Eles são, basicamente, de propriedade principalmente de subsidiárias domiciliadas em paraísos fiscais, que desempenham um papel fundamental nas estratégias corporativas para preservar a riqueza acumulada. Na segunda forma, a estratégia busca assumir mais dívidas, visando aumentar a lucratividade de seu patrimônio líquido. Isto tem acontecido especialmente após a crise financeira de 2007-2008 e as políticas monetárias de "flexibilização quantitativa" (QE) que se seguiram.[67] Sem dúvida, tal endividamento

---

65 FERNANDEZ, Rodrigo *et al.* "The financialisation of big tech". *Stichting Onderzoek Multinationale Ondernemingen*, vol. 1, nº 1, 2020.

66 AALBERS, Manuel. "Corporate financialization". *In*: RICHARDSON, Douglas *et al.* (Coord.). *The International Encyclopedia of Geography*: People, the Earth, Environment, and Technology. Oxford: Wiley, 2019.

67 FERNANDEZ, Rodrigo; BORTZ, Pablo; ZEOLLA, Nicolas. "The politics of quantitative easing". SOMO, Amsterdam, 2018.

tem financiado a compra dos ativos financeiros acima mencionados num movimento de substituição de patrimônio líquido por dívida.

Figura 3 – GCDs: Participação acionária dos dez maiores gestores de ativos (ações com direito a voto), dezembro de 2023

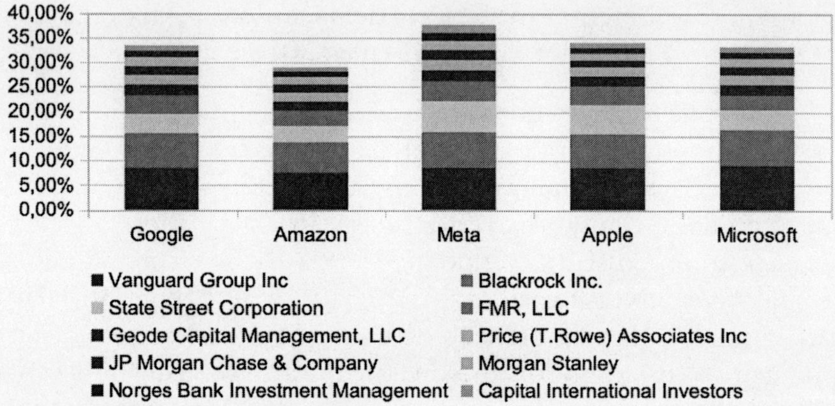

Fonte: Cassiolato e Gaspar 2024.

Figura 4 – GCDs: Participação acionária de Blackrock e Vanguard Group (ações com direito a voto), 2018-2024

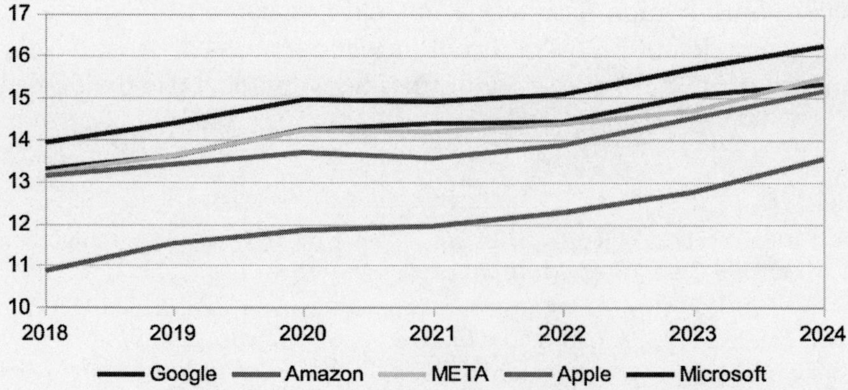

Fonte: Cassiolato e Gaspar 2024.

Nos casos da Apple, Microsoft e Amazon, a maior parte da dívida foi contraída por títulos de longo prazo, com baixas taxas de juros. A Apple aumentou seu endividamento total, de praticamente zero em 2013, para US$ 108 bilhões em 2019; a Microsoft, de quase nenhuma dívida em 2008, para US$ 79 bilhões em 2019; e a Amazon, de cerca de US$ 400 milhões em 2009, para US$ 52 bilhões em 2019.[68] Em todos estes casos, a estratégia de endividamento com taxas de juros muito baixas foi instrumental para que as GCDs pudessem maximizar o "valor" para o acionista e redistribuir "lucros" aos acionistas no curto prazo.[69] Além da distribuição anual de dividendos, as GCDs usam recursos obtidos principalmente através do endividamento para recomprar suas próprias ações. Light[70] aponta que mais da metade de todas as recompras de ações tem sido financiada por dívidas. Tais recompras aumentam a avaliação do patrimônio líquido e levam a um aumento dos preços das ações inicialmente em resposta aos anúncios da administração sobre as recompras pretendidas e após a sua efetivação pela disposição dos investidores de comprar as ações restantes a preços mais altos, dado o aumento do lucro por ação (LPA). Na verdade, o principal motivo das empresas para recomprar suas próprias ações é aumentar a dívida em relação ao patrimônio líquido, tendo em vista aumentar o LPA.

Além do endividamento, as GCDs dispõem de inúmeras maneiras pelas quais aumentam a riqueza a ser distribuída aos acionistas. As mais importantes se referem ao corte implacável dos custos de produção, especialmente os do trabalho, por meio de terceirização e imposição de relações de trabalho que destituem o trabalhador de seus direitos. Incluem também o *offshoring*, com a contratação de

---

68 FERNANDEZ, Rodrigo *et al.* "The financialisation of big tech". *Stichting Onderzoek Multinationale Ondernemingen*, vol. 1, nº 1, 2020.

69 FROUD, Julie *et al.* "Shareholder value and financialization: Consultancy promises, management moves". *Economy and Society*, 2020.

70 LIGHT, Larry. "More than half of all stock buybacks are now financed by debt. Here's why that's a problem". *Fortune*, 20 ago. 2019.

trabalho, inclusive intelectual, em outros países pagando salários aviltantes e utilizando infraestrutura local sem a correspondente remuneração dos custos e não pagando impostos locais. Outra maneira é a exigência por parte das GCDs de pagamentos crescentes pelos usuários das plataformas e infraestrutura (as chamadas "nuvens"). Finalmente, a evasão fiscal meticulosamente organizada aumenta ainda mais as "rendas" das GCDs. Isso para não mencionar as atividades ilegais que realizam.[71]

Vários estudos[72] apontam que a maximização do lucro para os acionistas e o crescimento dos ativos financeiros das GCDs tem efeitos prejudiciais sobre a produtividade corporativa de longo prazo, priorizando os retornos de curto prazo dos acionistas em detrimento de empregos bem remunerados, investimentos em capital fixo, P&D e zelos ambientais, ou impostos pagos às autoridades fiscais.

O significativo montante de tais rendas, junto com o endividamento barato acima mencionado, permite que as GCDs se desenvolvam e se diversifiquem adquirindo outras empresas. As fusões e aquisições resultam em maior concentração econômica e aumento do poder de monopólio o que lhes permite integrar operações em uma rede de atividades de plataforma ampla, orientada por dados e interconectada, tornando quase impossível aos usuários optarem por não participar.

A expansão do poder de monopólio das GCDs por meio de fusões e aquisições é, portanto, parte importante da financeirização corporativa atual. Em essência, foi assim que as GCDs aumentaram

71 ZUBOFF, Shoshana. *The age of surveillance capitalism*: the fight for a human future at the new frontier of power. Nova York: Public Affairs Books, 2018.

72 LAZONICK, William. "The Financialization of the U.S. Corporation: What Has Been Lost, and How It Can Be Regained". *Seattle University Law Review*, vol. 36(2), 2013; MAZZUCATO, Mariana. "Mission-oriented innovation policies: challenges and opportunities". *Industrial and Corporate Change*, vol. 27, nº 5, 2018.

seu controle de mercado e seu papel de "núcleo central da infraestrutura" digital, pontos de passagem obrigatórios e extratores de renda.[73] O grau e tipo de controle de mercado depende especificamente da estratégia de cada GCD: a Meta/Facebook ampliou seu domínio na mídia social por meio da compra do Instagram e do WhatsApp; a Amazon diversificou sua atuação, penetrando em outras atividades através da aquisição de varejistas existentes, com o objetivo de monopolizar as vendas e a distribuição nesses mercados.[74]

O relatório do Congresso dos EUA (US Congress, 2020) sobre concorrência nos mercados digitais, explicitamente aponta que as GCDs utilizam os extraordinários lucros:

> dos mercados que dominam para subsidiar sua entrada em outros mercados... elas se basearam nessa estratégia para capturar mercados, já que as *startups* e as empresas que não são de plataforma tendem a não ter os recursos... (financeiros)... para expulsar os rivais. Enquanto isso, para as plataformas dominantes, essa estratégia parece ser uma corrida para capturar ecossistemas e controlar produtos interligados que canalizam os dados de volta para as plataformas, reforçando ainda mais seu domínio.

O mercado de capitais tem papel crucial na emergência das pequenas empresas inovadoras, denominadas *startups*, que são financiadas e controladas inicialmente por fundos de capital de risco, *venture capital*, investidores anjos, etc. Em diversos países, inclusive no Brasil, várias dessas pequenas empresas acabam sendo adquiridas

---

73 FERNANDEZ, Rodrigo *et al.* "The financialisation of big tech". *Stichting Onderzoek Multinationale Ondernemingen*, vol. 1, nº 1, 2020; VAN DIJCK, José; POELL, Thomas; DE WAAL, Martijn. *The platform society*: Public values in a connective world. Oxford: Oxford University Press, 2018.

74 FERNANDEZ, Rodrigo *et al.* "The financialisation of big tech". *Stichting Onderzoek Multinationale Ondernemingen*, vol. 1, nº 1, 2020.

pelas GCDs, particularmente se ameaçam seus controles oligopolistas ou representam ativos associados a seus negócios centrais. As demais que sobrevivem, geralmente, se tornam fornecedoras de insumos, produtos e tecnologias dessas grandes, numa relação de poder assimétrica.

A Tabela 2 apresenta uma estimativa do total de *startups* adquiridas pelas GCDs nos EUA e em outros países e o número de empresas de IA adquiridas por elas desde o lançamento do *ChatGPT* até 2023. Segundo os dados da tabela, Google e Microsoft lideram as aquisições. O Google adquiriu mais de 2400 empresas e a Microsoft mais de 800 empresas desde sua fundação. Uma parcela significativa de tais aquisições foi realizada no exterior: 56% no caso do Google, 73% pela Microsoft, 41% pela Amazon, 61% pela Meta/Facebook e apenas 12% pela Apple.

Tabela 2 – GCDs: *Startups* de IA adquiridas e total, até 2023

GCDs	**Número de *startups* de IA adquiridas desde o lançamento do Chat GPT**	**Número total de *startups* com pelo menos 5% sob controle**	**Número *startups* estrangeiras com pelo menos 5% sob controle e % do total de aquisições da GCD**
Google	136	2445	1369 (56%)
Microsoft	50	823	600 (73%)
Amazon	39	268	110 (41%)
Meta		49	30 (61%)
Apple		16	2 (12%)

Fonte: Rikap, 2023.

O relatório final do Stigler Committee on Digital Platforms,[75] e o relatório do Comitê Judiciário do Congresso dos EUA,[76] apontam uma série de problemas advindos dessa estratégia. De acordo com tais estudos, nas últimas décadas tem havido um declínio acentuado na formação de novas empresas em atividades digitais, bem como no financiamento de *startups* em estágio inicial.[77] Koski *et al.*[78] demonstram a redução das taxas de entrada de novas empresas e do financiamento de capital de risco em diferentes mercados objeto de atenção por parte das GCDs.

De fato, o verdadeiro papel das *startups* na economia atual dominada pelas GCDs digitais é fornecer ideias para as grandes empresas usarem e extraírem renda com elas. Quando tentam e conseguem sobreviver estão limitadas pelos bens e serviços oferecidos por tais incumbentes, como aconteceu com o Snapchat. Muito popular, esse aplicativo sofreu assédio do Facebook que tentou comprá-lo em 2014. Para sobreviver, teve que hospedar seu conteúdo no Google, o que lhe custa aproximadamente metade de sua receita. Ao mesmo tempo, está sendo copiado pelo Facebook e tenta obter receita através de anúncios da internet, cujos maiores participantes e controladores são exatamente o Google e o Facebook.[79]

---

75 STIGLER COMMITTEE ON DIGITAL PLATFORMS. *Final Report*, 2019. Disponível em: https://research.chicagobooth.edu/stigler/media/news/committee-on-digitalplatforms-final-report. Acessado em: 09.01.2025.

76 US CONGRESS Investigation of Competition in Digital Markets, *Majority Staff Report and Recommendations*. US Subcommittee on Antitrust, Commercial Law and Administrative Law of the Committee of the Judiciary. Washington DC, 2020.

77 AKCIGIT, Ufuk; ATES, Sina. "What Happened to US Business Dynamism?" *National Bureau of Economic Research*, 2019; Teare, 2019; The Economist, 2018.

78 KOSKI *et al.*, 2020.

79 GROSS, Terry. "How 5 Tech Giants Have Become More Like Governments Than Companies". *npr*, 26 out. 2017.

Tais assimetrias ocorrem pelas instransponíveis barreiras à entrada colocadas pela atuação das GCDs. Acrescenta-se que a maior parte do aparato que compõe a coleta massiva de dados é invisível e os algoritmos, que dão sentido aos dados, são de difícil localização, acesso e análise por terceiros. Assim, diferentes autores assinalam que, apesar das afirmações sobre a suposta democratização do acesso a dados e informações, fato é que essas grandes empresas dependem da manutenção das assimetrias informacionais, econômicas e financeiras, as quais são essenciais para seu sucesso.[80]

Finalmente, o aumento dos ativos intangíveis da financeirização corporativa é outro indicador a ser destacado. Tais "ativos não monetários identificáveis sem substância física"[81] caracterizam-se por supostamente representarem algum fluxo de renda futuro, direto ou indireto, descontado no presente. Eles abrangem vários componentes, inclusive patentes, marcas registradas e ágio (*goodwill*).

Os ativos intangíveis das GCDs aumentaram significativamente, passando de cerca de US$ 26 bilhões, em 2010, para mais de US$ 192 bilhões, em 2019.[82] Nos EUA, a Microsoft foi a principal responsável por essa valorização crescente, pois aumentou seus ativos intangíveis de US$ 14 bilhões, em 2008, para quase US$ 50 bilhões, em 2019. Observa-se, entretanto, que a Alphabet e o

---

80 Para detalhes, ver capítulo I; LEMOS, Cristina. "Economia de Dados: abordagens conceituais, sistemas de mensuração e políticas em países e blocos de países selecionados na África, Ásia e Oceania". Nota Técnica 3 do Projeto EconDados. *RedeSist e Cicef*, 2024; ARROIO, Ana. "Economia de Dados na perspectiva das Organizações Multilaterais e nos (B)RICS: mitos, conceitos e sistemas de mensuração para informar políticas públicas no Brasil". Nota Técnica 2 do Projeto EconDados. *RedeSist e Cicef*, 2024; FALCÓN, M. L. "Economia de Dados: conceito, mensuração e repercussões na agenda de políticas da União Europeia". Nota Técnica 1 do Projeto EconDados. *RedeSist e Cicef*, 2024.

81 FERNANDEZ, Rodrigo *et al.* "The financialisation of big tech". *Stichting Onderzoek Multinationale Ondernemingen*, vol. 1, nº 1, 2020.

82 FERNANDEZ, Rodrigo *et al.* "The financialisation of big tech". *Stichting Onderzoek Multinationale Ondernemingen*, vol. 1, nº 1, 2020.

Facebook também registraram um aumento de quase zero, durante seus primeiros anos, para US$ 22,6 bilhões e US$ 19,6 bilhões, em 2019, respectivamente.

A maioria dos ativos intangíveis das GCDs é o ágio que, ao expandir o balanço patrimonial, aumenta a garantia para contrair mais dívidas, viabilizando novas aquisições. Segundo Fernandez, o ágio mostra quanto as GCDs estão dispostas (e capazes) de pagar pela aquisição de outras empresas de tecnologia para aumentar seu poder de mercado e monopólio. Ele foi responsável por grande parte do crescimento total dos ativos intangíveis das GCDs na década de 2010, representando, em 2019, mais de 78% dos ativos intangíveis de todas elas, chegando a 95% no caso da Facebook.[83]

A Tabela 3 apresenta informações sobre o custo das maiores aquisições das GCDs na década de 2010, o ágio pago e a porcentagem do ágio sobre o custo. No caso da aquisição do WhatApp pelo Facebook, representou 78% do custo da aquisição; no do Whole Foods Market pela Amazon, 68%; e no da Beats Electronics pela Apple, 84%.

Tabela 3 – Casos selecionados de aquisições das GCDs nos anos 2010. Custo de aquisição e ágio

GCD	Ano	Empresa Adquirida	Custo da Aquisição (US Bil)	Valor Ágio (US Bil)	(%)
Alphabet	2012	Motorola Mobility	12,4	2,5	20
Amazon	2017	Whole Foods Market	13,2	9	68
Apple	2014	Beats Electronics	2,6	2,2	84
Facebook	2014	WhatsApp	19,5	15,3	78
Microsoft	2016	LinkedIn	22,6	7,5	28

Fonte: Fernandez, 2020.

83 FERNANDEZ, Rodrigo *et al.* "The financialisation of big tech". *Stichting Onderzoek Multinationale Ondernemingen*, vol. 1, nº 1, 2020.

No quadro de total desregulamentação, esses grandes oligopólios dominados pelas finanças também são responsáveis por aprofundar a precarização do trabalho, acirrando processos anteriores de "flexibilização", e contribuindo para corroer os direitos conquistados ao longo do século passado. A oferta de trabalho por plataforma, com foco na mão de obra de baixa qualificação e sem perspectivas, se concentra em grande parte nos serviços de transporte e entrega de produtos e alimentos. Tais processos muitas vezes configuram como trabalho crescentemente precarizado, relações de trabalho assimétricas e desprotegidas, sem vínculos e com ocultação dos valores de remuneração. Pessoas, especialmente os jovens, são submetidas a jornadas extenuantes, em condições degradantes, que contribuem para a conformação de um ambiente de insegurança e insalubridade.[84] As estratégias financeiras das GCDs têm ainda, importante impacto negativo na inovação como discutido no item anterior.

3 Colonialismo de dados, soberania digital e obstáculos a serem enfrentados

Apesar de ter quase desaparecido do debate contemporâneo, a história do desenvolvimento das tecnologias digitais fornece importantes elementos para as reflexões sobre a necessidade de o Brasil buscar sua soberania digital. Neste item, discutiremos brevemente alguns desses elementos.

Pode-se argumentar que a internet, a infraestrutura de toda a Economia Digital evoluiu a partir da integração de duas agendas tecnológicas muito diferentes, ambas originadas nos EUA – a revolução do computador pessoal (PC) e a rede de comunicações da Guerra Fria das forças armadas dos EUA.

84 LEMOS, Cristina. "Economia de Dados: abordagens conceituais, sistemas de mensuração e políticas em países e blocos de países selecionados na África, Ásia e Oceania". Nota Técnica 3 do Projeto EconDados. *RedeSist e Cicef*, 2024.

A primeira agenda surge no final dos anos 1970 com a introdução do Apple II, o primeiro computador acessível para indivíduos e pequenas empresas. Em 1981, a IBM lança o seu computador pessoal padronizando o *hardware* básico e o sistema operacional, o que permite a expansão do mercado e sua utilização em larga escala.

Naquele período vários países realizaram diversas tentativas de participar mais ativamente da revolução das TICs, implementando políticas direcionadas a produzir internamente computadores e periféricos e endogeneizar várias de suas atividades.[85] Essas políticas implementadas, a partir da década de 1970, enfrentaram, porém, diferentes formas de pressão externa, tendo entrado na "agenda oculta" estadunidense relativa ao comércio internacional.[86]

No caso brasileiro, Bastos,[87] detalha como a política brasileira de TICs[88] tornou-se um tópico obrigatório em qualquer negociação

---

85 Ver SCHMITZ, Hubert; CASSIOLATO, José Eduardo. *Hi-tech for industrial development*: lessons from the Brazilian experience in electronics and automation. Londres: Routledge, 1992.

86 A autora aponta que, nessa agenda, as questões políticas de interesse dos EUA passaram a fazer parte da negociação sobre o reescalonamento das dívidas externas e a obtenção de empréstimos das instituições multilaterais, como o Banco Mundial e FMI, as quais seguem até os dias atuais sob controle estadunidense. (GRIFFITH-JONES, Stephany. "A history of debt crisis management". *In*: ______. (Coord.). *Third World Debt*: Managing the Consequences. Londres: IFR Publishing Ltd, 1989, p. 22).

87 (BASTOS, M. "State policies and private interests: the struggle over information technology policy in Brazil". In: SCHMITZ, Hubert; CASSIOLATO, José Eduardo (Coord.). *Hi-tech for industrial development*: Lessons from the Brazilian experience in electronics and automation. Londres: Routledge, 1992). Essa autora lembra que os países que sofreram as maiores pressões dos EUA, nos 1980, foram os três então considerados "países prioritários": Brasil, Índia e Japão.

88 Em outros trabalhos qualificamos o debate sobre a política de informática dos anos 1970-1980, mostrando inúmeros pontos positivos e detalhando como pressões externas, conjuntamente com os interesses das elites políticas e econômicas brasileiras, contribuíram para seu desmantelamento. (SCHMITZ, Hubert; CASSIOLATO, José Eduardo.

entre os EUA e o Brasil, nos anos 1980, e como as pressões estadunidenses constituíram-se no elemento central de seu desmantelamento. Conforme apontamos, o conflito não se resumia apenas ao acesso ao enorme mercado brasileiro para as empresas de informática dos EUA, mas também ao "efeito demonstração" para outros países menos desenvolvidos.[89]

Na América Latina, México e Argentina[90] e também Venezuela, Peru e Chile[91] sofreram pressões semelhantes. No caso do Chile, Medina[92] descreve o desenvolvimento do Projeto "Cybersyn", uma das primeiras redes de computadores desenvolvidas no mundo, durante a presidência de Salvador Allende (1970-1973), e que foi destruído com o golpe militar de 1973.

Hi-tech for industrial development: lessons from the Brazilian experience in electronics and automation. Londres: Routledge, 1992; DANTAS, Marcos. *O crime de prometeu*: como o Brasil obteve a tecnologia da informática. Rio de Janeiro: Abicomp, 1989; DANTAS, Vera. *Guerrilha Tecnológica*: a verdadeira história da Política Nacional de Informática. Rio de Janeiro: LTC Editora, 1988).

89 CASSIOLATO, José Eduardo; HEWITT, Tom; SCHMITZ, Hubert. "Learning in industry and government". *In*: SCHMITZ, Hubert; CASSIOLATO, José Eduardo (Coord.). *Hi-tech for industrial development:* Lessons from the Brazilian experience in electronics and automation. Londres: Routledge, 1992.

90 NOCHTEFF, Hugo. "Government policies for the data processing industries in Argentina, Brazil and Mexico". *Regional Meeting for the Initiation of a Regional Network for Microelectronics in the ECLAC Region*, UNIDO, Caracas, jun. 1985; CLINE, William R. *Informatics and Development*: Trade and Industrial Policy in Argentina, Brazil and Mexico. Washington: Economics International, 1987.

91 SAGASTI, Francisco R.; COOK, Cecilia. "La ciencia y la tecnología en América Latina durante el decenio de los ochenta". *Comercio Exterior*, vol. 37, nº 12, 1987.

92 MEDINA, Eden. "Designing freedom: regulating a nation: socialist cybernetics in Allende's Chile". *Journal of Latin American Studies*, vol. 38, nº 3, 2006.

A segunda agenda se refere, de fato, à padronização e posterior difusão em escala global de uma rede de comunicações entre os diferentes computadores. Até a escolha da internet atual incontáveis redes desse tipo coexistiam tanto dentro dos EUA quanto em outros países inclusive o Brasil. Argumentando que a literatura sobre a disseminação internacional sobre a internet presta pouca atenção ao período anterior a 1990, Townes[93] apresenta as principais redes de comunicações existentes nos EUA nos anos 1980 e concorda com a afirmação de que "o padrão de adoção da internet entre os países não foi impulsionado por forças tecnológicas nem econômicas. Em vez disso, fatores políticos ... exercem uma influência poderosa".[94]

A função particular da internet depende das normas prescritivas incorporadas no TCP/IP, um conjunto de protocolos que possibilita a comunicação entre computadores e servidores. Ele combina o Protocolo de Controle de Transmissão (TCP), responsável pela transmissão de dados, com o Protocolo de Internet (IP), que identifica os computadores e servidores.

O desenvolvimento do TCP/IP se dá através da ARPANET, a rede de comunicações das forças armadas dos EUA. Dele participaram um grupo de cientistas da computação que trabalhavam nos EUA e na Europa. Sua plataforma organizacional era a Agência de Projetos de Pesquisa Avançada (ARPA) do Departamento de Defesa dos EUA.

Townes[95] sugere que a difusão disseminação do TCP/IP era do interesse dos Estados Unidos como forma de controle hegemônico.

---

93 TOWNES, Miles. "The spread of TCP/IP and the Political Origins of the Internet". Department of Political Science. *The George Washington University*, 2015.

94 MILNER, Helen V. "The digital divide: The role of political institutions in technology diffusion". *Comparative Political Studies*, vol. 39, nº 2, 2006, p. 178.

95 TOWNES, Miles. "The spread of TCP/IP and the Political Origins of the Internet". Department of Political Science. *The George Washington University*, 2015.

Krasner[96] afirma que o TCP/IP se tornou a internet porque um Estado poderoso, os EUA, desejava esse resultado.

A tecnologia inicial da internet se difundiu, inicialmente nos países da OTAN e da OCDE, depois em países asiáticos aliados dos EUA, conformando um cenário político apropriado. Nesse espaço político a ARPANET e outros precursores da internet foram autorizados a se desenvolver e prosperar com o mínimo de interferência do governo, mas seu estrito controle político.

Assim, não é surpresa o destaque ao papel central das TICs na geopolítica global presente no conhecido trabalho de Nye e Powers.[97] Nesse texto, os autores discutiram como a vantagem estadunidense nas TICs se constituiu em um elemento primordial de *soft power* daquele país e de garantia de sua hegemonia global nas décadas futuras, especialmente quando combinada ao seu poder militar. Esses autores alertavam que "sua vantagem comparativa mais sutil é sua capacidade de coletar, processar, agir e disseminar informações, uma vantagem que quase certamente crescerá" (p. 20) e que "a informação é a nova moeda do mundo internacional, e os Estados Unidos estão mais bem posicionados do que qualquer outro país para multiplicar a potência de seus recursos de *hard* e *soft power* por meio dela" (p. 35).

Nesse quadro descrito acima, a política pública voltada à soberania digital torna-se cada vez mais necessária. Deve-se apontar que o otimismo em relação às possibilidades e conquistas das tecnologias digitais, em geral e da IA em particular, tão comum nos países do G7, mas também no Brasil, é alimentado por pressões extremamente eficazes por parte dos GCDs. Benkler,[98] aponta que tais corporações

---

96 KRASNER, Stephen D. "Global communications and national power: Life on the Pareto frontier". *World Politics*, vol. 43, nº 3, 1991, p. 343.

97 NYE, Joseph S.; OWENS, William A. "America's information edge". *Foreign Affairs*, vol. 75, 1996.

98 BENKLER, Yochai. "Don't Let Industry Write the Rules for AI". *Nature*, vol. 569(7755), 2019.

aportam recursos consideráveis para influenciar os termos dos debates públicos sobre IA, e na determinação e resultados das políticas públicas, em praticamente todos os países em que atuam.

Mesmo no Sul Global, os principais debates dos diferentes aspectos da digitalização – na academia, na esfera de políticas públicas e na mídia corporativa – focalizam as preocupações, contextos, padrões de comportamento e estruturas conceituais ocidentais.[99] Esses autores introduzem a noção de um suposto "universalismo de dados" implícito nessa visão ocidentalista – mimeticamente repetida por grande parte de atores acadêmicos, empresariais e *policy makers* – para captar a "arrogância epistêmica" daqueles que veem as atividades ligadas à digitalização "como algo que opera fora da história e de contextos sociopolíticos, culturais e econômicos específicos" (p. 325).

Ali[100] trabalha com o conceito de computação decolonial e questiona quem são os que formulam o conhecimento computacional, como e de onde o fazem e o significado das ciências da computação, tanto em relação ao conhecimento (epistemológico), como em relação ao ser (ontológico), e argumenta que:

> (...) na medida em que a computação é um fenômeno moderno e a modernidade é fundamentada e permanece amarrada com o colonialismo e suas lógicas estruturais facilitadoras, então pode ser que a computação continue a ter os traços do legado

---

99 MILAN, Stefania; TRERÉ, Emiliano. "Big data from the South (s): Beyond data universalism". *Television & New Media*, vol. 20, nº 4, 2019.

100 ALI, Syed Mustafa. "A brief introduction to decolonial computing". *XRDS: Crossroads. The ACM Magazine for Students*, vol. 22, nº 4, 2016.

> sistêmico do colonialismo. Em resumo, a computação é um fenômeno moderno e colonial.[101]

Lemos[102] apresenta uma síntese das principais críticas conceituais a tal visão colonialista lembrando que: os conjuntos de dados ampliam as formas históricas de colonização; e que as epistemologias datacêntricas do Norte devem ser entendidas como uma expressão da colonialidade do poder manifestada como a imposição violenta de modos de ser, pensar e sentir que leva à expulsão dos seres humanos da ordem social, nega a existência de mundos e epistemologias alternativos e ameaça a vida na terra.[103] Morozov[104] segue na mesma linha, chamando o modelo de capitalismo dadocêntrico que:

> busca converter todos os aspectos da existência cotidiana em ativo rentável: tudo aquilo que costumava ser o nosso refúgio contra os caprichos do trabalho e as ansiedades do mercado. Isso não ocorre apenas pela atenuação da diferença entre trabalho e não trabalho, mas também quando nos faz aceitar tacitamente a ideia de que nossa reputação é uma obra em andamento – algo que podemos e devemos nos dedicar horas por dia, sete dias por semana. Dessa maneira, tudo vira um ativo rentável: nossos relacionamentos, nossa vida familiar, nossas férias e até nosso sono.[105]

---

101 ALI, Syed Mustafa. "Descolonizar a computação". *In*: GROHMANN, Rafael (Coord.). *Os laboratórios do trabalho digital*. São Paulo: Boitempo, 2021.

102 LEMOS, Cristina. "Economia de Dados: abordagens conceituais, sistemas de mensuração e políticas em países e blocos de países selecionados na África, Ásia e Oceania". Nota Técnica 3 do Projeto EconDados. *RedeSist e Cicef*, 2024.

103 RICAURTE, Paola. "Data epistemologies: the coloniality of power, and resistance". *Television & New Media*, vol. 20(4), 2019.

104 MOROZOV, Evgeny. *Big tech*: a ascensão dos dados e a morte da política. São Paulo: Ubu, 2018.

105 MOROZOV, Evgeny. *Big tech*: a ascensão dos dados e a morte da política. São Paulo: Ubu, 2018, pp. 33/34.

Tais argumentos são perpassados pela crítica epistêmica da colonialidade do saber, com várias contribuições na literatura[106] que partem da constatação de que a matriz do pensamento ocidental, com seus modelos únicos e descontextualizados, considera outros conhecimentos como dispensáveis e também estaria na base do estágio atual do capitalismo – cada vez mais informacional. Vários autores consideram as características desse processo de dataficação como uma nova etapa do capitalismo, que se dá pela continuidade do modelo de extrativismo, forma que baseou o período colonial de extrativismo de recursos naturais e escravização de corpos. No presente, essa nova etapa é constituída do extrativismo de dados – de pessoas, empresas e governos –, em benefício de poucas e grandes corporações, inaugurando uma nova ordem econômica mundial e configurando novas formas coloniais.[107]

Couldry[108] aponta que quando aspectos de nossas vidas são convertidos em dados digitais com o objetivo de gerar lucro, surge

---

106 Como apontam Lastres e Cassiolato, "nem o conhecimento é neutro, nem os modos de desenvolvimento e padrões de acumulação podem ser vistos como fenômenos naturais, incontroláveis, universais ou superiores, mas sim como característicos das mudanças político-institucionais originadas e orientadas pelos países líderes em nível mundial" (LASTRES, Helena Maria Martins; CASSIOLATO, José Eduardo. "APLs, conhecimento, desenvolvimento e os desafios da colonialidade do saber". *In*: MATOS, Marcelo Pessoa de *et al.* (Coord.). *Arranjos produtivos locais*: referencial, experiências e políticas em 20 anos da RedeSist. Rio de Janeiro: E-Papers, 2017, p. 345).

107 MEJÍAS, Ulises; COULDRY, Nick. "Colonialismo de datos: repensando la relación de los datos masivos con el sujeto contemporáneo". *Virtualis*, vol. 10, nº 18, 2019; ZUBOFF, Shoshana. "Big other: surveillance capitalism and the prospects of an information civilization". *Journal of information technology*, vol. 30, nº 1, 2015; FAUSTINO, Deivison; LIPOLD, Walter. *Colonialismo digital*: por uma crítica hacker-fanoniana. São Paulo: Boitempo, 2023; TELLO, Andrés. "Sobre el colonialismo digital: datos, algoritmos y colonialidade tecnológica del poder en el sur global". *Inmediaciones de la Comunicación*, vol. 18, nº 2, 2023.

108 COULDRY, Nick; MEJIAS, Ulises. "The decolonial turn in data and technology research: what is at stake and where is it heading?"

uma nova fase histórica de colonialismo, um novo modo assimétrico de desapropriação, por meio de dados, baseado em uma concepção duradoura e colonial dos recursos materiais e imateriais do mundo e dos direitos que supostamente decorrem deles. Na verdade, a maior fonte de receitas (e lucros) desta nova fase deriva da vigilância unilateral e da manipulação do comportamento humano.[109] Pessanha,[110] destaca o papel central neste processo das chamadas plataformas digitais que intermediam bens e serviços entre produtores e consumidores, realizando uma simbiose entre duas redes, as informacionais e de logísticas materiais.

A hegemonia alcançada por tais GCDs lhes permite impor seus padrões e modelos, que muitas vezes passam a constituir a infraestrutura digital de governos e seus serviços públicos. Ricaurte[111] nota que, ao se tornarem seus principais clientes, os governos passam a depender de infraestrutura, conectividade, sistemas de armazenamento em nuvens, *data centers*, plataformas e os mais variados bens e serviços – defesa cibernética, vigilância, IA consultorias, programas educacionais, currículos e conteúdo, capacitação e treinamento de mão de obra, entre outros. E acrescenta que, com isso, ficam limitadas tanto as possibilidades de desenvolvimento de sistemas produtivos e inovativos digitais e de dados, local ou nacionalmente, quanto sua autonomia para tomada de decisões nas políticas públicas. Resta a governos de países periféricos, geralmente, a implementação de quadros regulatórios, os quais originam-se, quase sem exceção, dos marcos disseminados pelos organismos multilaterais, como ONU, OCDE, FMI, etc.

Information, Communication & Society, vol. 26, Issue 4, 2023. DOI: 10.1080/1369118X.2021.1986102.

109 ZUBOFF, 2016.

110 PESSANHA, 2021.

111 RICAURTE, Paola. "Data epistemologies: the coloniality of power, and resistance". *Television & New Media*, vol. 20(4), 2019.

A situação se agrava ainda mais quando membros da sociedade civil, academia, empresariado e do próprio governo reproduzem as epistemologias sobre a Economia Digital dos países centrais na busca de adequação aos padrões vigentes para uma suposta "transformação digital" (sic). Esse conjunto de limitações ameaça a soberania tecnológica, digital e de dados dessas nações e consequentemente levam a um desenvolvimento ainda mais desigual.

Barbosa,[112] ao pensar em acesso democrático à internet, salienta questionamentos sobre a eficácia da regulação para enfrentar os desafios colocados pela aceleração da digitalização:

> No Brasil, ... (acredita-se) que a agenda de regulação de plataformas está vencida, caíram totalmente no argumento que favorece as grandes empresas ao reduzir todo o escopo de uma economia de plataformas às de redes sociais, à privacidade e à liberdade de expressão (que são fundamentais, obviamente). Qualquer regulação de plataformas que queira efetivamente pensar... no bem comum, deve atacar a extração de valor de seus serviços infraestruturais. Serviços esses que poderiam e deveriam ser abertos... se os princípios primordiais da internet tivessem sido seguidos na prática.[113]

Ricaurte[114] faz uma crítica a processos de recolonização de comunidades indígenas de países periféricos, por meio da datafcação e da condução de políticas públicas de alfabetização ou cidadania digital, reiterando que o modelo corporativo de extrativismo de dados mina os direitos humanos e aprofunda a injustiça social. A

---

112 BARBOSA, Alexandre Costa. "A soberania digital sustentável como base para o futuro da internet". *Comciência – Revista eletrônica de jornalismo científico*, 12 dez. 2022.

113 BARBOSA, Alexandre Costa. "A soberania digital sustentável como base para o futuro da internet". *Comciência – Revista eletrônica de jornalismo científico*, 12 dez. 2022.

114 RICAURTE, Paola. "Data epistemologies: the coloniality of power, and resistance". *Television & New Media*, vol. 20(4), 2019.

autora também nota que governos de países periféricos reproduzem epistemologias dominantes e descontextualizadas como parte do discurso de eficiência e como estratégia de controle e vigilância. Considera ainda que as políticas dos organismos internacionais para abertura dos dados dos países, mascaram a discussão sobre quais dados poderiam de fato ser mais valiosos para grupos vulneráveis e poderiam contribuir para a redução das desigualdades – como biodados e dados de objetos, natureza e exploração geofísica, mapas de violência, feminicídio, pessoas desaparecidas, etc. Assim, reforça a importância de criar uma base de pesquisa e de pessoas capacitadas para lidar com as vastas quantidades de dados, visando fornecer previsões apropriadas à tomada de decisões em todos os campos: Administração Pública, educação, saúde, trabalho, clima, segurança, transporte, finanças, comércio, etc.

Sobre a luta dos povos indígenas pela soberania de seus dados, Silveira[115] relata experiências e avanços exemplares na defesa do "direito de exercerem o controle sobre os dados de seu povo na criação, coleta, acesso, análise, interpretação, gestão, disseminação e reutilização desses dados". Destaca a noção dessas comunidades sobre a importância da produção de estatísticas adequadas e que reflitam suas características, evitando modelos homogeneizantes estabelecidos por organismos internacionais, argumentando que: "a soberania indígena de dados é a consolidação de uma demografia que concretiza diferentes formas de estar no mundo".

Ali,[116] entende que para combater o racismo algorítmico, é necessário que os estudiosos da computação decolonial, ativistas e acadêmicos se equipem com "ferramentas" sociotécnicas para

---

115 SILVEIRA, Sérgio Amadeu da. "Colonialismo digital, imperialismo e a doutrina neoliberal". *In*: FAUSTINO, Deivison; LIPPOLD, Walter. *Colonialismo digital*: por uma crítica haker-fanoniana. São Paulo: Boitempo, 2023a.

116 ALI, Syed Mustafa. "Descolonizar a computação". *In*: GROHMANN, Rafael (Coord.). *Os laboratórios do trabalho digital*. São Paulo: Boitempo, 2021.

compreender a algorítmica, a raça/racismo/racialização e o seu emaranhado no e como racismo algorítmico. E Morozov,[117] sugere, para enfrentamento deste modelo, em vez de direcionar as pessoas para conteúdos recomendados por algoritmos, visando otimizar a venda de anúncios, "direcioná-las para causas dignas e coisas que são verdadeiramente interessantes e informativas, mas atualmente subvalorizadas pelo mercado publicitário". Alerta ainda para a visão limitada de que a inovação só acontece em *startups*, ou se há financiamento militar ou acionistas de risco por trás.

Belli,[118] ao analisar as estratégias de países para utilizar IA, salienta que a regulamentação é apenas uma das dimensões necessárias para estabelecer o que chama de "soberania de IA". E elenca elementos essenciais para promover tal soberania e gerar capacidade de resistir a condições adversas, influências e sanções estrangeiras e rupturas de cadeias de abastecimento. Tais elementos, que podem constituir prioridades estratégicas de políticas digitais e de dados, incluem:

- investir na educação e na literacia digital da população, capacitando-a a desenvolver tecnologias e produzir inovações, em lugar de ser mera consumidora das tecnologias digitais;
- tratar os dados pessoais estrategicamente como um bem nacional;
- estabelecer colaboração internacional;[119]

---

117 MOROZOV, Evgeny. "Critique de la raison techno-féodale". *Variations – Revue internationale de théorie critique*, nº 26, 2023.

118 BELLI, 2021.

119 Destaca-se como essencial a cooperação com os países da América Latina e com o grupo dos BRICS+, por meio de mecanismos como o BIFN – BRICS Institute of Future Networks (ARROIO, Ana. "Economia de Dados na perspectiva das Organizações Multilaterais e nos (B)RICS: mitos, conceitos e sistemas de mensuração para informar políticas públicas no Brasil". Nota Técnica 2 do Projeto EconDados. *RedeSist e Cicef*, 2024 e capítulos V e XI).

- garantir infraestrutura, conectividade e capacitação computacional de alto desempenho, para uma internet confiável, universalmente acessível, além do fornecimento de energia elétrica segura, confiável, renovável e com preços acessíveis;
- promover todo um sistema de produção e inovação em torno da infraestrutura de *hardware* e *software*, inclusive *softwares* de algoritmos;
- utilizar as compras públicas governamentais para contribuir para o desenvolvimento nacional de vários segmentos no entorno das infraestruturas, tecnologias digitais e de dados.

5 Conclusões: que espaço para o Brasil?

A Economia Digital tal como se apresenta em meados da terceira década do novo milênio resulta de um conjunto de fatores que caracterizam a evolução do capitalismo e do desenvolvimento e difusão das tecnologias digitais, com base na revolução das TICs. Resulta, também, das alterações observadas a partir da organização da produção e dos processos inovativos permitidos pelas políticas que lhe foram instrumentais: liberalização e desregulamentação das atividades econômicas e a transferência das políticas públicas do Estado para o "mercado". Mas o movimento maior que envolve todos estes processos é o seu crescente domínio pelas finanças desregulamentadas. Essas têm levado ao controle das atividades produtivas por parte de fundos financeiros, maiormente especulativos, e, também, portanto, das atividades centrais dessa economia baseada na extração, processamento, análise e comercialização de dados.

Este capítulo mostrou esse domínio implacável das GCDs e da financeirização, no atual estágio do capitalismo, que moldam as relações internacionais e as dinâmicas de poder. A digitalização e os dados constituem a própria base da disputa geopolítica global e têm impactos significativos nas relações internacionais, nas políticas governamentais e nas estratégias econômicas. Conforme apontado por Brant,[120] de forma a iluminar espaços para a busca pela soberania digital, é fundamental entender que essas transformações são alimentadas e retroalimentadas pelas atuais formas de organização do capitalismo em suas diferentes expressões e formatos.

Ao se colocar como meros consumidores das tecnologias digitais e reproduzir epistemologias dominantes, embaladas em modelos de gestão importados e descontextualizados, países periféricos veem reduzida sua autonomia para implementar políticas públicas e contidas as possibilidades de desenvolvimento de seus sistemas produtivos e inovativos digitais. Esse conjunto de limitações coloca em risco a própria segurança e soberania tecnológica, digital e de dados dessas nações e, consequentemente, dificulta o alcance de modos de desenvolvimento mais justos e menos desiguais.

É preciso enfrentar os desafios explicitados neste capítulo através do estabelecimento de políticas estratégicas que visem criar capacitações próprias em todo o sistema produtivo e inovativo digital, focalizando as atividades do governo, setores privados e das sociedades. Este e os demais capítulos deste livro mostram que o Brasil pode e precisa urgentemente se fortalecer internamente, apoiando o seu Sistema Produtivo e Inovativo Digital e, simultaneamente, explorando importantes brechas de oportunidades do multilateralismo, de forma a favorecer um ciclo evolutivo doméstico e global que combine a redução das desigualdades e a preservação ambiental.

A regulação da atuação das GCDs é um passo importante, mas sem dúvida insuficiente para dar conta da força e poder de tais corporações cujas estratégias são similares às de organizações mafiosas.[121] Como apontam Acemoglu e Johnson,[122] nos últimos quarenta anos "mesmo nos EUA, sob a ideologia da desregulamentação, a

---

120 BRANT, 2023.

121 ZUBOFF, 2023.

122 ACEMOGLU, Daron; JOHNSON, Simon. "Big tech is bad. Big A.I. Will Be Worse". *New York Times*, 09 jun. 2023. Disponível em: https://

capacidade do governo de regular qualquer coisa... murchou" (p. 2). As propostas de regulação, de mais de uma década, da União Europeia e as tentativas de outros países em adota-las – o chamado "Efeito Bruxelas"[123] – têm sofrido enorme pressão contrária por parte das GCDs, ancorada exatamente em vários dos mitos apontados neste capítulo.

Como reafirmado neste livro, mostra-se essencial avançar na cooperação do Sul Global, criando alternativas para enfrentar ameaças comuns, como a financeirização, emergência climática, desigualdades e as novas formas de colonialismo, agora também digital. A cooperação com a América do Sul, países do BRICS+ e países africanos tem dado bons frutos e deve ser fortalecida. Destacam-se os esforços recentes de transações entre países com moedas próprias e a decisão da Cúpula do BRICS, em 2023, de estudar a criação de uma moeda comum, para facilitar as trocas comerciais entre os países membros do bloco e diminuir os custos de transações internacionais envolvidos com a conversão do dólar estadunidense. Além de uma questão cambial, a moeda alternativa é uma forma de mitigar riscos geopolíticos e o poder das GCDs ocidentais.

---

www.nytimes.com/2023/06/09/opinion/ai-big-tech-microsoft-google--duopoly.html. Acessado em: 18.12.2024.

123 GÖRGEN, James. "Brussels effect under attack: fatigue, digital fallacies and reinvention". *Tech Policy*, 10 set. 2024.

BLOCO 2

EXPERIÊNCIAS EM PAÍSES SELECIONADOS

CAPÍTULO III

TENDÊNCIAS E DESAFIOS DA MENSURAÇÃO DA ECONOMIA DE DADOS: A EXPERIÊNCIA DOS ESTADOS UNIDOS E CANADÁ

JORGE BRITTO

Introdução

Crescentemente, os dados constituem um fator crítico para as atividades produtivas em quase todas as áreas da economia, podendo ser utilizados pontualmente (como consumo intermediário) e repetidamente ao longo do tempo (sob a forma de um ativo) como fator crítico para a produção de bens e serviços. O conceito de Economia de Dados refere-se ao valor derivado do aproveitamento e utilização de dados, bem como aos princípios, práticas e políticas necessárias para sua gestão durante um "ciclo de vida" que envolve a captura, geração, armazenamento, custódia, processamento, integração, análise e reuso pelos diversos setores da sociedade, incluindo empresas, governos e indivíduos. Esse processo é viabilizado particularmente pela utilização de tecnologias digitais. Além disso, a Economia de Dados abrange aspectos e processos relacionados à privacidade, segurança e ética no tratamento de dados. Através desses processos, diversos tipos de dados são tratados como um recurso valioso passível de monetização, semelhante a outros recursos econômicos, como terra, trabalho e capital. As empresas que fazem parte da Economia de Dados frequentemente coletam, agregam e analisam dados para obter *insights* potencialmente valiosos, melhorar suas operações e criar vantagens competitivas.

Este capítulo discute conceitos relacionados à caracterização da Economia de Dados, bem à mensuração de sua participação no conjunto da economia e as possíveis implicações normativas no plano das Políticas Públicas, referenciando essa discussão aos casos dos Estados Unidos e Canadá. Essa discussão é elaborada a partir de três eixos de análise. Em primeiro lugar, procura-se delimitar conceitualmente a noção de Economia de Dados, distinguindo-a do conceito mais amplo de Economia Digital e sistematizando os elementos conceituais para a sua mensuração nos Sistemas de Contas Nacionais. Em segundo lugar, busca-se associar a discussão conceitual-metodológica sobre a mensuração da dimensão da Economia Digital e da Economia de Dados à experiência dos Estados Unidos e Canadá. Em terceiro lugar, também com base nas experiências estadunidense e canadense, procura-se discutir possíveis implicação normativas do conceito de Economia de Dados no plano das Políticas Públicas.

1 Economia de Dados e Economia Digital: caracterização e formas distintas de mensuração

1.1 Delimitação da Economia de Dados e da Economia Digital

Os conceitos de Economia de Dados e Economia Digital se articulam e complementam, apesar de se referirem a fenômenos distintos. O primeiro centra-se especificamente no valor e na utilização dos dados como recurso econômico, referindo-se aos princípios, às práticas e às políticas necessárias para sua gestão durante um "ciclo de vida", que envolve captura, geração, armazenamento, custódia, processamento, análise e reuso de dados para os diversos setores da sociedade, incluindo empresas, governos e indivíduos. Em contraste, o conceito de Economia Digital refere-se às atividades econômicas e sociais impulsionadas pelas tecnologias digitais. O que dá sentido a esse conceito é a utilização de tecnologias digitais para criar, distribuir e trocar bens, serviços e informações. Tal conceito abrange todas as atividades que utilizam tecnologias digitais como meio para criar, distribuir e trocar bens, serviços e informações.[1] Cabe observar que essas atividades se encontram sobrepostas às atividades tradicionais de produção, comercialização e consumo de bens e serviços, orientando-se, porém, para um circuito integrado àquelas atividades, que tende a ganhar crescente importância como fonte de geração e apropriação de valor e bem-estar.[2]

Economia Digital é um conceito mais amplo que abrange o largo espectro de todas as atividades econômicas afetadas pela difusão de tecnologias digitais nas órbitas da produção, da comercialização, do consumo e da vida social, enquanto a Economia de Dados centra-se especificamente no valor econômico dos dados e na forma como estes são aproveitados para criar oportunidades, gerar valor e impulsionar o bem-estar (ver Figura 1).[3] Como estrutura "virtual" que integra

---

1 Ver capítulo I e BRITTO, Jorge. "Economia de Dados: conceitos e sistemas de medição nos EUA e Canadá". Nota Técnica 4 do Projeto EconDados. *RedeSist e Cicef*, 2024.

2 Esse processo, obviamente, não é "neutro" do ponto de vista distributivo, envolvendo disputas pela apropriação desse valor entre agentes com poder de barganha essencialmente assimétrico. Ver capítulos I e II.

3 Cabe ressaltar o caráter ilustrativo da Figura 1, sem que o tamanho relativo das diversas formas esteja relacionado, de algum modo, às "dimensões econômicas" dos conceitos mencionados. Trata-se de uma ilustração sobre como cada conceito se conecta a outro mais "abrangente",

a Economia Digital e a Economia de Dados, cabe destacar o papel de "mercados de dados" estruturados na forma de "plataformas" que, ao mesmo tempo, estruturam-se a partir da "base técnica" associada ao uso intensivo de tecnologias digitais – com destaque para a infraestrutura de conectividade, a automação de tarefas e o papel de algoritmos de Inteligência Artificial – e constituem ambientes nos quais o valor é criado pela captura, armazenamento, processamento e análise de dados.

Figura 1 – Relação entre Economia Digital e Economia de Dados

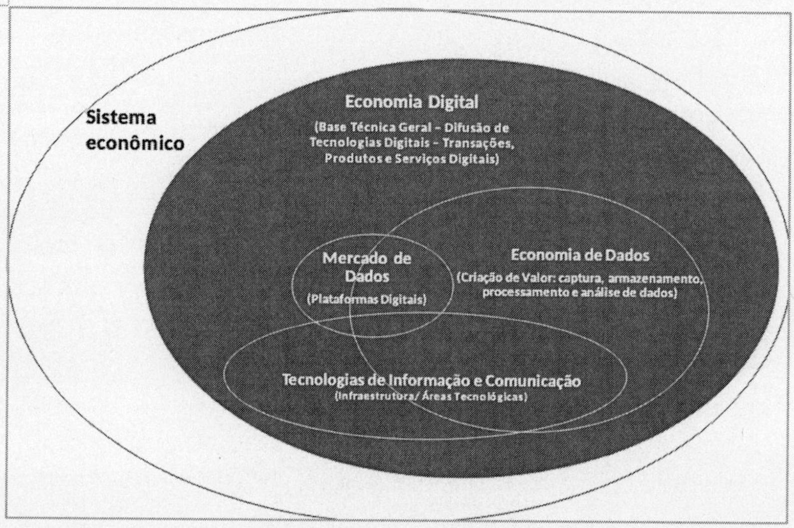

Fonte: Elaboração própria.

..sem que isso represente, necessariamente um maior "tamanho" como proporção do PIB. Assim, o fato das TICs fornecerem uma base (infraestrutura) para a Economia de Dados não significa necessariamente que a mensuração da participação da Economia de Dados no PIB seja maior do que a das TICs.

1.2 Mensuração da Economia Digital e da Economia de Dados

Em termos do processo de mensuração – possível de ser sintetizado enquanto participação em algum agregado macroeconômico de relevância, como PIB, produção ou emprego – as distinções têm implicações claras: enquanto a mensuração da "Economia Digital" refere-se ao processo de digitalização da produção e do consumo, compreendido como o impacto da adoção de tecnologias de base digital sobre o conjunto das atividades econômicas e a vida social, a mensuração da "Economia de Dados" é mais difusa, compreendendo o processo de datificação que refere-se, basicamente, à articulação de diferentes atividades econômicas ao "ciclo de valor de dados", o que pode ocorrer de forma preponderante (no caso de atividades intrinsecamente "baseadas em dados") ou acessória em relação à atividade principal.

A mensuração da Economia Digital busca incorporar todas as atividades econômicas dependentes ou significativamente aprimoradas pelo uso de tecnologias (base técnica) digitais – incluindo produtos e processos aprimorados por tecnologias digitais, infraestrutura digital, serviços digitais, transações digitais, além dos empregos e competências associados – referindo-se a todos os produtores e consumidores, incluindo o governo, que utilizam tecnologias digitais em suas atividades econômicas. Neste sentido, a base conceitual para definição e mensuração da Economia Digital proposta pela OCDE[4] baseia-se numa ampliação progressiva do escopo, baseada em três tipos de medidas. A "Medida Central/Núcleo" inclui as atividades econômicas dos produtores de bens TIC e de um amplo escopo de serviços de TIC. A "Medida Restrita" amplia o foco para incluir, além do setor principal composto por bens e serviços diretamente vinculados às TICs, outras atividades econômicas derivadas de empresas que dependem fortemente de insumos digitais. Por fim,

---

4 OCDE, 2020.

define-se uma Medida Ampla (*broad measure*) que inclui as duas primeiras, bem como a atividades das empresas significativamente aprimoradas pelo uso de insumos digitais (ver Figura 2).

No caso da Economia Digital, os esforços para padronização internacional da mensuração se encontram em estágio relativamente avançado. A orientação atual em termos da contabilidade do processo de digitalização propõe a utilização de Tabelas de Produção e Usos (*Supply-Use Tables-SUTs*) para desenvolver um conjunto de indicadores digitais. A contabilização da digitalização, com base nas Tabelas de Produção e Uso de Tecnologias Digitais (SUTs), propõe agrupar a Economia Digital em três categorias principais: Transações Digitais, Produtos Digitais e Indústrias Digitais.[5] As Transações Digitais são agrupadas em duas grandes categorias: ordenadas digitalmente e entregues digitalmente. Quando elaboradas, as denominadas "SUTs Digitais" devem ser capazes de fornecer uma série de informações sobre a Economia Digital, incluindo, entre muitas outras, a escala de: transações de comércio eletrônico; serviços prestados digitalmente; vendas e valor agregado por plataformas de intermediação digital e varejistas eletrônicos; transações em bens e serviços digitais; valor adicionado por diversas categorias de empresas "digitalmente dependentes" e puramente "digitais"; transações não monetárias em dados; além de serviços e ativos digitais gratuitos.[6]

---

5 Ver capítulo I; BRITTO, Jorge. "Economia de Dados: conceitos e sistemas de medição nos EUA e Canadá". Nota Técnica 4 do Projeto EconDados. *RedeSist e Cicef*, 2024.

6 OCDE, 2020.

Figura 2 – Proposta de definição da Economia Digital

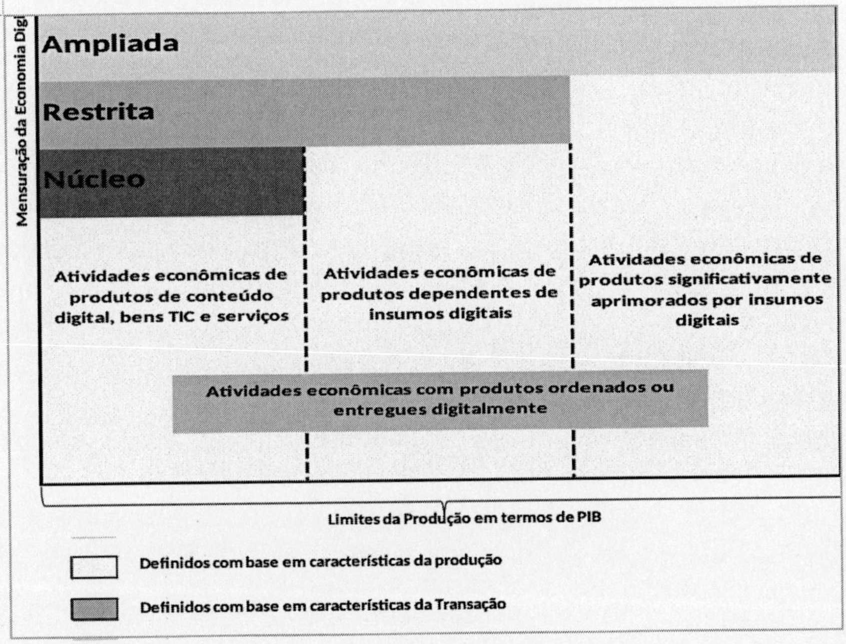

Fonte: UNCTAD (2020).

Como visto, a mensuração da Economia de Dados parte de um objeto qualitativamente distinto em relação à Economia Digital, referindo-se ao valor econômico e estratégico derivado do aproveitamento dos dados disponíveis, bem como aos princípios, práticas e políticas necessárias para sua gestão durante um "ciclo de vida" dos dados. Para conhecer o tamanho da Economia de Dados, é importante considerar as definições já existentes sobre seu escopo e os métodos de cálculo propostos. Muitos desses se encontram em fase de teste e na parte inicial da curva de aprendizagem. Busca-se também elaborar uma "conta satélite" na matriz de Insumo-Produto (a base do cálculo do PIB), onde os aspectos técnicos e medições podem ser testados e avaliados antes de se estabelecer uma nova Norma SCN pela ONU, o que deverá acontecer em 2025. No entanto, o objetivo de elaborar a nova norma SCN não é simples. Desde

2021, a Intersecretaria da ONU[7] responsável por essa missão criou forças-tarefas encarregadas de temas específicos.

Nos "mercados de dados" de múltiplos lados, também chamado de "plataformas", a articulação entre agentes ocorre em ambientes virtuais (*data marketplaces*) onde os dados são coletados e hospedados pelos proprietários da infraestrutura e vendidos na forma de consultas. Outra característica importante da Economia de Dados é a presença de grandes empresas tecnológicas que dominam a produção e o consumo de dados, através do controle sobre diferentes tipos de "plataformas". Devido ao acesso aos dados dos consumidores e, portanto, à compreensão das suas preferências, as plataformas estão numa posição privilegiada para se tornarem elas próprias vendedoras de dados. Contudo, apesar da sua importância, as tentativas de conceituar e medir o valor dos dados nas estatísticas econômicas permanecem relativamente limitadas, tanto no âmbito do Sistema de Contas Nacionais (SCN) como noutras abordagens estatísticas.

A Figura 3 apresenta uma tentativa de caracterização mais abrangente dos agentes e atividades que caracterizam a Economia de Dados, concebida como integrada a um Sistema Produtivo e Inovativo Digital, que contempla as atividades de captura, armazenamento, processamento e análise de dados. Cabe observar que essas atividades se encontram integradas e sobrepostas às atividades tradicionais de produção, comercialização e consumo de bens e serviços, orientando-se, porém, para um circuito de captura, armazenamento, processamento e análise de dados que tende a ganhar crescente importância como fonte de geração e apropriação de valor e bem-estar. A oferta de serviços pelas grandes corporações digitais (GCDs) é aspecto central da Economia de Dados, articuladas "para trás" com fornecedores de tecnologias e provedores de infraestrutura, e "para frente" com múltiplos setores consumidores de dados – os

7 ISWGNA – Intersecretariat Working Group on National Accounts.

quais também operam como fornecedores de dados – e com um aparato regulatório que tende a ampliar seu campo de ação.

Figura 3 – Sistema Produtivo e Inovativo Digital e Economia de Dados

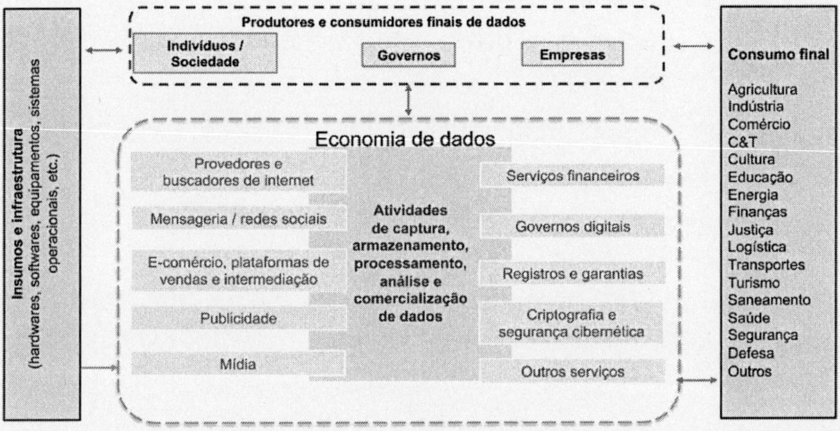

Fonte: Elaboração da equipe do projeto.

Como a maioria dos dados não são negociados, apenas uma pequena parte do seu valor pode ser medida com base em estatísticas de mercado. Esta parcela inclui as receitas das empresas, o comércio internacional e as avaliações de mercado. O relatório *Measuring The Value Of Data And Data Flows* elaborado pela OCDE[8] discute diferentes abordagens para a avaliação de dados, as suas vantagens e deficiências e a sua aplicabilidade em diferentes contextos. Além disso, fornece estimativas do valor dos dados e dos fluxos de dados com base naquelas abordagens. Centra-se principalmente na avaliação

8 OCDE, 2022.

monetária dos dados produzidos pelos agentes econômicos privados e no seu registo nas estatísticas econômicas.

As formas de aferição do valor de dados mencionados pela literatura existente podem ser divididas em métodos baseados em custos, baseados em renda e baseados no valor de mercado. Cada uma delas utiliza conceitos econômicos e estatísticas padrão, mas existem vantagens e desvantagens em cada caso. Em geral, estas abordagens tendem a omitir o valor econômico (potencial) mais amplo dos dados devido à presença da não rivalidade e ao conjunto de externalidades positivas e negativas associadas à produção e uso de dados.[9]

Os métodos baseados em custos são atualmente a forma mais comum de avaliar dados na prática. A fundamentação provém da prática padrão do Sistema de Contas Nacionais (SCN), onde, se o valor não puder ser observado diretamente através de uma transação de mercado, recomenda-se uma abordagem de "soma de custos".[10] A abordagem envolve a identificação dos custos envolvidos na geração, coleta, armazenamento e substituição de um conjunto de dados, bem como os custos para a empresa caso os dados sejam perdidos (incluindo também a compensação por violações de segurança). A metodologia baseada em custos apresenta vantagens que explicam a sua popularidade em exercícios de avaliação de dados. Os custos geralmente ocorrem no passado e são fáceis de medir: para os dados, a maior parte dos custos são salariais com funcionários envolvidos na aquisição, manipulação e processamento e análise de dados, que são recolhidas em inquéritos regulares a empresas e trabalhadores

---

9 WEF. *Articulating Value from Data*. 2021.

10 OCDE. "Perspectives on the value of data and data flows". *OECD Digital Economy Papers*, No. 299, dez. 2020; OCDE. Measuring The Value of Data and Data Flows". *OECD Digital Economy Papers*, No. 345, dez. 2022; KER, Daniel; MAZZINI, Emanuele. "Perspectives on the value of data and data flows". *OECD Digital Economy Papers*, No. 299. Paris: OECD Publishing, 2020.

realizados por agências estatísticas. O método baseado em custos já é usado por agências estatísticas para avaliar bens intangíveis, como *software* e despesas de P&D. Presume-se que o valor resultante fornece uma estimativa razoável do limite inferior do valor dos dados.[11]

As abordagens baseadas em rendimentos utilizam os fluxos de receitas esperadas (tais como a venda de análises de *marketing* ou serviços de informação) gerados para estimar um valor para os dados subjacentes.[12] Este método utiliza estimativas diretas dos fluxos de receitas esperados que derivam dos ativos de dados, constituindo um tipo de método de "valor em uso", que já é familiar para a maioria dos contadores conforme definido na Norma Internacional de Contabilidade, nos quais o valor do ativo é derivado como "uma função do valor futuro fluxos que o ativo cria ou permite".[13] A utilização deste método é mais viável quando existem fluxos de receitas diretamente atribuíveis à utilização dos dados.

Uma alternativa ao método de avaliação de dados baseado no rendimento é o método baseado no valor de mercado, que utiliza o preço atual observado do ativo, em vez do fluxo de receitas, para fazer a avaliação. Os métodos baseados no valor do mercado utilizam evidências observáveis de preços. No entanto, existem relativamente poucos preços de mercado observáveis para os dados. A maioria dos dados é atualmente criada e utilizada internamente

---

11 STATISTICS CANADA. *Measuring Digital Economic Activities in Canada*: Initial Estimates. Latest Developments in the Canadian Economic Accounts, 2019; WEF. *Articulating Value from Data*. 2021.

12 OCDE. "Measuring The Value of Data and Data Flows". *OECD Digital Economy Papers*, No. 345, dez. 2022; COYLE, Diane *et al.* "The value of data: policy implications". *Bennet Institute for Public Policy*, Cambridge and Open Data Institute, 2020; SLOTIN, Jenna. *What Do We Know About the Value of Data? Global Partnership for Sustainable Development Data*, 2018.

13 GIRARD, Michel; LIONAIS, Michael; MCLEAN, Rob. "What Is Your Data Worth? Insights for CPAs". *Chartered Professional Accountants Canada*, Toronto, 2021.

por empresas ou outras organizações, em vez de serem vendidas ou negociadas. Mesmo mercados de dados bem estabelecidos, como os de pontuação de crédito, geralmente não publicam os seus preços – embora as receitas provenientes das vendas de pontuações de crédito sejam reportadas nas contas das empresas das agências de crédito, permitindo fazer algumas inferências sobre os preços médios. Existem numerosos desafios a esta abordagem, aponta a OCDE:[14] nem todas as empresas orientadas por dados estão cotadas em mercados públicos e costuma ser difícil separar o valor dos dados do valor de outros ativos intangíveis, como pesquisa proprietária ou *know-how* organizacional.

Existe também uma vasta literatura sobre a utilização de abordagens de preferência revelada como método de estimativa de valores em contextos em que não existem preços de mercado disponíveis. O método envolve pesquisar indivíduos para obter sua disposição a pagar (DAP) por um produto ou serviço ou a disposição a aceitar (DTA) sua perda. Um aspecto fundamental destes métodos, é que podem ser utilizados para calcular o excedente do consumidor – ou seja, a totalidade do valor que os consumidores atribuem a um produto, dadas as suas preferências. Nesta direção, a análise de Brynjolfsson *et al.*[15] discute a possibilidade de contabilização de serviços de internet que são gratuitos e, em grande parte, não são contabilizados nas medidas oficiais, como o PIB e a produtividade.

Os métodos baseados no impacto identificam o valor dos dados a partir do efeito causal que têm nos resultados auferidos por agentes econômicos,[16] os quais constituiriam uma demonstração de

---

14 OCDE. "Measuring The Value of Data and Data Flows". *OECD Digital Economy Papers*, No. 345, dez. 2022.

15 BRYNJOLFSSON, Erik *et al.* "GDP-B: Accounting for the Value of New and Free Goods in the Digital Economy". *NBER Working Paper* 25695, Cambridge, 2019.

16 SLOTIN, Jenna. *What Do We Know About the Value of Data? Global Partnership for Sustainable Development Data*, 2018.

valor mais persuasiva do que os métodos quantitativos anteriores. Os métodos baseados no impacto normalmente exploram experiências, tais como intervalos escalonados da disponibilidade de dados,[17] ou procuram simular resultados contrafactuais.[18] Os métodos baseados no impacto podem ser eficazes na descrição do valor econômico dos dados utilizados, mas requerem um cenário contrafactual confiável.

Por fim, deve-se considerar a variedade daquilo que poderia ser denominado de dados.[19] O ato de medir e registrar, em formato digital, fenômenos observáveis "gera" dados que descrevem estes fenômenos. Essas observações são registadas, organizadas em bases de dados e posteriormente analisadas para obter informações que podem ser exploradas por empresas ou outros agentes. Cabe também destacar o potencial de novas fontes de dados possíveis de serem acessadas digitalmente para uma mensuração mais abrangente da Economia de Dados, particularmente por meio da utilização de tecnologias digitais de tratamento de informações (IA, IoT, big data, etc.) que possibilitam uma maior rastreabilidade, monitoramento e integração de diferentes fontes de dados. Em certa medida, isto implica em avançar na digitalização-automatização da medição da Economia de Dados. O avanço nessa direção muito provavelmente irá requerer uma mudança das ferramentas e das competências dos órgãos estatísticos nacionais responsáveis por este tipo de mensuração.

---

17 SLOTIN, Jenna. *What Do We Know About the Value of Data? Global Partnership for Sustainable Development Data*, 2018.

18 COYLE, Diane; MANLEY, Ananbel. "What is the value of data? a review of empirical methods". *Bennett Institute for Public Policy Cambridge*, jul. 2022.

19 Cabe considerar, em particular, a diferenciação entre dois componentes cruciais do valor dos dados: o conteúdo dos dados, relativo às informações que os dados incorporam; e o contexto dos dados, relativo às circunstâncias nas quais foram coletados e são mantidos, analisados e usados. Ver BRITTO, Jorge. "Economia de Dados: conceitos e sistemas de medição nos EUA e Canadá". Nota Técnica 4 do Projeto EconDados. *RedeSist e Cicef*, 2024.

O estudo Perspectives *On The Value Of Data And Data Flows* elaborado pela OCDE[20] explora diferentes perspectivas a partir das quais o valor dos dados, bancos de dados e fluxos de dados podem ser conceituados e medidos. Uma primeira perspectiva utiliza dados de tabelas de utilização (parte do quadro oferta-utilização dos SCN) e bases de dados de estatísticas empresariais – despesas com o armazenamento de dados em termos de *hardware, software* e serviços – como um caminho potencial para obter uma perspectiva de medição alternativa. Uma segunda perspectiva utiliza fontes de estatísticas empresariais para analisar as receitas geradas pelas empresas que criam valor explícito a partir dos dados – aquelas que recolhem, compilam e vendem bases de dados. Uma terceira perspectiva considera as avaliações de empresas "orientadas por dados" a partir de informações coletadas na *web*, combinando-as com o valor de mercado de ações e dados de capitalização de mercado. Uma quarta perspectiva analisa potenciais ligações entre fluxos comerciais e fluxos de dados, comparando diferentes medidas do comércio de "produtos entregues digitalmente".

Algumas conclusões gerais podem ser identificadas a partir dos esforços em curso para a mensuração de dados no âmbito dos SCN. A abordagem da soma dos custos é considerada a abordagem mais viável para chegar a estimativas de investimento em ativos de dados de alta qualidade e comparáveis. Isto é consistente com a avaliação de outros produtos de propriedade intelectual por conta própria (por exemplo, *software* e P&D). Além disso, a maioria dos dados utilizados na produção são feitos por conta própria, ou seja, pela mesma empresa que os utiliza. Consequentemente, muitas vezes são necessárias técnicas alternativas de avaliação de ativos.[21]

---

20 OCDE, 2020.

21 Quando os preços de mercado não estão disponíveis, o SCN2008 fornece dois métodos para estimar o valor de um ativo: o valor atual líquido do ativo ou a soma dos custos de produção.

Estimativas experimentais para países selecionados da OCDE sugerem que o valor dos ativos de dados é considerável. Contudo, a sua inclusão nas estatísticas macroeconômicas parece ter um efeito modesto, uma vez que uma parte significativa dos dados provavelmente já está registada no SCN sob outros ativos intangíveis (por exemplo, *software* e bases de dados). O quadro de referência SCN2008 está sendo atualizado, com lançamento da nova versão estando prevista para 2025, na qual a incorporação explícita da produção e utilização de dados pelas empresas nas contas nacionais é uma prioridade fundamental. Embora os ativos de dados sejam provavelmente incluídos na próxima revisão do SCN, o desenvolvimento de diretrizes para medir a produção e transações de dados continuará o mesmo após a atualização do SCN.

2 Esforços para a mensuração do valor econômico dos dados: as experiências do Canadá e Estados Unidos

O BEA (Bureau of Economic Analysis) do Departamento de Comércio dos EUA tem utilizado uma abordagem alinhada com o quadro conceitual da OCDE para definir e mensurar a Economia Digital. A abordagem do BEA para essa mensuração é, essencialmente, um processo de três etapas. Começa com a elaboração de uma definição conceitual da "Economia Digital", identificando depois categorias específicas de bens e serviços relevantes para a Economia Digital e, finalmente, utilizando o quadro oferta-utilização para estimar a produção, o valor acrescentado, o emprego e a remuneração. O BEA[22] define a Economia Digital principalmente em termos da internet e das tecnologias de informação e comunicação (TICs) relacionadas. Para cálculo, o BEA excluiu a parte digital de bens e serviços com componentes digitais e não digitais. Nesse quadro, a Economia Digital inclui o seguinte:

---

22 BEA. *Toward a Digital Economy Satellite Account*. 2021.

- Infraestrutura digital, incluindo *hardware*, *software*, equipamentos e serviços de telecomunicações, estruturas e dispositivos habilitados para internet;
- Comércio eletrônico, incluindo comércio eletrônico entre empresas, comércio eletrônico entre empresas e consumidores e comércio eletrônico entre pares;
- Mídia digital, incluindo mídia digital de venda direta, mídia digital gratuita e big data.

Depois de identificar os bens e serviços incluídos na Economia Digital, o BEA identificou as indústrias que produzem esses bens e serviços utilizando a tabela de oferta. A produção bruta da Economia Digital por indústria representa o valor total da produção bruta de cada indústria em todos os bens e serviços da Economia Digital.

Segundo as avaliações do BEA, a Economia Digital representou US$ 2,41 trilhões em valor adicionado em dólares correntes em 2021, acima dos US$ 2,17 trilhões em 2020. Isto equivalia a 10,3% do PIB estadunidense de 2021. Os serviços digitais com preços foram a maior atividade na Economia Digital em 2021, representando 39,0% do valor adicionado (US$ 939 bilhões), seguidos pelas infraestruturas de *hardware/software* (37,8% ou US$ 911 bilhões) e pelo comércio eletrônico (23,2% ou US$ 559 bilhões), conforme ilustrado pelo **Gráfico 1**. A taxa média de crescimento anual foi de 6,7% para o valor adicionado real de 2016-2021. Já em termos de Produção Bruta, a Economia Digital atingiu US$ 3,7 trilhões correntes em 2021, acima dos US$ 3,3 trilhões em 2020. A taxa de crescimento anual da produção bruta real foi, em média, de 5,6% entre 2016 e 2021, bem maior do que o crescimento global da economia de 1,9% no mesmo período. Os serviços digitais com preços foram a maior atividade na Economia Digital em 2021, representando 43,1% da produção bruta total, seguidos pelas infraestruturas (31,5%) e pelo comércio eletrônico (25,4%). Em termos de emprego e remuneração por atividade econômica, a Economia Digital empregou mais de 8,0 milhões de trabalhadores em 2021, o que corresponde a quase US$

1,24 trilhões em remuneração total. A Conta Satélite da Economia Digital deixou de ser produzida pelo BEA devido a restrições orçamentárias, com a última atualização tendo sido feita em dezembro de 2023, com dados relativos a 2022.

Gráfico 1 – Participação de Atividades em Estimativa do Porte da Economia Digital no PIB dos Estados Unidos – 2005-2021

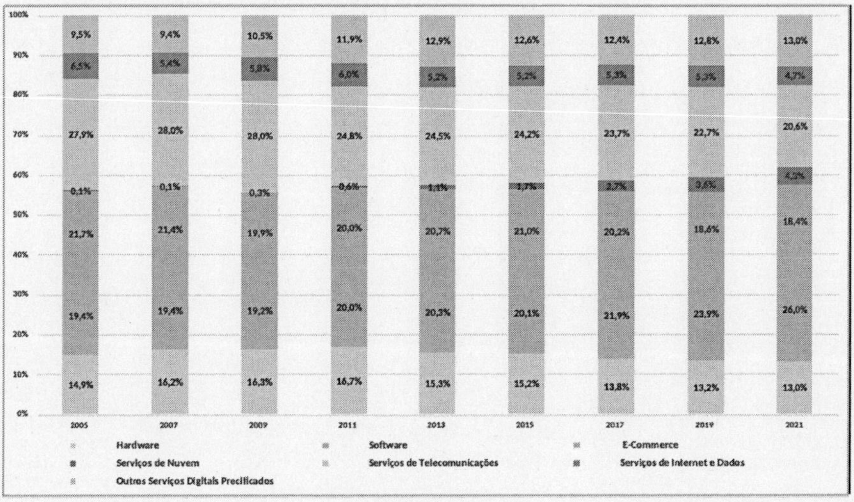

Fonte: BEA.

Também no caso do Canadá, existe um processo de estimação da Economia Digital relativamente mais consolidado que a estimação da Economia de Dados.[23] As estimativas da Economia Digital têm sido obtidas com métodos análogos aos do BEA estadunidense. Para o período 2010-2017,[24] as estimativas da distribuição do produto gerado pela Economia Digital no Canadá são apresentadas

---

23 STATISTICS CANADA. *The value of data in Canada*: Experimental estimates. 2019.

24 STATISTICS CANADA. *Measuring digital economic activities in Canada, 2010 to 2017*. 3 mai. 2019.

no **Gráfico 2**, podendo-se observar a maior participação, em 2017, das atividades de Telecomunicações (28,7%), Serviços de suporte (26,6%) e *Software* (15,9%). Já entre 2010 e 2017, as atividades que experimentaram um maior crescimento da participação foram o *E-commerce* (126,5%) e os Serviços de suporte (16,1%). É possível considerar também a publicação de tabelas experimentais de recursos e usos (SUTs) digitais para o período 2017-2019.[25] Esta mensuração não se alinha perfeitamente com a Conta Satélite da Economia Digital lançada anteriormente, tendo sido realizadas adaptações de maneira a incorporar um novo tipo de recorte, distinguindo produtos digitais e produtos significativamente afetados pela digitalização. No caso de produtos encomendados e entregues digitalmente, buscou-se uma maior cobertura do *e-commerce*. Segundo essa atualização, a contribuição da Economia Digital para o produto interno bruto (PIB) total aumentou de 5,2% (CAD 103 bilhões) em 2017 para 5,4% (CAD 111 bilhões) em 2018 e 5,5% (CAD 118 bilhões) em 2019. A partir desta revisão, verifica-se, que, pela ótica da oferta, com 5,5% (CAD 118 bilhões) do PIB canadense em 2019, a Economia Digital se posicionava ligeiramente abaixo da mineração, extração e extração de petróleo e gás (CAD 119 bilhões) em tamanho relativo. A participação dos empregos associados a atividades digitais também seguiu uma tendência semelhante, aumentando de 4,1% (772.000) do total de empregos em 2017 para 4,5% (882.000) em 2019.

25 STATISTICS CANADA. "Measuring the digital economy: The Canadian digital supply and use tables 2017-2019". Economic Commission for Europe. *Conference of European Statisticians*. Group of Experts on National Accounts. 2021; STATISTICS CANADA. *Digital supply and use tables, 2017 to 2019*. 26 jul. 2021.

Gráfico 2 – Participação de Atividades em Estimativa do Porte da Economia Digital no PIB do Canadá – 2010-2017

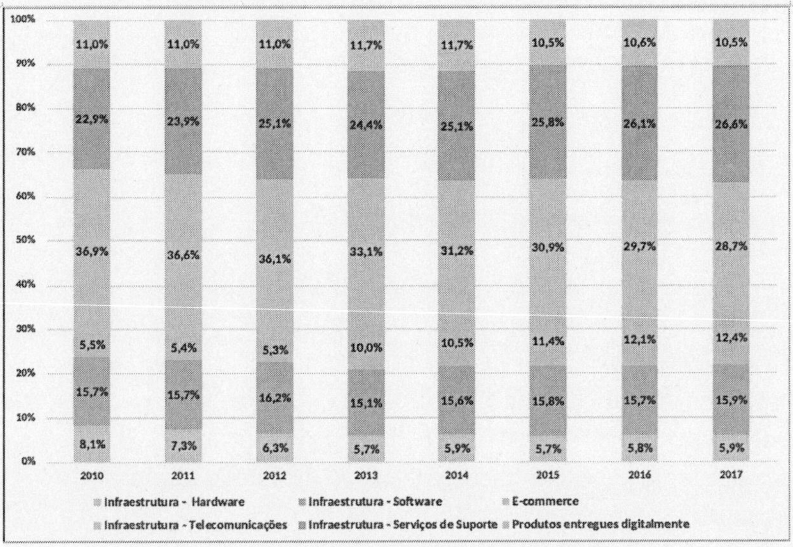

Fonte: *Statistics Canada*.

Em paralelo à mensuração da Economia Digital, o BEA estadunidense também tem realizado estimativas experimentais de investimentos em dados utilizando uma abordagem de soma de custos. Estimativas preliminares básicas usadas como "prova de conceito" foram geradas para o comitê consultivo da BEA, utilizando os custos salariais de certas profissões identificadas como intensivas em dados e combinando-os com outras despesas de produção, com base numa repartição entre custos de empregados e não empregados de indústrias semelhantes. Esta abordagem básica constatou que o crescimento dos custos de produção relacionados com dados nas indústrias privadas variou de 4,7% em 2013 a 12,1% em 2016, culminando numa estimativa total de US$ 74,9 bilhões em 2017.[26]

26 CALDERÓN, José Bayoán Santiago; RASSIER, Dylan G. "Valuing the U.S. Data Economy Using Machine Learning and Online Job Postings". *BEA Working Paper Series*, WP2022-13, out. 2022.

A partir dessa estimativa inicial, o BEA tem procurado avançar na direção de uma abordagem mais abrangente para estimar os custos laborais da coleta, armazenamento e análise de dados, utilizando um algoritmo de aprendizagem automática não supervisionado para produzir uma melhor estimativa de quais as profissões estariam envolvidas em tarefas relacionadas com os dados e a proporção do tempo gasto nessas atividades.[27] Isto seria combinado com um quadro tradicional de estimativa de custos laborais para fornecer estimativas experimentais do valor da Economia de Dados.

No caso do Canadá, o esforço mais abrangente na direção da mensuração da Economia de Dados foi realizado pelo *Statistics Canada*.[28] Neste trabalho experimental, as informações sobre salários e empregos foram utilizadas como base para um conjunto preliminar de estimativas de Formação Bruta de Capital Fixo (FBCF) que representam o investimento em ativos de dados. Estes foram então combinados com determinados pressupostos para criar estimativas do estoque de capital utilizando o método de inventário permanente. Isto permitiu estimar uma série temporal da FBCF e do estoque de capital baseado em dados de 1990 a 2018.[29] Este trabalho estimou que o investimento no Canadá para produzir ativos de dados estava entre CAD 29,5 bilhões e CAD 40,1 bilhões de CAD em 2018, tendo crescido consistentemente desde a primeira estimativa em 1990, quando foi estimado entre CAD 14,6 bilhões e CAD 20,0 bilhões. No geral, este aumento contínuo no investimento em ativos de dados resultou numa estimativa do valor total dos ativos de dados na economia canadense em pelo menos CAD 104,8 bilhões e potencialmente tão elevado quanto CAD 150,9 bilhões em 2018. Como parte da sua publicação, o *Statistics Canada* mostrou, em conjunto, que o setor

---

27 RASSIER, Dylan G. *et al.* "Treatment of Data in National Accounts". *Paper prepared for the BEA Advisory Committee*, mai. 2019.

28 STATISTICS CANADA. *The value of data in Canada*: Experimental estimates. 2019.

29 STATISTICS CANADA. *The value of data in Canada*: Experimental estimates. 2019.

governamental e as instituições sem fins lucrativos representaram pouco mais de 20% do investimento em dados, bases de dados e ciência de dados em 2018.

Sargent e Denniston[30] analisam as tentativas recentes de avaliar tanto o estoque como o fluxo de dados nas contas nacionais, abordando em detalhe três estudos recentes realizados por agências oficiais de estatística no Canadá e nos Estados Unidos, incluindo também a Holanda na análise. Apesar de uma metodologia comum, existem algumas diferenças importantes entre os três estudos, em grande parte motivadas pela disponibilidade de dados. Quanto ao nível de agregação dos ativos relacionados a dados, os estudos canadense e holandês desagregam em dados, bancos de dados e ciência de dados em suas estimativas; o estudo dos EUA não. Quanto às ocupações, cada estudo utiliza seu próprio método para determinar ocupações relevantes. O estudo holandês tenta aproximar-se tanto quanto possível da categorização canadense; no entanto, o estudo dos EUA utiliza técnicas de aprendizagem automática aplicada a descrições de cargos de anúncios de emprego *on-line* para determinar o conteúdo dos dados de uma ocupação. Quanto ao âmbito setorial, os estudos dos EUA e da Holanda abrangem apenas o setor empresarial, enquanto o estudo canadense abrange também os ativos de dados governamentais. Quanto ao período, o estudo canadense abrange o período 2005-2018; o estudo holandês 2001-2017; e o estudo dos EUA 2002-2021. Quanto às medidas de formação de capital, o estudo dos EUA faz dois ajustes para permitir uma sobreposição entre estimativas de produção de ativos relacionados a dados e medidas existentes para mensuração de P&D e *software*, que já estão incorporadas em medidas de investimento nas contas nacionais.

Quanto aos ajustamentos para dados produzidos por conta própria, os estudos canadense e holandês incorporam um fator de ajustamento explícito para a parte do fator trabalho que é utilizada

---

30 SARGENT, Tim; DENNISTON, Laura. "Valuing Data Where Are We, and Where Do We Go Next?" *Centre for International Governance Innovation*, set. 2023.

para produzir dados por conta própria em vez de dados para venda. O estudo dos EUA assume que apenas 50% das atividades de uma das principais profissões (processamento de dados) se destinam a dados produzidos por conta própria. Quanto ao *mark-up*, o estudo canadense assume um *mark-up* sobre os custos salariais de 50% para cobrir "salários não diretos e outros custos" enquanto o estudo holandês pressupõe uma margem de lucro de 60%. Ambos assumem uma margem adicional de 3% para cobrir os custos de capital. O estudo dos EUA pressupõe uma margem de lucro de 153% – muito superior à dos outros dois estudos. Quanto às taxas de depreciação e vidas úteis, o estudo canadense pressupõe uma vida útil para dados de 25 anos, de 5 anos para bancos de dados (para ser consistente com o *software* do SCN canadense) e de 6 anos para ciência de dados. Uma taxa de depreciação geométrica é assumida. O estudo dos EUA, que não faz distinção entre as três categorias de informação, pressupõe uma vida útil de cinco anos e uma taxa de depreciação geométrica de 0,33 (assumindo o mesmo tratamento do *software* no SCN dos EUA). Há, portanto, uma diferença muito grande entre o tratamento dos dados nos EUA e no Canadá. Por fim, quanto aos índices de preços, o estudo canadense baseia as suas estimativas de preços exclusivamente nos custos do trabalho, ajustados para baixo em 1% ao ano para dar conta do crescimento da produtividade presumido. O estudo dos EUA utiliza os custos do trabalho e os custos do consumo intermediário (mas não os custos de capital) para construir um índice de preços dos fatores de produção que é depois ajustado para baixo em função de estimativas da produtividade total dos fatores (PTF). Este índice é então combinado com o índice de produtos das indústrias relacionadas com dados.

A **Tabela 1** compara as estimativas da percentagem do PIB e da Formação Bruta de Capital Fixo (FBCF) representada pelo investimento em dados e as suas componentes nos três estudos. Para o Canadá e Holanda, são apresentados os limites superior e inferior. Em geral, as estimativas são um pouco diferentes entre os três países. Os ativos relacionados com dados representariam uma menor percentagem do PIB nos Estados Unidos (1,1%) e maiores valores na Holanda (2,1-2,7%), com o Canadá localizando-se numa posição intermediária (1,3-1,8%). Da mesma forma, os ativos relacionados com dados em percentagem da FBCF variam entre 5,1% nos Estados Unidos, 5,8-7,9% no Canadá e 12,7-16,3% na Holanda.

Tabela 1 – Participação no PIB Nominal e na FBCF Nominal de Investimentos Relacionados a Dados – Canadá, Holanda e Estados Unidos (em %)

		Canada 2018		**Holanda 2017**		**EUA 2020**
		Limite Inferior	**Limite Superior**	**Limite Inferior**	**Limite Superior**	
Part no PIB (*)	**Relacionados a Dado**	***1,3***	***1,8***	***2,1***	***2,7***	***1,1***
	Dados	0,4	0,6	1,0	1,4	-
	Banco de Dados	0,4	0,5	0,5	0,6	-
	Ciências de Dados	0,5	0,6	0,6	0,7	-
		Canada 2018		**Holanda 2017**		**EUA 2020**
		Total (c/ Governo)		**Setor Privado**		**Setor Privado**
Part em FBCF (*)	**Relacionados a Dado**	***5,8***	***7,9***	***12,7***	***16,3***	***5,1***
	Dados	1,9	2,8	5,9	8,5	-
	Banco de Dados	1,6	2,3	3,2	3,6	-
	Ciências de Dados	2,4	2,8	3,6	4,2	-

Notas: (*) EUA: participação no Valor Adicionado Empresarial; Participação na FBCF na Holanda e EUA refere-se à FBCF privada.

Fontes: Statistics Canada (2019b) (Canada); de Bondt and Mushkudiani (2021) (Holanda); Calderón and Rassier (2022) (Estados Unidos); Centre for the Study of Living Standards (CSLS). In: Sargent e Denniston (2023)

3 Implicações Políticas e Normativas

A mensuração de Economia de Dados – em geral elaborada a partir de procedimentos metodológicos padronizados – se encontra condicionada pela "funcionalidade" dessa mensuração no plano das Políticas Públicas. De pouco vale uma estimativa sofisticada do peso relativo da Economia de Dados no PIB se a mesma não for funcional para a implementação de políticas públicas que, atuando sobre aqueles mercados, sejam capazes de amplificar os impactos sobre o processo de desenvolvimento. Utilizando como referência a noção de Economia de Dados, identificam-se orientações para as políticas públicas que privilegiam aspectos inerentes à geração, integração, análise e utilização dos dados pelas diversas atividades econômicas e pela sociedade. Considerando as características específicas dos dados, a ênfase normativa das políticas tende a privilegiar aspectos regulatórios. Dois planos de atuação das políticas podem ser destacados. Considerando os dados como *inputs/outputs* de uso crescentemente generalizado, identificam-se ações importantes no plano da regulação das condições de produção, acesso e uso de dados. Já considerando-os como meio e conteúdo de transações, boa parte das quais viabilizada a partir da infraestrutura das plataformas digitais, identificam-se ações importantes no plano da regulação e defesa da concorrência nos "mercados de dados", monitorando e restringindo o exercício danoso do poder de mercado e preservando a privacidade individual e o interesse coletivo. As subseções que se seguem exploram estes aspectos a partir de uma sistematização de aspectos particulares do arcabouço institucional nos casos estadunidense e canadense.

3.1 EUA

A importância de uma Estratégia Federal de Dados no plano geopolítico é enfatizada por *think tanks* que discutem as orientações da política externa estadunidense. Segundo Atkinson,[31] para

---

31 ATKINSON, Robert D. "A US Grand Strategy for the Global Digital Economy". *Policy Report, Information Technology and Innovation Foundation* (ITIF), jan. 2021.

que a América continue a ser o líder global em tecnologias digitais, o governo dos EUA deve formular uma grande estratégia baseada numa nova doutrina de realpolitik digital. A prioridade deveria ser promover os interesses dos EUA, difundindo o sistema de inovação digital dos EUA e restringindo o campo de ação dos adversários digitais, especialmente a China, o que implicará trabalhar com aliados sempre que possível – e pressioná-los quando necessário.

O reconhecimento do atraso estadunidense no tocante à coleta e gestão de uma massiva quantidade de dados levou a administração Trump a conceituar uma Estratégia Federal de Dados, ou FDS, em 2018, como um plano de 10 anos para transformar a forma como todo o governo federal aproveita os dados como ativo estratégico. A Estratégia Federal de Dados implementada em 2018, fornece uma estrutura abrangente para gerenciar dados federais, juntamente com a Lei de Fundamentos para a Elaboração de Políticas Baseadas em Evidências, ou Lei de Evidências (*Foundations for Evidence-Based Policymaking, or Evidence, Act*), também de 2018. O *Evidence Act*, é uma peça legislativa cujo principal objetivo é aprimorar o uso de evidências e dados no governo federal, reforçando a transparência e a responsabilização. O ato promove o uso eficiente de dados em agências federais, exigindo que elas desenvolvam inventários abrangentes de dados e estabeleçam processos de governança de dados. Ele também enfatiza a importância de tornar os dados acessíveis ao público, pesquisadores e outras partes interessadas, garantindo a privacidade e a segurança dos dados. O Escritório de Gestão e Orçamento (*Office of Management and Budget* – OMB) é a agência federal responsável pela coordenação desta estratégia de forma colaborativa, com quase duas dúzias de agências, desempenhando um papel central na supervisão da implementação do *Evidence Act*, fornecendo orientação às agências sobre o desenvolvimento de seus planos de construção de evidências e inventários de dados e garantindo a conformidade com os requisitos do ato. A administração Biden deu continuidade a esta linha de atuação, lançando Planos de Ação para 2021 para que as agências continuassem implementando uma FDS mesmo em meio à pandemia global. Entretanto, no seu formato atual, a FDS e seus Planos de Ação parecem ser demasiado genéricos e de alto nível para serem utilizados pelas agências governamentais na operacionalização de suas ações. A FDS parece ter estagnado, uma vez que a administração Biden não partilhou um Plano de Ação para 2022 ou 2023 e ainda não forneceu orientações sobre dados abertos e normas necessárias para a implementação do *Evidence Act*.

Outro aspecto importante do posicionamento do governo estadunidense em relação à dimensão "geopolítica" da gestão de dados é a Estratégia Nacional de Cibersegurança, de 2018, que propõe uma abordagem de todo o governo para implementar eficazmente estratégias de cibersegurança compatíveis com os interesses da segurança nacional. Quatro pilares são identificados como prioridades em termos da segurança cibernética: Proteger redes, funções de sistemas e dados para a segurança nacional; Promover a prosperidade dos EUA ajudando a construir uma Economia Digital e promovendo a inovação tecnológica; Preservar a paz e a segurança, combatendo os intervenientes com más intenções no ciberespaço; Aumentar a influência global dos EUA e garantir uma internet e um espaço digital aberto, interoperável e seguro, estimulando o uso de tecnologias digitais para promover a influência dos EUA. Já na administração Biden-Harris, a Estratégia Nacional de Cibersegurança de 2023 foi redefinida de modo a se assentar em cinco pilares: i) prover uma infraestrutura crítica; ii) interromper e desmantelar os atores de ameaças; iii) moldar as forças de mercado para impulsionar a segurança e a resiliência; iv) investir em um futuro resiliente; v) forjar parcerias internacionais para perseguir objetivos comuns.

As políticas destinadas a proteger os dados pessoais nos Estados Unidos refletem a ênfase crescente numa legislação abrangente sobre privacidade. As propostas para novas leis incluem regulamentações abrangentes da privacidade, como a Lei dos Direitos de Privacidade Online do Consumidor (COPRA) e a Lei Americana de Proteção à Privacidade de Dados (ADPPA). O objetivo é criar padrões unificados para privacidade de dados em todo o país, incluindo disposições sobre os direitos do consumidor, como o direito de acessar, corrigir e excluir dados pessoais, bem como requisitos para que as empresas implementem medidas robustas de proteção de dados. Busca-se também atualizar a Lei de Proteção à Privacidade Online das Crianças (COPPA) para proteger melhor a privacidade das crianças na era digital, considerando as novas tecnologias e serviços *on-line*. A Califórnia tem sido líder na regulamentação de privacidade em nível estadual destacando-se iniciativas como a Lei de Privacidade do Consumidor da Califórnia (CCPA) e Lei de Direitos de Privacidade da Califórnia (CPRA). Estados como Virgínia (Lei de Proteção de Dados do Consumidor da Virgínia) e Colorado (Lei de Privacidade do Colorado) também promulgaram suas próprias leis de privacidade abrangentes, com mais Estados considerando a implementação de legislação semelhante.

Outro aspecto importante refere-se às restrições de segurança nacional nas transações de dados pessoais. Neste sentido, em fevereiro de 2024, o Presidente Joe Biden, assinou o que a Casa Branca chamou de uma nova ordem executiva "inovadora" sobre a "Prevenção do acesso a dados pessoais sensíveis em massa dos americanos e a dados relacionados ao governo dos Estados Unidos por países hostis". A ordem executiva orienta esforços de regulamentação pelas diversas agências governamentais, incluindo um futuro regulamento do Departamento de Justiça dos EUA, que bloquearia ou imporia restrições a transações designadas de dados pessoais com países adversários dos EUA e seus representantes. Os regulamentos de segurança nacional existentes definem como "países hostis" a China, Cuba, Irã, Coreia do Norte, Rússia e Venezuela.

A transformação digital também é considerada no escopo das atividades da Agência dos Estados Unidos para o Desenvolvimento Internacional (*United States Agency for International Development – USAID*), o órgão do governo dos Estados Unidos encarregado de distribuir a maior parte da ajuda externa, seguindo as diretrizes do Departamento de Estado americano. A USAID lançou a sua primeira Estratégia Digital para os anos fiscais de 2020 a 2024, buscando utilizar ferramentas digitais para tornar a ajuda externa mais eficaz e eficiente, combatendo as ameaças criadas no espaço digital, incluindo riscos para a privacidade e segurança, extremismo *on-line*, desinformação e exclusão de recursos digitais. Estes objetivos poderiam ser alcançados através do estabelecimento de iniciativas de segurança cibernética, aumentando as exportações de serviços digitais dos EUA e a promoção de negócios de tecnologia. A parceria para Conectividade Digital e Segurança Cibernética (DCCP) é um esforço da USAID para promover redes abertas, expandir o acesso seguro à internet nos países em desenvolvimento, promover a inovação e as exportações dos EUA e melhorar a segurança cibernética globalmente.

A política externa dos Estados Unidos relativa à regulamentação dos fluxos de dados transnacionais e à transferência de dados pessoais privados digitais incluem alguns desenvolvimentos importantes. Uma dessas iniciativas, a criação de um "**escudo de privacidade**", que facilitaria as transferências de dados entre a União Europeia e os EUA, foi invalidada pelo Tribunal de Justiça Europeu em 2020. Desde então, tem havido esforços para negociar um novo acordo que atenda aos padrões europeus de proteção de dados. **Neste quadro,** os EUA têm participado em discussões bilaterais e multilaterais para estabelecer quadros para regulamentar os fluxos de dados transfronteiriços que equilibrem a proteção da privacidade com a facilitação do comércio internacional e da cooperação em serviços digitais.

Os EUA também têm tomado medidas para regulamentar o desenvolvimento e o uso da Inteligência Artificial (IA). Desde 2015 foram aprovados nove projetos de lei sobre IA. Em novembro de 2023, 33 projetos legislativos relativos a IA ainda estavam pendentes para consideração pelos legisladores dos EUA. A legislação aprovada aborda uma série de tópicos, incluindo:

- supervisão da abordagem do governo federal à governança e regulamentação da IA;
- treinamento em IA para funcionários federais;
- requisitos e restrições para que as agências federais e o setor privado utilizem amplamente a IA em determinados contextos, como anúncios políticos;

- controles de exportação de tecnologias de interesse nacional, incluindo IA, para a República Popular da China;
- proibição do uso de IA em determinados contextos (por exemplo, tomada de decisões para o uso de armas nucleares, vigilância biométrica e vigilância no local de trabalho);
- apoio à utilização da IA em diversas áreas, incluindo segurança cibernética, sistemas de classificação, modelização meteorológica avançada, detecção de incêndios florestais, eficiência e segurança aeroportuária, agricultura de precisão e prescrição de determinados produtos farmacêuticos.

A Lei da Iniciativa Nacional de IA (*National AI Initiative Act*) de 2020, que foi sancionada pouco antes de Biden assumir o cargo, estabeleceu as bases para a estratégia de IA nos EUA. Esta lei visava promover a pesquisa e o desenvolvimento de IA, de modo a garantir que os EUA sejam líderes na inovação em IA, além de apoiar o desenvolvimento da força de trabalho. A administração Biden também estabeleceu uma Força-Tarefa Nacional de Recursos de Pesquisa em IA (*National AI Research Resource* – NAIRR), em 2020, para criar um roteiro para uma infraestrutura de pesquisa compartilhada. Esta infraestrutura visa proporcionar aos investigadores de IA acesso a dados e recursos computacionais. Destaca-se também o aumento do financiamento para pesquisas em IA por meio de agências como a *National Science Foundation* (NSF) e o Departamento de Energia (DOE). As agências com atuação mais transversal – incluindo a Administração de Serviços Gerais (*General Services Administration -GSA*), o Escritório de Gestão e Orçamento *(Office of Management and Budget – OMB*) e o Escritório de Gestão *Pessoal (Office of Personnel Management – OPM*) – também foram estatutariamente orientados a realizar atividades para apoiar o uso de IA em todo o governo federal. A Lei também criou dentro da GSA um Centro de Excelência em IA para facilitar a sua adoção no governo federal. Ao nível estadual, a Universidade de Stanford relata que, entre 2016 e 2022, 14 Estados aprovaram legislação relativa a IA destacando-se como líder Maryland, com sete projetos de lei relacionados à IA, seguido pela Califórnia com seis, e Massachusetts e Washington com cinco.

Além disso, a legislação promulgada contemplou estímulos à P&D em IA ou no uso de IA em programas federais específicos. A Lei CHIPS e Ciência (*CHIPS And Science Act* – PL 117-167) de 2022, um importante instrumento de reativação da política industrial e de inovação do governo Biden, incluiu disposições especificamente relacionadas à IA, orientando o Departamento de Energia, NIST e NSF a apoiar atividades de P&D em IA e *machine-learning* e o desenvolvimento de padrões técnicos para sistemas de IA seguros e confiáveis. A NSF foi ainda orientada a (1) avaliar o estabelecimento de um programa de bolsas de estudo em IA; e (2) avaliar a capacidade de pesquisa em IA em instituições de ensino superior dos EUA. A Lei de Identificação de Resultados de Redes Adversárias Gerativas (PL 116-258) orientou a NSF e o NIST a apoiar pesquisas em neste campo de desenvolvimentos da IA.

A Lei de Responsabilidade Algorítmica de 2022 (HR 6850 e S. 3572, 117º Congresso) instruiu que a Comissão Federal de Comércio exigisse que certas organizações realizassem avaliações do impacto de sistemas de decisão automatizados, incluindo aqueles que usam IA. O *Blueprint for an AI Bill of Rights*, publicado pelo Gabinete de Política Científica e Tecnológica da Casa Branca em outubro de 2022, descreve princípios e práticas fundamentais para orientar a concepção, a utilização e a governança da IA e dos sistemas automatizados. O plano visa garantir que os sistemas de IA sejam desenvolvidos e utilizados de forma justa, transparente e com respeito aos direitos individuais, promovendo a confiança pública e a responsabilização no desenvolvimento e uso de tecnologias de IA.

Em março de 2023, a Câmara de Comércio dos EUA divulgou um relatório apelando à regulamentação da IA. Em julho de 2023, a administração Biden reuniu representantes de sete empresas de IA – Amazon, Anthropic, Google, Inflection, Meta, Microsoft e OpenAI – e anunciou compromissos voluntários de cada uma delas "para ajudar a avançar em direção ao desenvolvimento seguro, protegido e transparente de tecnologias de IA". Alguns analistas argumentam que a pressão para a regulamentação por parte das grandes empresas líderes no desenvolvimento de soluções de IA (incluindo as GCDs) se destina a proteger os interesses dessas empresas e pode não se alinhar com as prioridades de outras partes interessadas, incluindo agências federais usuárias dessas tecnologias.

3.2 Canadá

No Canadá, as tendências recentes nas políticas públicas destinadas a proteger os dados pessoais digitais centram-se algumas áreas principais. Como base, a *Carta Canadense de Direitos e Liberdades* (a Carta), aprovada em 1982, é uma lei fundamental que fornece proteção constitucional aos direitos humanos. Todas as leis e ações governamentais nos níveis federal e provincial devem estar em conformidade com a *Carta*, que pode ser aplicada pelos tribunais: como parte da Constituição do Canadá, a *Carta* tem precedência sobre outras leis e estabelece limites à ação governamental.

Ao nível federal, o quadro de privacidade do Canadá inclui dois estatutos centrais. A *Lei de Proteção de Informações Pessoais e Documentos Eletrônicos* (*Personal Information Protection and Electronic Documents Act* – PIPEDA). A PIPEDA é o estatuto federal do Canadá para privacidade e proteção de dados no setor privado, regendo o uso de informações pessoais em contextos comerciais. Aprovado em 2000, o PIPEDA foi desenvolvido para construir a confiança do consumidor no comércio eletrônico e para permitir que as empresas canadenses concorram na Economia Digital. A legislação fornece regras em torno da coleta, utilização e divulgação de informações pessoais através de uma ênfase no papel do consentimento. De acordo com a seção 6.1 da PIPEDA, o consentimento só é válido se for razoavelmente esperado que as pessoas entendam o que estão consentindo.

A primeira revisão da PIPEDA resultou na aprovação da Lei de Privacidade Digital (2015) que alterou a PIPEDA de três formas substantivas: acrescentando medidas para proteger os consumidores; introduzindo disposições relacionadas com exceções ao consentimento; e incorporando medidas para aumentar a conformidade. As alterações de 2015 introduziram uma nova divisão na lei intitulada "Violações de Salvaguardas de Segurança", que estabelece requisitos de notificação obrigatórios para organizações quando informações pessoais forem comprometidas devido a uma violação de salvaguardas de segurança, resultando em um "risco real de dano significativo ao indivíduo". Existem também novos requisitos para obter consentimento para a coleta, uso ou divulgação de informações pessoais destinadas a proteger indivíduos vulneráveis, especialmente crianças.

O arcabouço da PIPEDA não se aplica às organizações do setor público, que são regidas pela *Lei da Privacidade* (Privacy Act) ou às que são reguladas pelo setor público ao nível provincial. A *Lei da Privacidade* fornece o quadro jurídico básico para a coleta, retenção, utilização e divulgação de informações pessoais por instituições governamentais. A Lei permite que as instituições governamentais divulguem informações pessoais com o consentimento do indivíduo a quem se referem, ou de acordo com um conjunto limitado de permissões de divulgação. A *Lei de Privacidade* também criou o Gabinete do Comissário de Privacidade do Canadá (*Office of the Privacy Commissioner of Canada – OPC*), um provedor de justiça independente com poderes para investigar reclamações, fazer recomendações respeitando o cumprimento da lei e emitir relatórios ao Parlamento. O OPC tem o mandato de promover a compreensão pública da lei de privacidade, promover o cumprimento da PIPEDA, investigar reclamações de privacidade do público, iniciar ele próprio reclamações e investigações, celebrar acordos de conformidade e reportar anualmente as suas atividades para o Parlamento. O OPC também dispõe de pessoal dedicado a uma direção de consultoria empresarial que realiza atividades de divulgação e consultoria em matéria de privacidade às empresas, embora com capacidade limitada.

Em alguns casos, o OPC aborda as empresas de forma proativa para lhes oferecer serviços de aconselhamento.

O intuito de construir um Canadá mais competitivo, levou o governo canadense ao lançamento de Consultas Nacionais Digitais e de Dados em junho de 2018. Após estas Consultas, o governo definiu 10 princípios numa carta digital como base para uma abordagem digital *made in Canada* para orientar as ações do governo. Em junho de 2022, o governo federal propôs o Projeto de Lei C-27, a Lei de Implementação da Carta Digital (*Bill C-27: Digital Charter Implementation Act*), que moderniza a estrutura para a proteção de informações pessoais no setor privado e introduz novas regras para o desenvolvimento e implantação de Inteligência Artificial. Esta lei compreende três partes: A Lei de Proteção à Privacidade do Consumidor, a Lei do Tribunal de Informações Pessoais e Proteção de Dados e a Lei de Inteligência Artificial e Dados.

No caso da Inteligência Artificial, as políticas públicas do Canadá incluem algumas iniciativas importantes. Após a aprovação da Estratégia de Inteligência Artificial Pan-Canadense (*Pan-Canadian Artificial Intelligence Strategy – PCAIS*) em 2017, destaca-se a aprovação da Lei de Inteligência Artificial e Dados (*Artificial Intelligence and Data Act -AIDA*) de 2022, que é parte o Projeto de Lei C-27, a Lei de Implementação da Carta Digital de 2022, que cria a função de Comissário de IA e de Dados para supervisionar a conformidade e introduzir disposições criminais para usos imprudentes e maliciosos de IA, enfatizando a transparência, a responsabilidade e a mitigação de danos potenciais. Em setembro de 2023, o ministro da Inovação, Ciência e Indústria anunciou a criação do Código de Conduta Voluntário sobre o Desenvolvimento Responsável e Gestão de Sistemas Avançados de IA Generativa.

No campo da segurança cibernética, destaca-se a elaboração de uma Estratégia Nacional de Segurança Cibernética (*National Cyber Security Strategy – NCSS*) referente ao período 2019-2024. Como principais metas e objetivos desta estratégia, destaca-se a melhoria da segurança de sistemas governamentais, no tocante à infraestrutura crítica e ao controle de dados pessoais. Para atingir estes objetivos, propõe-se a estruturação de um Centro Canadense de Segurança Cibernética (Centro Cibernético), concebido como órgão central que fornece consultoria especializada, orientação e apoio em segurança cibernética ao governo, setores de infraestrutura crítica e ao público, bem como uma Unidade Nacional de Coordenação do Crime Cibernético (NC3), no intuito de coordenar os esforços nacionais e internacionais para combater o crime cibernético. As iniciativas estratégicas envolvem o desenvolvimento de avanços nos campos da Segurança dos Sistemas de Controle Industrial, de Criptografia Quântica Segura e do Desenvolvimento de Talentos em segurança cibernética.

Apesar dos avanços da legislação, Thomas *et al.*,[32] argumentam que as leis existentes são limitadas na sua capacidade de proteger efetivamente a privacidade. Primeiro, a legislação em vigor não reconhece nem fornece requisitos especiais adequados para informações sensíveis. Em segundo lugar, muitas das atividades realizadas por partidos políticos e organizações sem fins lucrativos não são abrangidas pela lei. Terceiro, existem lacunas na regulamentação do processamento de dados, especificamente no que diz respeito à desidentificação e anonimização dos dados. Em quarto lugar, a proteção atual à privacidade não está totalmente equipada para apoiar as PMEs e as organizações sem fins lucrativos. Finalmente, o OPC tem poderes efetivos de aplicação da lei bastante limitados.

A monetização e comercialização de dados estão inextricavelmente ligados às infraestruturas digitais através das quais são criados, armazenados, transmitidos, processados, vendidos e utilizados. Observa-se, nesse sentido, que os canadenses vêm progressivamente perdendo o controle sobre as suas redes, bem como sobre os seus

32 THOMAS, Imani *et al.* “Protecting privacy rights in the digital age”. *Max Bell School of Public Policy*, 2023.

dados, quando se considera que grande parte da comunicação canadense na internet passa pelos Estados Unidos, o que é conhecido como "roteamento bumerangue". A forte dependência atual do roteamento da internet canadense em relação à infraestrutura digital estadunidense, tanto para comunicações nacionais como internacionais, coloca em risco os dados pessoais e empresariais, ao mesmo tempo que prejudica a eficiência e a qualidade dos serviços de internet canadenses. A dependência unilateral dos Estados Unidos para uma grande parte das infraestruturas críticas também enfraquece o poder de negociação bilateral. Nesse sentido, qualquer estratégia nacional de dados deveria buscar ativamente a soberania da rede nacional, com foco na "localização" de dados – ou seja, manter os dados nos seus locais de criação e utilização sempre que possível.

Outro campo de regulamentações importantes em função do advento da digitalização diz respeito ao quadro geral da defesa da concorrência no Canadá. Embora os mercados digitais constituam objeto de fiscalização do *Canadian Competition Bureau* há algum tempo, eles ganharam destaque específico a partir de 2019, com a mudança do Comissário da Concorrência. A "Visão Estratégica do Bureau para 2020-2024", publicada em 11 de fevereiro de 2020, expôs a visão segundo a qual o Bureau deveria estar "na vanguarda da Economia Digital". A abordagem proposta para a regulação dos mercados digitais é multifacetada, com quatro órgãos reguladores federais diferentes aplicando leis que têm impacto na conduta das empresas nos mercados digitais: o Bureau de Defesa da Concorrência, a Comissão Canadense de Rádio-televisão e Telecomunicações (CRTC), o Escritório do Comissário de Privacidade (OPC) e um Comissário de Dados. Neste sentido, destaca-se o anúncio, em junho de 2023, da criação do Fórum Canadense de Reguladores Digitais, um esforço conjunto do Bureau, do CRTC e do OPC, com foco em questões como Inteligência Artificial e portabilidade de dados. No entanto, atualmente, é o CRTC, e não o Bureau de Defesa da Concorrência, que tem estado na vanguarda das regulamentações da Economia Digital. Por exemplo, o Projeto de Lei C-11, a Lei de

Streaming Online (OSA), que recebeu aprovação em 2023, altera a Lei de Radiodifusão para permitir que o CRTC estabeleça condições para serviços de streaming *on-line*. Da mesma forma, o Projeto de Lei C-18, a Lei de Notícias Online (ONA) dá ao CRTC a jurisdição para regular as plataformas *on-line* visando garantir maior justiça no mercado canadense de notícias de mídia digital. Além disso, o governo tem procurado avançar com a implementação de um imposto sobre serviços digitais, com a reforma da lei da concorrência e com a reforma da privacidade e regulamentação dos danos *on-line*.

Conclusões

As organizações e fóruns internacionais vêm tentando enfrentar os desafios da fragmentação regulamentar da Economia de Dados, mas prioridades concorrentes dificultam a tarefa. A OCDE fornece alguma luz a esse debate através de três relatórios.[33] Ao mesmo tempo, os debates em torno dos quadros políticos para lidar com a Economia de Dados têm se intensificado contrapondo diferentes visões.[34]

A perspectiva mais estritamente "liberal" argumenta que, só quando os dados podem circular livremente entre os intervenientes econômicos, é que o seu verdadeiro valor potencial será concretizado. Estabelece-se, desse modo, uma conexão entre livre circulação de dados e maior eficiência e bem-estar. A abordagem desenvolvida pelo

---

33 OCDE. *Mapping Approaches to Data and Data Flows*. Report for the G20 Digital Economy Task Force. Saudi Arabia, 2020; "Mapping Commonalities in Regulatory Approaches to Cross-Border Data Transfers" (Casalini et al, 2021) e OCDE. "Measuring The Value of Data and Data Flows". *OECD Digital Economy Papers*, No. 345, dez. 2022.

34 SINGH, Parminder Jeet; VIPRA, Jai. "Economic Rights Over Data: a Framework for Community Data Ownership". *Development*, vol. 62, 2019.

estudo *Data for Better Lives* do Banco Mundial[35] privilegia essa abordagem das políticas públicas, defendendo uma maior fluidez dos fluxos de dados, desde que resguardados princípios de transparência e responsabilização (*accountability*). É ressaltada a necessidade de fortalecimento do caráter "público" dos dados, através de ações nos planos do financiamento, capacitação técnica, estrutura de governança e mobilização da demanda pública por dados, mobilizando não apenas agências governamentais como também organismos da sociedade civil e da academia. O estímulo ao livre fluxo de dados seria justificado em analogia com o livre comércio de bens e serviços: a intervenção de políticas públicas deveria ser, essencialmente, de natureza "*maket-friendly*". Nessa direção, as empresas digitais globais argumentam que as políticas que restringem a coleta, o intercâmbio e o uso de dados são prejudiciais e conduzem a "distorções econômicas e ineficiências tecnológicas", enquanto as políticas digitais mais "liberais" permitiriam maiores "benefícios econômicos e impulsionariam a inovação".[36]

Essa abordagem "*maket-friendly*" desconhece que a possibilidade de extrair valor dos dados não é equânime entre os agentes e que um aspecto crítico da Economia de Dados baseia-se, justamente, na busca pelos agentes de algum tipo de controle sobre os dados. Assim, em outro extremo, surgiram diversas vozes com um perfil "protecionista/ intervencionista", muitas delas centradas numa perspectiva crítica sobre as possíveis implicações do livre fluxo de dados em questões como a proteção, a privacidade e a soberania de dados,[37] bem como sobre as implicações econômicas de um regime

35 WORLD BANK. *Data for Better Lives*. Word Development Report 2021.

36 AZMEH *et al.*, 2020.

37 MATTOO, Aaditya; MELTZER, Joshua P. "International data flows and privacy: the conflict and its resolution". *The World Bank*, 2018.

de dados mais liberal.[38] Quem controla os dados, quem decide quais dados vale a pena coletar e como os dados são utilizados são, portanto, questões políticas fundamentais, com ramificações em toda a sociedade. Equilibrar os complexos interesses econômicos e não econômicos das partes inseridas na Economia de Dados, considerando a natureza de bem público e a geração de valor, mas resguardando a privacidade, é algo que só os governos podem fazer e que requer consultas plenas e democráticas de toda a sociedade. A resolução destas questões cria, necessariamente, vencedores e perdedores. Por exemplo, proporcionar aos indivíduos direitos para controlar a forma como os dados que geram são utilizados afetará necessariamente as indústrias cujo modelo de negócio depende da coleta e da mercantilização desses dados.

A atuação mais efetiva das políticas públicas na regulação da Economia de Dados requer informações, mesmo que imprecisas, sobre a sua dimensão. Diversas agências nacionais de estatística, em parte impulsionadas pela revisão do SCN prevista para 2025, têm realizado um trabalho experimental de mensuração, geralmente utilizando uma metodologia tradicional baseada em custos na qual os dados são contabilizados em analogia com outros ativos intangíveis, como as bases de dados, *software* e despesas em P&D. No entanto, a variação relativamente grande nas estimativas do valor dos fluxos e estoques de dados mostra que ainda existem problemas significativos a resolver. Em primeiro lugar, as agências nacionais de estatística terão de decidir sobre uma metodologia apropriada para identificar profissões relacionadas com dados. Em segundo lugar, será necessário chegar a um acordo sobre as taxas de amortização e a vida útil adequadas dos dados, bem como sobre a proporção da produção de dados que ocorre por conta própria e não para venda. Isto exigirá inquéritos reais aplicados às empresas, em vez dos pressupostos arbitrários utilizados pelos estudos mencionados. Em

---

38 WEBER, Steven. "Data, development, and growth". *Business and Politics*, vol. 19(3), 2017.

terceiro lugar, será necessário realizar mais trabalho no desenvolvimento de índices de preços apropriados para monitorar a evolução da Economia de Dados.

A Economia de Dados obtém valor da identificação, mercantilização e utilização de fluxos de dados em constante expansão. A captura de dados requer o monitoramento contínuo do maior número possível de atividades. Nesse contexto, a vigilância constante é fundamental para o funcionamento de dispositivos conectados à internet que geram um fluxo constante de dados. Desse modo, uma Economia de Dados é também uma "economia de vigilância",[39] fazendo com que os Estados nacionais se empenhem numa vigilância cada vez maior dos seus cidadãos:[40] numa economia intensiva em dados, qualquer coisa menos do que a vigilância total constitui uma ameaça potencial de perda econômica. A supervisão democrática eficaz tanto do Estado como dos atores econômicos é essencial para resolver a tensão entre as ameaças colocadas por tal vigilância e o papel necessário da mesma na viabilização da Economia de Dados.

Assim, embora o Estado tenha um papel crucial a desempenhar na construção da Economia de Dados, o seu papel mais importante será estabelecer os limites dessa economia. Numa economia onde o valor é criado através da mercantilização e da utilização de dados, a tentação de criar mais valor através de uma "datafìcação" cada vez maior da vida social e do mundo natural será sempre muito forte, pois o fracasso em fazê-lo equivalerá a deixar "dinheiro na mesa". No entanto, há riscos evidentes nesse caminho, sobretudo através da expansão excessiva da vigilância. As leis do salário mínimo e a manutenção de reservas naturais são justificadas por apelos a noções fundamentais de dignidade humana e à necessidade de proteção

---

39 ZUBOFF, Shoshana. "Big other: surveillance capitalism and the prospects of an information civilization". *Journal of information technology*, vol. 30, nº 1, 2015.

40 KARI, Shannon. "The new surveillance state". *Canadian Lawyer*, out. 2017.

ambiental, e não principalmente por razões econômicas. Da mesma forma, as decisões sobre o que não deve ser vigiado e transformado em dados, e quais as formas de utilização de dados que estão fora de questão, necessitam ser baseadas não apenas nos valores econômicos, mas sim nas necessidades maiores de uma sociedade democrática e menos desigual.

CAPÍTULO IV

ECONOMIA DE DADOS: PLANEJAMENTO E REGULAÇÃO NA UNIÃO EUROPEIA NO SÉCULO XXI

MARIA LUCIA FALCÓN

Introdução

Este capítulo descreve como a União Europeia (UE) tem compreendido a Economia de Dados, planejado seu desenvolvimento e implementado a sua regulação ao longo do século XXI. As diversas atividades produtivas, nas condições adequadas, podem evoluir da posição de produtoras/consumidoras simples de dados para a posição de consumidoras de dados como bens intermediários agregando valor à sua produção e, eventualmente, alcançar a posição de controle de big data para inovação continuada, onde se apropria do valor gerado por muitos outros atores que orbitam seu núcleo tecnológico. Essa hegemonia dos dados no processo de produção de riqueza é a principal característica da presente etapa do processo civilizatório. Como pactuar as regras do jogo nesse novo ambiente e criar um

modo de regulação[1] que seja garantidor dos direitos da cidadania dentro do modo de produção capitalista?

O que mais importa atualmente para a geração de riqueza parece ser, por um lado, a infraestrutura de conectividade que possibilita a captura de dados e a comercialização dos produtos e serviços digitais, composta tanto por: *hardwares*, como redes de satélites, fibra ótica, granjas de computadores, além dos equipamentos dos usuários finais como máquinas de Internet das Coisas (IoT), PCs, *notebooks*, *tablets*, celulares, relógios, *tvs smart* etc. Ela permite capturar, armazenar, transportar, processar e acessar os dados e *softwares*, em todos os níveis de complexidade – desde motores de busca e apps visualizados nas telas dos usuários, até os complexos algoritmos que permitem o funcionamento da infraestrutura, incluindo criptografia e vigilância para cibersegurança, e aqueles voltados à IoT e à IA (Inteligência Artificial) de vários tipos.

No entanto, por outro lado, o que mais importa verdadeiramente para a apropriação de riqueza, enquanto concentração e centralização do capital, é o acesso e controle sobre estes imensos volumes de dados acumulados e gerados diariamente. O mercado de dados é de concorrência imperfeita, se organiza em oligopólio e mesmo monopólios temporários, o que se traduz em barreiras à entrada de concorrentes, seja pela tecnologia exclusiva, altíssimo nível de investimento requerido, participação no mercado e imagem de confiança e domínio tecnológico, acesso a trabalhadores qualificados, clientes e fornecedores associados, etc. Por isso, tem sido chamado de capitalismo de plataformas,[2] dominado pelas grandes

1 Ver base teórica da Escola da Regulação em FALCÓN, M. L. "Economia de Dados: conceito, mensuração e repercussões na agenda de políticas da União Europeia". Nota Técnica 1 do Projeto EconDados. *RedeSist e Cicef*, 2024.

2 SRNICEK, Nick. *Platform Capitalism*. Cambridge: Polity Press, 2017.

corporações digitais tanto no Ocidente quanto na China; ou capitalismo de vigilância,[3] ou capitalismo informacional,[4] entre outros.

A UE está historicamente referida ao Estado do Bem-Estar Social,[5] o que lhe distingue do modelo norte-americano de livre mercado e do modelo chinês altamente regulado e controlado pelo Estado. Ela elaborou e vem executando um plano estratégico de transformação digital envolvendo a sociedade e as atividades econômicas, com indicadores e metas acompanhados regularmente, incluindo um grande plano de investimentos. Tem sido pioneira em regular a Economia de Dados, desde a normativa sobre a proteção ao uso e propriedade dos dados até o funcionamento do mercado de dados, o valor geopolítico e militar do controle dos dados, e a sua importância para a pesquisa, desenvolvimento e inovação (PD&I).

Foi a primeira sociedade a recompor os direitos da cidadania no ambiente virtual, denominando-os de "direitos digitais". Também tem sido autora de iniciativas de investimento em infraestruturas digitais do Estado, como *cloud, edge nodes* e *blockchain* para custodiar dados pessoais, empresariais e governamentais, alcançando até o comercio exterior e a sua moeda digital. Adotou o imposto sobre as empresas multinacionais com faturamento mundial acima de 750 milhões de euros/ano com a Directiva 2523/2022, elaborada a partir dos pactos e normas orientadas pela OCDE[6] sobre empresas que obtêm lucros em diversos países onde pagavam pouco ou quase nada de impostos. Por fim, foi a primeira a regular a Inteligência Artificial (IA), tipificar crimes relacionados e criar um sistema de governança, supervisão e fiscalização das atividades empresariais na Economia de Dados.

---

3 ZUBOFF, Shoshana. "O neoliberalismo destroçou tudo. Temos que começar do zero". *El Pais*, 11 out. 2020.

4 CASTELLS, Manuel. *A sociedade em rede*. São Paulo: Paz e Terra, 1999.

5 LETTA, Enrico. "Much more than a Market: speed, security, solidarity". *European Council Report*, 2024.

6 OCDE, 2021 e 2024.

Este capítulo está organizado em duas partes: a primeira, dedicada à compreensão do sistema de planejamento, instrumentos, investimentos e estratégias de desenvolvimento adotadas pela UE diante do fenômeno da digitalização da economia.

A segunda descreve e comenta a experiência europeia de **regulação "em árvore"**, desde a consolidação política dos direitos digitais e da proteção de dados até os mercados digitais e financeiro e os ativos digitais, a tributação das grandes empresas tecnológicas, a IA, cibersegurança, dentre muitos outros aspectos da Economia de Dados, ao longo de pelo menos 30 anos de legislação e aprendizado.

Após essa cronologia da regulação na União Europeia, algumas evidências de como se está aplicando a normativa e algumas consequências para as empresas e cidadania são apresentadas, com exemplos de fiscalização, de investimentos e política tributária. Por fim é apresentado um caso sobre o "**escudo antiopas**" (opas – ofertas públicas de aquisição), sobre a empresa Telefônica na Espanha, com a implementação da política de proteção de empresas estratégicas, recentemente atualizada.

Segue-se a conclusão, que ressalta a importância da experiência europeia de planejamento e regulação da Economia de Dados na manutenção da coesão social e territorial do bloco, frente a sua posição geopolítica diante das pressões dos gigantes EUA e China, sem cair nos extremos do nacionalismo populista xenófobo, manter o rumo do desenvolvimento com energia limpa, controlar os dados e promover a inovação acelerada que caracteriza o novo regime de acumulação.

1 Planejamento para a Economia de Dados: investimentos e desenvolvimento na União Europeia no século XXI

A análise considera a experiência de planejamento da UE a partir da crise gerada pela pandemia da Covid-19. Dentro desse limite, pode-se dizer que os países do bloco estão orientados e obrigados a cumprir a legislação aprovada pelo Parlamento Europeu no que se refere ao planejamento e suas políticas e instrumentos de apoio e financiamento do desenvolvimento.[7] Cada país-membro elabora seu próprio plano segundo tais estratégias e conforme sua política de governo e correlação de forças políticas. Na base desta regulação e estratégia existem estudos e diagnósticos[8] que analisam o novo regime de acumulação de capital estabelecido a partir da revolução tecnológica da conectividade, datificação[9] e digitalização das relações rumo à hegemonia do valor dos dados.

O relatório elaborado por Enrico Letta[10] a pedido da Comissão Europeia, que analisa a evolução do mercado único e a geopolítica para identificar tendências, oportunidades e desafios para a UE nas próximas décadas, aponta três diretrizes estratégicas:

> Em primeiro lugar, o compromisso com uma transição ecológica e digital justa. Essa escolha reflete um compromisso a longo prazo de transformar a sociedade e a economia europeias de forma sustentável e equitativa. A próxima legislatura é identificada como crucial para garantir a implementação e o sucesso desta transição abrangente. Em segundo lugar, a decisão de prosseguir a expansão (do bloco). O foco aqui não está apenas no objetivo em si, mas na execução cuidadosa

---

7 Não se deve confundir a legislação do planejamento com a vasta regulação sobre o funcionamento da Economia de Dados, como analisado no tópico 2 e ilustrado pela Figura 2 com a cronologia da regulação na UE.

8 Ver FALCÓN, M. L. "Economia de Dados: conceito, mensuração e repercussões na agenda de políticas da União Europeia". Nota Técnica 1 do Projeto EconDados. *RedeSist e Cicef*, 2024.

9 LEMOS, Cristina. "Economia de Dados: abordagens conceituais, sistemas de mensuração e políticas em países e blocos de países selecionados na África, Ásia e Oceania". Nota Técnica 3 do Projeto EconDados. *RedeSist e Cicef*, 2024.

10 LETTA, Enrico. "Much more than a Market: speed, security, solidarity". *European Council Report*, 2024.

> de sua implementação. Definir uma orientação clara para a integração de novos membros na UE representa um dos principais desafios para os próximos anos. Em terceiro lugar, a necessidade de reforçar a segurança da UE. Na nova desordem mundial, caracterizada por uma instabilidade profunda e sistêmica, o futuro da UE não pode ignorar a necessidade de garantir a segurança dos cidadãos europeus. Isso implicará posições e decisões mais exigentes no campo da defesa. Parece agora certo que essas três principais orientações estratégicas irão guiar a UE nos próximos anos. Já não se trata de saber se a Europa os vai perseguir, mas sim de saber como o fará.[11]

Pragmaticamente, pode-se dizer que a busca por consolidar o conceito sobre a Economia de Dados está motivada pelo fato de que os Estados estão submetidos a uma crescente e dupla pressão desde as duas primeiras décadas do século XXI e que a crise sanitária de 2019 levou a um ponto de inflexão exigindo novas políticas macroeconômicas, tributárias e industriais. Primeiro, a pressão exercida pela difusão das tecnologias digitais e da IA acontece na **dimensão fiscal** – fatos tributários novos exigem leis novas para não continuar a perder arrecadação. Segundo, a pressão ocorre na dimensão do **balanço de pagamentos**, pois a insólita estrutura de mercado dos oligopólios tecnológicos comercializando intangíveis leva à perda de riqueza dos países devido à **vazamentos regulatórios** sobre propriedade e uso da nova mercadoria de alto valor agregado – os dados. Diante disso, a burocracia estatal e multilateral (organismos como OCDE, FMI, ONU, BIRD, dentre outros) inicia um processo de revisão das normas e instrumentos para que o Estado e o sistema financeiro recuperem, em algum grau, o controle sobre fluxos, distribuição e acumulação de capital, que resultou na norma de contas nacionais SNA 2008 e prossegue até a futura publicação

---

11 LETTA, Enrico. "Much more than a Market: speed, security, solidarity". *European Council Report*, 2024, p. 6.

da SNA 2025, bem como a revisão[12] na norma europeia ESA 2010 que acontece em 2024.[13]

A estratégia europeia de desenvolvimento até os anos 2030 está assentada sobre a compreensão da Economia de Dados como um novo regime de acumulação com seu próprio esquema de reprodução do capital. Busca criar as condições para inserção do bloco na divisão internacional do trabalho como líder em inovação, soberano na gestão de dados e em suas infraestruturas. Para tanto, compreende que a UE deve ser um regulador do mercado de dados, reduzindo o grau de monopólio e permitindo que empresas médias e pequenas atuem como fontes de inovação no sistema produtivo e inovativo.

> A transformação digital não é possível sem um forte apoio à ciência, à investigação, ao desenvolvimento e à comunidade científica, que são a força motriz da revolução tecnológica e digital. Além disso, uma vez que o grau de digitalização da economia ou da sociedade constitui uma base indispensável para a resiliência econômica e social, bem como um fator de sua influência mundial, é necessário que a ação internacional da União estruture o vasto leque de iniciativas de cooperação existentes, em consonância com os pilares da Década Digital.[14]
>
> A fim de envolver todos os cidadãos da UE na economia baseada nos dados, especial atenção deve ser dada à redução do fosso digital, ao reforço da participação das mulheres na economia dos dados e à promoção do saber-fazer europeu de ponta no setor da tecnologia. A **economia dos dados** deve ser desenvolvida de forma a permitir que as empresas, especialmente as micro, pequenas e médias empresas, tal como definidas no anexo da

---

12 UE. "Digital Rights and Principles". *Blog EC*, 2023.

13 Para detalhes sobre medição, processos produtivos, atividades e funcionamento dos mercados da Economia de Dados ver FALCÓN, M. L. "Economia de Dados: conceito, mensuração e repercussões na agenda de políticas da União Europeia". Nota Técnica 1 do Projeto EconDados. *RedeSist e Cicef*, 2024 e o Capítulo I deste livro.

14 UE. *DD Policy Programme*, 2022b, p. 4.

> Recomendação 2003/361/CE da Comissão, e as empresas em fase de arranque prosperem, garantindo a neutralidade no acesso aos dados, a portabilidade e a interoperabilidade, e evitar os efeitos da dependência.
>
> Na sua Comunicação de 19 de fevereiro de 2020 sobre uma **Estratégia Europeia para os Dados**, a Comissão delineou a visão de um espaço comum europeu de dados, enquanto mercado interno de dados em que os dados podem ser utilizados independentemente da sua localização física de armazenamento na União, em conformidade com a Direito aplicável, que, entre outras coisas, pode ser fundamental para o rápido desenvolvimento de tecnologias de Inteligência Artificial.[15]

Os documentos que explicam essa estratégia e estabelecem metas para a Economia de Dados pela Comissão Europeia, como mostra a Figura 1, são: 1) Comunicado Digital Compass 2030,[16] definição da estratégia política a partir de um diagnóstico sucinto; 2) Índice DESI – Digital Economy and Society Index,[17] monitoramento de metas e indicadores; 3) Lei DD – Digital Decade Policy Programme 2030;[18] 4) Relatório anual monitoramento da implantação da DD, Report on the state of the Digital Decade;[19] 5) Instrumento[20] European Digital Infrastructure Consortium (EDIC) para execução do plano de investimento – marco legal para cofinanciamento.

Os quatro pilares da Lei DD são: a) infraestruturas digitais; b) formação qualificada da força de trabalho (existente e novas gerações) em habilidades digitais avançadas; c) difusão das tecnologias de dados/informação para o tecido produtivo (especialmente as MPEs);

---

15 UE, Reglamento 868/2022e, p. 1, negritos feitos pela autora do artigo.

16 UE. *Digital Compass* 2030. 2021b.

17 UE. *Digital Economy and Society Index* (DESI). The EU ICT Sector and its R&D Performance. 2021a; 2021c.

18 UE. *Digital Decade Policy Programme* 2030. 2022b.

19 UE. *Report on the state of the Digital Decade*. 2023d; 2024a.

20 UE. *European Digital Infrastructure Consortium* (EDIC). 2022d.

e d) transformação digital do Estado. Não se trata de um caminho simples, pois a UE tem suas próprias desigualdades e assimetrias, como apontado em estudo realizado pelo DESI.[21]

Figura 1 – Marco regulatório de planejamento na UE: desenvolvimento com transformação digital rumo à Economia de Dados

Fonte: Elaboração própria.

Em consonância com a Estratégia Digital 2030, a importância do uso dos dados para a inovação tecnológica em todos os setores é a razão principal para que a UE priorize investimentos e regulação para impulsar a Economia de Dados. Em seu Plano de Recuperação Next Generation (NG),[22] aprovado em 2020[23] durante a pandemia da Covid-19, e nos Fundos para Recuperação e Resiliência (RRF) de apoio à reestruturação produtiva rumo à digitalização e à energia limpa. O plano tem recursos previstos de € 723,8 bilhões e se organiza em seis pilares: transição verde, transformação digital, crescimento sustentável, coesão social e territorial, saúde e resiliência social e institucional, políticas para a nova geração. Destaca-se o foco dado

21 UE. *Digital Economy and Society Index* (DESI). The EU ICT Sector and its R&D Performance. 2021a; 2021c.

22 Para detalhes, ver https://commission.europa.eu/strategy-and-policy/recovery-plan-europe_es.

23 UE, 2020c.

aos investimentos na produção de bens de capital (incluindo *chips*) e em infraestruturas digitais, bem como outras medidas financiadas pelos RRF.

São monitoradas dezoito ações[24] que buscam superar os problemas e atrasos causados pela pandemia ao processo de desenvolvimento. Três voltadas diretamente à transformação energética; quatro voltadas à modernização do Estado e da democracia, incluindo modernização da Administração Pública e serviços públicos digitais; seis voltadas à coesão social e territorial; e cinco voltadas ao desenvolvimento sustentável – pesquisa e inovação, conectividade, educação e habilidades digitais, qualificação de adultos, cultura e indústria criativa.

Do total de recursos do Plano NG, 40% são destinados a ações que beneficiam o clima, descarbonizando a economia e 26% à transformação digital. Quando observados os recursos que estão na rubrica de pesquisa e inovação, as tecnologias inovadoras digitais recebem 15% das verbas com destaque para microprocessadores, computação quântica, *cloud*, cibersegurança e redes 5G. Por fim, a área da saúde recebe 5% das verbas para PD&I.

O DD 2030 estimula a formação de consórcios entre os países membros da UE para projetos multipaíses, através do instrumento EDIC, orienta a adequação ao sistema legal de direitos digitais e princípios de proteção dos mercados europeus e financia os investimentos em infraestruturas digitais e transformação digital da base produtiva. Está dividido em quatro objetivos: habilidades, negócios, governo e infraestrutura, cada um deles com metas a serem alcançadas.

O DD Report[25] informa metas do programa, por exemplo: 20 milhões de cidadãos especializados em TICs priorizando as mulheres; 80% da população com habilidades digitais básicas; 75%

---

24 UE. *Next Generation Plan*. Thematic Analysis. 2022a.

25 UE. *Report on the state of the Digital Decade*. 2023d; 2024a.

das empresas usando *cloud*, IA e big data; apoio às *startups* para escalar e dobrar as empresas "unicórnios" em bolsa (alcançando 498 unicórnios); acesso universal à conectividade; 10 mil estruturas *edge nodes* e *cloud* ciberseguras instaladas e usando energia limpa; 100% de território coberto com rede de alta capacidade e/ou 5G, 20% do valor mundial da produção de semicondutores e três computadores quânticos; 100% dos serviços públicos disponíveis *on-line*; 100% dos cidadãos com histórico médico unificado e *on-line*; 100% dos cidadãos com ID (Identidade Digital).

A análise contratada pela UE junto ao IDC/Open Evidence[26] construiu cenários e propôs indicadores para monitorar e avaliar o avanço da transformação digital do bloco e o alcance das metas planejadas com base em três critérios – regulação, formação do mercado de dados e as tendências globais –, aspectos chave para construir o conceito da Economia de Dados e propor instrumentos para sua mensuração.

O primeiro relatório do Programa Década Digital 2030 traz um diagnóstico muito claro da inserção atual da UE na Economia de Dados mundial, reforçando os argumentos pela urgência de implementação do plano de transformação digital e seu foco em pesquisa, desenvolvimento e inovação de TICs.

> Classificando-se como uma das maiores indústrias, o mercado global de TICs deve atingir um tamanho de 6 trilhões de euros em 2023. No entanto, a posição da UE no ecossistema global (...) pode ser substancialmente melhorada. Ainda mais importante, a participação da UE na receita global no mercado de TICs caiu drasticamente na última década, de 21,8% em 2013 para 11,3% em 2022, enquanto a participação dos EUA aumentou de 26,8% para 36%. Atualmente, a UE depende de países estrangeiros para mais de 80% dos produtos digitais, bem como para serviços, infraestruturas e

26 UE, 2020a e 2023a.

> propriedade intelectual. Por exemplo, os EUA e a UE dependem de até 75-90% da produção de semicondutores da Ásia. Neste contexto, ao longo do último ano, a UE intensificou as ações para reafirmar a sua liderança tecnológica e facilitar a transformação digital, promovendo simultaneamente a sua resiliência. Com base na maior área de mercado integrada do mundo, a UE impulsionou ações para lidar com dependências estratégicas, principalmente em matérias-primas críticas, semicondutores, *software* de TI (*software* de nuvem e *edge*), capacidade instalada e tecnologias em segurança cibernética.[27]

O sistema de planejamento e monitoramento adotado pela UE para conduzir seu processo de desenvolvimento na Economia de Dados vem sendo implementado pelos países-membros com diferentes graus de avanço. As condições simultâneas de *Open Data* e Inovação – com tudo que acompanha essa integração, como conectividade e qualificação da força de trabalho – assumem total relevância para o sistema produtivo se o objetivo for soberania. Destaca-se, também, a estratégia do bloco europeu em executar, sobre uma infraestrutura digital própria, seus projetos em múltiplos países, com os instrumentos EDIC, fortalecendo a integração dos sistemas inovativos e produtivos regionais, usando o poder de compra do Estado para promover e apoiar as empresas europeias ou estrangeiras que invistam cumprindo as normas estabelecidas.

2 Regulação: experiência da União Europeia

A história moderna mostra a evolução dos direitos em cada sociedade como resultado tanto da difusão do modo capitalista de produção – baseado no trabalho assalariado – quanto na formação social que lhe é específica, o que torna possível, por exemplo, que existam quase infinitas combinações de produção econômica

---

27 UE. *Digital Decade 2030 Report*, 2023d, p.7.

capitalista e normas sociais muito diversificadas. Em Falcón[28] estão analisados casos de países com grande capacidade de produção de valor/riqueza, os quais seguem convivendo secularmente com grande pobreza e desigualdade, o que questiona o mito (economia ortodoxa) de que o crescimento econômico basta para mudar a trajetória de desenvolvimento de um país. Ao contrário, muitas vezes a melhor distribuição da riqueza acontece após grandes lutas sociais. As democracias ocidentais vêm tentando, desde o final da II Guerra Mundial, acolher os diversos vetores de forças sociais em diversos partidos e trazer para o parlamento, através do voto, o processo de disputa de interesses entre os vários grupos de interesse da sociedade. Daí, a importância da regulação política, da comunicação e da construção de hegemonias e suas narrativas. Tal processo não é diferente agora, nos anos 2020, quando a civilização enfrenta o desafio da sociedade digital.

O modo de regulação econômico, social e político está sempre em movimento dinâmico e não linear, sendo tanto causa quanto efeito de correlação de forças na sociedade e no seu papel na divisão internacional do trabalho. Assim, pode-se entender os direitos digitais como mais uma etapa evolutiva na regulação dos direitos na sociedade ocidental capitalista. Segundo Marshall,[29] a primeira etapa tratou do estabelecimento dos direitos civis (século XVIII), rompendo com a regulação feudal e a servidão no trabalho, estabelecendo os direitos de liberdade física, liberdade de expressão, de pensamento, de religião, direito de propriedade, igualdade perante a lei, direito a um julgamento natural e a um processo formal, liberdade de associação e opinião, de celebrar contratos e de residir livremente.

---

28 FALCÓN, M. L. "Pobreza y Desigualdad: actualizar el concepto y repensar la política". *Texto para Discussão*, nº 01/2022. Rio: Redesist, 2021.

29 MARSHALL, T. H. "Citizenship and Social Class". *In*: MANZA, Jeff; SAUDER, Michael. *Inequality and Society*. Nova York: WW Norton & Co., [1950] 2009.

A segunda etapa avançou no campo dos direitos políticos (século XIX) que tratam do direito do cidadão de participar no exercício do poder político como membro de órgãos dotados de autoridade ou como eleitor desses órgãos, da uniformidade de representação, extensão do sufrágio (o voto feminino, por exemplo exigiu muita luta e em muitos países só chegou no final do século XX), voto secreto, imunidade parlamentar etc. O voto é o elemento central dos direitos políticos.

A terceira etapa trata dos direitos sociais (século XX, especialmente após a II Guerra Mundial) que se referem ao chamado *Welfare State* – Estado do Bem-Estar Social – resposta Ocidental ao avanço do socialismo em países como a antiga URSS e China. O Estado passa a oferecer aos cidadãos diversos apoios em sua sobrevivência material e proteção em eventos negativos (doenças, acidentes de trabalho, assistência ao idoso e à criança etc.). O direito à educação, previdência e seguridade social passam a fazer parte do cardápio em maior ou menor grau.

Agora, no século XXI, se trata de atualizar e manter os direitos conquistados em um novo ambiente, o digital. Nesse espaço intangível estão se reproduzindo tanto o capital quanto a sociedade e seus valores, *ethos*, narrativas e hegemonias. Os direitos digitais devem ser regulados para garantir o quê? Deve-se garantir todos os direitos constitucionais – civis, políticos e sociais – expressos no ambiente virtual, desde registro civil (ID), propriedade e uso de dados, contratos e direitos do consumidor e do trabalhador, representação política, expressão de pensamento, reunião etc. Merece destaque o acesso às novas formas de educação (conhecimento sobre as tecnologias e seu uso, novas profissões e postos de trabalho dependem disso) e saúde digital. Em suma, expressar no ambiente digital os direitos constitucionais já existentes, adequar seus normativos e regular as novas formas de disputa de poder e hegemonia, pois combater a alienação e submissão simbólica e objetiva (exploração) ao capital é manter a liberdade dos cidadãos.

A estratégia europeia para os direitos digitais estabelece seis princípios que devem orientar todas as normas e contratos que surjam nesse processo de transformação: pessoas e seus direitos são o centro do processo, solidariedade e inclusão, liberdade de escolha *on-line*, estímulo à participação no espaço público digital, aumento da segurança, proteção e empoderamento dos indivíduos, e promoção da sustentabilidade do futuro digital.[30]

Pode-se perguntar, diante do inexplorado campo do ambiente digital, o que será objeto da regulação. A experiência da UE, pioneira em muitas iniciativas dessa caminhada, está voltada não somente a regular o que mostram as telas, mas também o que está por detrás delas e lhes permite funcionar: redes e equipamentos, *softwares*, dados e narrativas, contratos etc. Desde os serviços intermediários, de hospedagem e custódia, serviços *on-line* até as plataformas digitais. Isso significa compreender como os oligopólios se protegem através de barreiras à entrada da concorrência para propor limites e compensações à sua força econômica, tecnológica e social.

As barreiras à entrada no mercado oligopolizado da Economia de Dados, que exigem regulação de maneira direta ou indireta (através de políticas industriais, por exemplo), são cinco:[31] i) infraestrutura de comunicação; ii) capacidade produtiva para armazenar e processar os dados; iii) capacidade de desenvolver linguagens e *softwares* de todos os tipos e complexidades, necessários para manter em operação o arranjo produtivo; iv) capacidade competitiva de gerenciar, conquistar e manter os clientes no arranjo produtivo pelas vantagens dos seus mercados de múltiplos lados e, essencial, pela confiança na competência técnica, uma imagem vinculada à inovação e segurança; v) barreiras sociais criadas pelo investimento elevado em educação formal para as profissões de dados.

---

30 EU/CE, 2023b e 2023c.

31 FALCÓN, M. L. "Economia de Dados: conceito, mensuração e repercussões na agenda de políticas da União Europeia". Nota Técnica 1 do Projeto EconDados. *RedeSist e Cicef*, 2024.

São profissionais que mantêm aprendizado continuado e compartilhado em comunidades de "sacerdotes"[32] que dominam múltiplas linguagens de programação para falar com as máquinas; ou fazem a interpretação dos dados, que nem sequer é a parte mais relevante – há que saber formular as perguntas e hipóteses. Além disso, é preciso manter-se atualizado com as inovações aceleradas em diversos tipos de IA, Decentralized Ledge Technology (DLT), computação quântica, que colocam os sistemas produtivos em cheque e exigem novas soluções, inclusive para manter a cibersegurança. Em suma, trata-se de um regime de acumulação que se anuncia extremamente excludente do ponto de vista social e agrava as assimetrias entre países e os hemisférios do mundo,[33] a começar pelo investimento em educação.

Todos os outros quatro tipos de barreiras à entrada têm como pré-requisitos um grande volume de capital investido e um quadro de trabalhadores altamente qualificados, sendo ambos necessários à operação do sistema, porém, ainda mais necessários para manter a inovação continuada no *core business*. Também a regulação, que agora ganha força em muitos países e sociedades, exige investimento em *brand*, imagem de capacidade técnica e ética.

Enfim, pode-se falar de algumas tendências que estão pressionando as grandes corporações digitais para reduzir seu lucro de monopólio/oligopólio, portar-se com ética e atender as novas regras regulatórias e tributárias, porém o domínio das inovações tecnológicas provavelmente estenderá por alguns anos essa disputa entre sociedade e mercado, com o Estado nem sempre se posicionando a favor da sociedade. Quantos consumidores, sejam indivíduos ou empresas, sabem que a empresa Alphabet paga anualmente à empresa

32 BOURDIEU, Pierre. *A economia das trocas simbólicas*. São Paulo: Perspectiva, 1992; BOURDIEU, Pierre. *O poder simbólico*. Rio de Janeiro: Bertrand Brasil, 2001.

33 OLIVEROS, E.; SABATER, V. L. *Economía de los Datos*. Barcelona: Fundación Telefónica/Ed. Ariel, 2017.

Apple para que Google seja o motor de busca nos equipamentos que fabrica? Além da UE em sua Lei de Serviços Digitais de 2022, quantos países chegaram a tipificar como crime inserir, de fábrica, serviços digitais irremovíveis dos equipamentos, já assegurando mercado de dados para seus sistemas produtivos e clientes? Como a UE chegou a consolidar a regulação sobre os mercados de dados?

2.1 Cronologia da regulação na União Europeia

A UE vem construindo há alguns anos um sistema regulatório para a transição e funcionamento pleno da Economia de Dados, considerada como *core business* da Economia Digital. A evolução das normas legais e regulatórias entre 1995 e 2024 vão formando uma espécie de "árvore", cujo tronco é formado pela regulação sistêmica e direitos, e os galhos se ramificam para setores específicos da vida social e das diferentes atividades produtivas, como mostra a cronologia da Figura 2 A, B e C. Os principais destaques nessa cronologia são as normas que vão sendo estabelecidas mais claramente à medida que avança o conhecimento sobre o funcionamento e impacto das tecnologias sobre a sociedade e sobre o mercado.

As leis dos mercados digitais (DSM) e dos serviços digitais (DAS) tem forte impacto na estrutura do mercado e buscam enfrentar seus principais problemas de abuso de poder por parte dos oligopólios, grandes corporações digitais/plataformas. Além de toda normativa que cuida dos processos por trás das telas dos usuários, há uma série de consequências que são visíveis ao cidadão. Alguns exemplos: serão proibidas práticas como impedir que os usuários desinstalem aplicativos pré-instalados; deve-se informar sobre a identidade real de quem está vendendo o produto; adotar medidas concretas para evitar desinformação ou mensagens de ódio, dentre outras coisas; o mundo acadêmico deve ter acesso aos dados da plataforma para estudar o impacto e os riscos na sociedade do que é publicado; o usuário deve ser informado sobre quem patrocina um conteúdo e como e por que esse anúncio é apresentado na tela; grandes empresas precisarão informar claramente por que algo é recomendado aos usuários. Ou seja, algoritmos como os do X (ex-Twitter), Instagram ou TikTok devem ser mais transparentes e não apenas para produtos patrocinados.

As Leis de Governança de Dados (868/2022) e a Lei de Dados não pessoais da IoT (aprovada em 2023) buscam criar o espaço único de circulação de dados para gestão da Industria 4.0 e para a inovação, mediante contratos claros e confiáveis para uso e custódia dos dados. A chamada Lei do Mercado Único Digital[34] estabelece as normas para operar sem barreiras no mercado europeu e se apoia no regulamento dos mercados digitais, na criação da Empresa Comum Europeia de Computação de Alto Desempenho e na governança europeia dos dados – a partir dos dados abertos e a reutilização da informação do setor público – como definidoras do seu papel na divisão internacional do trabalho e da sua soberania. Essa lei trata desde a concorrência nas redes de comunicação eletrônicas, a Economia de Dados e a livre circulação de dados não pessoais, a proteção e privacidade de dados pessoais, a cibersegurança, até os direitos de autor e normas para os produtos audiovisuais.

A UE busca, com essas normas, aumentar a segurança jurídica em relação aos **direitos relativos ao acesso e uso de dados**, especialmente em um ambiente tecnológico de objetos interconectados; tratar os desequilíbrios nas relações contratuais entre empresas cujo objeto esteja relacionado à disponibilidade de dados; estabelecer as condições em que as entidades privadas devem fornecer dados a organismos públicos; promover a interoperabilidade eficiente dos dados numa perspectiva intersetorial; e estabelecer garantias mínimas para os usuários de serviços de processamento de dados quando mudarem de provedor (à semelhança da telefonia).

---

34 A lei altera o antigo artigo 163 para o novo artigo 179 permitindo a livre circulação dos dados no espaço do mercado comum, desde a indústria até as atividades de PD&I. Ver: https://eur-lex.europa.eu/summary/chapter/31.html.

> A Lei de Governança de Dados (DGA), acordada com o Conselho em novembro de 2021, visa aumentar a confiança no compartilhamento de dados, criar novas regras da UE sobre a neutralidade dos mercados de dados e facilitar a reutilização de certos dados mantidos pelo setor público. Criará espaços comuns europeus de dados em domínios estratégicos como a saúde, o ambiente, a energia, a agricultura, a mobilidade, as finanças, a indústria de transformação, a Administração Pública e estabelecerá as respectivas competências.[35]

A regulação em "árvore" mostra que as pressões sociais e políticas vão induzindo à criação de normas em diversos campos de atividade, na medida em que os grupos de interesse se vão dotando de conhecimento sobre as novas tecnologias e passam a exigir direitos digitais. Nessa curva de aprendizado o próprio Estado e o bloco de países europeus também têm avançado no campo da defesa e da segurança da UE. Destaca-se a regulação em cibersegurança, através da Diretiva em segurança de sistemas e redes de informação (NIS2 Directive) aprovada em 2022 e a Lei de Cibersegurança, que criou a agência ENISA (European Union Agency for Cybersecurity) que é responsável, dentre outras coisas, pela certificação dos sistemas, serviços e produtos vendidos/operados na EU em cibersegurança.

> Um sistema europeu de certificação em cibersegurança é um conjunto abrangente de regras, requisitos técnicos, normas e procedimentos, acordados a nível europeu para a avaliação das propriedades de cibersegurança de um produto, serviço ou processo específico. A certificação da cibersegurança desempenha um papel importante no aumento da confiança e da segurança em produtos, serviços e processos que são cruciais para o bom funcionamento do Mercado Único Digital.

---

35 Parlamento Europeu, Nota à Imprensa. Disponível em: https://www.UEroparl.UEropa.UE/news/es/press-room/20220401IPR26534/data-governance-parliament-approves-new-rules-boosting-intra-UE-data-sharing.

Dada a grande diversidade e a muitas utilizações de produtos, serviços e processos de TICs, a Certificação Europeia em Cibersegurança permite a criação de sistemas de certificação da UE baseados em classificação de risco. Em especial, cada sistema europeu deve especificar a) as categorias de produtos e serviços abrangidos, b) os requisitos de cibersegurança, por exemplo, por referência a padres exigidos ou especificações técnicas, c) o tipo de avaliação (por exemplo, autoavaliação ou avaliação por terceiros) e d) o nível de garantia pretendido (por exemplo, básico, substancial e/ou elevado).[36]

Figura 2.A – Cronologia da Regulação da Economia de Dados na UE, 1995 a 2015

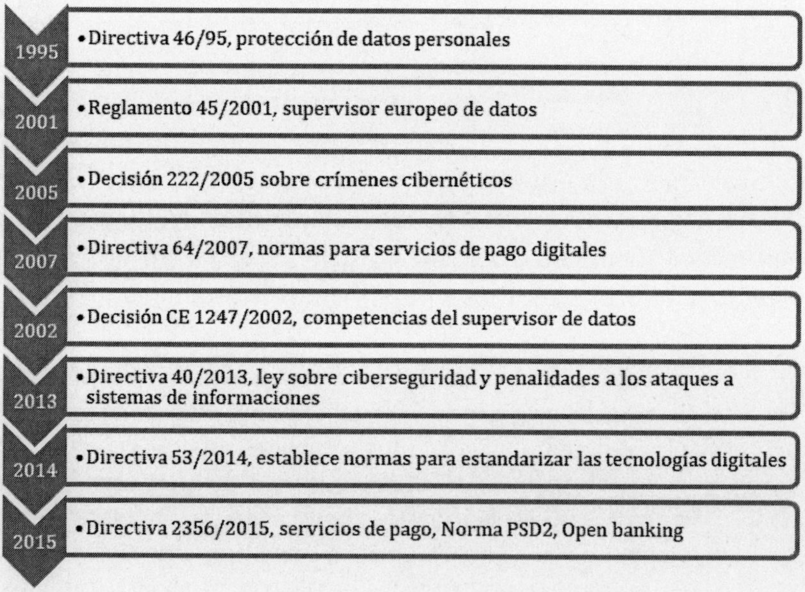

36 UE/CE, 2024. Disponível em: https://ec.europa.eu/commission/presscorner/detail/en/QANDA_19_3369.

Figura 2.B – Cronologia da regulação da Economia de Dados na UE, 2016 a 2021

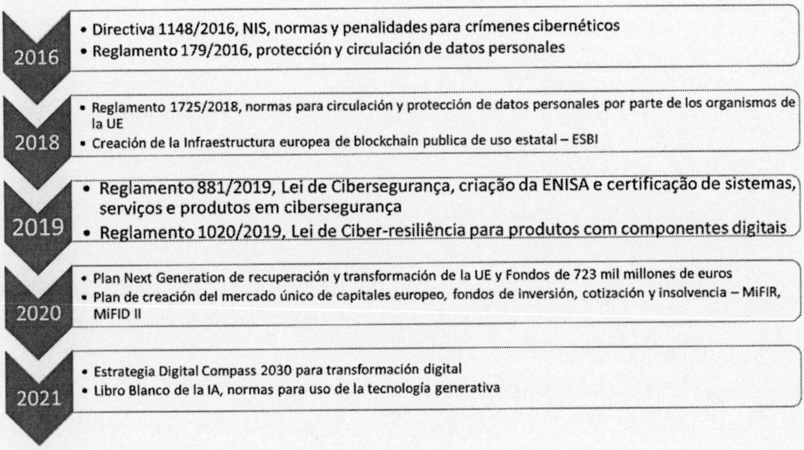

Figura 2.C – Cronologia da Regulação da Economia de Dados na UE, 2022 a 2024

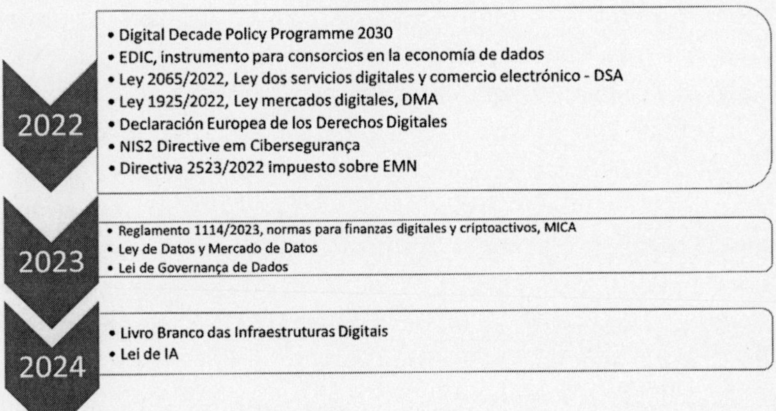

Fonte: Elaboração própria.

A regulação tem permitido avançar também na cooperação em defesa, com exercícios militares digitais e de resiliência sistêmica a cada ano. Por exemplo, em 2024, a infraestrutura energética do bloco europeu foi submetida a testes de resiliência em ataques digitais reais.

> Comissão participou num exercício denominado "Cyber Europa", destinado a testar a preparação em caso de ciberataque em grande escala no setor energético europeu. O exercício testou a coordenação, a capacidade de cooperação e a capacidade de gestão de crises, a fim de avaliar a resiliência do setor. O exercício Cyber Europa deste ano centrou-se num cenário que envolve ciberameaças à infraestrutura energética da UE. O exercício pan-europeu reuniu 30 agências nacionais de cibersegurança, uma série de agências, organismos e redes da UE e mais de mil peritos que abrangem uma série de áreas, desde a resposta a incidentes até à tomada de decisões.[37]

Na disputa entre velhos e novos negócios, a tentativa de usar a regulação como mecanismo de atrasar a transformação digital não tem funcionado, como bem evidenciam as trajetórias tecnológicas e regulatórias do sistema financeiro em diversos países. Na UE, destacam-se as leis de regulação do sistema financeiro e criptoativos (MiCA), o Plano do Mercado Único de Capitais e a Lei dos Serviços Digitais (DAS). Os bancos tradicionais e os bancos centrais, não tendo argumentos para impedir o avanço das *fintechs*, terminam abraçando a causa e se associando aos inovadores, seja através da compra de unicórnios, seja por *joint ventures* com *startups*. Finalmente, em 2024, as novas versões das estatísticas das contas nacionais na Europa (ESA) e na ONU (SNA) incorporaram plenamente as finanças digitais e seus criptoativos/*tokens* no cálculo do PIB e do balanço de pagamentos.

---

37 UE, 2024. Disponível em: https://digital-strategy.ec.europa.eu/es/news/pan-european-exercise-foster-preparedness-case-large-scale-cyber-attacks-energy-sector.

A experiência da UE demonstra que muitos investimentos em infraestruturas digitais estatais precisam ser feitos se deseja manter a confiança da sociedade no novo modo de produzir (regime de acumulação) e de conviver trabalho-capital (modo de regulação). Em 2024, foi aprovado o Livro Branco das Infraestruturas Digitais[38] que estabelece estratégias e princípios para priorizar e criar um método para inserir continuadamente tais investimentos nas políticas públicas. Tal é o caso dos investimentos na infraestrutura de DLT com a *blockchain* europeia,[39] a rede EBSI, para os dados do Estado e seus cidadãos, da rede de PD&I e supercomputadores/computadores quânticos/*chips*, dentre outros exemplos em vários consórcios EDIC entre países, com recursos dos Fundos Next Generation.

A experiência europeia aponta para a relevância da regulação de todos os componentes da Economia de Dados por seu impacto no papel e relevância na economia global, tanto no que se refere ao sistema produtivo e inovativo, quanto ao sistema financeiro globalizado, o que se expressa na própria relevância de sua moeda, o Euro. Além da defesa de sua soberania, todas as medidas regulatórias, tanto tecnológicas, de direitos civis (identidade digital ESSIF – *European Self-Sovereign Identity*), monetárias (Euro digital em fase de teste, a *blockchain* estatal etc.), quanto de comércio exterior e de fluxo de dados e de capitais/ativos digitais (MIFID, MIFIR, EMIR, MiCA) buscam, na verdade, reposicionar a economia europeia e sua moeda, o Euro, na Economia de Dados global, em última instância.

Quanto à criação do Mercado Único de Capitais, o Plano inicial lançado em 2015 foi substituído e atualizado em 2020.[40] Esse plano prevê três objetivos estratégicos e 16 medidas de cunho legislativo e não-legislativo para a implementação do mercado único de capitais. Em 2021 foram aprovadas medidas sobre melhor acesso aos dados

---

38 EU, 2024b.

39 EU, 2023f.

40 UE, 2020b e 2022c.

e regras de investimento renovadas e em 2022 as medidas foram sobre *clearing*, insolvência e menos burocracia para uma empresa (especialmente as PMEs) ir à bolsa de valores.

Em síntese, conforme as possibilidades de cada país/sociedade, será gestionado o trilema da regulação:[41] a proporção aceitável entre o acesso/reutilização dos dados, a privacidade/propriedade e a segurança/qualidade dos dados. Para se ter uma dimensão econômica dessa questão, os produtos de *hardware* e *software* estão cada vez mais sujeitos a ciberataques bem-sucedidos, levando a um custo anual global estimado do cibercrime de 5,5 bilhões de euros em 2021.[42] O trilema ocorre porque é impossível atender plenamente um aspecto sem perder algo dos demais, estando as políticas regulatórias sempre oscilando entre estágios de predominância de cada aspecto, como um jogo de "tentativa e erro" para melhorar progressivamente os serviços digitais sem comprometer a confiança necessária ao funcionamento do mercado de dados, ao mesmo tempo em que protege os interesses dos cidadãos e sua privacidade. O conjunto das normas e regras no campo da proteção e uso dos dados, da cibersegurança e dos mercados digitais vem atender à essa necessidade para que a Economia de Dados possa funcionar plenamente. Nesse sentido, a experiência europeia de regulação está abrindo novas perspectivas e testando limites, de maneira que o mundo deve acompanhar com atenção os resultados alcançados.

---

41 FALCÓN, M. L. "Economia de Dados: conceito, mensuração e repercussões na agenda de políticas da União Europeia". Nota Técnica 1 do Projeto EconDados. *RedeSist e Cicef*, 2024.

42 Ver análise em: https://digital-strategy.ec.europa.eu/en/library/cyber-resilience-act.

2.2 Consequências da regulação: exemplos de fiscalização, investimentos e política tributária

Em 2023 foram aprovados importantes normas regulatórias com a Lei de Governança de Dados, que estabelece normas para uso e responsabilidades de custódia e compartilhamento dos dados, e a Lei de Dados, que regula o mercado de dados não pessoais como os gerados por IoT. Ambas atacam o ponto central da propriedade e uso dos dados, buscando regular os oligopólios tecnológicos que se apropriam dos dados das empresas tanto quanto das pessoas e governos.

> A Lei de Dados assegurará a equidade no ambiente digital, clarificando quem pode criar valor a partir dos dados e em que condições. Estimulará igualmente um mercado de dados competitivo e inovador, desbloqueando dados industriais e proporcionando clareza jurídica no que diz respeito à utilização dos dados. A Lei de Dados também protege as empresas europeias de cláusulas contratuais abusivas em contratos de compartilhamento de dados que uma parte contratante impõe unilateralmente à outra. Isso permitirá que as PMEs, em particular, participem mais ativamente no mercado dos dados. Além disso, a Lei Dados permitirá que os clientes alternem sem problemas (e, eventualmente, gratuitamente) entre diferentes provedores de nuvem. Estas medidas promoverão a concorrência e a escolha no mercado, evitando simultaneamente a dependência de fornecedores. A Lei de Dados inclui igualmente salvaguardas contra pedidos ilegais de transferência ou acesso a dados não pessoais gerados pela UE por parte das autoridades de países terceiros, garantindo um ambiente de tratamento de dados mais fiável e seguro. Por último, a Lei de Dados introduz medidas para promover o desenvolvimento de normas de interoperabilidade para a partilha de dados e para

os serviços de tratamento de dados, em consonância com a estratégia de padronização da UE.[43]

A disputa entre os oligopólios tecnológicos-financeiros da Economia de Dados e os Estados nacionais e blocos econômicos tem se intensificado desde a crise sanitária de 2020. Países mais atentos ao fluxo de riqueza extraído através dos dados e apropriados pelos oligopólios estão legislando para fechar esses pontos de vazamento conforme seu poder de barganha e grau de soberania. A decisão da Comissão de Proteção de Dados que multou a Amazon em 2021 e a Meta em 2023 por levar os dados de europeus para os EUA, que exigiu a custódia permanente em território europeu dos dados de cidadãos, governos e empresas já é um clássico. Na verdade, Meta, Google e Amazon, as grandes empresas tecnológicas norte-americanas, acumulam multas de mais de três bilhões de euros na EU, desde 2021, por violarem o Regulamento Geral de Proteção de Dados (RGPD), que entrou em vigor em maio de 2016.[44] Teve como consequência a regulação do tema no Parlamento Europeu com as leis de DSA e DSM, além das leis de governança de dados e a mais recente Lei de Dados não pessoais. Em 2024, já foram anunciados grandes volumes de investimento,[45] alcançando 21 bilhões de euros, para construir as granjas de computadores em solo europeu, tanto da Meta, quanto Microsoft, Amazon e Google. As granjas de computadores servem

---

43 UE, 2024d. Disponível em: https://digital-strategy.ec.europa.eu/en/news/european-data-act-enters-force-putting-place-new-rules-fair-and-innovative-data-economy.

44 Ver: https://www.eleconomista.es/actualidad/noticias/12295028/05/23/meta-google-y-amazon-suman-multas-de-3440-millones-por-la-privacidad.html#:~:text=Meta%2C%20Google%20y%20Amazon%2C%20las,vigor%20en%20mayo%20de%202016.

45 Ver: https://elpais.com/tecnologia/2024-02-19/microsoft-anuncia-la-mayor-inversion-de-su-historia-en-espana-para-infraestructura-de-ia.html; e do canal LasextaTVE em: https://www.lasexta.com/noticias/economia/cuatro-grandes-empresas-tecnologicas-invertiran-21000-millones-euros-espana_2024052766548f572e4fc4000177923c.html.

para processamento em nuvem e custódia de dados e o território espanhol tem sido preferido por sua política de autogeração de energia renovável (eólica e solar) de baixo custo, já que a energia[46] é o principal insumo para as atividades da Economia Digital.

A regulação dos mercados de dados explica também o caso da Austrália[47] e outros países que já lhe acompanham, no sentido de que Google e outros motores de busca (ou agora as IA generativas) paguem pelos dados usados e produzidos pela imprensa, artistas, escritores, etc. A lei australiana foi aprovada em 2020 e depois de uma batalha em que Google ameaçou até se retirar do país, pois era insustentável pagar pelos dados e conteúdo, chegou-se a um acordo de licenciamento com a mídia australiana por uma compensação pelo trabalho e produto não remunerado dos quais a gigante tecnológica era beneficiária.

Esse modelo de contratação entre os meios de comunicação e as plataformas parece estar sendo predominante: Google chegou a um acordo com pelo menos 10 meios de comunicação na Espanha para remunerá-los por seus conteúdos *on-line*.[48] Além disso, o News Showcase, um novo serviço que permite aos jornais personalizar o conteúdo que aparece no motor de busca e gerar tráfego e subscrições adicionais, foi lançado na Espanha. Nesse programa, o Google assinou acordos com 60 meios de comunicação que representam

---

46 Segundo O Globo de 16/06/2024, p. 21, um *data center* usa 40% de sua energia em processamento de dados, 40% em resfriamento, uma busca no Google consome 03 Watt/h, uma resposta do ChatGPT consome 2,9 W/h e se espera aumentar em 10 Terawatt/h o consumo anual do Google com IA.

47 Ver: https://elpais.com/sociedad/2021-02-25/australia-aprueba-una-ley-pionera-para-que-facebook-y-google-paguen-a-los-medios-por-las-noticias.html?event_log=oklogin.

48 Ver: https://www.elconfidencial.com/tecnologia/2021-01-26/google-news-canon-aede-cultura-propiedad-intelectual_2921776/; e https://www.elconfidencial.com/tecnologia/2022-09-22/google-showcase-espana-news-medios-comunicacion_3494327/.

mais de 140 publicações em nível nacional, regional e local. Cada veículo de mídia assinou um contrato de licenciamento individual com o Google para compensá-los pelo conteúdo exibido no News Showcase.

Outro caso que está sendo referência no mercado de conteúdos digitais, as empresas Sony Music Entertainment, Universal Music Group y Warner Records entraram com um processo contra as empresas de Inteligência Artificial Suno e Udio por suposta violação de direitos autorais.[49] Eles alegam que essas empresas infringiram direitos autorais em uma escala "quase inimaginável".

A Lei dos Mercados Digitais que regula a concorrência no setor das TICs[50] e plataformas abriu processo para punir a Apple[51] por impor ao consumidor a compra de outros serviços e produtos em seu "ecossistema", a Apple Store, podendo ser multada com 10% de seu faturamento mundial e até 20% em caso de reincidência.

A partir da pactuação política e metodológica ocorrida na OCDE,[52] a UE aprovou a legislação com dois pilares (fatos geradores) para aplicar o imposto mínimo de 15% sobre as grandes corporações multinacionais, em especial as corporações digitais, de elevado

---

49 Ver: https://bit.ly/4h9sUbt.

50 A Comissão Europeia está a conduzir investigações contra várias grandes plataformas tecnológicas ao abrigo dos novos regulamentos de Serviços Digitais (DSA) e Mercados Digitais (DMA). Algumas das empresas sob escrutínio incluem Google, Alibaba, Amazon e Wikipedia, ver: https://www.businessinsider.es/consulta-todas-investigaciones-ue-abierto-big-tech-1383877.

51 UE/CEF, 2024. Disponível em: https://digital-strategy.ec.europa.eu/en/news/commission-sends-preliminary-findings-apple-and-opens-additional-non-compliance-investigation.

52 Ver: https://elpais.com/economia/2023-01-18/la-ocde-eleva-en-un-50-su-prevision-de-ingresos-por-el-impuesto-minimo-a-las-multinacionales.html.

faturamento, que acabam por não recolher os impostos proporcionais aos seus lucros ou faturamento em nenhum país onde opera:

> (...) **um mecanismo para que as grandes empresas paguem impostos sobre os lucros que geram em cada Estado ou território**, bem como uma tributação mínima para impostos corporativos. (...) O Pilar 1 **define o volume de lucro residual das empresas** (o valor que resta após o país onde a empresa está sediada ter cobrado o imposto correspondente a 10% da lucratividade), que será distribuído entre os países onde as empresas operam. (...) Refere-se a grandes empresas com **um faturamento global superior a 20.000 milhões de euros e uma rentabilidade superior a 10%**, sendo que a distribuição dos lucros seria feita entre países onde cada empresa tem receitas superiores a um milhão de euros (250.000 em pequenos países). O Pilar 2 estabelece agora um **imposto mínimo sobre as empresas de 15%**.[53]

A cobrança acontece a partir de 2024 e a OCDE estima[54] arrecadação de 220 bilhões de dólares (em 2021 estimava arrecadar 150 bilhões de dólares). Esse aumento deve-se ao crescente faturamento e lucro das empresas sendo que metade da arrecadação prevista em um dos pilares vem de grandes corporações digitais e a outra metade são de empresas farmacêuticas e outros setores não digitais.

Um caso que merece uma análise aprofundada é a regulação da IA, tecnologia chave para manter e ampliar os sistemas produtivos e inovativos das grandes corporações digitais, que está sob fogo pesado nessa etapa inicial de difusão e comercialização como produto digital de vanguarda. As questões levantadas pela concorrência e o documento publicado por mil cientistas e empresários alertando a sociedade para os riscos da IA, e pedindo para pausar as pesquisas

---

53 Disponível em: https://bit.ly/4bmrmto.

54 Fonte: https://cincodias.elpais.com/cincodias/2023/01/18/economia/1674050047_362414.html.

por seis meses falam em "uma corrida descontrolada para desenvolver e implementar mentes digitais cada vez mais poderosas que ninguém, nem mesmo os seus criadores, pode compreender, prever ou controlar de forma confiável".[55]

Os Estados, em sua maioria, não estão preparados nem filosoficamente nem tecnologicamente para enfrentar tamanha transformação do poder econômico e social. Belli[56] propõe um conjunto de critérios a serem fortalecidos para um desenvolvimento soberano da Economia de Dados regida por IA. São elementos indutores: governança de dados pessoais sólida e governança algorítmica, forte capacidade computacional, níveis de conectividade significativa, energia elétrica confiável, população digitalmente alfabetizada, segurança cibernética e tudo em uma estrutura regulatória apropriada. Belli define:

> Soberania de IA como a capacidade de um determinado país de entender, desenvolver e regular sistemas de IA. Argumento que a soberania da IA deve ser vista como essencial para manter o controle, a supervisão e a autodeterminação sobre os sistemas de IA.[57]

A Economia de Dados necessita de máxima confiança para expandir o mercado com a difusão da IA. A única lei existente no mundo sobre o assunto é a Lei de IA/2024 europeia, que busca

---

55 Ver BBC de 29/03/2023: https://bbc.in/3QPqnZo.

56 BELLI, Luca. "Exploring the Key AI Sovereignty Enablers (KASE) of Brazil, to build an AI Sovereignty Stack". *In*: BELLI, Luca; GASPAR, Walter B. (Coord.). *The Quest for AI Sovereignty, Transparency and Accountability*. Official Outcome of the UN IGF Data and Artificial Intelligence Governance Coalition. Japão, out. 2023.

57 BELLI, Luca. "Exploring the Key AI Sovereignty Enablers (KASE) of Brazil, to build an AI Sovereignty Stack". *In*: BELLI, Luca; GASPAR, Walter B. (Coord.). *The Quest for AI Sovereignty, Transparency and Accountability*. Official Outcome of the UN IGF Data and Artificial Intelligence Governance Coalition. Japão, out. 2023, p. 30.

regular a IA[58] para criar um mercado com ética, responsabilidade e que seja confiável para os usuários.

> A Lei de IA visa fornecer aos desenvolvedores e operadores de IA requisitos e obrigações claros em relação aos usos específicos da IA. Ao mesmo tempo, a Lei procura reduzir os encargos administrativos e financeiros para as empresas, em especial para as PMEs. A Lei de IA faz parte de um pacote mais vasto de medidas políticas para apoiar o desenvolvimento de uma IA fiável, que inclui também o Pacote de Inovação em IA e o Plano Coordenado em IA. Juntas, essas medidas garantirão a segurança e os direitos fundamentais das pessoas e das empresas quando se trata de IA. Reforçarão também a aceitação, o investimento e a inovação no domínio da IA em toda a UE. A Lei de IA é a primeira estrutura legal abrangente sobre IA em todo o mundo. O objetivo das novas regras é promover uma IA fiável na Europa e fora dela, assegurando que os sistemas de IA respeitam os direitos fundamentais, a segurança e os princípios éticos e abordando os riscos de modelos de IA muito poderosos e de vasto impacto.[59]

Ela classifica os riscos em quatro níveis,[60] que demandam ações específicas por parte do órgão regulador/fiscalizador do Estado, as Agências Reguladoras e o sistema polícia/Justiça cibernéticas, como pode ser visto no Quadro 1.

---

58 EU, 2023e e 2023g.

59 UE/CE, 2024e. Disponível em: https://digital-strategy.ec.europa.eu/en/policies/regulatory-framework-ai.

60 KPMG, 2023.

Quadro 1 – Classificação de riscos para sistemas de IA e ação do Estado na UE

Nível de Risco	Exemplo	Ação do Estado
Mínimo	Maioria da I4.0, videojogos	Ter código de conduta publicado
Limitado	Interação com pessoas, reconhecimento de emoções e IA generativa como *chatbots*, *deepfakes*, *emotion recognition*	Transparência do algoritmo e suas características
Alto	Identificação biométrica, educação, operação de infraestruturas como energia e transporte	Obrigações específicas como avaliação de conformidade, requisitos essenciais e fiscalização/monitoramento
Não aceitável	Reconhecimento biométrico em tempo real e espaços públicos, *darkpatterns*, manipulação subliminar de grupos vulneráveis e alteração de comportamento com risco de dano mental/físico	Proibição, crime cibernético

Fonte: Elaboração própria.

Nem tudo se trata de punir, há também prêmios e incentivos em especial para as *startups* inovadoras, como o "grande desafio de IA" lançado em 2023, do qual participaram 94 empresas.

> O Grande Desafio foi desenhado para recompensar as startups e PMEs inovadoras por conceber estratégias ambiciosas e se comprometerem a desenvolver modelos de IA em larga escala que proporcionem uma vantagem competitiva para a Europa. Os vencedores são a Tilde (Letónia), uma empresa de PNL e tradução automática, a Textgain (Bélgica), uma startup de IA que permite que empresas e governos obtenham informações valiosas a partir de dados não estruturados, a Língua Custódia (França), uma fintech especializada em IA/processamento de linguagem natural (NLP) para finanças, e a Unbabel (Portugal), uma empresa de tecnologia da linguagem com sede em Lisboa. Os vencedores partilharão um prémio total de 1 milhão de euros e terão acesso a dois

> dos supercomputadores líderes mundiais da Europa, LUMI ou LEONARDO, durante 8 milhões de horas. Esse tempo de supercomputador será usado para desenvolver modelos inovadores de IA em larga escala nos 12 meses seguintes à premiação de hoje. Espera-se que os vencedores publiquem os modelos desenvolvidos sob uma licença de código aberto para uso não comercial ou publicando seus resultados de pesquisa.[61]

2.3 O caso da empresa Telefônica na Espanha

O assédio às empresas europeias e a busca de controle estrangeiro sobre seu sistema de inovação é constante, como mostra o relatório da Comissão Europeia (2017):

> Isto significa que existem poucos obstáculos para os investidores estrangeiros investirem na UE e, em particular, para adquirirem empresas da UE. O Índice de Restrição Regulatória de IDE da OCDE também mostra que os principais parceiros econômicos da UE têm mais restrições ao investimento do que no caso da UE. Apesar das melhorias no período de 1997 a 2016, a China, por exemplo, permanece entre os países com o maior índice restritivo, juntamente com as Filipinas e a Arábia Saudita. A UE é também a principal fonte e destino mundial de IDE. No final de 2015, o volume de IDE na UE era superior a 5,7 trilhões de euros, enquanto atingia 5,1 trilhões nos EUA e 1,5 trilhões de euros na China, incluindo Hong Kong. Os investidores da UE detinham 6,9 trilhões de euros em IDE em países terceiros no mesmo ano, com entradas de 467 bilhões de euros e saídas de 537 bilhões de euros em 2015. Os EUA são o maior investidor na UE, mas a sua quota de investimento direto no capital da UE diminuiu de 51,3 % em 1995 para

---

61 UE, 2024. Disponível em: https://digital-strategy.ec.europa.eu/es/news/commission-awards-large-ai-grand-challenge-prizes-innovative-european-ai-startups-and-smes.

> 41,4 % em 2015. A participação do Japão também diminuiu no mesmo período, de 7,7% para 2,9%. Ao mesmo tempo, as parcelas de IDE brasileiro e chinês aumentaram significativamente de 0,2% e 0,3% em 1995, respectivamente, para 2,2% e 2% em 2015, tornando esses dois países o quinto e o sexto maiores investidores estrangeiros na UE.[62]

Por seu impacto estruturante e de longo prazo na economia da UE, a regulação de proteção das empresas consideradas estratégicas dos países-membros conhecidos como "escudo antiopas" (opas – ofertas públicas de aquisição) deve ser considerada parte do conjunto de estratégicas do plano europeu de desenvolvimento, embora raramente apareça com tal relevância de forma explícita. Cresce a preocupação com o aumento das aquisições de empresas em setores sensíveis e estratégicos, destacadamente por parte de empresas chinesas. Em resposta, foram desenvolvidos alguns instrumentos de política para o rastreio do investimento direto estrangeiro (IDE), tanto antes da Covid-19 como, sobretudo, depois, devido ao risco de se aproveitarem das circunstâncias de fragilidade das empresas estratégicas. A análise do caso Telefónica no contexto do quadro regulamentar europeu, da regulamentação espanhola e o seu âmbito de aplicação é um marco no setor da defesa em tempos de Economia de Dados.

O *paper working* da Comissão Europeia de 2017 considera os vários mecanismos de proteção já em uso por países parceiros do bloco e mesmo países-membros que possuem alguma legislação sobre o tema, sejam mecanismos de enquadramento por setor estratégico, tecnologia, por volume de capital investido, ou um *mix* de critérios.

> Muitos parceiros da UE têm algum tipo de mecanismo de análise de investimentos para analisar o IDE interno, incluindo a Austrália, o Canadá, a China, o Japão, a Rússia

---

62 UE. *Comisión Europea*, SWD 297, 2017. Disponível em: https://bit.ly/41oqznl.

> e os Estados Unidos. O motivo mais comum para a triagem de investimentos estrangeiros é a segurança nacional. Alguns países também se referem à "segurança econômica" nacional ou "setores estratégicos". Na UE, 12 Estados-Membros dispõem de mecanismos nacionais para analisar os investimentos: Áustria, Dinamarca, Alemanha, Finlândia, França, Letónia, Lituânia, Itália, Polônia, Portugal, Espanha e Reino Unido. Embora o objetivo comum desses mecanismos seja permitir que o Estado intervenha em caso de investimentos que possam representar ameaças aos seus interesses essenciais, eles divergem em vários aspectos.[63]

Com maior pressão sendo exercida por França, Alemanha e Itália, se aprovou no Parlamento Europeu a Lei 452/2019, cujos efeitos entraram em vigor a partir de outubro de 2020. Segundo Trénor,[64] trata-se coordenar o controle sobre o IDE, respeitando a competência exclusiva de legislar de cada Estado membro e estabelecendo critérios mínimos para sua implementação. Assim, a norma europeia incentiva os países membros a adotar medidas de controle sobre os IDE sempre que haja motivos de segurança e ordem pública, como infraestruturas críticas físicas e virtuais – transporte, água, energia, saúde, comunicações, tratamento e armazenamento de dados, aeroespacial, defesa, eleitoral e financeira. Também são consideradas estratégicas as tecnologias críticas e de dupla utilização civil e militar como IA, robótica, semicondutores, quântica e nuclear, nanotecnologias e biotecnologias. Também se pode controlar o investidor estrangeiro em casos de acesso à informação sensível, pluralismo e liberdade de expressão, ou aquele controlado por governo de outro país ou com restrições por atividades anteriores.

---

63 UE. *Comisión Europea*, SWD 297, 2017. Disponível em: https://bit.ly/41oqznl.

64 TRÉNOR, Inés de Alvear. "Nueva regulación de las inversiones extranjeras directas en sectores estratégicos de España y de la UE, incluido el de Defensa". *Instituto Elcano*, 2020.

Na Espanha, houve pactuação entre as forças políticas e empresariais para implantar um amplo e bem instrumentalizado sistema de proteção das empresas estratégicas diante da voracidade dos IDE – o escudo antiopas. Seu princípio geral é a prevenção, ou seja, a autorização prévia do governo é exigido nos casos previstos em lei para investimentos estrangeiros.[65]

Em 2023, o Real Decreto 571/2023 derroga o RD 664/1999, implantando em plenitude até o final de 2024 um novo e moderno sistema de controle sobre o IDE, com adequação de limites de controle acionário, volume de investimentos por setor etc.

A Telefónica se enquadra nos critérios destes regulamentos como empresa cotada em bolsa e exercendo atividades de infraestrutura crítica, proprietária de tecnologia de duplo uso e custodiando informações sensíveis. Em 2023 uma autorização de OPA feita por fundo de investimento STC (Arábia Saudita) para adquirir ações da Telefónica acabou desencadeando um investimento por parte do Estado espanhol, através da Sociedad Estatal de Participaciones Industriales (SEPI), para comprar 10% das ações desta companhia:

> Perante as críticas ao intervencionismo no setor privado, o Presidente do Governo, Pedro Sánchez, defende a operação devido ao caráter estratégico da operadora e salientou que o movimento “tem a ver com a transformação digital e com o facto de as telecomunicações estarem agora intimamente ligadas à segurança, defesa, cibersegurança e ao desenvolvimento de toda a Economia Digital”. (...). Quando a operação for concluída, o Estado retornará ao capital da Telefónica 26

65 Segue os critérios do que se considera estratégico da Norma EU, apoiada nas leis espanholas Lei 8/2011 para infraestruturas críticas, a Norma 428/2009/UE para tecnologias críticas, a Lei 24/2013 para abastecimento de energia e a Lei 34/1998 dos hidrocarbonetos, segurança alimentar e outras matérias-primas, além de outros instrumentos de apoio às empresas estratégicas, implementados durante a crise sanitária, garantias, fundos de recapitalização, etc.

> anos após sua privatização completa, terá direito a um ou dois membros no conselho de administração e se tornará o maior acionista à frente do BBVA, CaixaBank, Saudi Telecom Company (STC) e do fundo BlackRock. A preços de mercado, essa participação está avaliada em cerca de 2 bilhões de euros. O Executivo justificou a operação pelo caráter estratégico da multinacional espanhola e pelos contratos que detém na área da defesa.[66]

A companhia, que completou 100 anos, foi totalmente privatizada na década de 1990 e é considerada estratégica para a cibersegurança e defesa da Espanha, sendo responsável por atividades em áreas críticas de comunicações, redes de satélites e 5G.[67]

Participa de vários projetos e contratos em áreas de dados sensíveis, infraestruturas digitais críticas e em defesa operados por Telefónica[68] para o Estado espanhol:

- Implantação da rede I3D (Infraestrutura Integral da Informação para Defesa) que atende a alta administração de governo e as Forças Armadas; no valor de 80,3 milhões de euros; somente a instalação do cabo submarino entre Valencia e Mallorca ficou com outra empresa, a Balalink. Assinado em 2024.

---

66 Disponível em: https://elpais.com/economia/2023-12-19/el-gobierno--aprueba-que-la-sepi-compre-hasta-un-10-de-telefonica.html.

67 Está presente em 41 países; em 2023 manteve 104 mil empregos diretos e 1,3 milhão indiretos; 388 milhões de contas de acesso, 299 milhões deles em acessos móveis, 299 milhões de endereços e 10 milhões de contas de TV pagas, faturamento de 40,6 bilhões de euros e 7,6 bilhões em impostos. Nos principais mercados está movida 100% a energia renovável.

68 Informações publicadas por *El País* em 12/12/23, disponível em: https://elpais.com/economia/2023-12-23/telefonica-refuerza-sus-vinculos-con--defensa-en-plena-sacudida-accionarial.html.

- Na mesma área, a Marinha adjudicou à operadora, em 2023, o contrato para se equipar com uma infraestrutura 5G privada para comunicações de navios entre si e com terra.
- Em 2023, a Telefónica, juntamente com outras empresas, foi contratada para criar o Centro de Desenvolvimento, Treinamento e Testes para Operações Militares em Defesa Cibernética com tecnologia 5G;
- Fornecimento de dispositivos e serviços de comunicação 5G para helicópteros não tripulados e para sistemas de comunicação seguros de fragatas e submarinos;
- Transformação digital do sistema educativo de ensino militar do Ministério da Defesa;
- Operação do Centro de Operações de Cibersegurança da Administração Geral do Estado, que abrange mais de 77 mil cargos na Administração e evitou quase 2 mil incidentes cibernéticos no primeiro semestre de 2023. Colaborador do Instituto Nacional de Cibersegurança, fornecedor de equipamentos para o Laboratório Nacional de Cibersegurança 5G e Novas Tecnologias e de infraestruturas de telecomunicações para o Centro de Inteligência contra o Terrorismo e o Crime Organizado;
- Acordo-Marco para a Renovação Tecnológica da Infraestrutura de Comunicações dos sistemas dedicados à realização de operações de presença, vigilância e dissuasão do Ministério da Defesa.

Enquanto a empresa tem grande fatia de mercado em defesa e cibersegurança, o mesmo não ocorre com o mercado financeiro. Os contratos do Banco Central da Espanha, inclusive para o euro digital em pesquisa, preparação e testes, estão maiormente com outras empresas.[69] A empresa Accenture (multinacional com sede na Irlanda), por exemplo, atende ao euro digital e coordena as parcerias necessárias junto a *startups* e outras empresas. Quanto à captura, processamento e análise de dados (big data), envolvendo todo o ciclo de vida e gestão dos dados governamentais, está em mãos da empresa Indra (multinacional espanhola). Informa o banco que a proposta Indra, mesmo sendo de valor mais alto que a de Telefónica, oferecia ampla interação com agentes externos e seus bancos de dados, o que atende a necessidades urgentes de conhecimento sobre o mercado.

Adicionam-se, por fim, preocupações das duas maiores centrais sindicais da Espanha, a União Geral dos Trabalhadores e as Centrais Obreiras. Diante dos grandes volumes de capital e apoio de todos os tipos recebidos pelas empresas estratégicas, consideram que não se pode admitir que sigam com demissões[70] e pedidos de auxílio desemprego do Estado, apenas para gerar dividendos aos acionistas e propõem, entre outros,[71] a redução da jornada de trabalho, algumas já pactuadas durante a pandemia e depois na retomada das atividades. Os conflitos de interesse continuam presentes e os atores continuam nas mesas de negociação tripartite, entre capital, trabalho e Estado.

Conclusão

A linguagem técnica sempre foi uma barreira ao cidadão comum. Quando associada aos valores e comportamentos, validados pelos pares e legitimado pela sociedade, tornam-se, em conjunto, capital

69 Ver *El Economista* de 01/01/24, disponível em: https://www.eleconomista.es/banca-finanzas/noticias/12614201/01/24/indra-se-impone-a-telefonica-en-el-millonario-contrato-de-datos-del-banco-de-espana.html.

70 Ver: https://www.europapress.es/andalucia/noticia-sordo-insta-corregir-seriamente-despidos-improcedentes-porque-gran-problema-pais-20231005150942.html.

71 Ver *El Mundo* de 24/06/24, disponível em: https://www.elmundo.es/economia/empresas/2024/06/24/6679783c21efa0e3638b4586.html.

simbólico.[72] Pode-se dizer que na Economia de Dados os trabalhadores e gestores precisam de elevados níveis de capital simbólico. Essa distância tão grande para o cidadão comum é um grave risco à coesão social. Se os sistemas de educação e comunicação orientada à opinião pública não se reposicionarem urgentemente, pode conduzir a rupturas do próprio sistema social e político. É urgente o *aggionarmento* dos programas dos partidos políticos e um novo ciclo de políticas que vão respondendo às pressões e conscientização das classes trabalhadoras na Economia de Dados.

A frustração das massas com a desigualdade econômica, agravada pela exclusão simbólica do mundo digital, pode resultar em fraturas e movimentos de protestos difusos entre a reivindicação de acesso à renda e ao pertencimento cultural – perda de coesão social e territorial, polarização política e nacionalismos. Não é um simples ludismo, nem identitarismo, nem o que já se assistiu com os trabalhadores de plataformas *delivery*, nem o movimento Occupy Wall Street: algo mais profundo e novo, desconforto social radicalizado, que poderá romper a represa da velocidade e da ostentação de progresso a qualquer momento. O maior risco é que essa energia social se torne uma bandeira das forças de extrema direita nacionalistas, como em 2024 no Reino Unido a plataforma X promoveu a depredação de patrimônio e xenofobia a negócios e comunidades de imigrantes,[73] e seja submetida – via engano e manipulação de processos eleitorais – às forças dos oligopólios digitais. Nesse caso, somente a regulação inovadora dos meios e fins do sistema produtivo e inovativo da Economia de Dados traz uma luz ao meio e fim do túnel. Suas contradições inerentes ao sistema produtivo encontram expressões na política e evidenciam limites de pactuação.

---

72 BOURDIEU, Pierre. *A economia das trocas simbólicas*. São Paulo: Perspectiva, 1992; BOURDIEU, Pierre. *O poder simbólico*. Rio de Janeiro: Bertrand Brasil, 2001.

73 Ver matérias em: https://on.ft.com/4h6MipM e https://www.lavanguardia.com/vida/20240712/9799993/ultimatum-bruselas-x-ajuste-funcionamiento-red-social-ley-europea.html.

Por esses motivos, estudar e conhecer a experiência europeia de planejamento, mensuração e regulação da Economia de Dados das primeiras décadas do século XXI pode ajudar aos demais países a compreender a si mesmos na nova divisão internacional do trabalho e a lutar por sua soberania, elaborando suas próprias soluções pactuadas rumo ao desenvolvimento.

CAPÍTULO V

A ECONOMIA POLÍTICA DE DADOS NA PERSPECTIVA DOS (B)RICS

ANA ARROIO

Introdução

Em 2024, a população combinada do Brasil, Rússia, Índia e China, os países BRICS, totalizava 3,2 bilhão, representando 42% da população mundial, e seu PIB combinado alcançava 26 trilhões de euros, equivalente a um quarto do PIB global (101,5 trilhões de euros).[1] Em quase todos, mais de 80% da população está conectada à internet, gerando uma quantidade imensa de dados. É uma prioridade altamente estratégica para o desenvolvimento soberano desses países promover ações para que suas populações possam ser não apenas fornecedoras e consumidoras daquilo que é atualmente

1 FMI, 2025. Disponível em: https://pt.countryeconomy.com/paises/grupos/fmi.

considerado o bem mais valioso do mundo: os dados pessoais. Neste sentido, a implementação de políticas que favoreçam a criação de infraestruturas resilientes, a industrialização sustentável e o fomento à inovação (ODS 9), é fundamental para o pleno aproveitamento, soberano, sustentável e inclusivo, das potenciais oportunidades da Economia Digital.

Este capítulo investiga a experiência dos (B)RICS no desenho de políticas digitais inclusivas e que visam aproveitar e orientar o progresso tecnológico para promover a melhoria da qualidade de vida a partir das necessidades humanas e da sociedade, e não motivadas apenas por interesses comerciais.[2] O progresso tecnológico não é neutro – o domínio de determinados conhecimentos científicos e tecnológicos está altamente concentrado em poucas grandes corporações digitais (GCDs) que mantêm vínculos acionários estreitos com o capital financeiro mundial. Nesse regime de oligopolização mundial, acentuam-se as relações de desigualdade entre países e grupos de uma mesma sociedade.

A análise desenvolvida neste trabalho parte do referencial teórico-conceitual sobre Sistemas Nacionais de Produção e Inovação, Geopolítica e Relações Internacionais, visando compreender constrangimentos geopolíticos e processos históricos responsáveis por diferenças nas trajetórias de desenvolvimento, na evolução político-institucional e nas capacitações socioeconômicas entre os países. De acordo com essa perspectiva, o contexto nacional é importante, uma vez que as trajetórias de desenvolvimento moldam sistemas específicos de inovação. O referencial teórico de Sistemas de Inovação, desenvolvido a partir do trabalho pioneiro de Freeman,[3] que segundo Cassiolato e Lastres, parte da premissa de que

---

2 A expansão do BRICS para incluir mais seis países (Arábia Saudita, Emirados Árabes Unidos, Argentina, Egito, Irã e Etiópia), anunciada na 15ª cúpula do BRICS em agosto de 2023, na África do Sul, passa a ser efetiva somente a partir de 1º de janeiro de 2024.

3 FREEMAN, Christopher. *Technology Policy and Economic Performance*: Lessons from Japan. Londres: Frances Pinter, 1987.

os: "processos de inovação ... são gerados e sustentados por suas relações com outras organizações, refletindo as características dos sistemas produtivos e inovativos locais e nacionais dos quais fazem parte. Esse entendimento sistêmico contribui significativamente para compreender os "processos históricos, responsáveis por diferenças nas trajetórias nacionais e regionais de desenvolvimento, na evolução político-institucional e nas capacitações socioeconômicas".[4]

A compreensão dos movimentos geoeconômicos e geopolíticos – como parte dos mecanismos da acumulação de poder e riqueza no sistema capitalista, bem como pelos movimentos ditados pelo capital financeiro – aponta para o aumento da pressão competitiva mundial em direção a uma nova expansão, deslocando o eixo do sistema capitalista mundial para a Ásia. No novo balanço de poder, a articulação conjunta em torno dos BRICS faz emergir uma entidade política e econômica que permite contestar o caráter absoluto da hegemonia estadunidense. A reconfiguração em grande escala das alianças globais, possibilitada em parte pelas oportunidades abertas com a concorrência sino-estadunidense, cria brechas para que potências médias, como Brasil, Índia e África do Sul, escapem de uma lógica bipolar e prossigam com estratégias de multilateralismo.[5] Esses países desempenham papel cada vez mais relevante nas suas respectivas regiões, assumindo voz ativa na "diplomacia de crise"[6] e moldando políticas sobre questões transnacionais fundamentais, como mudanças climáticas e saúde global, e se posicionando sobre a Economia Digital, incluindo sua governança e o movimento internacional de dados, o estabelecimento de normas técnicas, o fomento a infraestruturas e o apoio a sistemas produtivos e inovativos nacionais.

---

4 CASSIOLATO, José Eduardo; LASTRES, Helena Maria Martins. "Sistemas de inovação e desenvolvimento: as implicações de política". *São Paulo em Perspectiva*, vol. 19, nº 1, jan.-mar. 2005, p. 37.

5 FONSECA *et al.*, 2022.

6 A "diplomacia de crise" refere-se aos esforços e estratégias diplomáticas empregues pelos países para gerir e resolver crises internacionais, podem incluir negociação, mediação, operações de manutenção da paz e esforços para coordenar a ajuda humanitária em países atingidos.

A digitalização está na base das profundas transformações mundiais em curso e está moldando as relações internacionais e as dinâmicas de poder – os dados dos indivíduos e das nações constituem a própria base do novo paradigma produtivo e da disputa geopolítica global. Nesse cenário, é necessário e oportuno estudar modelos alternativos de resistência à exploração capitalista e ao imperialismo, agora sob forma digital.

Este capítulo busca aprofundar a reflexão necessária para inspirar um imaginário alternativo, virtuoso, atento às relações de poder desiguais e às suas consequências para os direitos humanos fundamentais. Ele está organizado em três partes. Esta Introdução apresentou o referencial teórico adotado para iluminar e integrar aspectos fundamentais dos desafios e oportunidades associados à Economia Digital na atual configuração do poder mundial. O item seguinte apresenta o sistema produtivo e inovativo digital (SPID) de cada país (B)RICS, apontando questões geopolíticas e geoeconômicas, o papel do Estado e iniciativas de políticas públicas bem-sucedidas na Economia Digital. Elabora-se o argumento que esses países têm tido sucesso em implementar políticas partindo da compreensão de seus próprios problemas e contextos, procurando soluções tecnológicas localmente apropriadas e endogenizando partes importantes do sistema produtivo digital.

O item 3 complementa as informações anteriores, fornecendo indicadores específicos sobre investimentos em infraestrutura e capital humano em algumas das principais áreas necessárias para prosperar na Economia Digital. A contribuição das mulheres no valor econômico e estratégico derivado do aproveitamento dos dados é de particular interesse para o desenvolvimento sustentável e o indicador sobre a divisão de gênero na internet, oferece uma perspectiva relevante.

A última parte discute as vantagens e restrições das abordagens adotadas pelos (B)RICS. As lições extraídas, e as recomendações para uma agenda de políticas no Brasil são sugeridas a partir da exploração das políticas, conceitos e indicadores adotados em cada país, assim como da análise sobre o que ficou de fora nas políticas para promover a Economia Digital.

1 Países (B)RICS

Este item examina o sistema produtivo e inovativo digital (SPID) da Rússia, Índia, China e África do Sul. Objetiva-se caracterizar e comparar os espaços geopolíticos e o SPID dos quatro países, destacando convergências, divergências, superposições e sinergias e identificando articulações atuais e potenciais.

A estrutura formal para o intercâmbio e o fortalecimento dos laços de cooperação entre esses países tem dado largos passos.[7] De particular relevância na estrutura para a cooperação e posicionamento global foi a criação do Novo Banco de Desenvolvimento (NDB), em 2014, com o objetivo de mobilizar recursos para infraestruturas e projetos de desenvolvimento sustentável em países intermediários, emergentes ou de posição periférica. A atuação coordenada do novo banco tem potencial para alterar fundamentalmente o equilíbrio do poder econômico global e transformar o sistema financeiro internacional.

O estabelecimento do Instituto de Redes Futuras do BRICS (BRICS Institute of Future Networks – BIFN), a fim de promover a cooperação prática no campo da tecnologia da informação e comunicação (TIC), é um espaço privilegiado para avançar as competências necessárias na Economia Digital. Em 2023, o BIFN havia constituído grupos de estudos nos temas: Inteligência Artificial (IA), novas infraestruturas digitais, aplicação da internet na indústria 4.0 e Internet das Coisas (IoT), exposição ao campo eletromagnético e *blockchain*, todos com foco em tecnologias 5G. Os objetivos do

---

7 MATOS, Marcelo Pessoa de; ARROIO, Ana. "O Brasil e a Cooperação em Ciência, Tecnologia e Inovação com os BRICS". TD DIT – Nº 10/2015. 4ª Fase Projeto BRICS, REDESIST – IE/UFRJ, jul. 2015.

BIFN são estratégicos, incluindo a cooperação em desenvolvimento tecnológico e posicionamento técnico e político concertado nos organismos internacionais, conforme descrito abaixo:

a) Formular perspectivas de pesquisa de alto nível com um horizonte de evolução de 4 a 7 anos e construir projetos com base em resultados de estudos conjuntos;

b) Estabelecer projetos de cooperação, incluindo aqueles abertos a institutos de pesquisa nacionais, instituições acadêmicas e Pequenas e Médias Empresas – PMEs;

c) Construção de laboratórios profissionais e bancos de ensaio de última geração para testes e inovação, e estabelecimento de plataformas de serviços abertas para testes de produtos de rede;

d) Intercâmbio de especialistas e capacitação em novos campos tecnológicos;

e) Desenvolver trabalhos e propostas conjuntas na área da normalização e colaborar em organismos internacionais dedicados aos processos de normalização.

1.1 Rússia

A compreensão do sistema nacional de inovação russo e de sua dimensão militar deve partir da organização estatal.[8] O processo de ascensão de Putin à presidência da Federação Russa em 1999 marca o reposicionamento de todo o complexo militar do antigo Estado soviético. As decisões militares passam a orientar a estratégia política de Moscou, recolocando centralidade política no Conselho de Segurança, dirigido pelo comandante-chefe das forças armadas e pelo Presidente do país.

---

8 ARROIO, Ana; TAVARES, João Marcos Hausmann. "Mudanças na Geopolítica Mundial a partir da Ascensão dos BRICS". TD DIT Nº 07. 4ª Fase Projeto BRICS, RedeSist, IE/UFRJ, jul. 2015.

Dada as especificidades e a intensidade das preocupações geopolíticas do Estado russo, as considerações sobre a cibersegurança, soberania de dados, e instrumentos para alavancar a sistema produtivo, inovativo e a infraestrutura de dados ocupam uma preocupação central. O programa de Estado "Digital Economy of the Russian Federation" é o principal instrumento para direcionar o sistema produtivo, inovativo e estimular a infraestrutura digital.[9]

Mesmo antes da existência de um programa nacional, o país vinha desenvolvendo e adotando um Sistema Operacional Alternativo de forma a assegurar a soberania tecnológica, a proteção e integridade dos dados públicos nacionais. Esse sistema, o Astra Linux, é uma versão de Linux, otimizado pela empresa russa RPA RusBITech e faz parte da estratégia do Estado de antecipar a necessidade de minimizar as interdependências tecnológicas, especialmente em áreas sensíveis. Atualmente, o *Astra Linux Special Edition*, com certificados de segurança emitidos pelas principais agências russas serve a todos os sistemas críticos do Estado incluindo as grandes empresas como a Gazprom (combustíveis), a Rosatom (energia nuclear), setores fundamentais como as vias férreas, o metrô de Moscou, o Ministério da Defesa e o Ministério dos Negócios Estrangeiros. A Lei de 2019 "Internet Soberana", garante o funcionamento da internet na Rússia, em caso de sua desconexão da rede global, por meio de uma arquitetura própria de rede digital.

Empresas russas têm forte presença nacional e internacional na Economia Digital. Entre essas, destacam-se a Yandex, companhia que ocupa o 4° lugar na lista mundial dos maiores provedores de internet; a Kaspersky que oferece *software* antivírus e outros produtos relacionados à segurança da informação; e a SearchInform, empresa com clientes em 16 países, especializada no desenvolvimento de

9 LOWRY, Anna. "Russia's Digital Economy Program: An Effective Strategy for Digital Transformation?" *The Palgrave Handbook of Digital Russia Studies*, 2020.

soluções contra o vazamento de dados e monitoramento de eventos de segurança.

Em 2023, o governo Putin anunciou no Conselho de Desenvolvimento Estratégico e Projetos Prioritários da Federação Russa, o novo Programa Nacional para o desenvolvimento da Economia de Dados.[10] O Presidente russo afirmou que o país continuará a desenvolver-se e recusa a isolar-se devido às sanções coletivas ocidentais:

> iremos consolidar ferramentas existentes para apoiar o desenvolvimento da Economia Digital, da Inteligência Artificial a robótica, a computação quântica, o desenvolvimento de infraestruturas de informação e telecomunicações e informática, e os incentivos financeiros.

O principal órgão responsável pela mensuração da Economia de Dados na Rússia é o Rosstat, e o documento "Strategy for developing Rosstat and the system of the State statistics of the Russian Federation until 2024" contém a política estratégica mais recente disponível publicamente. O documento assinala a necessidade de ajustar a metodologia atual aos novos fenômenos do mundo e da economia russa, incluindo:

- Medição do valor acrescentado no comércio externo, análise das cadeias de valor nas transações internacionais;
- Introdução de métodos avançados para obtenção de estimativas estatísticas da Economia Digital;
- Desenvolvimento e integração das principais contas ambientais e econômicas considerando as diversas agências governamentais.

---

10 CHINA DAILY. *Russia prepares new national program for data economy development*. 2023.

A ferramenta para a digitalização da produção estatística, o "Digital Analytical Plataform", está sendo desenvolvida em parceria com o Rosstat. A transição para um modelo de *streaming* para a recepção de dados estatísticos primários e a incorporação de fontes alternativas de informação, possibilitando a inclusão de big data nas estatísticas oficiais, são consideradas as tarefas mais difíceis do ponto de vista da metodologia e tecnologia.

A "Lei de Dados Pessoais", Lei Federal de 27 de junho de 2006 n. 152-FZ, e a versão atualizada em setembro de 2022, rege a manipulação de dados pessoas na Rússia. Ela obriga os operadores de dados a armazenarem dados pessoais de cidadãos russos em servidores e bancos de dados fisicamente localizados no território nacional. A transferência internacional de dados somente é permitida para países considerados "adequados" e mediante notificação ao Roskomnadzor. A transferência para países "inadequados" requer permissão explicita e, a partir de setembro de 2022, o Roskomnadzor ficou incumbido de decidir independentemente quais países serão considerados "adequados". Até o final de 2022, haviam sido abertos processos por "violação dos requisitos de localização de dados pessoais" contra diversas ETNs incluindo: Twitter, Zoom, Google LLC, Whatsapp, Spotify, Apple, Linkedin, Airbnb e McDonald's.

1.2 Índia

O Estado indiano e a liderança política engajada foram determinantes na construção de um sistema nacional de ciência e tecnologia e no suporte às capacidades nacionais para a inovação. Krishna,[11] mostra o importante papel desempenhado pelo Estado indiano e pela liderança política governamental no estabelecimento de bases e no direcionamento de políticas públicas para a ciência, tecnologia e inovação. O autor mostra que o país foi capaz de construir um sistema

---

11 KRISHNA, V. V. "The Role of the State: India". *In*: SCERRI, Mario; LASTRES, Helena Maria Martins (Coord.). *BRICS*: The Role of the State. Nova Delhi: Routledge, 2016.

de inovação forte e o crescimento dinâmico de sistemas setoriais de inovação: exploração espacial, agricultura e segurança alimentar, indústria farmacêutica, biotecnologia, *software* e telecomunicações, são citados como exemplos.

No plano global, aponta-se como estratégico à Índia a evolução das situações geoeconômicas e geopolíticas da Ásia (pacífica, central e Oriente Médio) e do Oceano Índico, em particular a evolução das rotas navais de comércio. Há, também, condicionantes regionais, como as relações com a China e com o Paquistão, que envolvem históricos conflitos sobre zonas territoriais em disputa e influência nos países da região e que são centrais à compreensão da posição e estratégia indiana.

A mesma região guarda, ainda, outro dilema importante para a relação. A Índia possui taxas de subnutrição similares a da África subsaariana. As condições de distribuição e produção para o abastecimento de uma população de aproximadamente 1,4 bilhões de pessoas numa região na qual oficialmente coexistem mais de vinte dialetos, revelam-se frágeis. A questão do abastecimento hídrico tem um lugar importante na estrutura de produção da agricultura indiana. A esse ponto entende-se a grande relevância dos questionamentos indianos à administração chinesa dos recursos hídricos do Tibete.

A Economia de Dados, a transformação digital e indústria de TICs têm papel relevante nas medidas adotadas pela Índia para fazer frente aos desafios do desenvolvimento. O Programa Digital India, iniciativa do governo lançado em 2015, tem como visão transformar a Índia numa sociedade digitalmente capacitada, disponibilizando serviços eletronicamente aos cidadãos por meio de uma infraestrutura *on-line* com conectividade a internet.[12] O Programa pretende fornecer o impulso necessário para nove pilares de crescimento, nomeadamente: redes de banda larga, acesso universal à conectividade móvel, programa de acesso público à internet,

12 Disponível em: https://csc.gov.in/digitalIndia.

governo eletrônico, fabricação de eletrônicos, TICs para empregos, e o Programa de "Colheita Antecipada" para pequenos agricultores. Cada uma dessas áreas constitui um programa complexo em si e abrange vários ministérios e departamentos. A coordenação geral do Programa é realizada pelo Ministério da Eletrônica e Tecnologia da Informação (MeitY).

Alguns aspectos-chave da indústria de TICs na Índia são:

Infraestruturas públicas digitais: em particular o "India Stack", uma plataforma de *software* unificada e aberta permitindo que governo, empresas, *startups* e desenvolvedores utilizem uma infraestrutura digital nacional exclusiva.

Serviços: a indústria de TICs na Índia se especializou em serviços de terceirização, desenvolvimento de *software*, gerenciamento de aplicativos e suporte técnico.

Empresas Líderes: empresas indianas de renome mundial na área de TICs incluem Tata Consultancy Services (TCS), Infosys, Wipro, HCL Technologies, e Tech Mahindra.

***Startups* de Tecnologia:** o país tem políticas públicas robustas para incentivar *startups* de alta tecnologia, inclusive explicitadas no *India Stack*.

Centros de TI: a Índia tem vários centros de tecnologia e TICs, com destaque para cidades como Bangalore, Hyderabad, Pune, Chennai e Noida.

Centros de Processamento de Dados: em 2020, o MeitY estabeleceu diretrizes para o crescimento do setor, incluindo: fornecimento de energia elétrica e conectividade e a concessão do estatuto de infraestrutura aos centros de dados, impulsionando a disponibilidade de crédito para o setor.

Quanto à mensuração de dados, em maio de 2023, o governo indiano publicou o National Data Governance Framework Policy (NDGFP) prevendo a criação do Programa India Datasets para reunir todos os dados recolhidos pelo governo indiano, bem como por empresas privadas. O India Data Management Office (IDMO) do MeitY será responsável pela Política de Dados, regras, padrões e diretrizes/conjuntos de dados/metadados em consulta com ministérios, governos estaduais e indústria. Também incentivará a pesquisa baseada em dados e IA. Cada ministério estabelecerá uma Unidade de Gestão de Dados (DMUs) para garantir a implementação da política. O IDMO também será responsável pela gestão da Arquitetura de Proteção de Empoderamento de Dados (DEPA), previsto no *India Stack*, para consolidar conjuntos de dados.

O órgão responsável pelas estatísticas nacionais na Índia é o Ministério de Estatística e Implementação de Programas (MoSPI). Entretanto, estudos assinalam que o país mais populoso do mundo tem sérios problemas na coleta e análise de seus dados.[13] A disputa entre ministérios, os silos de informação, principalmente entre MoSPI e MeitY, a insularidade, a falta de investimentos em recursos informáticos e em pessoal qualificado corroem a eficácia do sistema estatístico. A maior parte dos dados econômicos baseia-se em números recolhidos há mais de uma década, estudo realizado pelo próprio MoSPI, por exemplo, concluiu que até 36% das empresas na base de dados utilizada nos cálculos do PIB não puderam ser rastreadas ou foram classificadas erradamente.

1.3 China

A segunda maior economia do mundo exerce papel proeminente na geopolítica e geoeconomia global. A China é o maior produtor mundial de alimentos, realiza significativos investimentos nas áreas de educação e desenvolvimento tecnológico; infraestrutura; e na mineração, principalmente de minério de ferro, carvão mineral e petróleo. O forte investimento público contribui para uma das

13 BHATTACHARYA, Pramit. "India's Statistical System: Past, Present, Future". *Carnegie*, 2023.

maiores taxa de crescimento industrial do mundo, em torno de 4,4%. Muitas empresas multinacionais instalaram e continuam instalando filiais na China buscando baixos custos de produção, mão de obra abundante e mercado consumidor amplo. O país desempenha um papel fundamental nas cadeias de suprimentos globais, fornecendo peças e componentes para empresas de todo o mundo.

Esse gigante abrange um território de 949,6 milhões de km quadrados, faz fronteira com 14 países, incluindo quatro que possuem armamento nuclear e dois dos quais sofrem disputas territoriais (Índia e Butão); enfrenta movimentos seccionistas no Tibet e em Xinjiang, uma população de 1,4 bilhões, uma costa extensa e diversas ilhas marítimas, muitas das quais disputadas, *vide* as tensões recorrentes com o Japão sobre as ilhas Diaoyu e a contenda sobre o *status* de Taiwan. A manutenção da soberania nacional no sistema internacional, bem como a busca da China por influência e recursos, molda a paisagem geopolítica regional e global.

Entre os principais condicionantes que impactam o Estado chinês, é possível resumir os seguintes aspectos que conformam o seu sistema produtivo e inovativo digital:

Relações com os EUA: a disputa comercial sino-estadunidense começou formalmente em 2018 com a imposição de tarifas mútuas sobre uma variedade de produtos. Isso levou à escalada da guerra comercial, resultando em várias rodadas de tarifas adicionais sobre diversas mercadorias. A questão da cibersegurança é outro ponto importante de contenda. Em 2021, com a política de "Rede Limpa", os EUA impuseram restrições a empresas chinesas de tecnologia restringindo sua capacidade de fazer negócios nos EUA e com empresas estadunidenses. Embora haja esforços esporádicos para buscar soluções, a relação continua sendo marcada por desafios significativos em áreas de comércio, segurança nacional e tecnologia.

Taiwan: um forte agravante nas tensões entre os EUA e a China na frente taiwanesa é o desejo de controlar a tecnologia avançada de fabricação de semicondutores, já que Taiwan detém uma parcela expressiva do mercado mundial, cerca de 70%.

Rota da Seda Moderna (Belt and Road Initiative – BRI): o projeto "Iniciativa do Cinturão e Rota", lançado em 2013, visa expandir a influência chinesa por meio de investimentos maciços em infraestrutura em mais de 60 países na Ásia, África e Europa. É um projeto desenvolvimentista e de projeção internacional do poder chinês e proporciona importantes mercados alternativos para as gigantes empresas estatais do país.[14] Em março de 2022, 149 países tinham assinado acordos de cooperação intergovernamental sobre projetos da BRI, e 16 países assinaram acordos especificamente para a Rota da Seda Digital. O financiamento chinês de infraestruturas de TICs na África ultrapassa os fundos combinados das agências multilaterais, dos países do G7 e dos próprios países africanos, com um financiamento anual superior a um bilhão de dólares.

O Sistema Produtivo e de Inovação chinês é intrinsecamente movido por questões de sua geopolítica e sua estratégia militar, visando o preparo para "guerras locais sob condições de informatização".[15] Esse conceito sintetizou a experiência chinesa e sua avaliação do impacto das tecnologias de informação e a importância de táticas baseadas em conhecimento no campo de batalha. A política industrial do país tem privilegiado o objetivo de modernização e informatização, inclusive no intuito de dotá-lo de uma capacidade efetiva de liderança na realização de "guerras informatizadas".

---

14 FIORI, José Luís. "Para recalcular o futuro, depois da viagem à China". *Jornal GGN*, 18 abr. 2023.

15 CASSIOLATO, José Eduardo; LASTRES, Helena Maria Martins. "Discussing innovation and development: converging points between the Latin American school and the Innovation Systems perspective?" *Globelics Working Paper Series*, nº 8, 2008; ARROIO, Ana; TAVARES, João Marcos Hausmann. "Mudanças na Geopolítica Mundial a partir da Ascensão dos BRICS". TD DIT Nº 07. 4ª Fase Projeto BRICS, RedeSist, IE/UFRJ, jul. 2015.

A China tem feito investimentos sistêmicos e continuados em pesquisa, desenvolvimento e infraestrutura para se tornar uma potência econômica e tecnológica. O Sistema Produtivo e Inovativo Digital é fortemente beneficiado por políticas públicas e instrumentos complementares de estímulo das empresas nacionais; educação e compras públicas. Atualmente, a China lidera a corrida global rumo a infraestrutura 6G, e é um dos principias países no cenário global em termos de produção, inovação e infraestrutura de dados.

O bem-sucedido plano estratégico *Made in China 2025* transformou o país em uma potência global de alta tecnologia e líder em setores-chave da indústria. Esforços significativos foram empreendidos para desenvolver a indústria doméstica, utilizando instrumentos complementares e o poder de compra do Estado para promover a indústria nacional. Grande progresso ocorreu nos setores de microeletrônica, computadores, equipamento de telecomunicações e manufatura aditiva, entre outros. Fundadas nos anos 1980 e 1990, diversas empresas no setor de eletrônica e digital se tornaram líderes mundiais, incluindo a Huawei, a maior fabricante mundial de equipamento de telecomunicações; ZTE, Tencent, Baidu e TikTok. As plataformas digitais Alibaba e WeChat Pay são líderes em comércio eletrônico e pagamentos digitais. O país desenvolveu tecnologia de computação em nuvem avançada e abriga alguns dos maiores e mais avançados centros de dados do mundo (Tencent e Alibaba Cloud).

Algumas das principais áreas de foco do "Made in China 2025" incluem:

- **Tecnologia Avançada**: impulsionar a inovação em áreas de tecnologia de ponta, como Inteligência Artificial, tecnologia da informação, robótica, biotecnologia, energias renováveis, carros elétricos, aeroespacial e outras;
- **Qualidade e Sustentabilidade**: elevar a qualidade dos produtos chineses, tornando-os mais confiáveis e sustentáveis, ao mesmo tempo em que promove a economia dos seus recursos;

- **Mercados Globais:** tornar as empresas chinesas líderes globais em seus respectivos setores e aumentar as exportações de produtos de alta tecnologia;
- **Colaboração com Empresas Estrangeiras:** o governo chinês incentiva parcerias e investimentos estrangeiros em empresas chinesas para promover a transferência de tecnologia e a colaboração internacional;
- **Educação e Treinamento:** o plano prevê o desenvolvimento de recursos humanos altamente qualificados para apoiar a inovação e a indústria de alta tecnologia;
- **Desenvolvimento Regional:** equilibrar o desenvolvimento industrial em todo o país, promovendo o crescimento econômico em regiões menos desenvolvidas.

Em maio de 2024, o país estabeleceu seu terceiro fundo de investimento para impulsionar a indústria de semicondutores, com um capital registrado de 344 bilhões de yuans (US$ 47,5 bilhões). O Ministério das Finanças é o maior acionista no Fundo de Investimento da Indústria de Circuitos Integrados da China, e outras dezessete entidades, incluindo cinco grandes bancos chineses, também são investidores.

Além da infraestrutura para a Economia Digital, o país investe significativamente em tecnologias para coletar, analisar e relatar dados nacionais e indicadores estatísticos. Os dados são reconhecidos como um importante fator de produção, inclusive para o planejamento econômico nacional. O órgão oficial de estatística, o National Bureau of Statistics, utiliza uma variedade de indicadores para analisar e mensurar a Economia Digital. A coleta e a análise de dados desempenham um papel crítico na avaliação do desempenho econômico e social, na tomada de decisões e na formulação de políticas.

Em março de 2023, o Comitê Central do Partido Comunista Chinês (PCC) e o Conselho de Estado divulgaram o "Nono Plano de Reforma das Instituições do Partido e do Estado" que prevê ampla reestruturação em itens relevantes para a Política Industrial, Tecnológica e a Economia de Dados, inclusive o estabelecimento de um Gabinete Nacional de Dados (National Data Bureau – NDB), para "coordenar e promover o desenvolvimento de sistemas de dados básicos" e "coordenar a partilha integrada, o desenvolvimento e a utilização de recursos de dados.[16] A nova agência não terá o poder regulatório, irá coordenar as estatísticas e ações de modo articulado com os demais níveis da Administração Pública, chegando até as cidades e municípios, para fortalecer a produtividade de dados na economia.

A regulação da Economia Digital vinha sendo diretamente conduzida pela Reunião Conjunta Interministerial para o Desenvolvimento da Economia Digital. Liderado pela Comissão Nacional de Desenvolvimento e Reforma, 20 organizações do governo central participam do mecanismo. A gestão de dados também é praticada nas províncias, a fim de promover a construção de cidades inteligentes. Dezoito gabinetes de gestão de dados provincial foram criados desde 2015, incluindo Guangdong, Zhejiang e Xangai. Estas proporcionaram experiências locais e uma base para o estabelecimento do NBD.

A criação do Gabinete Nacional de Dados foi apontada como uma iniciativa para maior projeção internacional da China, usando o conhecimento doméstico para organizar de forma mais estratégica uma força concorrente às normas e medidas criadas pelos EUA e pela UE e também fortalecer o apoio estatal às diversas iniciativas e investimentos no âmbito da Rota da Seda Digital (BRI).

Em relação à proteção e manipulação de dados, em setembro de 2020 a China lançou a "Iniciativa Global sobre Segurança de Dados", que demonstra a ambição de desempenhar um papel mais

---

16 Ver https://news.cgtn.com/news/2023-10-25/China-inaugurates-national-data-bureau-1obqU3dvBks/index.html.

proeminente na elaboração de regras e padrões internacionais para dados. A iniciativa foi apoiada por países que também praticam a abordagem multilateral centrada no Estado de gestão da internet, defendida pela China, incluindo a Rússia, a Tanzânia, o Paquistão, e a Liga Árabe, entre outros.[17] A iniciativa exige que os dados recolhidos localmente sejam armazenados localmente para a proteção da soberania dos dados e da segurança nacional.

O Personal Information Protection Law (PIPL) de agosto de 2021, estabelece regras específicas de localização de dados para mega plataformas de internet, conhecidas como "Operadores de Infraestrutura de Informação Crítica (CIIOs)", regulamentadas pela Administração do Ciberespaço da China (CAC) considerando o setor de atuação, base de usuários e receitas auferidas. As principais plataformas, como Didi e Tencent, qualificam-se como CIIOs pelo seu tamanho e profunda integração na infraestrutura digital chinesa. Devido aos rigorosos regulamentos de transferência de dados transfronteiriços e aos requisitos de localização de dados, as grandes corporações digitais financiadas pelo sistema financeiro global localizadas na China também têm de estar atentas às suas operações.

Em setembro de 2021, o órgão regulador do PIPL, a Administração do Ciberespaço da China anunciou um plano para regulamentar algoritmos preditivos usados por provedores de conteúdo *on-line*. Os regulamentos propostos exigem que os usuários sejam informados sobre os serviços de recomendação algorítmica e tenham uma maneira de desativá-los. O projeto visa, entre outros, permitir que o consumidor recuse toda e qualquer propaganda gerada pela plataforma. Ao permitir ao usuário desabilitar a opção de receber propaganda e *cookies*, a capacidade da IA de varrer as "curtidas", e outros microdados que compõe a possibilidade preditiva, o algoritmo perde poder preditivo, e, consequentemente, a plataforma perde enorme valor comercial.

---

17 PARK, 2022.

1.4 África do Sul

Scerri[18] examina a evolução institucional e o papel do Estado sul-africano considerando a interação entre etnicidade, racismo e poder no contexto histórico específico para compreender a trajetória do sistema nacional de inovação do país. O autor observa que a política estatal para arquitetar a ruptura necessária da estrutura econômica herdada do *apartheid* e provoca uma transformação estrutural da economia sul-africana é muito recente, data do advento da democracia em 1994, e assim o sistema de inovação sul-africano é ainda jovem.

Em termos de política internacional, a África do Sul (AS) tem buscado fortalecer sua posição no quadro geopolítico regional e internacional. Nesse sentido, destaca-se a assinatura pelo governo de um protocolo de cooperação das políticas de segurança e defesa, celebrado entre países da região do sul da África, a participação ativa na União Africana, na Comunidade para o Desenvolvimento da África Austral (SADC), da Comunidade das Nações (Commonwealth) e do grupo BRICS. O país é a âncora de segurança dominante para a paz e estabilidade regional e continental.

A África do Sul é a economia mais avançada da SADC e o centro tecnológico mais desenvolvido no continente. O país possui uma estratégia ambiciosa para a transformação digital sintetizada no documento: "Digital Society SA: South Africa's National e-Strategy: towards a thriving and inclusive digital future 2017-2030". O objetivo, ambicioso, é posicionar o país como um ator significativo no desenvolvimento das TICs em toda a cadeia produtiva do setor.

O Digital Society SA prevê intervenções em setores industriais específicos, para promover a aceitação e utilização das TICs nos

---

18 SCERRI, Mario. "The Role of the State: South Africa". *In*: SCERRI, Mario; LASTRES, Helena Maria Martins (Coord.). *The Role of the State*. Índia: Routledge, 2016.

setores-chave da economia. Nove setores devem receber atenção direcionada, com os seguintes objetivos:

1. Revitalizar a agricultura e a cadeia de valor de processamento da agroindústria;

2. Agregar valor à riqueza mineral (beneficiamento da cadeia dos metais e apoio às engenharias);

3. Resolver desafios da gestão pública;

4. Implementar a Operação *Phakisa* (economia oceânica, mineração, saúde, turismo, educação), para garantir conectividade das escolas, municípios e serviços de saúde;

5. Implementar um Plano de Política Industrial que permita ações com maior impacto;

6. Apoiar pequenas, médias e microempresas, cooperativas e empresas municipais;

7. Incentivar o investimento do setor privado;

8. Preparar-se adequadamente para a revolução industrial digital no mundo do trabalho, incluindo introdução de oportunidades de emprego *on-line*;

9. Reformar o Estado e reforçar o papel das empresas estatais de infraestrutura.

Em 2019, foi realizada a fusão do Departamento de Telecomunicações e Correios e o Departamento de Comunicações, criando o Departamento Nacional de Comunicações e Tecnologias Digitais, com a missão de: "Liderar a jornada de transformação digital inclusiva da África do Sul promovendo um ambiente propício à criação de uma sociedade digital que promova o crescimento socioeconômico". O departamento se posicionará como autoridade em estatísticas sobre a Economia de Dados e TICs, desenvolvendo um modelo de Indicadores de Sociedade Digital.

O novo órgão lançou um Plano Estratégico para o período de 2020-2025, baseado nos pilares: Ciência Tecnologia e Inovação; Capital Humano e Trabalho do Futuro; Infraestrutura e Recursos; Mercados de Capitais e Financiamento; e, Comercialização e Industrialização. O Plano estabelece metas e indicadores para mensurar os resultados em cada um desses pilares.

O país participa do "Instituto BRICS para Redes Futuras", com um programa de atividades que inclui um conjunto de projetos de pesquisa aplicada, desenvolvimento de novas tecnologias e serviços para redes, e eventual comercialização desses novos produtos e serviços.

Em abril de 2023, no lançamento da "Política de Implantação Rápida", para acelerar a implantação de infraestrutura de telecomunicações, foi anunciada a criação do Fundo Nacional de Competências para financiar a formação de jovens desempregados em competências digitais. Na mesma data, o Vantage Data Centers, uma empresa sediada nos EUA, anunciou planos para construir o seu primeiro campus africano em Joanesburgo. A empresa considera Joanesburgo como o centro da África Subsaariana devido à sua localização estratégica, "ecossistema de TI", conectividade de fibra e disponibilidade de energia renovável.

Em termos de infraestrutura, um componente-chave para garantir maior acesso e conectividade foi a liberação do espectro de radiofrequência, bem como banda larga para o espectro 5G. A AS possui a taxa mais alta de acesso à internet na África e uma infraestrutura para suporte ao tráfego de dados desenvolvida pelas multinacionais europeias Vodacom, MTN, e Telkom, a operadora de celular sul-africana, Rain, e a rede panafricana, Liquid Telecom. O Google financiou o cabo submarino Equiano, que chegou a Portugal em 2022, conectando a Europa à África do Sul, com ligações intermédias em Gana, Nigéria, Namíbia e Togo, entre outros países africanos.

Em relação à proteção de dados, a AS foi pioneira na introdução da "Protection of Personal Information Act – POPIA" em 2013 (atualizada em julho de 2021). Apesar da existência de legislação avançada, muitas organizações são vítimas de violações e vazamentos de dados. Em 2020, a Experian, uma agência internacional de serviços de informações de crédito, ganhou as manchetes depois de sofrer violação de dados que expôs as informações pessoais de até 24 milhões de sul-africanos e 800 mil entidades comerciais.

Em 2021, os bancos sul-africanos reconheceram que os dados de seus clientes foram comprometidos pelo ataque cibernético ao provedor de soluções de recuperação de dívidas Debt-IN Consultants. No ano seguinte, quatro grandes bancos, a agência de crédito TransUnion, o Standard Bank e a empresa imobiliária Lightstone, confirmaram que sofreram violação de dados, resultando na exposição de informações pessoais. A gigante do varejo farmacêutico Dis-Chem e a varejista Shoprite sofreram violação de dados, expondo detalhes pessoais de milhões de pessoas. Instituições públicas como a Agência Espacial Nacional e o Departamento de Justiça e Desenvolvimento Constitucional também foram atingidas por ataques cibernéticos. Em 2021, o país ficou em terceiro lugar mundial em termos de número de vítimas de crimes cibernéticos.

Apesar da onda de comprometimento de dados no país, e de legislação específica que obriga as empresas a manterem a cibersegurança em nível que mitigue a possibilidade de vazamento de dados sensíveis, nenhuma organização foi multada. De acordo com o órgão regulador, a "POPIA é uma legislação complexa para aplicar, todos estão lutando com a sua interpretação e há dificuldade também em verificar se as empresas de fato se adequaram à legislação".

2 Panorama do Sistema Produtivo e Inovativo Digital nos BRICS

A Tabela 1 apresenta dados selecionados sobre a economia e o sistema de inovação dos países estudados nesse capítulo. Os avanços da Economia Digital de forma a promover melhoria de qualidade de vida nesses países, com soberania no uso dos dados de suas populações é, em grande parte, contingente a políticas específicas e investimentos nestas áreas. Além do PIB e população, indicadores relevantes incluem: investimentos públicos e privados em projetos de infraestrutura para TICs; valor adicionado da indústria de média e alta tecnologia no valor adicionado total (%); centros de processamento de dados; segurança cibernética; graduandos em STEM; acesso à internet; e, divisão de gênero na internet. O Anexo I oferece detalhamento sobre cada um desses indicadores. Dados sobre o Brasil, os EUA e a União Europeia são reportados a título de comparação.

Tabela 1 – Sistema Produtivo e Inovativo Digital dos BRICS, EUA e UE

País Indicador	Brasil	Rússia	Índia	China	AS	EUA	EU
PIB (anual/milhões Euro $)	1.821.862	2.133.092	3.468.566	18.321.197	411.480	25.303.708	14.500.000
População (milhões de hab.)	203.063	146.1	1.429.9	1.426.4	59.3	333.530	449.200
Projetos de TIC (US$ Mi)	470.000	283.100	689.400	1.668.990	198.450	-	-
VA indústria de média e alta tecnologia no VA total (%)	30,50	26,40	41,90	48,50	23	45,5	-
Centros Proces. Dados (unidade)	150	255	152	449	62	2701	1240
Segurança cibernética (índice)	96.6	96.06	97.5	92.53	78.46	100	~97
Graduandos em STEM Total (%)	17	37	30	41	18	20	-
Acesso a internet (%)	88,1	90,40	46,3	75,6	77,5	99,9	98,4
Divisão de gênero na internet	-2,65	nd	10,1%	-0,7%	nd	-0,65	~-1

Fontes: FMI 2024; UNESCO, 2024; Banco Mundial 2023; OCDE 2023; UIT 2020 e 2023; UNIDO 2024.

Em termos de "investimento em projetos de TICs" os países asiáticos fazem inversões financeiras significativas. A China tem a liderança (1.668.990 em USD, 2022), seguido pela Índia (689.400 USD). Os compromissos de capital são a soma dos investimentos em instalações e em ativos governamentais, e incluem itens como: instalação de cabos terrestres e submarinos, recursos privados dispendidos na aquisição de ativos governamentais, tais como privatização de empresas estatais, direitos de prestação de serviços numa área específica ou a utilização de espectros de rádio.

A China também está na dianteira considerando o valor adicionado da indústria de média e alta tecnologia no valor adicionado total da manufatura (48,5%). A Índia (41,9%) ocupa o segundo lugar nos BRICS e o Brasil a terceira posição. Mas, conforme ilustrado na Figura 1, diferentemente do Brasil, a China, a Índia e a Rússia têm consistentemente aumentando o peso relativo da indústria de média e alta tecnologia na sua manufatura, incluindo a fabricação de produtos de informática, eletrônicos e ópticos e a fabricação de equipamentos elétricos. Lastres, Cassiolato e Dantas,[19] observam que a relação entre o valor adicionado do conjunto de equipamentos de informática e telecomunicações e componentes eletrônicos e o valor adicionado do total da indústria no Brasil vem caindo de forma preocupante: de 2,39%, em 1996 para 1,09%, em 2021.

Figura 1 – BRICS: VA da indústria de média e alta tecnologia no VA total (%)

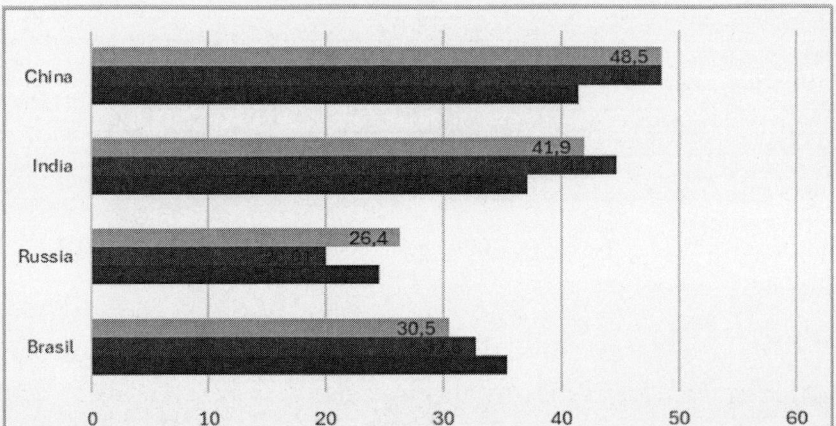

Fonte: UNIDO 2024.

[19] LASTRES, Helena Maria Martins; CASSIOLATO, José Eduardo; DANTAS, Marcos. "Estado atual da conceituação e mensuração da Economia de Dados no Brasil". Nota Técnica 12 do Projeto EconDados. *RedeSist e Cicef*, 2024.

Considerando os "Centros de Processamento de Dados", a China novamente tem ampla dianteira com 449 centros e com tecnologia de computação em nuvem avançada desenvolvida no país. Na Rússia, considerando a sua importância geoestratégica e econômica, a maioria das 255 instalações de processamento de dados está localizada em Moscou e nos arredores. Os 62 *data centers* na África do Sul estão localizados na Cidade do Cabo e em Joanesburgo e os principais investimentos foram realizados pelos provedores de rede: Amazon Web Services, Teraco e Dimension Data.

Quanto à "segurança cibernética" os BRICS estão maiormente bem situados. Brasil, Rússia, Índia e China pontuam acima de 90 no índice compilado pela UIT.[20] Com pontuação de apenas 78,46 a segurança cibernética é considerada mais frágil na África do Sul.

China, Rússia e Índia possuem uma grande reserva de mão de obra competente graduada em Ciências, Tecnologia, Engenharia (incluindo áreas de TICs) e Matemática (STEM) como percentagem de todos os novos diplomados (37%, 30% e 41%, respectivamente). O Brasil (17%) e a África do Sul (18%) ainda não produzem quantidade significativa de graduados nestas áreas fundamentais para garantir uma força de trabalho qualificada para produzir conhecimento, inovar e prosperar na Economia de Dados.

Na última linha da Tabela 1, observa-se uma grande disparidade entre os países analisados no "acesso à internet". Enquanto a Rússia (90,4%) está quase totalmente conectada, a China (75,6%) e a África do Sul (72,3%) têm conexão elevada e os dois países investem significativamente para ampliar o acesso à internet. A Índia tem menos da metade do subcontinente conectado (46,3%) e ainda apresenta a mais elevada disparidade no quesito que mede a diferença entre a percentagem de homens e mulheres que utilizam a internet: na "divisão de gênero na internet", a Índia, com uma taxa de 10,1 % é o país com a pior posição considerando os 44 países

20 UIT. *Índice de Cibersegurança Global*. 2020.

analisados pela OCDE.[21] A Índia rural enfrenta uma divisão ainda mais pronunciada: os homens têm duas vezes mais probabilidades de utilizar a internet do que as mulheres (49% *versus* 25%). Na China, em contraste, essa disparidade foi aparentemente equacionada: com taxas de -0,7% as mulheres têm maior acesso à internet do que os homens. Importante observar que o acesso e utilização da internet é apenas um aspecto. Outra dimensão, da maior relevância, é a necessidade de as mulheres e minorias apreenderem e se apropriarem da linguagem e do conhecimento científico e tecnológico de modo a contestar e alterar as relações de classe, cor e gênero, condição *sine qua non* para a construção de um mundo a favor das diversidades.[22]

A profunda desigualdade entre os países é retratada na Tabela 1, ao relacionar os indicadores referentes aos EUA, aos vinte e sete países integrantes da UE, e países BRICS. Além desses dados, séries históricas confirmam que o fosso econômico e digital continua a crescer. Em relação ao Produto Interno, os BRICS alcançam os EUA apenas se for computando o PIB da segunda maior economia do

---

21 OCDE. *OECD Handbook on Compiling Digital Supply and Use Tables*. Paris: OECD Publishing, 2023.

22 Arroio descortina mitos prevalecentes sobre desenvolvimento e empoderamento das mulheres, e examina a desigualdade de gêneros, a situação vulnerável e a sub-representação política das mulheres nos (B)RICS. (ARROIO, Ana. "Economia de Dados na perspectiva das Organizações Multilaterais e nos (B)RICS: mitos, conceitos e sistemas de mensuração para informar políticas públicas no Brasil". Nota Técnica 2 do Projeto EconDados. *RedeSist e Cicef*, 2024). Fontgaland e Cortez analisam a obra seminal de Donna Haraway, "O Manifesto ciborgue" escrita em 1985, e mostram como a passagem das tradicionais dominações hierárquicas para um sistema de dominação digital coloca em cena novas formas de poder e significados de sujeitos. (FONTGALAND, Arthur; CORTEZ, Renata. "Manifesto ciborgue". *In*: *Enciclopédia de Antropologia*. São Paulo: Universidade de São Paulo, Departamento de Antropologia, 2015). A nova criatura ciborgue, formada por fusões entre máquina e organismo, seria uma metáfora desse mundo marcado de forma crescente pelo binômio ciência e tecnologia, no qual as fronteiras entre humano e animal, organismo e máquina, e entre físico e não físico mostram-se fluidas.

mundo, a China. O número somado de centros de dados nos BRICS, alcança o número da UE, mas não chega à metade do número de Centros existentes no EUA. Mais importante do que isso, conforme observado em Cassiolato, Dantas e Lastres,[23] é o fato de que:

> Até mesmo ações de implantação de *data centers* parecem estar desconectadas dos esforços de P&D e de capacitação para o domínio das tecnologias de dados, seu processamento e análises ... os investimentos em infraestrutura e conectividade para o fluxo contínuo dos dados são realizados, geralmente, com a anuência e parceria com as grandes corporações internacionais, num aparente reconhecimento de que a produção dos conhecimentos e tecnologias dominadas por essas não devem ser objeto de esforços adicionais, já que os Estados e corporações líderes já o estão fazendo.[24]

Conforme apresentado neste capítulo, a China e a Rússia implementam políticas consistentes buscando endogenizar competências tecnológicas e infraestrutura nacional e, assim, amenizar o fosso digital. Um bom exemplo é que no comparativo dos graduados em áreas STEM, China (41%) e Rússia (37%) ultrapassam os EUA (20%) e UE.[25] Por último, a Alemanha, com 58% lidera no indicador "valor adicionado da indústria de média e alta tecnologia no valor adicionado total da manufatura", seguida pela China, 48,5% e França 46,9%.

---

23 CASSIOLATO, José Eduardo; DANTAS, Marcos; LASTRES, Helena Maria Martins. "Marco conceitual e analítico da Economia de Dados". Nota Técnica 11 do Projeto EconDados. *RedeSist e Cicef*, 2024.

24 CASSIOLATO, José Eduardo; DANTAS, Marcos; LASTRES, Helena Maria Martins. "Marco conceitual e analítico da Economia de Dados". Nota Técnica 11 do Projeto EconDados. *RedeSist e Cicef*, 2024, pp. 26/27.

25 A Alemanha é o país da UE com maior percentual de alunos graduados nessas áreas: 36%.

3 Vantagens e restrições das abordagens adotadas pelos (B)RICS – perspectivas para políticas no Brasil

Os BRICS têm significativa influência ao lidar com desafios globais nas áreas de relações internacionais, finanças, saúde, agricultura e sistema bancário e têm um importante papel em mitigar pressões vindas dos países desenvolvidos e representar os interesses de potências médias e do Sul Global.[26] A atuação combinada desses países pode alterar o panorama de divisão internacional de poder e influência em termos políticos e econômicos, com potencial de criar realidades mais sustentáveis e inclusivas.

Esse capítulo mostrou que a revisão das políticas públicas para promover os sistemas produtivos e inovativo digital nos países que pertencem ao (B)RICS é tratado como um componente estratégico do desenvolvimento. Este item apresenta as lições para uma agenda de políticas no Brasil, sugeridas a partir de uma visão ético-valorativa das necessidades humanas.

3.1 O papel do Estado

A experiência dos RICS mostra que a história, a política, o território e o contexto são fundamentais e devem ser considerados na estruturação de um conceito estratégico que oriente o sistema produtivo e inovativo para a Economia Digital.

As principais lições da experiência chinesa são:

1) As políticas públicas utilizam instrumentos complementares para incentivar a inovação, incluindo o poder de compra para estimular o desenvolvimento industrial e tecnológico; saúde, educação,

---

26 MATOS, Marcelo Pessoa de; ARROIO, Ana. "O Brasil e a Cooperação em Ciência, Tecnologia e Inovação com os BRICS". TD DIT - Nº 10/2015. 4ª Fase Projeto BRICS, REDESIST – IE/UFRJ, jul. 2015.

desenvolvimento de infraestrutura em amplo sentido, além do apoio e financiamento aos projetos de expansão das empresas nacionais;

2) A Economia de Dados é tratada no mais alto nível decisório. Liderados pela poderosa Comissão Nacional de Desenvolvimento e Reforma (NDRC), vinte organizações do governo central participam da Reunião Conjunta Interministerial para o Desenvolvimento da Economia Digital, incluindo o Ministério da Indústria e Tecnologia da Informação, o Ministério da Ciência e Tecnologia, e a CAC;

3) A experiência chinesa em criar uma organização na mais alta esfera de governo, o Gabinete Nacional de Dados (NDB), diretamente ligada a NDRC, para liderar e coordenar a estratégia e ações para fortalecer a "produtividade de dados", é valiosa para o Brasil. O NDB irá ampliar e aprofundar a articulação com os demais níveis da Administração Pública – chegando até as cidades e municípios;

4) A expansão da Rota da Seda Digital pode oferecer oportunidades para o Brasil que devem ser aproveitadas;

5) Além da proteção dos interesses públicos e da soberania nacional, a regulação das grandes plataformas da internet está estreitamente relacionado com o compromisso de promover uma Economia Digital saudável e capacitar os usuários.

A Índia confirma o papel central do Estado no direcionamento e incentivo à indústria de TICs. O Programa India Stacks estabelece o arcabouço para a infraestrutura pública digital, abrange vários ministérios e departamentos governamentais, unidos por uma visão de soberania e desenvolvimento nacional. A ação decisiva do Estado indiano se evidencia também com a publicação do "National Data Governance Framework Policy" (NDGFP) em 2023, criando o programa "India Datasets" – para a organização da Economia de Dados e que aporta lições relevantes. Primeiramente, vale observar o destaque dado ao objetivo de

> transformar e modernizar os processos de coleta e gestão de dados do governo por meio de diretrizes, regras e padrões

para a coleta, processamento, armazenamento, acesso e uso de dados governamentais – com o objetivo de melhorar a gestão de dados em todo o governo.

Uma visão clara e objetiva sobre a importância dos dados para a economia nacional. Em segundo lugar, a perda de poder do Instituto Nacional de Estatística indiano, o MoSPI, resultado de um esvaziamento gradual, incluindo falta de investimentos em recursos informáticos e em pessoal qualificado, deve despertar a atenção da política pública brasileira.

Outra importante lição que emerge de Nova Déli para proteger os interesses nacionais, a soberania sobre os dados, e fortalecer o próprio Estado, é a fundamental colaboração estruturada entre ministérios, instituições e departamentos para assegurar o compartilhamento de informações, integração de bancos de dados, transparência entre as equipes responsáveis e sintonia sobre objetivos comuns.

Na Rússia, o conceito de Economia Digital é instrinsicamente associado ao complexo militar e a estratégia de minimizar as interdependências tecnológicas, especialmente em áreas sensíveis do Estado. Dada as especificidades geopolíticas, as considerações sobre cibersegurança, soberania de dados, e políticas para fortalecer o Sistema Produtivo e Inovativo Digital ocupam uma preocupação central. Destaca-se o programa "Digital Economy of the Russian Federation" como principal instrumento para direcionar o sistema produtivo, inovativo e estimular a infraestrutura de dados no país, com resultados expressivos como o desenvolvimento e a utilização de *software* nacional pelos órgãos governamentais, e a adoção de um Sistema Operacional Alternativo que serve a todos os sistemas críticos e setores fundamentais para a soberania do país.

A Rússia oferece lições para o Brasil sobre a importância do desenvolvimento de competências tecnológicas endógenas e infraestrutura digital soberana, para a segurança nacional. A interconexão entre geopolítica e o SPID ganhou contornos nítidos na guerra contra a Ucrânia. Apesar do extenso bloqueio econômico, financeiro, eletrônico e digital imposto pelos EUA e UE à Federação Russa, a política tecnológica e industrial desenvolvida há décadas, e a aliança com os BRICS, está permitindo a manutenção da integridade e proteção de sua infraestrutura, soberania e continuada operação.

Finalmente, a África do Sul oferece lições valiosas sobre a diplomacia de boa convivência global e simultâneo posicionamento robusto na proteção dos interesses nacionais. O país possui uma estratégia ambiciosa para a Economia de Dados sintetizada no documento: "Digital Society SA", que prevê intervenções em setores industriais específicos para promover a aceitação e a utilização das TICs nos setores-chave da economia e um programa massivo de desenvolvimento de competências digitais.

A experiência sul-africana expõe mitos sobre o efetivo poder de regulação das grandes plataformas digitais. O país possui legislação avançada para a proteção e manipulação de dados, a POPIA. Mesmo assim, muitas organizações e indivíduos foram vítimas de violações e vazamentos de dados, e não houve multas ou sanções. Os mitos relativos a "transparência de mercado" ou seja, de que se houver informação suficiente disponível para os reguladores os riscos associados às inovações digitais serão reduzidos; o mito da "independência regulatória", segundo o qual eventuais danos maiores, não corrigidos pelo "mercado", podem ser mitigados por "salvaguardas regulatórias", e também o mito de "sistemas digitais éticos", ou seja, da possibilidade de ajustes da inovação tecnológica pelas próprias corporações digitais, são algumas falácias expostas.[27] Essas sinalizam a necessidade de reforçar a importância do Estado e da política pública no direcionamento de uma transformação digital que efetivamente empodere e proteja os cidadãos.

---

27 ARROIO, Ana. "Economia de Dados na perspectiva das Organizações Multilaterais e nos (B)RICS: mitos, conceitos e sistemas de mensuração para informar políticas públicas no Brasil". Nota Técnica 2 do Projeto EconDados. *RedeSist e Cicef*, 2024.

3.2 Medição da Economia de Dados – quais indicadores queremos?

Nos tópicos abaixo, estão condensadas as principais contribuições desse capítulo para uma cesta de indicadores e índices estatísticos nacionais que agregue elementos para uma agenda de políticas de desenvolvimento sustentável e equitativo.

Sim, é uma questão de gênero e de inclusão: é necessário desenvolver um olhar realista sobre a contribuição das mulheres e minorias e sua capacitação para atuar na Economia Digital. As estatísticas disponíveis nos bancos de dados das instituições multilaterais são simplistas e pouco esclarecedoras. É urgente mapear as disparidades de gênero e de minorias na manipulação e uso das tecnologias digitais, e, em particular levantar aspectos como impactos sociais, condições de trabalho; indicadores econômicos abrangentes, e capacitação, de forma a iluminar as disparidades e desenvolver políticas para mitigar impactos nocivos. Um ponto de partida interessante é a inclusão de indicadores sobre gênero e minorias nas "Pesquisas Sobre o uso das TICs" realizadas pelo CETIC.br/NIC.br.

Cultura, minorias, etnias e populações economicamente excluídas: é urgente tornar visível a riqueza cultural dos países BRICS, estudando quais dados precisam ser coletados para a formulação de políticas que possam proteger e valorizar a diversidade. Trazer à tona tais dados pode ter como vantagem adicional a valorização econômica (remuneração apropriada) pelo trabalho criativo produzido; e o imenso trabalho criativo produzido pelas populações dos BRICS pode ser um fundamental contrapeso a imensa homogeneização e massificação cultural atualmente em curso.

Impactos ambientais: muito se fala da agressividade ambiental das tecnologias digitais. É necessário consolidar, em uma única base, os indicadores de fontes poluentes e medir os impactos considerando diversas categorias: por exemplo, o uso de minerais raros necessários para a produção de *chips*, dispositivos digitais obsoletos abandonados em aterros sanitários; lixo espacial; vazamento de substâncias tóxicas, além do enorme consumo de energia e água dos centros de processamento de dados, e outras irresponsabilidades ambientais.

Institutos Nacionais de Estatística (INEs): a Economia de Dados tem grande impacto sobre os INEs e está levando ao questionamento profundo do papel dessas instituições em um contexto de grande complexidade, abundância e demanda por dados. A Rússia e a China têm obtido sucesso na reestruturação de seus INEs, com investimentos em tecnologias e recursos humanos qualificados, realizando planejamento estratégico para melhor alinhamento com as novas demandas e possibilidades das novas tecnologias (IA, big data *Analytics*, georreferenciamento, *web scraping* etc.), coordenação efetiva do sistema estatístico nacional e na articulação mais ampla com outras instituições críticas do sistema nacional de inovação. No Basil, é fundamental que as políticas públicas direcionem esforços ao fortalecimento do quase centenário Instituto Brasileiro de Geografia e Estatística (IBGE). Apoiar a estruturação do Sistema Nacional de Geociência, Estatísticas e Dados, responsável pela coordenação e integração de bancos de dados de variados setores, é um passo importante nesse sentido.

3.3 Uso e manipulação de dados pessoais – proteção para quem?

Apesar da proliferação, muito aplaudida pelos órgãos internacionais, da aprovação de Leis de Proteção de Dados ao redor do mundo, algumas considerações são necessárias:

- A experiência da China e da Rússia mostra que é importante adotar definições e estratégias diferenciadas para as grandes corporações digitais (os "Operadores de Infraestrutura de Informação Crítica" na definição chinesa). Isso permite maior controle sobre a economia e a segurança nacional, assim como sobre a transferência internacional de dados;

- Estender a proteção aos dados estratégicos à soberania e segurança nacional, como aqueles relacionados à provisão de energia e demais serviços públicos vitais à sociedade, infraestruturas das cidades, sistema financeiro nacional, entre outros não protegidos por legislação equivalente;[28]
- Regulamentar os dados gerados a partir de objetos ou dispositivos, que, embora não sejam "dados pessoais" em sentido estrito, podem ser associados a um titular e são de interesse dos que coletam tais dados;[29]
- Reconhecer o papel dos usuários na criação de unidades de dados e reconhecer essa tarefa como trabalho para que as pessoas possam ser remuneradas por ela;
- Proteger a identidade e diversidade sociocultural, promovendo a proteção do patrimônio cultural e a diversidade linguística.

3.4 Interesse nacional, soberania e cooperação no BRICS+

Os desafios para o desenvolvimento de uma Economia Digital global que favoreça uma trajetória benigna, baseada em uma visão de desenvolvimento sustentável, inclusivo e ético-valorativa das necessidades humanas, são multidimensionais e complexos. A cooperação em busca de um espaço político e econômico mais favorável no plano internacional é fundamental.

---

28 LASTRES, Helena Maria Martins; CASSIOLATO, José Eduardo; DANTAS, Marcos. "Estado atual da conceituação e mensuração da Economia de Dados no Brasil". Nota Técnica 12 do Projeto EconDados. *RedeSist e Cicef*, 2024.

29 CHINAGLIA, Arlindo. *Projeto de Lei complementar que institui a Lei Geral de Empoderamento de Dados*. 2023.

O estudo realizado recomenda instituir um Centro de Altos Estudos sobre Desenvolvimento, Economia Digital e Soberania nos BRICS+ como espaço privilegiado para que esses países possam refletir e assumir um papel de liderança no combate ao subdesenvolvimento. A instituição será responsável, entre outros, por propor uma agenda de pesquisa e debate sobre os principais desafios teóricos e políticos do desenvolvimento, formular projetos e propor iniciativas conjuntas para a soberania.

Observa-se que já existem fóruns relevantes para a cooperação tecnológica na área digital, como por exemplo, a reunião dos ministros das comunicações e os grupos de trabalho do BFIN, discutido anteriormente, representando um caminho importante para fortalecer competências locais em áreas STEM, incentivando o desenvolvimento científico e tecnológico e ampliando o conhecimento necessário para a soberania digital. Propostas de criação de novas instâncias de reflexão também já foram avançadas. Por exemplo, Belli e Gaspar,[30] sugerem a criação de um grupo de reflexão BRICS sobre segurança cibernética para identificar boas práticas e propor soluções justas.

A recomendação sugerida aqui é mais ampla. O Centro de Altos Estudos tem como objetivo central promover a pesquisa e a reflexão sobre um leque amplo de aspectos do desenvolvimento, inclusive a economia e os sistemas produtivos e inovativos na era digital, e abrir espaços para o diálogo entre os governos do BRICS+, acadêmicos, o setor privado e representantes da sociedade civil.

Uma segunda recomendação parte da observação que o National Development Bank (NDB) tem um importante papel em possibilitar novos caminhos para diminuir a dependência dos centros financeiros tradicionais de poder. Uma contribuição significativa

30 BELLI, Luca; GASPAR, Walter B. *The Quest for AI Sovereignty, Transparency and Accountability*, Official Outcome of the UN IGF Data and Artificial Intelligence Governance Coalition. Preliminary version of the report. UN Internet Governance Forum. Japão, out. 2023.

neste sentido é a criação de um sistema digital BRICS+ para trocas financeiras entre os onze países. A construção de uma base política, tecnológica e econômica que empodere os sistemas financeiros e tecnológicos dos países membros, para que não fiquem reféns de sistemas desenvolvidos e controlados por terceiros, é um passo gigante na direção de um aprofundamento da Economia Digital com soberania e desenvolvimento.

Anexo I – Nota sobre os indicadores do Sistema Produtivo e Inovativo Digital BRICS

As definições abaixo foram extraídas no site das instituições responsáveis pela coleta dos indicadores específicos ou índices compostos. Algumas observações gerais são pertinentes:

- O site *Going Digital* da OCDE reporta dados sobre 44 países ao longo de 8 dimensões. Em julho de 2024 a ferramenta não estava reportando informações referentes a Rússia, provavelmente por conta da guerra com a Ucrânia.
- Em relação aos indicadores sobre a inclusão das mulheres na Economia Digital, o "Índice de Digitalidade da Economia e da Sociedade" (Digital Economy and Society Index – DESI) avalia a inclusão das mulheres em empregos digitais e são apresentados no "Painel de Avaliação das Mulheres no Digital".[31] As informações estão disponíveis apenas para países da UE. O único indicador com comparabilidade para os países BRICS é o "Divisão de gênero na internet", apresentado neste capítulo.
- Os dados correspondem ao período de referência mais atualizado para cada país.

---

31 Disponível em: https://digital-strategy.ec.europa.eu/pt/policies/desi.

Fontes e definição dos indicadores:

Investimento em projetos de TICs com participação pública e privada: dado consolidado pelo BM[32] que indica compromissos assumidos com projetos de infraestrutura de base de TICs (incluindo cabos terrestres e submarinos). Os tipos de projetos incluídos são: contratos operacionais e de gestão, contratos operacionais e de gestão com grandes despesas de capital, projetos *greenfield* e desinvestimentos. Os compromissos de investimento são a soma dos investimentos em instalações e dos investimentos em ativos governamentais.

Valor adicionado da indústria de média e alta tecnologia no valor adicionado total: esse indicador consta na base de dados, organizada pela UNIDO, proveniente de estatísticas oficiais nacionais e regionais. As indústrias de média e alta tecnologia são definidas como aquelas abrangidas pelos seguintes códigos da revisão 4 da ISIC: 20 – Fabricação de produtos químicos e produtos químicos; 254 – Fabricação de armas e munições; 26 – Fabricação de produtos de informática, eletrônicos e ópticos; 27 – Fabricação de equipamentos elétricos; 28 – Fabricação de máquinas e equipamentos; entre outros.[33]

Centros de Processamento de Dados: de acordo com levantamento na internet, em 2024 existem aproximadamente 8000 centros de dados em todo o mundo. O mercado global de *data centers* atingirá US$ 132 bilhões até 2030 – um aumento significativo em relação aos US$ 57 bilhões de 2022. Estes complexos de processamento de dados são responsáveis por cerca de 4% do consumo global de energia e 1% das emissões globais de gases de efeito estufa.

Segurança cibernética: o Índice de Cibersegurança desenvolvido pela UIT (2020) mapeia 82 questões sobre os compromissos de segurança cibernética dos Estados-membros organizados em cinco

32 Disponível em: https://data.worldbank.org/indicator/IE.PPN.ICTI.CD.

33 Disponível em: https://stat.unido.org/data/database-descriptions.

pilares: medidas legais; medidas técnicas; medidas organizacionais; medidas de desenvolvimento de capacidades; medidas de cooperação.[34]

Graduandos em STEM: indicador compilado pelo Instituto UNESCO de Estatística[35] que mede os novos diplomados do ensino superior em Ciências, Tecnologia, Engenharia (incluindo áreas de TICs) e Matemática (STEM) como percentagem de todos os novos diplomados. Reflete o capital humano de um país em algumas das principais áreas de estudo necessárias para prosperar na Economia de Dados.

Acesso a internet: indivíduos que utilizaram a internet (% da população), nos últimos 3 meses com acesso de qualquer local (computador, celular, máquina de jogos, TV digital etc.) Indicador fornecido no Datahub da UIT.[36] Os dados referentes aos EUA e EU não estão disponíveis nessa base de dados e os números utilizados são do Going Digital toolkit da OCDE, "assinaturas de banda larga móvel por 100 habitantes".

Divisão de gênero na internet: indicador compilado pela OCDE[37] que mede a diferença entre a percentagem de homens que utilizam a internet e a percentagem de mulheres que a utilizam. Fornece uma medida do potencial espaço para melhoria no nível de utilização da internet por gênero.

---

34 Disponível em: https://www.itu.int/dms_pub/itu-d/opb/str/D-STR-GCI.01-2021-PDF-E.pdf.

35 Disponível em: http://data.uis.unesco.org/.

36 Disponível em: https://datahub.itu.int/data/.

37 Disponível em: https://goingdigital.OCDE.org.

CAPÍTULO VI

ECONOMIA DE DADOS EM PAÍSES SELECIONADOS DA ÁFRICA, ÁSIA E OCEANIA[1]

CRISTINA LEMOS

Introdução

A expansão da Economia Digital se manifesta nos mais diversos sistemas de produção e consumo e nas mais variadas dimensões das relações sociais, alterando de forma inédita a maneira como

1 Este capítulo é baseado em pesquisa elaborada por Lemos a partir de literatura sobre o tema e documentos disponibilizados na internet sobre políticas, com foco na Economia de Dados de sete países selecionados nesses continentes, além da Associação das Nações do Sudeste Asiático (Asean) e da União Africana (UA). (LEMOS, Cristina. "Economia de Dados: abordagens conceituais, sistemas de mensuração e políticas em países e blocos de países selecionados na África, Ásia e Oceania". Nota Técnica 3 do Projeto EconDados. *RedeSist e Cicef*, 2024).

as pessoas interagem no seu espaço local e no mundo, trabalham, consomem, ocupam seu tempo de lazer e mesmo se comportam. Neste processo de conectividade, pessoas e organizações cedem seus dados, dos quais as grandes corporações extraem valor, inaugurando um processo sem precedentes de mercantilização da vida cotidiana e, ainda, desafiando a teoria econômica tradicional, assim como os sistemas de medição de desempenho econômico até então disponíveis.

Nesse quadro de mudanças, as grandes corporações digitais transnacionais (GCDs), comumente chamadas de big techs, ganharam poder sem precedentes, posto que controlam o coração do sistema digital, detêm a infraestrutura e as tecnologias que capturam e armazenam os dados, assim como a capacidade de análise e predição por meio de bases algorítmicas e de extração de valor dos dados, conforme pode ser visto nos capítulos do bloco 1 deste livro. E, como apontado por West,[2] o aparato que compõe a coleta massiva de dados é em grande parte invisível, e os algoritmos que dão sentido aos dados são de difícil localização e análise por terceiros não capacitados ou não autorizados. Essas megacorporações estão presentes vertiginosamente na vida cotidiana das populações, na medida em que avançam com infraestrutura digital em áreas urbanas e nas mais remotas de países de todos os continentes, dos mais ricos aos mais pobres e menos desenvolvidos.

Países ou grupos de países como EUA, União Europeia, China e Índia têm se empenhado na constituição de vetores para a chamada transformação digital e alguns deles se posicionam fortemente com suas corporações digitais no mercado mundial. Os organismos multilaterais, por seu turno, vêm estabelecendo e aprimorando quadros regulatórios, de governança de dados e sistemas de medição que se tornam referência no mundo. Diante desse quadro em movimento, apresentado nos capítulos anteriores deste bloco, este capítulo visa

---

2 WEST, Sarah Myers. "Data Capitalism: Redefining the Logics of Surveillance and Privacy". *Business & Society*, vol. 58(1), 2019.

compor um breve panorama sobre como avançam outros países, a maioria em posição semelhante à do Brasil, emergente ou mais periférico. Para esta análise, foram selecionadas sete experiências de países da Oceania, da África e Ásia: Austrália, Coreia do Sul, Indonésia, Japão, Vietnã, Etiópia e Quênia.

Além de ser mais recente na agenda de políticas e ainda incipiente para alguns países, a emergência da Economia Digital e do acelerado processo de datificação da economia como um todo traz complexidades inéditas, o que contribui para que ainda não haja consensos sobre o que se está a chamar de Economia de Dados e como tratá-la. Interessa compreender, a partir dos enunciados e conteúdo de suas políticas, como se posicionam para essa transição e tratam a Economia de Dados e explorar esforços na busca por soberania de dados e em que medida reforçam o "colonialismo digital" ou o "colonialismo de dados".[3]

De forma geral, os países analisados têm adotado amplamente o termo "transformação digital", chave de orientação dos organismos multilaterais para o tratamento de políticas referentes à Economia Digital e de Dados.[4] Também o conteúdo dessas políticas se inspiram em modelos conceituais, regulatórios e de medição de países mais avançados e dos manuais orientadores dos organismos multilaterais.

---

3 Entendidos como a reprodução de uma forma de desenvolvimento dependente, na qual as periferias permanecem subdesenvolvidas, por meio de uma nova fronteira de extração, os dados das pessoas. "É por isso que o centro de dados está surgindo para ocupar seu lugar ao lado da plantação e da fábrica como um local de extração desenfreada" (MEJIAS, Ulisses Ali. "A fazenda, a fábrica e o centro de dados". *Tierra comum*, 22 jun. 2020).

4 Silveira (2023a) observa que essa é uma expressão cunhada, no início da década de 2010, no meio empresarial estadunidense e consolidada em um documento de orientação com este título, elaborado por uma empresa de consultoria, juntamente com o Massachusetts Institute of Technology (MIT), e frequentemente emulada nas políticas dos países em todo o mundo.

Ao perseguirem a estratégia de transformação digital, esses países deixam claro que, apesar de reconhecerem os riscos inerentes, como ameaças à segurança cibernética, conteúdos nocivos nas redes sociais e um fosso crescente entre ricos e pobres, consideram maiores os riscos de não se engajar nesse processo e de não aproveitar as tecnologias digitais para o desenvolvimento. Trazem em sua retórica a expectativa de ser a oportunidade para uma nova sociedade virtuosa de desenvolvimento, centrada no ser humano, com foco nos cidadãos, na sociedade, no atendimento de suas necessidades e no bem-estar, com perspectiva de conformar, assim, um "Estado de Bem-Estar Digital".[5] Contudo, evidencia-se que o poder geoeconômico hegemônico das GCDs, por vezes considerado superior ao de Estados-nação, controla o processo de datificação da vida, desafiando princípios éticos e de bem-estar da sociedade e soberanias tecnológica, digital e de dados nacionais.[6]

Os planos estratégicos examinados são conduzidos pela mais alta hierarquia dos governos, com liderança de Presidentes e primeiros-ministros e alguns países criaram instâncias específicas para a sua implementação, como comitês e agências de políticas digitais, de dados e de governo digital.

As políticas em geral trazem noções de um desenvolvimento etapista: da "digitização", seguida por digitalização, orientação por dados, até a transformação digital. Observa-se que parte dos países analisados está ainda na "etapa" de digitização, qual seja, a

---

5 FAUSTINO, Deivison; LIPOLD, Walter. *Colonialismo digital*: por uma crítica hacker-fanoniana. São Paulo: Boitempo, 2023.

6 Para uma breve visão do processo de datificação como uma nova etapa do capitalismo, ver LEMOS, Cristina. "Economia de Dados: abordagens conceituais, sistemas de mensuração e políticas em países e blocos de países selecionados na África, Ásia e Oceania". Nota Técnica 3 do Projeto EconDados. *RedeSist e Cicef*, 2024.

conversão de dados e processos analógicos em um formato legível por máquina.[7]

A percepção da relevância estratégica de políticas com foco na Economia de Dados ainda não é ampla. Alguns países, como Austrália e Coreia, vêm se debruçando mais claramente em políticas para a conformação de uma Economia de Dados, estabelecendo planos com ênfase no seu valor crescente e em formas de monetização e de aproveitamento como informações cruciais para a tomada de decisões, visando um maior domínio e controle do sistema de dados públicos e privados. Já outros consideram os dados insumo da Economia Digital, que apenas precisam ser geridos (estrutura de governança) e protegidos (leis), e orientam o estabelecimento de seus governos digitais, proteção de dados e implantação de centros de armazenamento a partir dos modelos das grandes corporações, na posição de consumidores de suas tecnologias. Outros, ainda, se diferenciam na busca por alternativas para autonomia e soberania de dados.

Cinco temas são necessariamente priorizados nas políticas: governo digital e a governança de dados; infraestrutura de conectividade, energia elétrica, cabos, *hardware*, *software* etc.; educação e formação digital, desde a alfabetização e letramento digital à capacitação qualificada; quadro regulamentar apropriado, com ênfase na privacidade de dados e nos fluxos internacionais de dados; e segurança cibernética.

O tema mais recorrente nas ações dos países é a proteção dos dados, tendo em vista o impacto direto que as novas tecnologias de armazenamento e processamento têm sobre sua privacidade, tanto é que, até janeiro de 2023, 162 países no mundo implementaram leis

---

7 FALCÓN, M. L. "Economia de Dados: conceito, mensuração e repercussões na agenda de políticas da União Europeia". Nota Técnica 1 do Projeto EconDados. *RedeSist e Cicef*, 2024.

de proteção de dados.[8] Cada vez mais, os países são pressionados a regular a proteção e privacidade dos dados e a segurança cibernética, ao mesmo tempo em que são instados a facilitar os fluxos transfronteiriços, promover o amplo acesso e a abertura de dados para compartilhamento e comércio entre países.[9] Com isso, é possível observar, em alguns países, o crescimento da ideia de que a proteção de dados pode ser um impedimento para o seu fluxo.

Sobre governos digitais, são observados três vetores principais de atuação: i) digitalização dos sistemas de identificação de indivíduos e empresas (ID, cadastros, etc); ii) aprimoramento da oferta dos serviços públicos digitais e implantação de plataformas de acesso a tais serviços ou de plataforma única; e iii) armazenamento, integração e gestão dos dados das unidades e agências governamentais.

Como salientam Mejias e Couldry,[10] alguns governos de onde se originam as GCDs têm maior poder para negociar e se beneficiar dos ganhos dessa economia e são favorecidos neste processo. Este não é o caso de países menos desenvolvidos e que têm posições de dependência tecnológica, nos quais as grandes corporações atuam inclusive nos serviços públicos.

De fato, a análise das experiências confirma o argumento de Ricaurte[11] de que os governos se tornam os principais clientes das GCDs, que oferecem toda uma gama de serviços necessários para sua inserção na Economia Digital – infraestrutura, conectividade, *data centers* e sistemas de armazenamento em nuvens, plataformas, além de variados bens e serviços relacionados desde a defesa

---

8 GREENLEAF, Graham. "Global data privacy laws 2023: 162 national laws and 20 Bills". *UNSW Law & Justice Research Series*, 2023.

9 FALCÓN, M. L. "Economia de Dados: conceito, mensuração e repercussões na agenda de políticas da União Europeia". Nota Técnica 1 do Projeto EconDados. *RedeSist e Cicef*, 2024.

10 MEJIAS E COULDRY, 2019a.

11 RICAURTE, Paola. "Data epistemologies: the coloniality of power, and resistance". *Television & New Media*, vol. 20(4), 2019.

cibernética e vigilância, até programas e pacotes educacionais, de saúde, de capacitação e treinamento de mão de obra. Evidencia-se na presente análise que países mais dependentes ou pobres seguem mais expostos a parcerias com as GCDs no controle e gestão de dados públicos nacionais, mas não apenas esses.

Governos reproduzem as epistemologias de dados dominantes e modelos de governança vindos de fora e descontextualizados, na busca por inserção e adequação aos padrões vigentes para a transformação digital. Com isso, são limitadas as possibilidades de desenvolvimento e participação de sistemas produtivos e inovativos digitais e de dados nacionais, assim como a autonomia para a tomada de decisões nas políticas públicas. Esse conjunto de limitações coloca em xeque a própria soberania tecnológica, digital ou de dados dessas nações.

Dois eixos principais de esforços de soberania foram observados nas experiências dos países. O primeiro deles, refere-se a construção de um aparato de leis para a regulação do sistema de proteção dos direitos de dados dos indivíduos, empresas e governos, direito à privacidade, liberdade e autonomia sobre seus dados; regulação de fluxos de dados, dentro dos países ou transfronteiriços; segurança cibernética; e que tratem, ainda, da garantia de direitos humanos e sociais, de cidadania, de diversidade cultural, da proteção e empoderamento de grupos desfavorecidos e questões éticas relacionadas.

As formas presentes de os países limitarem o controle das GCDs são principalmente relacionadas à implementação de quadros regulatórios que deem conta dos novos desafios trazidos com a expansão da Economia Digital e de Dados, inspirados nos marcos internacionais mais avançados. Os esforços da Austrália são notáveis, sendo pioneira no mundo na regulação da remuneração da mídia pelas GCDs.

Nessa arena, acirra-se a disputa entre propostas. De um lado, para assegurar a proteção dos dados, estabelecer obrigações para serviços e conteúdos nas plataformas da internet, inclusive sobre tributação e pagamentos a terceiros, e coibir atuações abusivas por parte das grandes plataformas que, por vezes, ameaçam autonomias, direitos e democracias mundo a fora. De outro lado, pressões das megacorporações para minar tais avanços, que articulam poderosos *lobbies* políticos para exercer influência em instâncias decisórias chave nos países. Além disso, elas se beneficiam do dinamismo, velocidade e complexidade dos avanços tecnológicos, o que contribui para dificultar controles da sua atuação, já que, também para a apropriada regulação, é necessário um aparato tecnicamente capacitado de organismos e recursos humanos para o acompanhamento e fiscalização das tecnologias (desenvolvedores, programadores, cientistas de dados, etc.).

Já o segundo eixo, refere-se à autonomia e soberania tecnológica, relacionadas a políticas de educação e qualificação, de CT&I e industriais, com objetivos de capacitação para a produção e inovação em bens e serviços estratégicos do sistema – *hardwares*, *softwares*, códigos dos programas, sistemas de algoritmos, plataformas, *blockchains*, centros de armazenamento de dados, satélites, entre outros.

Mais comumente, as políticas dos países têm foco em capacitações para o uso das tecnologias e equipamentos e os planos de inovação se voltam em especial para a promoção dos chamados "ecossistemas digitais", termo em *voga*, emulado em políticas de países do mundo inteiro, para designar sistemas de inovação, empresas de pequeno porte emergentes, de alto conteúdo tecnológico, como *startups* e unicórnios, com destaque para *fintechs* e *regtechs*.

Países analisados da África e do Sudeste da Ásia lidam frequentemente com problemas de conectividade em áreas rurais ou remotas e priorizam ações para aumento do acesso de suas populações à internet. Muitas vezes, os investimentos em infraestrutura e conectividade são realizados pelas ou em parceria com as GDC, sem contrapartidas significativas para o desenvolvimento produtivo local ou nacional, consolidando o viés de consumidores das tecnologias. Como apontou Silveira:[12]

> Essa alienação contribui de modo decisivo para consolidar a subordinação da nossa inteligência local e nacional à conveniente ideia de sermos felizes consumidores e usuários de tecnologias inventadas nos países tecnoeconomicamente ricos. Estamos aptos a comprar, nunca a desenvolver nem a criar.

O autor salienta que, por esta lógica, não é necessário realizar esforços para armazenar dados em infraestruturas locais, criar tecnologias próprias, reconfigurar os algoritmos ou avançar em experimentos. E, de fato, isso pode ser observado na prática em várias experiências de países, sejam ricos ou pobres, mais ou menos desenvolvidos, que não estejam na liderança da era digital.

Países mais pobres, situados na periferia das mudanças em curso, em especial aqueles da África, também perseguem a estratégia de transformação digital, apesar de muitas vezes carecerem de recursos financeiros e de capacitação e contarem com estruturas regulatórias ainda frágeis. Porém, as perspectivas de crescimento – de suas infraestruturas digitais e de consumidores nas redes sociais, comerciais ou financeiras – são significativas e atraentes para as megacorporações. Observa-se a dependência de governos neste continente por orientações de organizações multilaterais sobre políticas, regulação, financiamento e tecnologias, e os esforços de tratamento e gestão de dados conduzidos na sua maior parte por organizações internacionais e pelas GCDs.

Além de buscarem avançar em questões já superadas por outros, como a melhoria de infraestrutura digital e do índice de conectividade, países africanos ainda apresentam problemas graves de infraestrutura básica, como fornecimento de energia e água,

---

12 SILVEIRA, 2023a, p. 20.

insumos vitais para a vida e que vêm sendo disputados para prover o processamento de dados.

Outros países analisados se destacam por longa experiência em políticas de TICs e digitais, e concorrem por espaço e liderança através de suas grandes corporações com papel global relevante na era digital. A Coreia investe pesadamente no reforço à capacitação tecnológica e produtiva de equipamentos e semicondutores em sua estratégia digital, enquanto o Japão parece se ressentir da vitalidade de políticas de outrora para responder às exigências da fase atual.

Já a Indonésia e o Vietnã, potências emergentes do Sudeste Asiático, apresentam políticas ambiciosas no que diz respeito ao desenvolvimento produtivo e capacitação para o domínio das tecnologias e estabelecimento de parcerias para além das megacorporações ocidentais. O Vietnã confere prioridade à formação altamente qualificada em ciências e tecnologias digitais e de dados, assim aspira o desenvolvimento de todo o sistema produtivo e inovativo em torno da Economia Digital. A Indonésia trata com especial atenção a soberania dos dados, seu armazenamento, localização e gestão.

Nos países dessa região, estima-se um crescimento significativo da capacidade de consumo das famílias nas próximas décadas e de deslocamento para as cidades. Uma área de notável transformação digital pós-pandemia foi o setor de serviços financeiros, com aumentos significativos nas transações de comércio eletrônico e crescente adoção de pagamentos digitais. O crescimento do comércio transfronteiriço na última década também alimentou a adoção de pagamentos digitais. A Indonésia, por exemplo, empenha-se pela soberania nas finanças digitais.

Na maior parte dos países analisados, o desenvolvimento de métricas e indicadores específicos não tem destaque relevante, muitos se inspiram e acompanham os modelos em construção pelos organismos internacionais. Sobressai-se a Austrália que, no conjunto de suas práticas, vem pioneiramente trabalhando em estatísticas e construção de índices de medição da Economia Digital em parceria com órgãos internacionais.

Por fim, destacam-se práticas de implementação de processos participativos para a formulação de estratégias, nas quais a Austrália se destaca, com realização usual de consulta à sociedade para a definição de suas políticas. O Vietnã, por sua vez, estimula processos de sensibilização, popularização e capacitação na sociedade a partir dos espaços locais, bairros, comunidades e associações.

São apresentadas, no próximo item, as experiências de cada um dos países selecionados e, em seguida, as considerações finais.

1 Experiências dos países selecionados

1.1 Austrália

A Austrália possui altos índices de conectividade à internet e vem se sobressaindo na formulação de políticas, com institucionalidades comprometidas em alto nível hierárquico por parte do governo, envolvendo primeiro-ministro e ministros.

Desde a década de 2010, o país vem avançando na estratégia de melhorar a disponibilidade e simplificação do compartilhamento de dados públicos utilizados pelo serviço público. Também se notabiliza pela criação de várias leis para o fortalecimento do arcabouço regulatório, que visam definir padrões para compartilhamento seguro e transparente de dados do setor público.

Uma série de legislações e revisões de regulamentações de dados foram implementadas nas últimas décadas, dentre as quais, salientam-se: Lei da Privacidade, de 1988; Legislação de Vigilância; Lei da Liberdade de Informação, de 1982; Lei de Disponibilidade e Transparência de Dados, de 2020; Declaração de Política de Dados Públicos, de 2015; Estratégia de Segurança Cibernética (2020);

Inquérito de 2017 da Comissão de Produtividade sobre Disponibilidade e Uso de Dados; e Modernização dos Cadastros de Empresas.

Destacam-se, ainda: o Direito de Dados do Consumidor (CDR), que facilita o controle por parte dos consumidores sobre seus próprios dados mantidos por empresas privadas, baseada no consentimento e escolha de quais dados podem ser compartilhados, para qual finalidade e por quanto tempo; e a lei *The News Media and Digital Platforms Mandatory Bargaining Code* (*the Code*), em vigor desde 2021, que visa a regulação com pagamento pelas big techs e suas plataformas digitais aos meios de comunicação tradicionais, iniciativa pioneira em nível mundial.

De forma associada ao quadro regulatório, a Austrália avança na implementação de instrumentos para a digitalização do governo e dos serviços públicos, com destaque para as plataformas de acesso a informações e serviços de governo e de saúde, *MyGov* e *My Health Record*, assim como na identificação digital, o *MyGovID*. A plataforma *MyGov* foi introduzida em 2013 e é a maior e mais reconhecida plataforma governamental australiana, com um número bastante alto de contas ativas e de acessos diários. A partir do *MyGov* é possível acessar diferentes serviços, saúde e cuidados para crianças, idosos, veteranos, habitação.

A partir de 2021 foram formuladas algumas relevantes estratégias para a promoção da Economia Digital e de Dados, inclusive para o governo digital. Em 2021, foi formulada uma estratégia para a transformação digital, *Digital Economy Strategy* – 2030, que estabelece ações adicionais a iniciativas digitais e de dados anteriores. Seu ambicioso objetivo é que o país seja uma economia e sociedade digital líder mundial até 2030 com: alto crescimento, todas as empresas se tornando negócios digitais, todos os australianos com habilidades e acesso a tecnologias digitais, prestação de todos os serviços governamentais por meio digital, regulamentação adequada que gere confiança e integração de dados e tecnologias que tornem a vida mais fácil.

Essa estratégia parte da compreensão das mudanças significativas na natureza do trabalho, com aumento do trabalho com baixa qualificação, mas também do trabalho mais qualificado e da ascensão de profissões relacionadas às TICs e às tecnologias digitais com maiores salários e oportunidades. Com isso, aposta-se na Economia Digital para aumentar as taxas de produtividade, melhoria do desempenho e da qualidade de vida. Apoia-se em quatro pilares: infraestrutura digital para conectividade; segurança cibernética, proteção e confiança; capacitação e inclusão; sistemas e regulamentação; e engajamento comercial e internacional. Suas principais prioridades são o setor produtivo, com foco na elevação da capacidade digital de PMEs; de exportadores competitivos de manufatura, mineração, agricultura e construção; e de empresas de tecnologias emergentes e *startups*, como *fintechs* e *regtech*s.

Em seguida à estratégia digital, ainda em 2021, foi lançada uma estratégia de dados, *Australian Data Strategy* 2021-2025, vinculada aos seus propósitos, para a conformação de um "ecossistema de dados", com foco no aprimoramento do governo e da oferta de serviços públicos digitais. Visa apoiar a transição contínua do país para uma economia orientada por dados, com capacidade para utilizar, reutilizar e partilhar dados públicos e privados de forma eficaz, segura e protegida. A estratégia foi associada a uma consulta à sociedade para a elaboração de um plano, prática usual na construção das políticas do país.[13]

Conceitualmente, argumenta-se que o valor dos dados decorre da sua utilização, reutilização e reaproveitamento, especialmente em grandes volumes, e parte-se do reconhecimento de que os dados são um importante ativo nacional que impulsiona a inovação e transforma o mundo, que cresce exponencialmente e impulsionará a produtividade na economia futura. A Estratégia visa promover a

---

13 Para tal, foi criado um portal de consulta pública à população, no qual foram ouvidos diversos atores, funcionários públicos, governos estaduais e territoriais, empresas, organizações acadêmicas e comunitárias.

maximização da utilização dos dados, com a premissa que os dados podem criar um novo valor quando compartilhados entre diferentes níveis de governo e dos setores privado e não-governamental.

Sobre a regulação do fluxo de dados internacionais, o país se alinha com os padrões hegemônicos no mundo, evitando a localização injustificada de dados, que afete o comércio internacional, tornando abertos dados não sensíveis e mantendo a segurança, proteção e ética.

Segundo a estratégia de dados, o governo deve se envolver em todas as fases do ciclo de vida da gestão de dados e deve planejar como são gerados, recolhidos, analisados e utilizados, bem como preservados e destruídos.

> A visão do governo é ajudar a desbloquear o valor econômico e social dos dados, não só melhorando a forma como gerimos os nossos ativos de dados para desenvolver políticas e fornecer serviços, mas também removendo barreiras a um melhor acesso aos dados, uso e compartilhamento por todos.[14]

Ao mesmo tempo, são reconhecidas as dificuldades de quantificar o valor dos dados para a economia, tendo em vista a existência de uma série de benefícios indiretos do aproveitamento dos dados e obstáculos para observar e mensurar tais mercados.

Na estratégia de dados, a posição do governo australiano sobre segurança de dados segue três pilares fundamentais: i) até que ponto os dados estão protegidos, em relação à sua sensibilidade, e por quem; ii) responsabilização dos custodiantes, através de orientações, políticas e mecanismos legislativos claros e concisos; e iii) quais dados e onde estão sendo armazenados e quem tem acesso e capacidade de remover, transferir e destruir os dados.

---

14 AUSTRALIAN Government, Department of The Prime Minister and Cabinet. *Australian Data Strategy*, The Australian Government's whole-of-economy vision for data, 2021, pp. 11/12.

Concomitantemente, estava sendo formulado o Plano de Ação Nacional para a Segurança de Dados, como parte da estratégia para a Economia Digital 2030. Sua prioridade é garantir o controle da Austrália sobre os acervos de dados sensíveis, garantindo configurações de segurança robustas para os dados do governo, com base em estratégias de hospedagem e de certificação.

Em 2023, foi lançada a *Data and Digital Government Strategy*, específica para definir políticas de dados para o serviço público, acesso, integração e compartilhamento. Sua formulação também contou com consulta pública presencial e *on-line* a funcionários do serviço público, governos estaduais e territoriais, indústria e negócios, academia e organizações comunitárias. A proposta da estratégia é tornar aberto por padrão os dados não confidenciais de governo e ter controles formais para o compartilhamento de dados mais sensíveis sob acordos, para garantir a privacidade, segurança e uso ético, e a coleta e análise de dados para avaliação das políticas e dos serviços. A estratégia tem como visão, até 2030: "fornecer serviços públicos simples, seguros e conectados para todas as pessoas e empresas por meio de dados e recursos digitais de classe mundial". Para isso, estabelece cinco missões: alcance de todas as pessoas e empresas; serviços simples e integrados; governo para o futuro; seguro e confiável; e dados e bases digitais.

A integração dos dados governamentais é também considerada fundamental, para evitar os riscos de formação de silos de informação separados nos diferentes departamentos. Reconhece-se o potencial da combinação e integração de informações de diferentes fontes de dados para obter novas informações sobre a sociedade, economia e ambiente. O país já conta com vários conjuntos de dados governamentais integrados utilizados para a tomada de decisões políticas, ativos integrados sobre saúde, pessoas com deficiência, educação, pagamentos governamentais, rendimentos e impostos, empregos e dados demográficos da população ao longo do tempo; e um ativo de dados baseado em negócios.

Apesar dos índices crescentes de inclusão digital no país, o documento final dessa estratégia destaca a persistência de uma exclusão digital, particularmente entre aborígenes, idosos, pessoas desprovidas socioeconomicamente e de regiões mais remotas e a preocupação de que estes fiquem ainda mais para trás com as mudanças digitais em curso. Aponta para a necessidade de reconstrução dos dados e da força de trabalho do serviço público australiano, tendo em vista efeitos negativos de sua terceirização em anos recentes, que contribuiu para dependência por capacitações externas e aumento dos custos. Além disso, alerta para a queda da classificação da Austrália no Índice de Desenvolvimento do Governo Eletrônico das Nações Unidas (EGDI).

O governo da Austrália também realiza esforços de mensuração das atividades digitais na economia, realizados sob a responsabilidade do Australian Bureau of Statistics (ABS). A ABS foi pioneira na medição da Economia Digital, desde 2019, alinhada à OCDE e ao US Bureau of Economics Analysis (BEA), para seleção de produtos digitais a partir das tabelas nacionais usuário-fornecedor e estatísticas de emprego e valor adicionado ao PIB. Os resultados seguiram a mesma proposta do BEA, que inclui infraestrutura facilitadora digital, mídia digital e comércio eletrônico.[15]

Pesquisas e desenvolvimento futuros para medição da Economia Digital incluem: setores digitalizados emergentes, financeiro e de transporte por aplicativo; digitalização de produtos, incluindo melhorias na modelagem do comércio eletrônico; terceirização de atividades digitais; e digitalização de comércio internacional. Entre outras iniciativas, o governo está implementando o Atlas Digital, uma plataforma tridimensional que permite visualizar a geografia do país, com dados governamentais sobre economia, emprego, infraestruturas, saúde, terra e ambiente, meteorologia e informações

---

15 Ver capítulos de III e IV, de Britto e Falcón.

para conter desastres naturais e emergências, em uma base integrada de dados georreferenciados nacional.

1.2 Coreia

A República da Coreia é um país pujante do Sudeste da Ásia, considerado o mais conectado do mundo. Pioneiro no universo digital em alguns campos, com alta penetração da internet, redes de banda larga em quase todos os domicílios e acesso amplo às tecnologias digitais. Essa posição é resultado de um largo histórico de políticas de Estado para investimentos na industrialização, a partir da década de 1960, e no desenvolvimento das TICs, tecnologias digitais e de infraestrutura. Algumas empresas coreanas de produção de bens de consumo duráveis e de equipamentos de TICs são potências mundiais e se posicionam entre as grandes corporações do mundo digital.

O país também tem envidado esforços em regulamentação da Economia Digital e da governança de dados, atuando na elaboração, revisão e implementação de leis, políticas, programas e projetos de promoção da Economia Digital e da Economia de Dados. As políticas coreanas, em geral, e as relacionadas a tecnologias digitais e de dados, em particular, são fortemente dirigidas pelo Estado, com papel ativo do Presidente do país e ministros.

Desde a década de 1960, a Coreia iniciou ações relacionadas ao tratamento dos dados dos cidadãos, com a criação de um sistema de identificação pessoal vitalício e, a partir de meados dos anos 1970, a informatização da Administração Pública. Com a emergência da internet, investiu em infraestrutura e na autenticação *on-line*, a partir do final da década de 1990, formando a base para o comércio eletrônico e outros serviços eletrônicos emergentes.[16]

---

16 Para quadro síntese das políticas de informatização e de dados da Coreia desde a década de 1960, ver LEMOS, Cristina. "Economia de Dados: abordagens conceituais, sistemas de mensuração e políticas em países e

Questões relacionadas à Economia de Dados emergem em 2017, expressas pelas palavras do Presidente do país: "a Economia de Dados trará uma mudança inevitável e devemos ter uma estratégia para nos engajar na mudança global".[17] Na ocasião, o dirigente argumentou pela necessidade de ampla desregulamentação e de abertura de dados para fins industriais e públicos, incluindo dados pessoais anônimos. Posteriormente, a ênfase nos dados se deu com o lançamento da Estratégia Nacional de IA, em 2019, que contemplava o *Digital New Deal* e o plano da barragem de dados.

A partir da pandemia, vários planos relacionados à transformação digital foram lançados. Em 2020, o *Korean New Deal 1.0* consistiu em estratégias de investimentos e aperfeiçoamentos regulatórios para a adequação às rápidas mudanças em curso. O plano foi uma estratégia de desenvolvimento nacional para apoiar a recuperação do país da crise pandêmica e liderar as ações globais, centradas nas transformações digital e ambiental, fortalecendo os já existentes *Digital New Deal* e o *Green New Deal*, além da segurança social e do sistema de bem-estar para os coreanos.

Sobre o *Digital New Deal*, sua área central são as indústrias relacionadas a dados, enfatizando a importância de coletar, divulgar, utilizar e distribuir dados. Por meio desse plano, o governo coreano objetivou atuar no governo digital, saúde digital e na construção de uma infraestrutura de dados. Para isso, reuniu alguns projetos existentes, entre os quais salientam-se:

- *Data Dam Project*: chamada para projetos de construção de uma "barragem de dados", uma grande "represa" de dados para apoiar o desenvolvimento de big data e promover uma economia baseada em dados;

---

blocos de países selecionados na África, Ásia e Oceania". Nota Técnica 3 do Projeto EconDados. *RedeSist e Cicef*, 2024.

17 YOON, 2021, p. 379.

- *Projeto MyData*: credenciamento de empresas operadoras para gerenciar informações pessoais com combinação de dados pseudônimos dos setores financeiro, de telecomunicações, saúde e público;
- *Data Voucher Project*: apoio a inovação da indústria e desenvolvimento de novos serviços com uso de dados;
- *My AI Assistance Project*: uso de IA para recomendação de serviços que o cidadão pode receber, com base no seu consentimento;
- *Digital Wallet*: informações e serviços governamentais integrados em um aplicativo digital gerenciado pelo cidadão – ID para celulares, certificados eletrônicos e outros serviços e notificações;
- Indústria "sem contato" (não presencial, via aplicativos digitais): promoção de transformação digital da vida cotidiana, incluindo suporte a serviços de saúde digitais e a inovação digital de infraestruturas sociais, como estradas e ferrovias, e baseada em dados.

Esse primeiro *New Deal* foi apontado como pouco inovador, composto por reciclagem de vários planos e projetos já existentes.[18] Avaliações indicaram fraco êxito para o conjunto da base industrial, problemas com custos, com baixas adesão e conscientização, utilização de dados do setor privado e taxa de adoção de big data pelas empresas. Do ponto de vista do desenvolvimento produtivo, foram apontados gargalos relacionados a direitos de proteção das informações e de dados não abertos e a necessidade de promover maior abertura e compartilhamento de dados.

Em 2021, foi lançado o *Korean New Deal 2.0*, com estratégia de desenvolvimento em um novo nível pós-pandemia, visando

18 YOON, 2021.

acelerar as transições digital e verde, após a explosão da educação e do trabalho remoto e da telemedicina, com mais investimentos nas "indústrias do futuro", uma atualização do *New Deal Digital* e com objetivos específicos para estabelecimento de uma "nação digital líder mundial".

Ainda em 2021, o governo anunciou uma estratégia de dados para revitalizar a Economia Digital com a utilização de dados abertos e estabeleceu um Comitê Especial de Dados. Este Comitê procurou formular medidas inovadoras de dados, lideradas e baseadas em consultas ao setor privado, e reforçar o "ecossistema" baseado em DNA (Dados, Rede, IA), visando apoiar a base digital e espalhá-la para todos os setores e regiões do país.

Em 2022, foi promulgada uma lei de promoção da utilização de dados na indústria, *Data Framework Act*, com a criação de um Comitê Governamental da Plataforma Digital. Esta é a lei básica para apoiar sistematicamente a Economia de Dados e sua criação se baseou no fato de que existiam leis para fortalecer e inovar as capacidades de dados no setor público e o seu uso, porém, não havia lei para preparar as bases para a utilização de dados privados.

Foi priorizada a concepção de uma Plataforma Digital Governamental, compartilhada por público e privado e para conectar todos os dados, de governo, cidadãos e empresas para maior acesso aos dados. "Cidadãos, empresas e governos resolvem juntos as questões e criam novo valor via Plataforma Digital a qual conecta todos os seus dados".[19]

Ainda em 2022, foi criado o Comitê Nacional de Política de Dados sob a tutela do primeiro-ministro, com objetivo de estabelecer a estratégia de dados em nível nacional, gerenciar políticas nacionais gerais para dados públicos e privados e sistemas que promovam a

---

19 HWANG, Jong-Sung. "New Journey to Digital Platform Government Korea's Strategy for Government Innovation". *National Information Society Agency (NIA), The World Bank*, 2023.

produção, comércio e utilização de dados, além de elaborar alterações regulamentares para a nova indústria de dados e as bases para o primeiro Plano de Promoção da Indústria de Dados. Com propósito de promover políticas para construir a "melhor cadeia de valor de dados do mundo" com base na cooperação governamental e privada, os pressupostos do plano seriam: i) abrir e garantir dados de qualidade; ii) construir um "ecossistema" comercial e logístico com barreiras de entrada mais baixas para empresas privadas; iii) promover uma base de dados segura para acelerar a inovação; e iv) reforçar a base da indústria de dados, envolvendo empresas, mão de obra e tecnologias.

Em 2023, foi lançada a Estratégia Digital da Coreia, que prioriza a concentração de investimentos em P&D nas seis principais tecnologias digitais inovadoras: AI, semicondutores de AI, comunicação 5G e 6G, quântico, metaverso e segurança cibernética. Tem foco na educação digital para promoção de talentos digitais e parcerias público privadas; promoção da organização de plataformas digitais e projetos de *blockchain* com confiança, além da plataforma digital governamental.

No início de 2024, com objetivo de instalar complexos de semicondutores em algumas cidades do país, o governo anunciou investimentos de cerca de U$470 bilhões no que chamaram de maior complexo de semicondutores do mundo.[20] Também anunciou incentivos de cerca de U$20 bilhões para o fortalecimento da indústria

---

20 Um "*megacluster*" na província de Gyeonggi, onde se localiza um parque de produção e pesquisa de *chips* e com um *data center* nacional de IA. O projeto tem parceria com grandes empresas coreanas, e visa aumentar a competitividade global e a autossuficiência em materiais, peças e equipamentos essenciais para a produção de *chips* para 50% até 2030. (DONG-HWAN, Ko. "Gwangju's plan to foster chip, AI projects overshadowed by Gyeonggi Province's mega chip cluster decision". *Korean Times*, 19 jan. 2024; FRITZ, Martin. "South Korea invests big in becoming a global chip leader". *Deutch Welle*, 24 jan. 2024).

de *chips* do país, para que suas grandes corporações se mantenham competitivas mundialmente em IA.

1.3 Japão

O Japão é uma das cinco maiores economias do mundo e, nas últimas décadas do século passado, alcançou a liderança em tecnologias avançadas, incluindo as TICs, com a criação de um sistema robusto de produção e inovação e de grandes corporações transnacionais. Pioneiro na regulação, iniciou o processo de criação de legislação para proteção de dados pessoais e segurança cibernética ao final do século passado e foi o primeiro a se adequar às regras de proteção de dados da UE. Foi também reconhecido por adotar políticas e visão de futuro no gerenciamento de dados.

O país tem objetivos de liderança mundial na utilização da tecnologia digital, através da cooperação internacional para a promoção dos fluxos de dados transfronteiriços de confiança (DFFT). Para isso, promove o fluxo livre de dados, baseado em padrões internacionais, para governar os DFFT com segurança cibernética.

Em Planos Básicos de Ciência e Tecnologia de 2016 e 2021, o país estabeleceu a Sociedade 5.0, sociedade futura almejada para o país, à qual deve ser: "centrada no ser humano, que equilibra o avanço econômico com a resolução de problemas sociais por um sistema que integra altamente o ciberespaço e o espaço físico".[21] Na visão de futuro, uma enorme quantidade de informações de sensores no espaço físico é acumulada no ciberespaço, onde esse big data é analisado por IA. A estratégia visa contribuir para atingir os ODS/

---

21 GOVERNMENT OF JAPAN, Science, *Technology and Innovation Basic Plan*, 26 mar. 2021, p. 11. A Sociedade 5.0 dá prosseguimento à sequência: sociedade de caça (Sociedade 1.0), sociedade agrícola (Sociedade 2.0), sociedade industrial (Sociedade 3.0) e sociedade da informação (Sociedade 4.0).

ONU e beneficiar setores como mobilidade, saúde e cuidados, manufatura, agricultura, alimentação, prevenção de desastres e energia.

Em 2021, o governo lançou a Estratégia Nacional de Dados, como a base para toda as atividades sociais e industriais. Nela, se reconhece que o governo tem papel fundamental, seja como o maior detentor de dados do país, seja pelo impacto que seus sistemas e ações geram na sociedade e na economia do Japão; e é responsável por formular a estratégia, arquitetura, quadro de identificação, base registros e dados essenciais de uma "plataforma de plataformas", e por reformas e definição de regras.

Com arquitetura baseada na visão de futuro da Sociedade 5.0 e nos princípios de confiança, fluxo livre de dados, governo aberto, dados e atividades abertas, algumas das ações da estratégia foram as seguintes: estabelecimento de esquemas de autenticação; estrutura de confiança; certificação e critérios; divulgação de serviços qualificados; e quadro internacional de reconhecimento mútuo. Pressupõe, ainda, uma infraestrutura ultra eficiente, com armazenamento e processamento de dados com alta capacidade e aproveitamento de dados, interoperabilidade e regras bem definidas para o gerenciamento de dados, além de forte desenvolvimento de recursos humanos, com a capacitação básica para todos e força de trabalho qualificada e habilitada em dados.

A plataforma de dados prevista visava diferentes funções e serviços, a partir de dados de educação, saúde, agricultura, infraestrutura, prevenção de desastres, entre outros, e regras estabelecidas para os fluxos de dados; e ser intermediária entre o mercado e a sociedade, justa e neutra. Foram selecionados 19 tipos de registros em seis campos – pessoas, empresas, terra, facilidades, leis e outros – por exemplo, número do cidadão, nome, sexo, data de nascimento, registro de empresas, relatório financeiro, código postal – para serem testados até 2025 e aperfeiçoados.

No entanto, análises apontaram para a ausência de avanços significativos no gerenciamento de dados no país, com uma relativa falta de iniciativas destinadas a ampliar o uso de dados. Além disso, o desempenho do governo foi mal avaliado pela sociedade durante a pandemia, sendo reconhecida sua ineficiência para ações de enfrentamento e a baixa implementação de ferramentas digitais necessárias.

Como resposta, em 2021 foi criada a *Digital Agency*, para conduzir e coordenar as ações de transformação digital japonesa. Em 2022, sob coordenação desta, o *Priority Policy Program for Realizing Digital Society* foi lançado pelo primeiro-ministro e ministro para assuntos digitais. Este programa torna a digitalização prioridade máxima do país. A agência tem amplos poderes para definir a estratégia de médio e longo prazo para a sociedade digital e o plano tem três pilares: fornecimento de serviços públicos centrados no cidadão; modernização da infraestrutura digital para o crescimento inclusivo, com foco nas diferentes regiões e em áreas rurais e atividades econômicas; e fortalecimento da resiliência digital. Sua implementação prevê a adoção de reformas estruturais digital, administrativa e regulatória integradas e drásticas até 2025. A intenção é reformar milhares de leis e regulamentos da era analógica, para que estejam em conformidade com princípios digitais.

No programa, considera-se a sociedade digital como a "sociedade onde cada cidadão pode escolher serviços que satisfaçam as suas exigências e alcançar diversas felicidades através da tecnologia digital", o que levará a uma "sociedade digitalizada amiga das pessoas, onde ninguém será deixado para trás".[22]

São previstas políticas para expandir a reforma digital, como certificados digitais e sistemas de assinatura. *My Number System* e *My Number Card* são sistemas de identificação digital para cidadãos e residentes, para acesso a serviços de criação de empresas, bancos, seguros de saúde, carteiras de motorista e verificação do *status* de

22 DIGITAL AGENCY. *Priority Policy Program for Realizing Digital Society*. Japão, 2022, p. 3.

residência, procedimentos fiscais, cuidados infantis, cuidados médicos, de enfermagem, realocação e serviços funerários.

O programa digital tem como princípio a participação do setor privado, de empresas nacionais e estrangeiras e de mão de obra qualificada. Tanto assim que, as maiores corporações transnacionais de dados participam ativamente. A Agência Digital estabeleceu, desde sua criação, contratos com Amazon, Google, Microsoft e a Oracle como provedores para o fornecimento de plataformas de serviços de nuvem governamental para o setor público.

1.4 Indonésia

A Indonésia é a mais populosa e maior economia do Sudeste Asiático e suas taxas de crescimento na última década estão entre as mais expressivas do mundo. No início de 2025 passou a fazer parte do seleto grupo dos BRICS como membro pleno. A Economia Digital do país teve estimativa de crescimento de mais de 60%, de 2021 a 2025, sendo um dos destinos mais atraentes da região. Sua dinâmica pode ser entendida pelo elevado ritmo de penetração da internet, além de a população ser composta em grande parte por jovens com um alto índice de alfabetização.

Várias iniciativas foram lançadas pelo governo para apoiar a Economia Digital, com investimentos em infraestruturas de telecomunicações físicas e digitais, em *startups* e empresas de pequeno porte e apoio a negócios *on-line*. Conduzidas pelo Ministério das Comunicações e Informática (Kominko), contam com a liderança do Presidente do país, que tem reforçado o discurso de soberania nacional, a necessidade de reduzir a dependência de empresas estrangeiras e de ter maior controle, especialmente, sobre as transações financeiras no país.

Em 2018, o Kominko estabeleceu o *Roadmap Making Indonesia 4.0*, com foco na aceleração da transformação digital nacional, diversificação econômica e melhoria de desequilíbrios comerciais por meio do aumento de exportações de mais alto valor. Assim, estabeleceu como prioridades de desenvolvimento: infraestruturas digitais para melhoria do acesso de serviços e de tecnologias 5G, centros nacionais de dados e a estratégia do *Indonesian One Data*, recursos humanos em áreas digitais, regulação para o "ecossistema digital" e transformação digital em setores estratégicos – governo digital, segurança social, saúde, educação, comércio, indústria e radiodifusão.

Desde 2019, o Presidente do país emitiu um regulamento relativo à implantação do *Indonesian One Data*, como uma política de governança para produzir dados governamentais precisos, atualizados, integrados, responsáveis e facilmente acessíveis e compartilhados entre agências centrais e regionais, com análise de big data para o planejamento, implementação, avaliação e controle integrado de políticas de desenvolvimento, além de alimentar estatísticas oficiais.

Na Indonésia, como ocorrido em outros países, a pandemia da Covid-19 acelerou a difusão da Economia Digital e imprimiu mudanças em vários campos, no comportamento das pessoas, na adoção acelerada de centros de dados e de tecnologias de computação em nuvem e no emprego para trabalhadores menos qualificados.

Assim, em 2021 o governo lançou o *Indonesian Digital Roadmap 2021-2024*, visando fortalecer as ações para a transformação digital, suportado em quatro pilares básicos: sociedade digital, infraestrutura digital, Economia Digital e governança digital. Seu objetivo é implementar uma política baseada em dados e acelerar a digitalização dos serviços públicos. Para isso, no campo do governo digital, foi reforçada a criação de um superaplicativo de governo, único e abrangente, com integração dos serviços públicos e reorganização de milhares de aplicativos dispersos, na estratégia do *Indonesian One Da*ta. Prevê a construção de quatro centros de dados baseados em nuvem para governança dos dados governamentais, com conformidade com padrões de dados, metadados, interoperabilidade e uso de códigos de referência e dados mestre – inspirado em portais do Reino Unido e da Coreia.

Para a aceleração da infraestrutura digital, planeja-se a construção da rede de telecomunicações para aumentar a conectividade em todo o país, incluindo zonas fronteiriças, ultra periféricas e desfavorecidas (cabos de fibras óticas complementados com satélites); conclusão da infraestrutura de 4G em sub-regiões e desenvolvimento de redes de 5G. Foi, ainda, priorizado o estabelecimento do Centro Nacional de Dados e o desenvolvimento de um centro de monitoramento da qualidade da experiência e dos serviços de telecomunicações em mais de 500 cidades e regiões em todo o país.

O plano também estabelece a formação de um "ecossistema digital" para utilização das TICs, com iniciativas em 10 setores prioritários, incluindo turismo, comércio digital, serviços financeiros, meios de comunicação e entretenimento, agricultura e pesca, imóveis e cidades, educação, saúde, indústria e instituições governamentais. Um dos programas trata da adesão à digitalização das PMEs, estímulo a empresas unicórnios e novas *startups* digitais de serviços financeiros, digitalização industrial, mídia de entretenimento e transmissão digital, agricultura e pesca, educação, saúde e imóveis ou cidades digitais. Também se desenha uma estratégia nacional de IA, para adoção em vários setores econômicos.

Além de um Programa Nacional de Alfabetização Digital, a capacitação em dados para dotar a próxima geração de competências essenciais é outro foco da política, com significativos investimentos em infraestrutura e centros de pesquisa em ciência de dados e o desenvolvimento de currículos de ciência de dados por parte de universidades e programas de formação. As parcerias público-privadas também são relevantes na promoção da adoção da ciência de dados em todos os setores.

1.5 Vietnã

O Vietnã vem despontando na economia mundial, sendo o segundo país mais populoso e o que mais rapidamente cresce no Sudeste Asiático.

Em 2021, o governo lançou o Programa Nacional de Transformação Digital 2025 – 2030, tendo como pilares: desenvolvimento de governo digital, Economia Digital e negócios digitais com capacidade global e sociedade digital. O programa considera a transformação digital como uma transformação cognitiva e que se deve avançar rapidamente para atrair recursos e oportunidades. A proposta é renovar de forma fundamental e abrangente as atividades de gestão e administração do governo, assim como as produtivas, o modo de vida e de trabalho das pessoas, desenvolvendo um ambiente digital seguro, humano e amplo. Para isso, prevê a criação e revisão de leis, com criação de um quadro jurídico adequado aos imperativos da transformação.

A formulação e implementação desta política está sob liderança do primeiro-ministro e do Ministério da Informação e Comunicações. Foi criado o Comitê Nacional de Governo Eletrônico, com objetivos de propor orientações, estratégias, mecanismos e políticas para criar um ambiente jurídico promotor do processo de transformação digital, e supervisionar e coordenar a implementação do programa de transformação digital. Também foi criado o Comitê Diretivo para a construção do governo eletrônico dos ministérios, agências e dos comitês populares das províncias e cidades. O envolvimento de todo o sistema político, ações sincronizadas em todos os níveis e a participação de toda a população são fatores considerados necessários para garantir o sucesso da transformação digital.

O pilar da sociedade digital visa o desenvolvimento e redução do fosso digital e tem papel de destaque para a comunicação e sensibilização da população sobre os significados desta era. No plano, as pessoas são consideradas o centro dessa transformação e os celulares o principal meio de comunicação no mundo digital. A intenção é formar uma cultura digital associada à proteção dos "valores morais básicos" das pessoas e da soberania digital nacional.

Considera-se fundamental transformar a consciência das pessoas, convencer, sensibilizar e popularizar a percepção de urgência da transformação digital na sociedade, espalhando-se por bairros, localidades, comunidades, partido, com disseminação de capacitação e competências nas localidades para utilização da internet e de suas ferramentas, para compras e pagamentos digitais e utilização de serviços públicos, garantindo a segurança dos dados pessoais. Propõe, ainda, desenvolver uma identidade comum, com imagem e marca nacional em transformação digital para mobilização e estímulo à inovação e à indústria criativa, com propaganda e divulgação massiva de casos de sucesso.

Para desenvolvimento de um governo digital, o plano prevê a constituição de uma plataforma digital integrada, para disponibilização de bases de dados nacionais e de localidade sobre população, terras, registro comercial, finanças e seguros e a construção de um portal nacional de dados, integrando-se com o sistema de conhecimento digitalizado vietnamita. Além disso, também se objetiva criar uma base de dados para os principais setores econômicos, com infraestrutura de IoT, conectada e partilhada entre agências estatais e dados abertos para organizações, empresas e serviços públicos. Foram estabelecidas metas até 2025 para melhoria da eficiência operacional e integração do sistema de dados governamentais.[23]

O pilar da Economia Digital foca na melhoria da competitividade da economia. As instituições e as tecnologias são consideradas a força motriz da transformação digital e as empresas de tecnologia digital nacionais a força chave para desenvolver infraestruturas, plataformas, serviços, consultoria e fornecimento de soluções de transformação digital – considerando desde o produto ou serviço,

---

23 Entre as quais: 80% dos serviços públicos *on-line*; 90% dos registos de trabalho em nível ministerial e provincial, 80% em nível distrital e 60% em nível comunal; 100% dos relatórios, periódicos, estatísticas, serviços administrativos do governo e do primeiro-ministro; 100% das bases de dados nacionais do governo eletrônico; abertura dos dados dos órgãos estatais para prestação de serviços públicos em tempo hábil; e 50% das atividades de fiscalização dos órgãos gestores estaduais em meio digital.

até o domínio de tecnologias essenciais. Também está prevista a cooperação internacional com empresas tecnológicas mundiais para pesquisa, desenvolvimento, transferência e aplicação de novas tecnologias e novos modelos.

O plano visa ainda o desenvolvimento de negócios digitais, de grandes corporações a *startups* de tecnologias digitais, com objetivo de passar da montagem e processamento de tecnologias para a fabricação de produtos digitais, em direção ao almejado "*Make in Vietnam*". Abrange desde P&D, *design* e fabricação de dispositivos digitais – como *smartphones*, *smart TVs*, *tablets*, dispositivos de IoT, com padrões técnicos e regulamentos de segurança e proteção de redes – ao conteúdo digital, plataformas, comércio eletrônico, indústrias criativas, integração de informações com bases de dados digitais, automação de processos e gestão de negócios em setores como saúde, educação, agricultura, indústria, energia, transportes e logística, financeiro e bancário, tributário, aduaneiro, valores mobiliários, entre outros.

Há, ainda, o foco na formação e capacitação: i) formação de habilidades, concursos em massa, colaboração com organizações internacionais para treinamento de recursos humanos para uma cultura digital e treinamento de equipes de especialistas em transformação digital para empresas e localidades, como força central para orientar, organizar e difundir o processo de transformação digital; ii) programas de formação e reciclagem de competências e lideranças na gestão da transformação digital para chefes de agências, organizações e *CEOs* de empresas; e iii) programas de graduação, pós-graduação e formação profissional em tecnologias digitais emergentes, como IA, ciência de dados, big data, *cloud computing*, IoT, *blockchain*, entre outros.

O programa determina o desenvolvimento de alta-infraestrutura de banda larga de qualidade em todo o país, expandir a conectividade regional e internacional e redes 5G, implantar parques de alta tecnologia e industriais, zonas de processamento de exportação e centros de P&D e inovação, entre outros. Ainda, utilizar a tecnologia digital em infraestruturas essenciais, em áreas urbanas e nas de impacto social: saúde, educação, energia, água, transportes e logística, finanças, agricultura, recursos naturais e meio ambiente. Enfatiza também a universalização do acesso e em áreas mais remotas. E estrutura a construção de base nacional de dados sobre terras, recursos naturais, meio ambiente, mudanças climáticas, biodiversidade, fontes de resíduos, detecção remota, mar e ilhas, meteorologia, geologia, e construção de mapa digital nacional aberto como base para o desenvolvimento de serviços digitais socioeconômicos, com soluções inteligentes em monitoramento, supervisão, gestão, tratamento de incidentes ambientais e alerta precoce de desastres naturais.

Por fim, está previsto o estabelecimento de um conjunto de ações para avaliação de resultados, definição de critérios, construção e atualização de índices de avaliação do nível de transformação digital, incluindo índices de avaliações nacionais, digitais e da Economia Digital e desenvolvimento do conjunto de índices de medição do governo eletrônico.

1.6 Etiópia

Localizada no chamado Corno da África, a Etiópia é o segundo país mais populoso do continente, com enorme população jovem, uma das menores rendas *per capita* do mundo e uma economia eminentemente agrícola. Nas duas últimas décadas, o país apresentou um significativo crescimento médio de 8% do PIB e de 6% do PIB *per capita*, relacionado a investimentos públicos em infraestrutura e ao desempenho do setor de serviços e construção. Em 2024, passou a fazer parte do grupo dos BRICS como membro pleno, e tem se destacado entre os países contemplados por robustos investimentos chineses em infraestrutura na África, associados à iniciativa da Nova Rota da Seda.

O país ainda carece de muitos dos requisitos para uma transição digital, posto que é ainda pouco conectado e digitalizado, com limitado serviço de banda larga, falta de literacia digital, particularmente nas áreas rurais, elevado custo de dispositivos e serviços digitais, baixo comércio digital e digitalização financeira e ausência de regulação e de infraestrutura.

O Plano Decenal de Desenvolvimento (2020-2030) havia lançado uma série de programas e iniciativas para Economia Digital, com a criação de: centros de talentos e de superdotados e centros de dados nacional, "ecossistema de comércio eletrônico e de pagamento eletrônico"; centro logístico de comércio eletrônico para a África Oriental, análise de big data para os setores de agricultura, financeiro, análise populacional, bioinformática, engenharia de projeto; centro nacional de tecnologia de produção (manufatura, *software* AI-TIC, farmacêutico-nutrição); e programa de melhoria da cobertura de banda larga.

Em 2020, o primeiro-ministro lançou a Estratégia Digital para Prosperidade Inclusiva 2025, sob responsabilidade do Ministério da Inovação e Tecnologia, englobando a transformação digital dos serviços governamentais, pagamentos digitais e o programa nacional de identificação. A estratégia está alinhada com planos nacionais anteriores de redução da pobreza, desenvolvimento sustentável e econômico, correção de desequilíbrios macroeconômicos, superação de impedimentos estruturais e estabelecimento de prioridades setoriais para desenvolver uma "sociedade inclusiva, baseada no conhecimento e próspera". Os setores priorizados incluem agricultura articulada a um processo de industrialização voltado para exportação; desenvolvimento de TICs, com investimentos em infraestrutura de telecomunicações e digital, além de mineração, indústria criativa e turismo.

O documento da estratégia explicita que, embora a Etiópia tenha ultrapassado o estado analógico em algumas áreas e atividades, a penetração digital continuava baixa e poucos cidadãos tinham acesso a serviços governamentais ou a produtos e serviços do setor privado pela internet. Aponta, ainda, mudanças para além da Economia Digital, como o redesenho do currículo educacional para enfatizar adaptação, criatividade e colaboração em detrimento da aprendizagem mecânica, além de mudanças na abordagem da regulamentação, adotando princípios éticos fundamentais em vez de procurar "alcançar" regras específicas do produto/setor.

A estratégia compreende diferenças entre digitização e digitalização, com uma visão de estágios a serem cumpridos para alcançar a transformação digital, entendida como "a jornada de uma sociedade analógica para uma Economia Digital inclusiva e totalmente integrada", na qual as transações são feitas de forma mais rápida, mais barata e mais segura e a maior parte da interação ocorre *on-line*.[24] Em suas definições, os dados são tratados como um instrumento necessário para a transformação da economia, sendo pouco exploradas questões relacionadas ao seu valor econômico.

A estratégia é construída com base em quatro pilares de desenvolvimento: i) infraestrutura básica e de conectividade; ii) sistemas facilitadores para converter a conectividade em produtos e serviços utilizáveis com interoperabilidade – identificação digital, serviços financeiros digitais, plataformas de pagamentos, registros de ativos e segurança cibernética; iii) interações digitais entre governo, setor privado e cidadãos, com portais para participação na Economia Digital, comércio eletrônico, serviços governamentais; e iv) formação de um "ecossistema digital" – acesso a financiamento para infraestruturas e empresas tecnológicas, desenvolvimento do capital humano e literacia digital básica aos cidadãos, competências avançadas, especialmente para empregos futuros dos jovens, e ambiente regulatório eficaz que atraia investimentos, incentive a participação do setor privado, promova a inovação e gere confiança na Economia Digital. Quatro setores são priorizados para introdução de tecnologias avançadas e digital: agricultura, indústrias em expansão como a têxtil, serviços de TICs e turismo.

Destaca-se que para a implementação do Programa Nacional de Identificação Digital, foi criado um escritório dedicado ao projeto,

---

24 FEDERAL DEMOCRATIC REPUBLIC OF ETHIOPIA. *Digital Ethiopia 2025*: a digital strategy for Ethiopia inclusive prosperity. 20 dez. 2018.

subordinado ao Gabinete do primeiro-ministro, e assinado um contrato com um fornecedor de *software* de código aberto da Índia (a Mosip) para confecção do sistema. Estavam em curso licitações para compra de *kits* biométricos interoperáveis com a plataforma indiana.

Houve rápida expansão recente da Economia Digital, contudo, análises de organismos internacionais indicam um avanço limitado na qualidade e acessibilidade no país, e apontam este como resultado da expansão do acesso não ter sido acompanhada por investimentos correspondentes em serviços de telecomunicações. Salientam como obstáculos a ausência de um arcabouço de regulamentação estruturado, a carência de incentivos para as empresas que se dedicam à Economia Digital, assim como implementação fragmentada da política nacional de TICs. Relatam, ainda, fragilidades no que se refere à capacitação e qualidade da formação de recursos humanos e também relacionadas à implementação de iniciativas de digitalização, como o programa de ID.[25]

1.7 Quênia

O Quênia é um país situado na África Subsaariana e a base de sua economia é, principalmente, a agricultura e o turismo. Na trilha da transformação digital, o país é reconhecido como uma das economias digitais que mais crescem no mundo, isso, por ter dado um salto no índice de utilização de internet, de menos de 19%, em 2019, para 89%, em 2021, mas ainda com maior dificuldade de penetração em áreas rurais.

Em 2019, o *Kenya Digital Economy Blueprint* deu atenção especial à questão dos dados, ao apontar que a transformação digital da sociedade exigiria uma mudança de paradigma na política de

25 TEKLESELASSIE, Tsegay Gebrekidan. *Developing Ethiopia's Digital Economy*: Lessons from China. United Nation Conference on Trade and Development South-South Integration and the SDGs: Enhancing Structural Transformation in Key Partner Countries of the Belt and Road Initiative, 2021.

dados, "a matéria-prima básica da Economia Digital". Consideravam que evitar a coleta e o armazenamento de dados já não poderia ser um princípio orientador e que indivíduos e empresas deveriam ter confiança na proteção de seus dados contra abusos e os usuários e consumidores poderiam tomar suas próprias decisões sobre a forma como os seus dados são utilizados. "A segurança dos dados e a autonomia da informação são pilares importantes da democracia e, ao mesmo tempo, um pré-requisito para a aceitabilidade e o sucesso de uma economia baseada em dados".[26] E para isso, consideram fundamental que o país tenha uma infraestrutura de TICs confiável e segura, que estimule as PMEs para a digitalização de seus negócios.

O plano de transformação digital *The Kenya National Digital Master Plan 2022 -2032*, lançado pelo Presidente do país, utilizou vários planos anteriores, inclusive o *Blueprint*, e as orientações para eliminação da exclusão digital, implantação das TICs no serviço público, estruturação de normas e padrões, garantia de emprego para recursos humanos qualificados na indústria, além de incorporar o uso de tecnologias emergentes, como *blockchain*, IoT, IA, big data e computação quântica. Seu objetivo geral é "construir um ecossistema digital robusto, seguro, econômico, acessível e confiável que beneficie o sector público e privado e melhore a qualidade de vida".

São quatro os pilares estabelecidos: i) infraestrutura digital e de TICs generalizada; ii) serviços de governo digital e gestão de dados; iii) competências digitais – desenvolvimento de uma força de trabalho digitalmente qualificada e de cidadãos com práticas éticas e valores socioculturais e alfabetização digital da população; e iv) inovação digital em empresas e negócios digitais, com migração de negócios para a plataforma digital, utilização do poder de compra governamental para adquirir e estimular a produção de sistemas, bens e serviços mais inovadores e sustentáveis.

O *Digital Master Plan* é composto por temas estratégicos fundadores: aperfeiçoamento do quadro político, legal e regulatório e

---

26 Ver LEMOS, 2024.

reconhecimento da importância do conhecimento e da P&D; e por temas estratégicos transversais: segurança da informação e gestão cibernética e tecnologias emergentes. Baseia-se, ainda, em princípios de parceria com o setor privado, instituições acadêmicas, governos distritais e parceiros locais e internacionais; equidade e não discriminação; neutralidade tecnológica, com incentivo à utilização de normas e protocolos comuns e interoperáveis; proteção e conservação ambiental; e boa governança.

O governo está em processo de digitalização e automatização de todos os processos governamentais críticos, com o objetivo de incluir pelo menos 80% de todos os serviços governamentais *on-line*, visando com isso, entre outros, a melhoria da arrecadação de receitas pelo governo. Também está em curso o desenvolvimento de cartões de identidade digital únicos. Contudo, um dos principais desafios do país é a carência de recursos humanos.

Considerações finais

Como reiterado ao longo do capítulo, a Economia Digital é dominada no estágio atual pelas megacorporações digitais, que com seu poder tecnológico, financeiro e político impõem modelos e padrões tecnológicos e constituem em grande parte dos casos a infraestrutura de países e governos para prover serviços públicos digitais, detendo o controle dos dados nacionais e auferindo lucros. Os governos, como clientes dessas corporações, enfrentam limitações às possibilidades de impulsionar o desenvolvimento produtivo e tecnológico próprio, assim como de garantir autonomia para tomada de decisões nas políticas públicas. Esse conjunto de limitações traz riscos à soberania digital e de dados dessas nações e consequentemente a um desenvolvimento mais justo, ético e menos desigual.

Nos documentos dos países analisados, a soberania digital e de dados muitas vezes é um elemento central nos discursos oficiais, porém, pode ser entendida mais como um instrumento de retórica, do que como um conceito jurídico, tecnológico ou político, podendo sua definição e formas de controle diferir significativamente. Ao que parece, os limites dessa soberania podem ser observados, *a priori*, em função do extenso domínio exercido pelas GCDs na infraestrutura, tecnologias, padrões e orientações de alguns desses países. Outros, ao reconhecer os riscos políticos, econômicos, sociais e culturais dessa dependência, buscam soberania, seja por meio de disputa regulatória para estabelecer limites à atuação das GCDs, seja na busca por autonomia produtiva e tecnológica.

A prioridade estratégica dos planos digitais e de dados dos países pode ser observada por sua condução pela mais alta hierarquia dos governos. E, de forma geral, ressalta na análise que os planos seguem padrões similares, desde expressões e palavras-chave comuns, até os pilares para a "transformação digital", entre os quais estão: infraestrutura digital, governo digital, capacitação, estímulo a "ecossistemas digitais", além de aperfeiçoamento de quadros regulatórios e medidas de proteção aos dados e de segurança cibernética.

A salientar, por fim, duas grandes ênfases. A primeira se refere à implementação e aperfeiçoamento dos governos digitais e as ambicionadas plataformas únicas e integradas e o reconhecimento de que o controle, armazenamento e gestão de dados nacionais é vetor crucial de soberania nacional. Como mencionado, muitos contratam diretamente as GCDs para a formulação, implementação e gestão de seus dados, reconhecendo nelas uma maior capacitação e capacidade de armazenamento, processamento e análise de dados, frente aos seus Estados. Mesmo países mais desenvolvidos cedem às megacorporações transnacionais, como é o caso do Japão, cuja agência criada para coordenar e implantar seu plano digital contratou corporações estadunidenses para fornecer os serviços de nuvem dos dados do setor público. Por outro lado, observam-se casos de países de posição mais periférica na busca por alternativas à hegemonia das GCDs e por soberania nacional. Ressaltam-se desde o caso da Indonésia, com seu arrojado objetivo de constituir infraestrutura nacional de armazenamento, processamento e gestão de dados públicos, até pequenos exemplos de alternativas, como a da Etiópia, que contratou uma empresa indiana para estabelecer sua plataforma de ID nacional.

A outra ênfase refere-se à atuação na esfera da regulação, voltada ao enfrentamento dos efeitos do poderio das GCDs na economia e na sociedade, na qual a Austrália se salienta entre os países analisados. A regulação é outro vetor fundamental para garantir a soberania de dados dos países e é necessário o estabelecimento de acordos regulatórios internacionais, a partir, em especial, da discussão que cresce no mundo para que "os Estados possam direcionar as tecnologias colocando as pessoas e o planeta à frente dos lucros privados ou do controle unilateral do Estado".[27]

É crescente a compreensão dos riscos envolvidos em se optar por apenas reforçar capacitações como consumidores/usuários de tecnologias de tamanha relevância e dominadas por poucos com tanto poder. E, se os desafios são complexos, a atual fase traz oportunidades para o estabelecimento de estratégias nacionais articuladas e coesas, que tenham foco na soberania nacional e no desenvolvimento tecnológico, produtivo, social e cultural sustentável. As experiências dos países analisados podem contribuir no aperfeiçoamento de políticas e do arcabouço regulatório para o caso brasileiro, em busca de desenvolvimento produtivo e tecnológico autônomo e da conformação de um governo digital soberano e com controle dos dados públicos nacionais.

---

27 Carta aberta de intelectuais de diversos países se posicionando contra as pressões de Elon Musk em relação ao Brasil. Disponível em: https://bit.ly/3RnsNOZ.

CAPÍTULO VII

AMÉRICA LATINA Y LA "ECONOMÍA DE DATOS": DEFINICIONES, TEMAS DE AGENDA E IMPLICANCIAS DE POLÍTICA

MANUEL GONZALO
CARINA BORRASTERO

Introducción

Este capítulo presenta una breve selección de temas a partir de publicaciones de la CEPAL (Comisión Económica para América Latina y el Caribe), CAF (Banco de Desarrollo de América Latina y el Caribe) y de planes vinculados a política digital en Argentina, Chile y México. Luego, se ofrece una reflexión sobre el estado de la cuestión en la región y se plantean ciertas implicancias de política para Brasil desde una perspectiva propia de la Redesist.

La perspectiva "redesisteana", sintéticamente, parte de los aportes de Chris Freeman sobre los sistemas de innovación y los marida con aportes del estructuralismo latinoamericano – particularmente los que advierten sobre las asimetrías y heterogeneidades productivas y tecnológicas y enfatizan la necesidad de endogeneizar el progreso técnico- y otras contribuciones del pensamiento regional en ciencia, tecnología y sociedad – como por ejemplo la relevancia del despliegue de políticas explícitas e implícitas de ciencia y tecnología –.[1] Esta concepción otorga mayor énfasis a elementos históricos y geográficos, y a la interacción entre los procesos de aprendizaje y avance tecnológico con otros aspectos claves para el desarrollo económico en las periferias como las presiones geopolíticas, las dinámicas y presiones macroeconómicas, las finanzas y la dinámicas de demanda. Así se obtiene una perspectiva amplia, contextual y acumulativa de los sistemas productivos e innovativos.

1 La producción reciente de la Cepal: Economía de internet y temas de agenda digital

La CEPAL ha producido, desde la década de 2010, diferentes tipos de documentos enfocados principalmente en la "economía

1 FREEMAN, Christopher. *Technology Policy and Economic Performance*: Lessons from Japan. Londres: Frances Pinter, 1987; FREEMAN, Christopher. "The 'National System of Innovation' in historical perspective". *Cambridge Journal of Economics*, vol. 19, 1995; CASSIOLATO, José Eduardo; LASTRES, Helena Maria Martins. "Discussing innovation and development: converging points between the Latin American school and the Innovation Systems perspective?" *Globelics Working Paper Series*, nº 8, 2008; CASSIOLATO, José Eduardo; GONZALO, Manuel. "O papel do Estado no desenvolvimento dos sistemas de inovação dos BRICS". *RedeSist Desenvolvimento, Inovação e Território, Texto para Discussão*, nº 1, 2015; GONZALO, Manuel. "Freeman's broadening contribution revisited: reasoned--history and systemic STI policies from South America to the Global South". *Innovation and Development*, vol. 12, nº 1, 2021. DOI: 10.1080/2157930X.2021.1930378; entre otros.

de internet".[2] La "economía de datos" aparece como parte de los documentos más generales orientados a la "economía de internet", "gobernanza de datos", "mercado de datos", "Economía Cigital", "infraestructura digital", "ecosistema digital", "mercado digital", "agenda digital", entre otras. A continuación se agrupa por ejes temáticos una serie de documentos publicados entre 2019 y 2023.

1.1 La "economía de internet" y el desafío de su medición

La CEPAL plantea un marco de análisis de tres dimensiones:[3]

- Economía conectada: corresponde a la infraestructura digital (redes de banda ancha, puntos de intercambio de tráfico, centros de datos, etc.), la masificación de diversos dispositivos para el uso de internet, y el uso de sensores.
- Economía digital: se compone de la parte de la producción económica derivada principalmente de modelos de negocios basados en tecnologías digitales para la oferta de bienes y servicios (modelos de plataformas e intermediarios digitales que transforman la propuesta de valor en diversos sectores económicos mediante el uso intensivo de datos).
- Economía digitalizada: se trata de la transformación de los modelos de negocios y producción de las empresas de sectores tradicionales en sistemas inteligentes conectados, gracias a la adopción de tecnologías avanzadas, como las redes móviles de quinta generación (5G), internet de las

---

2 CEPAL. *El ecosistema y la economía digital en América Latina*. Santiago de Chile, 2015; CEPAL. *La nueva revolución digital*: de la Internet del consumo a la Internet de la producción. Santiago de Chile, 2016.

3 VILGIS, Veronika; JORDÁN, Valeria; PATIÑO, Alejandro. "Medición de la economía de Internet en América Latina: los casos del Brasil, Chile, Colombia y México". *Comisión Económica para América Latina y el Caribe* (CEPAL), 2023.

cosas, la computación en la nube, la Inteligencia Artificial, la realidad virtual y aumentada, el análisis de macrodatos y la robótica cognitiva.

Figura 1 – Dimensiones y elementos del desarrollo digital

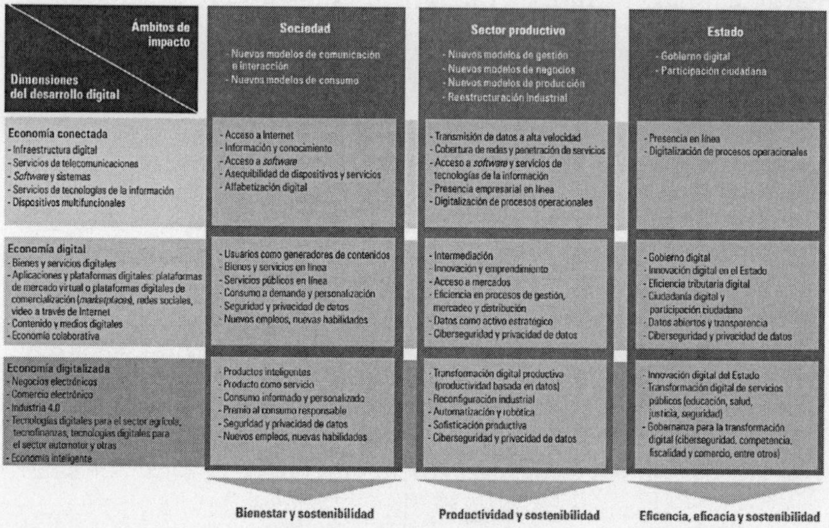

Fuente: Vilgis *et al.* (2023)

Asimismo, Vilgis *et al.*[4] definen a la economía de internet como el conjunto de empresas que usan internet en sus actividades empresariales y como parte de su modelo de negocio. A partir de esta aproximación se pueden organizar subcategorías según el nivel de ingresos generados en internet. En esta caracterización se distinguen tres categorías principales, suyas subcategorías se aprecian debajo en la Figura 2, que van desde empresas que no generan ningún ingreso en línea debido a su ausencia en la web hasta empresas que basan sus modelos de negocios en la web y por lo tanto generan sus ingresos

---

4 VILGIS, Veronika; JORDÁN, Valeria; PATIÑO, Alejandro. "Medición de la economía de Internet en América Latina: los casos del Brasil, Chile, Colombia y México". *Comisión Económica para América Latina y el Caribe* (CEPAL), 2023.

principalmente de sus actividades en línea, representando el núcleo de la "economía de internet" (modelos de negocio que básicamente no existirían sin internet):

Figura 2 – Clasificación empresarial según su actividad en línea

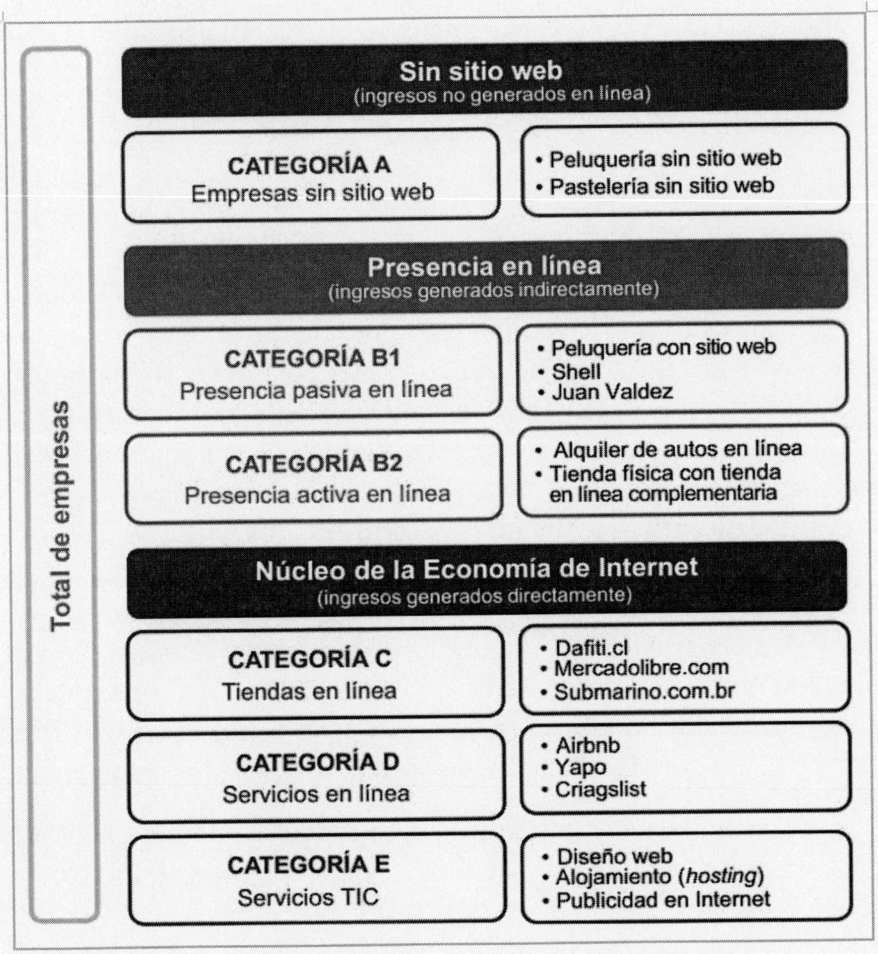

Fuente: Vilgis *et al*. (2023).

1.2 Regulación de internet, desafíos de jurisdicción y gobernanza de datos

El informe de CEPAL y la Red de Políticas de Internet y Jurisdicción (Red de Políticas de Internet y Jurisdicción, 2021) es la primera versión regional del Internet & Jurisdiction Global Status Report 2019 que proporciona una base de referencia mundial para el sistema transfronterizo de la jurisdicción de internet.

El propósito de la regulación de internet es contrarrestar el abuso, proteger los derechos individuales y salvaguardar la innovación y la Economía Digital, en particular el acceso al mercado. Según el informe, la regulación de internet asume formas diferentes y una ley impuesta por el Estado no es la única manera en la que el comportamiento puede estimularse o desalentarse. Desde el punto de vista de la región, es necesario considerar otras dimensiones. Es indudable que los Estados desempeñan un papel importante al establecer las normas jurídicas, pero también tienen una función de coordinación, al promover la inclusión y la alfabetización digital y alinear los incentivos de mercado. Asimismo, los países de América Latina y el Caribe son diversos y presentan conexiones y alianzas nacionales, subnacionales y subregionales diferentes influidas por intereses extrarregionales, ya sean los de países y regiones importantes como los Estados Unidos, Europa o China, o los de empresas y organizaciones multinacionales. Todo esto proporciona un difícil telón de fondo para la resolución de dilemas jurídicos transfronterizos.

En este marco, a continuación se destacan algunos puntos a tener en cuenta a la hora de evaluar la regulación y gobernanza de datos:

- Imitación de regulación extranjera: La tendencia general a la imitación se evidencia en diferentes esferas de la regulación de internet. Este ha sido el caso de la discusión sobre la neutralidad de la red en los Estados Unidos: el enfoque de la Comisión Federal de Comunicaciones (FCC) proporcionó la base para el debate sobre el tema en toda América Latina y el Caribe. En tanto, la sentencia del Tribunal de Justicia de la Unión Europea en el caso Costeja, que afirma el "derecho al olvido", ha dividido a los expertos de los países y los tribunales de América Latina y el Caribe. Mientras que la entrada en vigor del Reglamento General de Protección de Datos de la Unión Europea ha llevado a muchos países a adoptar nuevas leyes o a reformar su régimen de protección de datos. Desde 2016 (año en que el reglamento entró en vigor) se han aprobado no menos de cuatro leyes de protección de datos y países como la Argentina, Chile, Colombia y el Uruguay han iniciado la revisión de sus leyes. Algunos países también han decidido introducir una nueva legislación general de protección de datos, entre ellos Barbados, El Salvador y Jamaica. A su vez, la aprobación de la nueva Directiva sobre los derechos de autor y derechos afines en el mercado único digital de la Unión Europea estimuló el debate sobre los regímenes de responsabilidad de las plataformas por violaciones de los derechos de autor por parte de terceros, con repercusiones que ya se están sintiendo en América Latina y el Caribe.

- El estatus "constitucional" de las condiciones de servicio: Las condiciones de servicio y las directrices de la comunidad proporcionan una base normativa para que los proveedores de servicios de internet actúen como reguladores y vigilen el ciberespacio. Según la plataforma de que se trate, pueden ser lo suficientemente sofisticadas para crear instituciones similares a las de un Estado. Recientemente Facebook, por ejemplo, instituyó un órgano cuasi-judicial paralelo denominado Junta de Supervisión que funcionará como un órgano de apelación para sus decisiones de moderación de contenido. Las plataformas de comercio electrónico tienen mecanismos de solución de controversias, que se extienden a la protección del derecho de autor. Así, las "condiciones de servicio" parecen constituciones. Una consecuencia de ello es que pueden actuar a través de las jurisdicciones, pues las normas de conducta no están limitadas por las fronteras de los Estados y una empresa puede cambiar las condiciones de todas sus plataformas en todos los países o en algunos de ellos. También pueden acordar entre ellas normas comunes particulares y aplicarlas de manera coordinada, sin necesidad de la coordinación estatal. En América Latina y el Caribe ha habido más de un conflicto de este tipo.[5]

- Territorialidad y jurisdicción de internet: El concepto de territorialidad ha sido difícil de conciliar con algunas de las características del ciberespacio. Internet se desarrolló para no tener fronteras, de manera que la información pudiera fluir a pesar de las barreras geográficas. La jurisdicción territorial perdería un significado preciso en un ciberespacio que supuestamente no debería reflejar las divisiones estatales. Sin embargo, los países no pueden ignorar que ciertas acciones en línea afectan tanto a los bienes como a las personas que se encuentran en el mundo físico y dentro de sus propios confines. Los Estados han tratado de utilizar la ubicación de personas, dispositivos o servidores como puntos de anclaje territorial para justificar el ejercicio de la jurisdicción en línea. La justificación de la jurisdicción es tanto dependiente como independiente del territorio. Existe un deseo de regular lo que ocurre en el territorio de América Latina y el Caribe o tiene incidencia en este pero, a partir de entonces, la jurisdicción puede extenderse más allá de la región, como por ejemplo, en el caso de la

5 El caso que ha llamado la atención internacional ha sido el de las "órdenes de permanencia", decisiones judiciales que requieren que las plataformas mantengan contenido en línea, incluso aunque supuestamente viola las condiciones de servicio.

aplicación extraterritorial de las normas de protección de datos y las condiciones para las transferencias transfronterizas de datos personales. En los casos de difamación y moderación de contenidos, las órdenes de retirada a menudo se centran en la eliminación de contenidos o incluso en el cierre de cuentas, con un alcance global y no solo local. Existe una tendencia general a que la jurisdicción se centre en la localización del comportamiento o la conducta más que en el lugar donde se almacenan los datos. Sin embargo, la ubicación y el movimiento de los datos siguen siendo a veces factores relevantes. A falta de instrumentos regionales o internacionales vinculantes, muchos Estados, incluidos los de la región, terminan por reivindicar una jurisdicción amplia, ya sea mediante nuevas leyes o mediante una interpretación extensiva de las existentes. Este enfoque de la regulación puede dar lugar a una aplicación arbitraria o a la frustración.

- El creciente rol de los intermediarios: El apoyo a las funciones de investigación ha pasado de los intermediarios que proporcionan la infraestructura a aquellos que proporcionan directamente algunas aplicaciones de internet muy populares. Estos intermediarios de internet son los que pueden proporcionar acceso a la información. Esto plantea al menos cuatro cuestiones principales: el acceso a los datos almacenados; el acceso a datos a granel (datos generales o tesoros de datos); el uso de la criptografía; y las categorías de servicios de datos que las empresas podrían estar obligadas a recopilar y proporcionar. Dado que muchos intermediarios están ampliando su alcance a nivel mundial, todos esos temas suelen tener un componente transfronterizo. Diferentes normas nacionales establecen cuándo y cómo se puede dar acceso a los datos a los funcionarios encargados de hacer cumplir la ley. Si los datos están almacenados en el extranjero, los desafíos tienden a ser aún mayores. A fin de evitar las complejidades de la asistencia judicial internacional, los países de la región están estudiando la idea de imponer obligaciones a los intermediarios de internet. Entre ellas figuran: i) la localización de los datos; ii) la presencia física en el país o el nombramiento de un representante; y iii) la obligación de proporcionar acceso a los datos, a distancia o de otro modo. También se está pidiendo a los intermediarios que otorguen acceso no solo a datos específicos, sino a grandes volúmenes de datos.

- Protección, valuación y compra de datos: en el documento "Tecnologías digitales para un nuevo futuro" (CEPAL, 2021) advierte que a partir de la pandemia las regulaciones para la protección de datos han evolucionado significativamente en América Latina y el Caribe, en parte por la influencia del Reglamento General de Protección de Datos (RGPD) de la Unión Europea, y se están actualizando los marcos regulatorios e institucionales de protección de datos. Brasil y Colombia han modificado sus normativas, creando la figura del oficial de protección de datos y un sistema de evaluación del desempeño de la protección de datos. Las normativas de ciberseguridad en la región se concentran en la protección de datos, fundamentalmente para evitar robos y manipulaciones indebidas, trabas al funcionamiento de los sistemas informáticos y acciones para borrar, suprimir o bloquear el acceso a los datos. Sin embargo, las normas de ciberseguridad no consideran la protección a la infraestructura crítica, donde las amenazas pueden atentar contra el suministro de servicios públicos (agua, energía eléctrica, telecomunicaciones, transporte, logística, entre otros). Dado que los datos son el principal factor de producción de la Economía Digital y, por tanto, son activos competitivos, la regulación debe garantizar que no se utilicen ni se mantengan de forma anticompetitiva. El dominio de las plataformas digitales desdibuja la frontera entre las regulaciones antimonopolio y de privacidad. Definir la propiedad de los datos es un tema crítico. Generalmente, una ley de competencia analiza las fallas de mercado y su impacto en el bienestar de los consumidores. En cambio, las regulaciones de protección de datos y de privacidad adoptan una perspectiva de derechos fundamentales, lo que significa que el predominio en las plataformas digitales se examina desde otros ángulos. El modelo de regulación dependerá del tipo de plataformas en cuestión. El riesgo de los datos, en tanto activo intangible, debería estar en el centro del análisis de las inversiones. Asimismo, al no existir mercados de datos o intangibles, es difícil asignar un valor monetario a los modelos de negocios basados en plataformas. La ausencia de estos mercados también plantea un doble problema: la valoración de este tipo de activos y la implementación de la regulación.

1.3 La importancia de la infraestructura digital: el caso de la nube y los centros de datos

Los servicios en la nube han adquirido preponderancia como motores de la transformación digital.[6] El teletrabajo, la telemedicina, la teleeducación, las videoconferencias, el comercio electrónico, la banca electrónica y los trámites públicos en línea se han masificado luego de la pandemia. En 2019, los usos del *software* como servicio constituían casi el 50% del mercado de la nube en América Latina y el Caribe, seguido por usos de infraestructura como servicio, con

---

6 CEPAL. *Red de Políticas de Internet y Jurisdicción, Red de Políticas de Internet y Jurisdicción y CEPAL*: informe sobre la situación regional. Santiago de Chile, 2021.

el 46%.[7] La región representa un 8% del tráfico global en la nube y se espera que ese tráfico crezca al 22% en 2023.

Los puntos de intercambio de tráfico de internet (IXP) son fundamentales en la infraestructura digital. En América Latina y el Caribe el 60% de los IXP están en la Argentina y el Brasil. En febrero de 2020, el tráfico agregado de todos los IXP de la región equivalía en promedio a 9 terabits por segundo (Tbps), cifra que aumentó significativamente durante las cuarentenas. Brasil alcanzó máximos de hasta 8,79 Tbps, cuando el promedio es de 4,89 Tbps. En Chile, el tráfico total promedio aumentó de 732 gigabites por segundo (Gbps) a 1,96 Tbps y se ha mantenido en alrededor de 1 Tbps.[8]

Aún existen pocos centros de datos propios de las redes de distribución de contenidos en América Latina. Esto es fundamental ya que en la última década los contenidos se han ubicado más cerca del usuario: cerca del 90% de los contenidos buscados se ubican a dos saltos o menos (en términos topológicos) del ISP del usuario. Si bien los cables submarinos siguen siendo fundamentales, es importante impulsar el crecimiento de las infraestructuras que permiten almacenar los contenidos cerca del usuario (IXP, centros de datos y cachés).

2 La perspectiva del Banco de Desarrollo de América Latina (CAF): El impulso al "ecosistema digital" y su medición

El Banco de Desarrollo de América Latina y el Caribe (CAF) realiza aportes a los estudios sobre tecnologías digitales y economía

7 GLOBALDATA. "Demand for hybrid cloud solutions drives 22.4% CAGR increase in Latin America's cloud computing services market from 2019 to 2023". *GlobalData*, 4 fev. 2020.

8 GRAHAM-CUMMING, John. "Internet performance during the COVID-19 emergency". *Cloudflare*, 23 abr. 2020.

empleando las categorías *Economía Digital*, *ecosistema digital*, *transformación digital*, *digitalización productiva* y *mercado digital*. La gran mayoría de las investigaciones e informes publicados parten de un escueto marco conceptual, y aportan profusa información que permite construir un estado de la cuestión en América Latina y el Caribe (ALyC). En particular, CAF ha contribuido a las metodologías de medición de la Economía dDigital construyendo un Índice de Desarrollo del Ecosistema Digital (IDED) para la región.

Al observar los documentos en orden cronológico se manifiesta la evolución de los debates que la institución ha planteado en torno al vínculo entre las tecnologías digitales y la economía de ALyC: tempranamente CAF asumió la relevancia del tema en términos de "ecosistema digital" y "Economía Digital";[9] durante el mismo periodo propuso la conformación de un Mercado Único Digital en ALyC, emulando los debates y planes de la Unión Europea;[10] más tarde el concepto de transformación digital comienza a aparecer, materializándose la relevancia del tema en el diseño del IDED[11] y en la creación del Observatorio CAF del Ecosistema Digital;[12] y ya a partir de la pandemia se introducen con más fuerza cuestiones vinculadas a la digitalización de los hogares, los gobiernos y la economía propias del nuevo contexto.[13]

---

9 CAF. *El ecosistema y la economía digital en América Latina. Barcelona*. Corporación Andina de Fomento, 2015.

10 CAF. *Hacia la estrategia para el mercado úico digital de América Latina*. Buenos Aires. Corporación Andina de Fomento, 2016.

11 CAF. *Metodología del Índice CAF de Desarrollo del Ecosistema Digital* (IDED). Caracas. Corporación Andina de Fomento, 2016.

12 CAF. *Hacia la transformación digital de América Latina y el Caribe*: el Observatorio CAF del Ecosistema Digital. Caracas, Corporación Andina de Fomento, 2017.

13 CAF. *Policy Brief #28*: Gobernanza de datos y capacidades estatales para la pospandemia. [s. l.]. Corporación Andina de Fomento, 2021; CAF. *GOVTECH READINESS ASSESSMENT GUIDE*. [s.l.]. Corporación Andina de Fomento, 2021; CAF. *La economía digital y*

2.1 El "ecosistema digital", su medición y la propuesta de un Mercado Único Digital en América Latina

En CAF[14] se define por primera vez para la institución el concepto de "ecosistema digital" (ED) como un nuevo contexto industrial y de impacto económico y social que resulta de la adopción masiva de TICs digitales. Se trata del conjunto de infraestructuras y prestaciones (plataformas, dispositivos de acceso) asociadas a la provisión de contenidos y servicios a través de internet. Comprender el ED involucra focalizar en tres dimensiones clave: nuevos modos de producción de información y contenidos, diversos comportamientos sociales relativos al uso y consumo de bienes, un impacto económico y social de mayor envergadura que el de determinadas TICs consideradas de manera aislada. Áreas fundamentales de política pública surgen o adquieren mayor relevancia en este contexto, como la digitalización de procesos productivos o la protección de la privacidad de los usuarios.

Dos restricciones estructurales al desarrollo del ED se identifican en este estudio: a) el carácter global de los servicios digitales en la nube, que limita significativamente el alcance de las regulaciones nacionales y de sus órganos de control; b) la ausencia de un mercado regional que permita generar economías de escala similares para ganar competitividad global, a pesar de compartir la gran mayoría de países de la región un activo intangible de enorme valor: la unidad lingüística. En función de ello se propone, en términos muy generales, la creación de un mercado regional unificado.

---

las industrias digitales basadas en el conocimiento. [s.l.]. Corporación Andina de Fomento, 2021.

14 CAF. *El ecosistema y la economía digital en América Latina*. Barcelona: Corporación Andina de Fomento, 2015.

En CAF[15] se abordan ya de modo sistemático las condiciones de posibilidad para la creación de un Mercado Único Digital (MUD) en América Latina, que se define en los términos en que lo considera la Unión Europea (UE):

> aquel en el que la libre circulación de mercancías, personas, servicios y capitales está garantizada y en el que personas y empresas pueden acceder fácilmente a las actividades y ejercerlas en línea en condiciones de competencia, con un alto nivel de protección de los datos personales y de los consumidores, con independencia de su nacionalidad o lugar de residencia (p. 12).

Según las características de nuestro subcontinente, se propone seguir la estrategia MUD de la UE, basándose en tres pilares:

1. Mejor acceso a mercancías y servicios a través de internet para los consumidores y las empresas en toda la región: disposiciones para el comercio electrónico, la protección al consumidor, entrega transfronteriza de encomiendas, bloqueo geográfico; reforma de los derechos de autor, transmisiones vía satélite y distribución por cable, (IVA).

2. Condiciones adecuadas para el florecimiento de las redes y servicios digitales: afectando el marco de regulación de las telecomunicaciones, los servicios de comunicación audiovisual, las plataformas e intermediarios en línea, privacidad electrónica y ciberseguridad.

3. Maximización del potencial de crecimiento de la Economía Digital: a través de interoperabilidad y normalización, big data, nube, internet de las cosas, gobierno electrónico.

En este marco, tres tipos de avances concretos en homologación a nivel regional se vuelven críticos:

---

15 CAF. *Hacia la estrategia para el mercado úico digital de América Latina*. Buenos Aires: Corporación Andina de Fomento, 2016.

- Derribar la fragmentación de la infraestructura de comunicaciones en mercados nacionales, creando un mercado único de telecomunicaciones.
- Establecer la neutralidad de la red a nivel de toda la región y derogar los recargos por itinerancia en los servicios al por menor, considerando que en América Latina no hay un enfoque único acerca de la neutralidad de la red.[16]
- Protección de los derechos del consumidor en el mundo digital, especialmente en lo referido a comercio electrónico.

A partir de estos avances conceptuales y recomendaciones, en 2016 CAF publica la *Metodologia del Índice CAF de Desarrollo del Ecosistema Digital (IDED).*[17] Sobre la base de una revisión exhaustiva de la experiencia internacional y la recuperación de las mejores prácticas para desarrollar un índice de este tipo, CAF considera diversos criterios de inclusión de países que permiten componer un panorama del estado de la digitalización en el mundo. Así, el IDED cubre un universo de 75 países de 5 regiones del globo (ALyC, América del Norte, África, Asia y Pacífico, Europa del Este, Europa Occidental), midiendo ocho pilares o componentes del "ecosistema digital" fuertemente interrelacionados entre sí:

1) Infraestructura de servicios digitales: redes de telecomunicaciones fijas y móviles.

2) Conectividad de servicios digitales: terminales (teléfonos inteligentes, computadores) y servicios (banda ancha fija y móvil).

---

16 En siete países – Argentina, Brasil, Chile, Colombia, Ecuador, México y Perú – la neutralidad de la red está establecida por ley. En comparación con la concepción europea, Chile es el único país que fija normas similares en cuanto a transparencia, bloqueo, cargos extra por servicios premium y regulación de la tarifa cero.

17 CAF. *Metodología del Índice CAF de Desarrollo del Ecosistema Digital* (IDED). Caracas: Corporación Andina de Fomento, 2016.

3) Digitalización de los hogares: redes sociales, comercio electrónico, gobierno electrónico.

4) Digitalización de la producción.

5) Desarrollo de industrias digitales: empresas proveedoras de contenidos audiovisuales, redes sociales, buscadores, telecomunicaciones y manufactura de equipamiento y terminales, oferta de servicios y contenidos digitales.

6) Factores de producción del "ecosistema digital": capital humano e inversión en industrias digitales dentro de las fronteras de una nación.

7) Intensidad competitiva para desarrollar una cadena productiva digital doméstica que genere beneficios estáticos (menores precios) y dinámicos (innovación).

8) El marco regulatorio y políticas públicas que estimulen el desarrollo del "ecosistema digital" se identifican como los *facilitadores* para que se desarrollen todos los demás componentes.

Cada pilar del Índice se conforma por sub-pilares e indicadores ponderados, de la siguiente manera:

Figura 3 – Estructura del Índice de Desarrollo del "Ecosistema Digital" (IDED CAF)

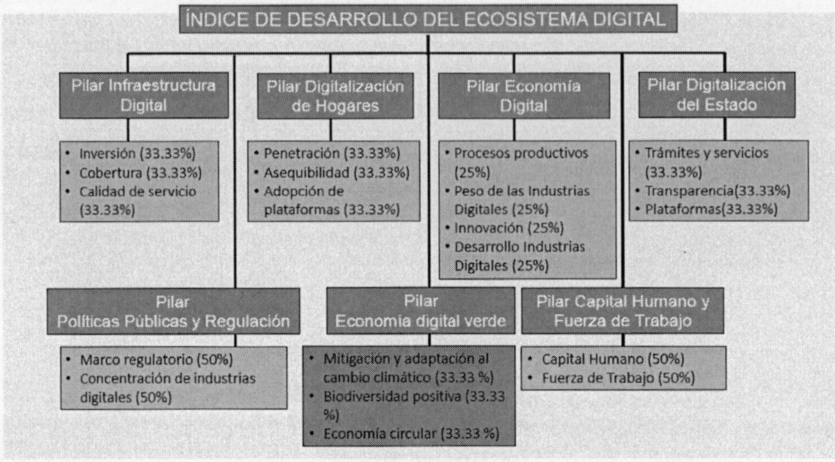

Fuente: CAF (2022a).

Luego, el informe CAF[18] brinda algunas claves concretas y relevantes en torno al último pilar del IDED, *Marco regulatorio y políticas públicas*:

- Es deseable la liberalización de los servicios de telecomunicaciones considerando que, si bien casi todos los países de la región lo han hecho, algunos como Argentina todavía demostraban restricciones a la convergencia hacia finales del 2015.

- Es deseable la existencia de una comisión de regulación de la competencia u organismo encargado de la gestión del espectro radioeléctrico, junto a la determinación de

18 CAF. *Hacia la transformación digital de América Latina y el Caribe*: el Observatorio CAF del Ecosistema Digital. Caracas: Corporación Andina de Fomento, 2017.

precios de interconexión, lo que todas las naciones de la región cumplían al momento de elaboración del informe.

- Es deseable la independencia del ente regulatorio, y hay heterogeneidad en este punto entre los países de la región (Argentina, Brasil y Colombia, por ejemplo, tienen un ente diferenciado pero no completamente independiente).
- Existe una debilidad en casi todos los países (excepto Brasil, Panamá y Chile) dada por la ausencia o definición limitada de esquemas regulatorios para la nueva Economía Digital (por ejemplo, política tributaria de plataformas de internet o regulación del funcionamiento de la economía colaborativa).
- Como también un desempeño deficiente en términos de ciberseguridad (según el índice de la UIT, para el que el promedio latinoamericano es de 44.88, cuando en los países de la OCDE es 65.12).

2.1 Los aportes de CAF sobre digitalización en tiempos de pandemia

En este periodo los aportes de CAF se centraron en las capacidades digitales de los gobiernos y la inversión en digitalización en los sectores productivos.

En CAF,[19] un *policy brief* sobre gobernanza de datos y capacidades estatales para la pospandemia, se señala la urgencia de adoptar prácticas frente a la gobernanza y calidad de datos dentro del sector público y avanzar en las políticas nacionales al respecto, considerando que la región recibió la pandemia con un nivel de apertura de datos

19 CAF. *Policy Brief #28*: Gobernanza de datos y capacidades estatales para la pospandemia. [s. l.]. Corporación Andina de Fomento, 2021.

relativamente bajo,[20] luego de asumir compromisos específicos de política pública para promover la apertura de datos. La pandemia constituyó un acelerador de la agenda de datos abiertos, otorgándole un propósito urgente y esencial para poder administrar la crisis y preparar la recuperación, pero el acceso y uso de datos abiertos en la lucha contra Covid-19 se ha dificultado por la adopción de una variedad de formatos de datos, criterios cambiantes y no uniformes para la medición, así como cambios continuos en estructura y ubicación de las bases de datos.

Tres áreas de política pública requieren resolverse para habilitar a los datos como un activo en el ciclo de política pública y construir gobernanza alrededor de la política de datos abiertos: apertura por defecto (sin mediar necesariamente una petición ciudadana específica); infraestructura de datos que permita calidad, integridad, interoperabilidad y vinculación mediante sistemas de gestión adecuados; y datos con propósito (definidos en colaboración con los usuarios finales y grupos cívicos para identificar los desafíos más urgentes).

Adicionalmente, CAF[21] provee una guía para evaluar la preparación de los gobiernos en términos de *govtech* (*Govtech Readiness Assessment Guide*). Se pone especial énfasis en el uso de inteligencia de datos, nuevas tecnologías como IA, simplificación y mejora regulatoria, incentivando la transparencia, combatiendo la corrupción y apoyando las ciudades digitales y los municipios inteligentes. En este contexto, Govtech se entiende como el "ecosistema en el que los gobiernos colaboran con un sector privado innovador", en particular *start ups* con experiencia en datos, tecnología digital y metodologías para resolver problemas públicos, contribuyendo así a impulsar la productividad sistémica. De este modo se propone el Índice Govtech 2020 de CAF, la primera iniciativa a nivel mundial

20 40,38 de 100 puntos, en promedio, según la calificación en el Barómetro de Datos Abiertos de Web Foundation (2018).

21 CAF. *GOVTECH READINESS ASSESSMENT GUIDE*. [s.l.]. Corporación Andina de Fomento, 2021.

que ha modelado y analizado el sistema govtech con el fin de comprender el estado actual del sector y proponer recomendaciones para su desarrollo y crecimiento, tanto a nivel regional como en otros países de Hispanoamérica.

Por último, en CAF[22] se aborda la capacidad de ALyC para enfrentar los impactos negativos de la pandemia a la luz del proceso de transformación digital de la región. Según este análisis, las áreas más rezagadas son la digitalización de los sectores productivos, la innovación para el desarrollo de las industrias digitales, la preparación de la fuerza de trabajo para una Economía Digital y la inversión en infraestructuras digitales de calidad, que se consideran "habilitadores" de la transformación digital y factores clave en la distribución adecuada de los beneficios de la digitalización.

3 Documentos de política por países seleccionados: Argentina, Chile y México

En esta sección el foco se pone en la revisión de documentos de lineamientos de política en materia de digitalización a nivel país. Se analizan, por su relevancia en el tema, los principales documentos de Argentina, Chile y México.

3.1 Argentina Productiva 2030. Plan para el Desarrollo Productivo, Industrial y Tecnológico. Misión 7: "Profundizar el avance de la digitalización escalando la estructura productiva y empresarial nacional"

El Plan Argentina Productiva 2030 se elaboró desde la secretaría de Industria y desarrollo Productivo perteneciente al Ministerio de Economía de Argentina durante 2022. Se estructuró en torno a 11 "misiones", adoptando el enfoque de Políticas Orientadas por

---

22 CAF. *La economía digital y las industrias digitales basadas en el conocimiento*. [s.l.]. Corporación Andina de Fomento, 2021.

Misiones de Mariana Mazzucato de manera *sui generis*. La "Misión 7", como se muestra en la Figura que sigue, adopta el horizonte tentativo de "Profundizar el avance de la digitalización escalando la estructura productiva y empresarial nacional".

Figura 4 – Desafíos económicos y tecnológicos de la misión de digitalización

"Profundizar el avance de la digitalización para escalar la estructura productiva nacional"		
DESAFÍOS		
Económicos	Indicadores	Tecnológicos
Divisas	Exportaciones / IED	Escalado y complejización
Empleo calificado	Empleo fuera de BA / Empleo femenino / Empleo joven	Acceso / Difusión (regional, tipo de empresas, etc)
Empresarialidad, desarrollo tecnológico e innovación	Nuevas empresas / Aceleradoras / Acuerdos de inversión en capital de riesgo / Nuevos unicornios / Creación de empresas pùblicas	Creación y emergencia de nuevas empresas públicas y privadas y espacios de escalado e innovación
INFRAESTRUCTURA: Torres, fibra y equipos de telecomunicaciones, chips y computadoras, robots y satélites, etc.		

Fuente: MECON (2023).

La adaptación del marco de "misiones" propone concentrarse en una serie de desafíos económicos y tecnológicos. Entre los desafíos económicos, aparece la generación de: a) divisas, b) empleo calificado, y c) empresarialidad, desarrollo tecnológico e innovación. Entre los desafíos tecnológicos sobresalen: a) el escalado y la complejización productiva, b) el acceso y la difusión tecnológica (en términos regionales, de tipos de empresas, etc.) y c) la creación y emergencia de nuevas empresas públicas y privadas y espacios de escalado e innovación. Asimismo, debe tenerse en consideración el eje transversal de Infraestructura, que si bien no está abordado específicamente en la misión (dado que en su mayoría escapa al alcance de las áreas que canalizarían las acciones de la Misión) es un eje habilitante central. En materia de infraestructura se destaca la importancia de las torres, fibras y equipos de telecomunicaciones, *chips* y computadoras, robots y satélites, etc.

Cuatro ejes/proyectos componen la misión:

- Proyecto 1: *Software* y Servicios Informáticos para la industria, los recursos naturales y la exportación
- Proyecto 2: Argentina como centro regional de producción audiovisual
- Proyecto 3: Producción 4.0 para la Argentina
- Proyecto 4: Industria satelital enraizada al aparato productivo nacional

Aquí nos concentraremos en los Proyectos 1 y 3, por tratarse de aquellos con mayores implicaciones en el tema de discusión de este capítulo: el fortalecimiento del sector de producción de *software* y las capacidades nacionales en desarrollo e integración de tecnologías 4.0.[23]

Software y Servicios informáticos (SSI) es uno de los 8 principales sectores exportadores de Argentina, con Estados Unidos como el principal mercado de destino. Contribuye al empleo joven, de alta calificación y alberga un fuerte potencial de federalización en virtud de las posibilidades del trabajo remoto y al surgimiento de nodos en diversas localidades del interior del país. Cuenta con una institucionalidad consolidada que involucra tanto a instituciones estatales como organizaciones corporativas. Se destacan los regímenes de promoción sectorial que se han ido sucediendo durante casi 20 años, desde la primera Ley de Software del año 2004 hasta la actual Ley de Economía del Conocimiento que involucra al sector como insignia y principal beneficiario. La Cámara de Empresas de Software y Servicios Informáticos (CESSI) realiza acciones de promoción y ha trabajado en vinculación con el Estado en programas de formación de RRHH, mesas sectoriales, diagnósticos, etc.

---

23 En las referencias bibliográficas o en este enlace puede consultarse el contenido completo de la Misión: https://www.argentina.gob.ar/sites/default/files/mision_7.pdf.

Otro rasgo destacado es su participación en la I+D realizada por el sector empresario en Argentina: solo SSI representa casi la quinta parte de los gastos – aunque explicado en buena medida por cuatro grandes empresas – y un tercio del personal. El nivel de calificación de las personas ocupadas en SSI es muy superior al del resto de los sectores: más de la mitad tiene estudios superiores completos. En tanto, el sector destaca por su notable dinamismo a nivel de creación de firmas, empleo y en los niveles salariales relativos. En efecto, los salarios en SSI eran de casi el doble de la media nacional en 2022.

La disponibilidad de personal calificado es una necesidad fundamental del sector. En los últimos años, la fuga de talentos hacia empresas que operan en otros países se ha instalado como un tema a atender. Asimismo, aún resta desarrollar mayores conexiones entre las empresas de SSI y el tejido productivo local, principalmente en lo orientado a la industria y los recursos naturales.

Hacia 2030, se entiende que sin descuidar el aporte en materia de divisas generado por el sector, debe reforzarse su vínculo con la industria y la agregación de valor en los recursos naturales a partir de sus aportes a la digitalización productiva. Para ello, se recomienda dar continuidad y avanzar en los siguientes lineamientos de política:

- Fortalecer el programa existente de formación para programadores incorporando objetivos de formación más ambiciosos, una estructura de funcionamiento más ágil, mayores instituciones participantes y mayor descentralización en la implementación in-house en empresas, instituciones y provincias interesadas.

- Fortalecer el Plan Nacional de Conectividad, incluyendo el lanzamiento del satélite ARSAT-SG1 y la ampliación de la Red Federal de Fibra Óptica.

- Implementar un programa que co-financie con las empresas del sector la oferta formativa de posgrado orientada a cuadros gerenciales de empresas TICs.

- Ampliar y focalizar los programas de crédito y apoyo público en materia de financiamiento de la internacionalización productiva.

- Relanzar y ampliar el Fondo Nacional de Capital Emprendedor en su segmento de capital de riesgo de manera tal de que el Estado nacional retome un rol activo en esa franja de financiamiento.

- Crear un registro único de productos de *software* que permita avanzar en una tipología de productos desarrollados localmente sujetos a ser escalados e incentivados.

- Fortalecer la conectividad a banda ancha de empresas industriales en las zonas industriales.

- Crear un mapa de proveedores de *software* con el objetivo de focalizar el apoyo a esos proveedores y reforzar su vínculo con las empresas de gran porte.

- Implementar un programa de desarrollo de proveedores de *software* y servicios informáticos orientado a minería, hidrocarburos y proveedores de la transición energética.

Por su parte, en relación con el Proyecto 3: Producción 4.0 para la Argentina es preciso resaltar que las grandes empresas manufactureras han obrado como traccionadores de un conjunto de proveedores locales de 4.0. Sin embargo, si bien existen diferentes casos de éxito, hasta el momento el grado de aplicación de las nuevas tecnologías digitales en los procesos productivos de las empresas argentinas es bajo, con un nivel de adopción notoriamente inferior en las PyMEs. Así, las principales empresas demandantes de tecnologías 4.0 tienden a ser del extranjero (exportaciones), grandes empresas (algunas multinacionales) o concentradas en segmentos de servicios.

La oferta local de tecnologías 4.0 es diversa. Se cuenta con oferentes con capacidades para asegurar una provisión de estas tecnologías: desde robótica avanzada, sensores e internet de las cosas o realidad virtual y aumentada hasta aquellas de tipo más "blando".

Se estima que en 2021 hubo más de 350 empresas proveedoras de bienes y servicios de la industria 4.0, con más de 150 empresas con altas competencias. Se verifica a su vez la centralidad del sector del *software* en este campo, una importante comunidad asociada a la automatización industrial (hardware, ingeniería, diseño mecánico, y robótica), un segmento abocado a la internet de las cosas y sensorización, y una pequeña comunidad de visión computacional.

Cabe destacar el rol de las cámaras empresariales de los sectores proveedores de estas tecnologías, la extensión a nivel regional de una serie de centros tecnológicos, la cobertura del Instituto Nacional de Tecnología Industrial y la infraestructura para la provisión de servicios de cómputo de alto rendimiento. Para ello, partiendo de los programas ya existentes se recomienda:

- Implementar un programa de modernización digital de maquinaria industrial de amplio alcance para dar soporte a la conversión de la maquinaria ya existente de las PyMEs industriales hacia un aprovechamiento 4.0: agregar sensorización, desarrollar el *software* interno para la explotación de estos datos, integración informática de la maquinaria con otras áreas de la empresa, etc.

- Evaluar la implementación de un instrumento de financiamiento de la incorporación de personal al interior de las empresas abocado a la digitalización de manera permanente o semi-permanente.

- Evaluar la creación de una entidad público-privada coordinadora de las actividades 4.0 capaz de asegurar la cobertura federal.

- Implementar un programa de desarrollo de proveedores 4.0 que articule y armonice procesos de integración de sistemas informáticos y maquinaria digital de grandes empresas y sus proveedores, con foco en la sustitución de importaciones.

- Apoyar la consolidación de una empresa privada/mixta para la provisión de servicios de computación de alto desempeño.
- Evaluar invertir en infraestructura de datos *cloud* soberana y/o el desarrollo de grandes proveedores de locales para nube (por ej., ARSAT,[24] la empresa hasta el momento pública de telecomunicaciones de Argentina).

Por último, del Proyecto 4 vinculado al fortalecimiento de la industria espacial cabe señalar que el desarrollo del sector a nivel local ha impulsado el surgimiento de proyectos privados en actividades tales como comunicación láser, y constelaciones IoT y de imágenes. Disponer de capacidades en un sector relevante de la infraestructura para la generación, tráfico y aprovechamiento de información digital no es irrelevante, así como existe un alto potencial para promocionar la transferencia tecnológica por parte de las empresas espaciales estatales hacia otras empresas con la intención de desarrollar sistemas y aplicaciones espaciales en industrias no espaciales.

3.2 Estrategia de transformación digital. Chile Digital 2035

Desde fines de la década de los noventa Chile ha reconocido la necesidad de impulsar una política nacional de desarrollo digital. En 1999, se elaboró "Chile: Hacia la Sociedad de la Información", posteriormente fue reemplazada por la "Agenda Digital Chile 2004-2006", la "Estrategia para el Desarrollo Digital de Chile 2007-2012", la "Agenda Digital Imagina Chile 2013-2020" y la "Agenda Digital 2020". Sin embargo, estas agendas carecieron de un marco estratégico de largo plazo que trascienda los ciclos presidenciales. En este escenario, la Comisión de Transportes y Telecomunicaciones del Senado, con el apoyo de la CEPAL, la Asociación de Empresas de Telecomunicaciones (Chile Telcos) y la Cámara

24 Disponível em: https://www.arsat.com.ar/.

Chilena de Infraestructura Digital, han elaborado la Estrategia de transformación digital para Chile con un horizonte de largo plazo (2035) a partir de un proceso participativo. El documento se destaca por el detalle en sus objetivos y metas, particularmente en los ejes de infraestructura digital habilitante y ciberseguridad. Por ello, a continuación se detallan solo estos dos ejes.

Figura 5 – Estrategia Chile Digital

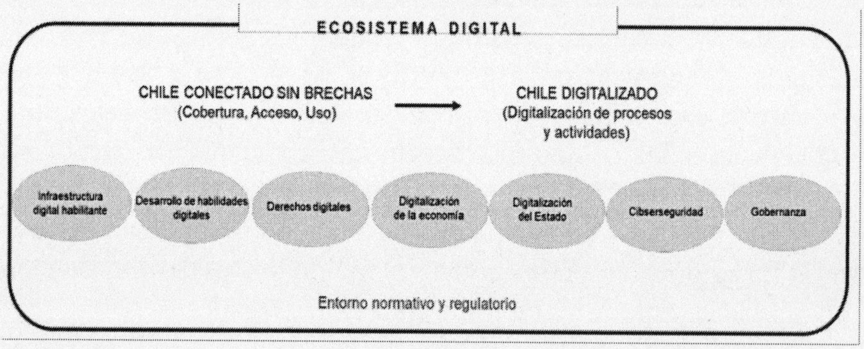

Fuente: CEPAL (2023)

Infraestructura digital habilitante: Consiste en la infraestructura de tecnologías de la información y las comunicaciones (TICs) que posibilita la comunicación, incluyendo redes de distinta índole (fijas, móviles y satelitales), dispositivos de acceso, espectro radioeléctrico, sistemas ópticos, terminales, *data centers*, aplicativos. etc. Para su fortalecimiento se proponen los siguientes lineamientos:

- Reconocer internet como un servicio público, y con ello asegurar el financiamiento para las políticas de acceso universal.
- Desarrollar un plan nacional de conectividad digital considerando metas de conectividad que contemplen las diferentes brechas sociales.

- Implementar un subsidio a la demanda para servicios de telecomunicaciones.
- Aplicar un enfoque de neutralidad tecnológica que promueva el despliegue de nuevas tecnologías (Wi-Fi6 y acceso satelital entre otras), incentivando la innovación, particularmente con el uso del espectro, y los beneficios de la convergencia.
- Desarrollar un plan de atracción de inversiones en infraestructura digital y de telecomunicaciones mediante la simplificación y agilización de trámites administrativos y regulatorios.
- Contar con un plan de licitación y asignación de espectro en las diferentes bandas de frecuencia.
- Promover el establecimiento de un regulador convergente que pueda fusionar de mejor manera las atribuciones que tienen varias entidades (por ejemplo, entre regulación económico-técnica y regulación de contenidos, etc.) y que cuente con mayor independencia política, técnica y financiera.

Ciberseguridad: Chile ha realizado importantes avances en esta materia en cuanto a la definición de políticas y la suscripción de acuerdos internacionales, y en adelante se propone:

- Implementar un sistema de interoperabilidad con encriptación que permita trazabilidad de la información y la integridad de ella, el traspaso transfronterizo seguro de datos. Se recomienda una plataforma abierta, gratuita y federada como X-Road ya instalada por el gobierno de Colombia y distribuida por el Instituto Nórdico de Soluciones de Interoperabilidad.
- Incorporar un nuevo sistema de Identidad Digital con segundo factor de autenticación y biometría incorporado.

- Crear un sistema nacional de acreditación de seguridad para acceso a distintos niveles de información, especialmente la sensible y clasificada.
- Desarrollar los CSIRTs (Equipos de Respuesta a Incidentes de Seguridad) de carácter sectorial (Gobierno, Defensa, y de cada sector industrial crítico).
- Crear la Agencia Nacional de Ciberseguridad y de Protección de Infraestructura Crítica de la Información.
- Crear el Centro de Operaciones de Ciberseguridad Nacional (COC) para conducción de crisis de impacto nacional y determinación de atribución de ataques junto al Consejo Nacional de Ciberseguridad.
- Crear la Agencia Nacional de Protección de Datos Personales.
- Robustecer las redes de fibra óptica, con enlaces redundantes y respaldos con microondas y satelital. Contratación de servicios de almacenamiento seguro de datos en el territorio nacional o con protección similar.
- Desarrollar programas de ciber-higiene en la sociedad para menores de edad a partir de los 2 y hasta los 12 años.
- Desarrollar programas de formación en habilidades digitales orientadas a la ciberseguridad durante toda la formación escolar.
- Crear programas que mitiguen la violencia en redes desde edad temprana.
- Desarrollar programas de acompañamiento digital a Adultos Mayores para mitigar riesgos a los que son expuestos en el Ciberespacio.
- Establecer programas alternativos al Servicio Militar para la formación de especialistas en ciberdefensa.

- Crear el Instituto Nacional de Ciberseguridad (INCIBER) para articular la red de investigación avanzada en ciberseguridad, desarrollo de talento ciber y formación avanzada de instructores y especialistas de distintas áreas.
- Ejecutar programas para identificar y desarrollar cibertalento a partir de los 14 años.
- Desarrollar habilidades digitales entregando competencias certificadas para alumnos de todas las edades a partir de los 18 años y sin ser requisito de ingreso una formación académica previa, usando la metodología francesa de la Escuela 42.
- Mejorar las ofertas educativas de ciberseguridad para carreras técnicas y universitarias.
- Fomentar el desarrollo de becas de postgrado en Ciberseguridad, en universidades de alto prestigio mundial, para doctorados y post doc.
- Fomentar la incorporación de mujeres a carreras de ciberseguridad.
- Incentivar la formación y retención de especialistas en ciberseguridad para apoyar al Estado, los servicios de este, y a los actores económicos en general.
- Incentivar la I&D+i en ciberseguridad fomentando el desarrollo de una nueva industria nacional significativa y eficiente que se proyecte en los mercados internacionales, con foco en el desarrollo regional y con presupuesto indexado a un % del PIB y aporte de privados.
- Colaborar en ciberseguridad entre el ámbito civil y las entidades de la defensa, mediante proyectos de tecnologías duales (uso civil y militar).

- Actualizar permanentemente la Ley de Delitos Informáticos en base a la evolución de la tecnología y los protocolos adicionales del Convenio de Budapest.
- Promulgar la Ley de Gobernanza de Ciberseguridad y Protección de la Infraestructura crítica de la Información, junto con los nuevos delitos que dañan esta II.CC. como lo es el corte de cables de fibra óptica, y daños a la infraestructura pública digital.
- Formar nuevas brigadas de Cibercrimen de la PDI en cada región de Chile, especializadas en investigaciones complejas y formación básica del establecimiento de sitios de suceso tecnológico y cadena de custodia digitales a todas las policías.
- Crear el Laboratorio de Investigación Avanzada de Cibercrimen.
- Formar Fiscales en dirección de investigación y persecución de ciberdelito y Cibercrimen y formar jueces en materias de competencia de estos delitos digitales.
- Establecer una política o marco de divulgación responsable en organizaciones del sector público y privado y el derecho a la protección legal para aquellos que detectan e informan vulnerabilidades de sistemas.
- Establecer mecanismos de intercambio de información sobre ciberdelincuencia entre los sectores público y privado nacionales, incluida la cooperación con los prestadores de servicios de internet y otros proveedores de tecnología.
- Identificar y auditar los activos de información, sectores y operadores críticos de forma regular, estableciendo exigencias de ciberseguridad.

- Adoptar el manual de Tallin 2.0 sobre el Derecho Internacional aplicable a las Ciberoperaciones Militares.
- Crear un Centro de Capacidades de Ciberseguridad para Iberoamérica, como un organismo no gubernamental basado en Universidades Nacionales, asociado a la red de centros de investigación apoyados por el Centro Global de Capacidades de Ciberseguridad de la Universidad de Oxford.
- Establecer nexos formales de intercambio y colaboración por parte de la institucionalidad nacional, tanto en el ambiente público como privado, y de la academia, con las principales instancias internacionales y referentes en materias de ciberseguridad, tanto de gobiernos amigos como de organismos internacionales.
- Promulgar la Política Internacional de Chile para el Ciberespacio, donde se señale nuestra postura respecto de la seguridad y neutralidad de la red.
- Participar con una delegación nacional en el ejercicio Cyberex en España realizado por Incibe los meses de septiembre de cada año y aquellos en que se invite a una delegación nacional, como los organizados en Grecia por ENISA y EE. UU.
- Participar anualmente en el ejercicio militar Locked Shields en Tallin Estonia, en el Centro de Excelencia de (CCDCOE).

3.3 México: La Estrategia Digital Nacional 2021-2024

En México, la Administración Pública Federal estableció la Estrategia Digital Nacional (EDN) 2021-2024 (Diario Oficial de la Federación, 2021), orientada a enfrentar el desafío de construir un país digitalizado y un gobierno austero, honesto y transparente, con autonomía e independencia tecnológicas, centrado en las necesidades ciudadanas, principalmente de las personas más pobres.

El Plan Nacional de Desarrollo 2019-2024 del que se desprende la EDN plantea que el Gobierno Federal impulsará una nueva vía hacia el desarrollo para el bienestar con el propósito de construir "una modernidad desde abajo, entre todos y sin excluir a nadie (...)" con una dirección definida hacia:

– la *independencia tecnológica* (definida como "no sujeción a compromisos y condiciones impuestas de forma arbitraria por los proveedores o fabricantes de tecnologías") que permita evitar monopolios y dependencias técnicas;

– la *autonomía tecnológica* (la posibilidad de generar soluciones técnicas propias y el aprovechamiento del talento técnico disponible en la Administración Pública Federal), incluyendo el uso o desarrollo nacional de tecnologías de acceso abierto.

Un concepto central fundamenta la visión del Plan y la Estrategia: el hecho de que la tecnología digital ha permitido tanto la masificación del acceso a una amplia gama de bienes y servicios, como la ampliación de la desigualdad social. Por lo tanto se privilegia el desarrollo técnico centrado en las personas, su seguridad ante usos o imposiciones tecnológicas arbitrarias, la transparencia de los códigos y algoritmos, el empleo de tecnologías robustas y fiables, su potencial libertario y beneficio social, sin restricciones a la libertad y la atención prioritaria de los grupos vulnerables.

Básicamente la EDN es el plan del poder Ejecutivo Federal para aprovechar el potencial de las TICs mediante su incorporación a la vida cotidiana de las personas y a la Administración Pública Federal (APF) con el fin de alcanzar un Estado de Bienestar. En este marco, la EDN se plantea un objetivo práctico sumamente básico: acceso a las TICs, banda ancha e internet en todo el territorio. Y se concentra en promover las siguientes áreas: Transformación gubernamental, Economía Digital, Transformación educativa, Salud universal y efectiva, Innovación cívica y participación ciudadana. Todo ello sin explicitar un orden de prioridad de tecnologías específicas a promover. En la práctica, las iniciativas concretas se restringen a:

1) Una política digital en la Administración Pública Federal (APF) orientada a simplificar la vida de la ciudadanía y las empresas apoyándose en la creación de infraestructuras digitales compartidas entre instituciones, el *software* abierto y la seguridad de la información (promoviendo, entre otros aspectos, la compra pública de tecnologías, el desarrollo de soluciones propias, el reciclado de códigos, interoperabilidad y escalabilidad, Firma Electrónica Avanzada, gestión integrada de incidentes cibernéticos).

2) Una "Política Social Digital" asociada al despliegue y acceso ciudadano a la infraestructura TICs, que prioriza 3 objetivos: a) la integración e iluminación de la fibra óptica en posesión de las instancias públicas y la reducción de la brecha digital; b) el despliegue de internet a todas las zonas sin cobertura, para lograr la universalidad (promoviendo la participación del sector privado en la última milla, el uso de la Red compartida y la coordinación con los gobiernos locales);

3) la mejora de la calidad de los programas sociales mediante soluciones tecnológicas facilitadoras de la transparencia, la gestión de la información y la integración de las "zonas olvidadas".

La digitalización productiva está fuera del foco de la estrategia nacional vigente. No obstante, cabe destacar los aportes de la Comisión Federal de Competencia Económica (COFECE)[25] respecto a la digitalización de los mercados. Desde allí se declara la consciencia del gobierno sobre los nuevos desafíos que plantea la digitalización de la economía y se analizan los mercados digitales y sus implicaciones en el contexto mexicano: en particular, la presión competitiva que ha generado para las empresas tradicionales la llegada de algunos gigantes tecnológicos en ámbitos como la publicidad, ventas al por menor, finanzas, movilidad y entretenimiento. Dichos mercados

25 Organismo público con el mandato constitucional de promover, proteger y garantizar la competencia y la libre competencia, así como el funcionamiento eficiente de los mercados.

tradicionales presentan importantes niveles de concentración en el país y – desde el punto de vista de la COFECE – podría impulsarse una mayor y beneficiosa competencia con la llegada de empresas como Amazon, Uber, Cabify, Didi, diversas Fintech, Apple o Netflix. La COFECE sugiere que, en caso de ser necesaria, la intervención regulatoria no inhiba innecesariamente el desarrollo de la nueva oferta digital (no sobre-regular) para que ésta tenga oportunidad de competir con los proveedores tradicionales por la preferencia de los consumidores. A partir de este análisis, formula su propia Estrategia Digital (ED-COFECE) en alineación con su Plan Estratégico 2018-2021, bajo el diseño que se aprecia en la Figura 6:

Figura 6 – Acciones de la Estrategia Digital de la COFECE (México, 2018-2021)

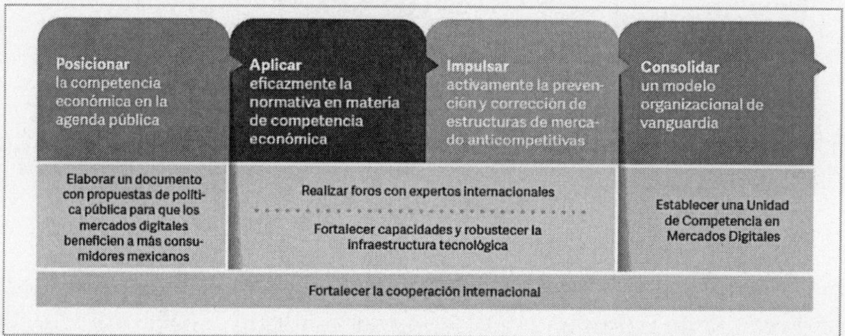

Fuente: INAI México (2023).

4 Análisis general e implicancias de política desde la perspectiva Redesistiana

Si bien la importancia de los datos aparece en distintos documentos de la CEPAL, CAF y los países analizados de modo general, no se constata la existencia de una discusión explícita y sistematizada sobre la "economía de datos". Principalmente, los aportes se centran en el fortalecimiento de la Economía Digital, el "ecosistema digital", en la transformación digital y la digitalización de las esferas vitales para las economías y sociedades de la región: la producción (digitalización productiva), el gobierno (*govtech*) y la sociedad civil (hogares y ciudadanía). Pero se detectan pocas reflexiones y líneas de acción específicamente vinculadas a la "datificación" de la vida.

Entre los núcleos centrales de la discusión regional en torno a las condiciones de posibilidad de la digitalización aparecen:

- La necesidad de estudiar sistemáticamente la dinámica de la Economía Digital en la región para contar con diagnósticos actualizados y precisos del estado de situación.
- El desarrollo de las infraestructuras de conectividad y las "infraestructuras habilitantes" en general.
- El efectivo aprovechamiento y aprendizaje tecnológico alrededor de las infraestructuras de conectividad disponibles. Esto es, el reconocimiento del hecho de que no todo pasa por las limitaciones de infraestructura sino que existen aún amplísimas brechas digitales de diverso tipo que obstaculizan cualquier estrategia de acceso y explotación de nuevas infraestructuras y nuevas generaciones de tecnología (como brechas digitales inter-regionales y de género).
- Atender a los déficits en materia de ciberseguridad que, dado el rezago de las políticas de digitalización, parecen ser también omnipresentes en la región.
- La necesidad de coordinación regional e intra-nacional de las regulaciones y políticas de digitalización, dado el carácter transfronterizo de la Economía Digital y la envergadura de los jugadores que la gobiernan.
- Las dificultades que se presentan a los Estados Nacionales para intervenir y legislar sobre el espacio virtual de las plataformas digitales.

La consolidación de una agenda productiva conscientemente volcada a los datos toma fuerza en ALyC recién después de la pandemia, por lo que la mayoría de los países y organismos supranacionales aún se encuentran explorando esta agenda. No obstante estas limitaciones, emergen en la discusión regional algunas luces a destacar:

- La medición de diversas dimensiones relevantes de la Economía Digital es una preocupación instalada sobre la cual existen ya diversos desarrollos consolidados. Los aportes sobre la conceptualización y medición de la "economía de internet" y el "índice de desarrollo del ecosistema digital" dan cuenta de ello.
- Existen iniciativas e intenciones puntuales aunque relevantes en materia de creación de empresas públicas, sustitución de importaciones, estímulo a los jugadores nacionales (tanto *startups* como empresas de mayor porte), desarrollo de infraestructura nacional y regional, creación de espacios de asociatividad y escalado, entre otras.
- Existen iniciativas, actores e institucionalidades relacionados al *cloud computing*, sustitución de importaciones en manufactura 4.0, almacenamiento de datos y atención a las necesidades de infraestructura con los cuales interactuar para avanzar en una agenda más centrada en datos.
- Se destaca la importancia de aumentar la capacidad de América Latina para el almacenaje de datos (centros de datos) y la regulación del acceso a los datos.
- Los documentos hacen referencia a cuestiones y desafíos en materia de propiedad intelectual como un aspecto destacado. Los desafíos en materia de protección de datos personales se encuentran vinculados a los de infraestructura, regulación de actores del campo digital virtualmente no regulados, y consentimiento ciudadano en materia de circulación de datos digitales.

- Los países seleccionados dan cuenta de la importancia de la ciberseguridad en el contexto actual.

Si bien incipiente, es evidente la necesidad de avanzar sobre una agenda en materia de datos en América Latina que contemple las especificidades contextuales, emule buenas prácticas y regulaciones (evitando la copia lineal y acrítica de abordajes del Norte Global), y regule y potencia actores, tecnologías e infraestructuras locales.

Desde la perspectiva de la Redesist, un primer elemento a observar para contextualizar la "economía de datos" son las continuidades y rupturas respecto al paradigma tecno-económico de las tecnologías de la información y la comunicación (TICs) emergido en los 70s con epicentro en los Estados Unidos de América. Si bien se trata de una discusión que presenta diferentes matices, la "economía de datos" (de manera similar a la "industria 4.0") debe ser entendida como un fenómeno actual, que cobró extrema relevancia a partir de la pandemia, pero que se enmarca dentro de la continuidad del paradigma tecno-económico de las TICs.

La necesidad de contar con infraestructura de soporte y almacenamiento de datos, de legislación y regulación acerca de los derechos de propiedad sobre los datos, y de leyes de protección de datos personales, son algunos de los aspectos actuales de relevancia. No obstante, a la hora de diseñar políticas públicas, deben tenerse en consideración las capacidades, tecnologías e infraestructuras acumuladas y ausentes desde la década del 70, para evitar superposiciones, modas y fragmentación en las iniciativas de política.

El desmantelamiento de los senderos de desarrollo de capacidades en el área computacional encarados por algunos países del cono Sur durante la década del 70 (por ejemplo, el Proyecto Cobra en Brasil, Proyecto Cybersyn en Chile, los proyectos CEFIBA, Clementina y lo realizado por la división electrónica de Fate SA en Argentina, entre otros) limitan en el presente las capacidades domésticas para realizar una política de "datos" más ambiciosa. De hecho, actualmente, la mayoría de los equipos para alojar nubes de datos, redes, semiconductores e infraestructuras de 4G y 5G de América Latina fueron provistos por empresas estadounidenses, chinas y/o nórdicas. Específicamente en Brasil, las redes de 4G fueron construidas por equipos Huawei, Eriksson y Nokia-Siemmens y se espera que la tendencia en relación al despliegue del 5G sea similar.[26]

Asimismo, la brecha digital regional, por niveles de ingreso y de género, aún es un aspecto visible en América Latina, aportando nuevos ribetes a la característica heterogeneidad estructural latinoamericana. Por ello, desde el punto de vista de la acción estatal, existe una tensión evidente entre la profundización de los esfuerzos para la introducción, adopción y desarrollo de infraestructuras de frontera, generalmente provistas por actores del exterior, o continuar asegurando bienes digitales básicos al conjunto de la población, reduciendo las brechas digitales internas. Encontrar un balance entre ambos esfuerzos es deseable, lo cual implica no solamente la introducción de infraestructuras, sino que se deben desarrollar capacidades y aptitudes digitales en el conjunto de la población.

Deben ser considerados también los actores empresariales principales para el desarrollo de la "economía de datos", que son las plataformas de internet y los proveedores de servicios de almacenamiento de datos, hoy llamadas big techs. Estos jugadores son básicamente los campeones nacionales de la economía estadounidense (Europa no cuenta con jugadores de peso) que se han proyectado por el mundo (sólo China y, en menor medida, India, han logrado desarrollar actores de fuste como Alibaba, Tencent y Flipkart basados en el tamaño y la protección de su mercado interno). La ausencia de jugadores domésticos relevantes refuerza los problemas para "endogeneizar" capacidades e infraestructuras en materia de economía de datos en América Latina, al tiempo que genera limitaciones y controversias

---

26 GONZALO, Manuel *et al.* "5G Kick-off in India and Brazil: InterState Competition, National Systems of Innovation, and Catch-up. Implications for the Global South". *Seoul Journal of Economics*, vol. 36, nº 1, 2023.

con las big tech en términos de regulación y derechos de propiedad sobre los datos, a partir de la difusa jurisdicción de internet.

No obstante estas limitaciones, Brasil aún cuenta con un tamaño de mercado interno y capacidades científicas, tecnológicas y empresariales que pueden ser recuperadas y escaladas para jugar un rol más ambicioso. Por ejemplo, las iniciativas que comienzan a retomarse en la gestión del Presidente Lula en materia de producción de semiconductores, a través de CEITEC (Centro Nacional de Tecnologia Eletrônica Avançada SA), si bien incipientes, parecen ir en tal sentido. Para Brasil, observar las estrategias que está llevando adelante la India en materia de semiconductores puede ser de utilidad dadas ciertas similitudes históricas, de tamaño y de capacidades entre ambos países. India está avanzando en la producción doméstica de semiconductores con una fuerte política de incentivos a jugadores domésticos y transnacionales, principalmente estadounidenses. Para los países del Sur Global, avanzar en materia regulatoria y de consolidación de actores locales públicos y privados son pasos necesarios. Los foros y reuniones del G-20, BRICS +, e IBSA son espacios en los cuales Brasil podría liderar una agenda de este tipo.

Si bien con limitaciones debido a su tamaño y la potencial adquisición por parte de corporaciones del exterior, las *startups* de Sudamérica pueden desempeñar un papel dentro de la economía de datos.[27] Hoy Mercado Libre – una *startup* nacida en los 2000 en Argentina que se transformó en multilatina – domina buena parte de las transacciones por internet en el cono Sur.[28] La consolidación de actores de mayor porte a nivel latinoamericano, tanto públicos

27 MECON. Argentina Productiva 2030. Misión 7. *Profundizar el avance de la digitalización escalando la estructura productiva y empresarial nacional.* Plan para el Desarrollo Productivo, Industrial y Tecnológico. Ciudad Autónoma de Buenos Aires. Ministerio de Economía de la Nación, 2023.

28 GONZALO, Manuel *et al.* "Post-investment trajectories of Latin American young technology-based firms: An exploratory study". *Venture Capital*, vol. 15, nº 2, 2013.

como privados, es un avance importante. Al mismo tiempo, aún existe margen de acción en materia regulatoria para compatibilizar categorías, regulaciones y organizaciones del nivel latinoamericano que tengan peso en la materia. Con las salvedades necesarias relativas a la "copia de legislación", la experiencia europea puede ser útil.

Las palancas estatales, principalmente la compra pública, sea para servicios de alojamiento de datos o para la prestación de servicios digitales, deben ser utilizadas estratégicamente. Brasil es un actor de peso a nivel latinoamericano, teniendo capacidad para negociar tanto condiciones de acceso y disponibilidad de información como participación de jugadores locales.[29] Es preciso ser realistas respecto a los segmentos sobre los cuales avanzar a partir de un análisis minucioso de las capacidades existentes y por desarrollar, contemplando *timing*, recursos y actores apropiados. En América Latina, el incremento de la infraestructura y capacidad de alojar datos parece ser una prioridad evidente.

Por último, un aspecto que adquiere extrema relevancia tiene que ver con el desarrollo de la ciberseguridad. Este segmento ha acelerado sobremanera su dinamismo a partir de la pandemia, siendo objeto tanto de fuertes inversiones de parte de fondos de capital de riesgo globales como de esfuerzos regulatorios de parte de las autoridades nacionales.[30] La protección de los datos del Estado agrega una dimensión de seguridad interior y exterior. Un país como Brasil,

---

29 GONZALO, Manuel *et al.* "5G Kick-off in India and Brazil: InterState Competition, National Systems of Innovation, and Catch-up. Implications for the Global South". *Seoul Journal of Economics*, vol. 36, nº 1, 2023.

30 MECON. Argentina Productiva 2030. Misión 7. *Profundizar el avance de la digitalización escalando la estructura productiva y empresarial nacional.* Plan para el Desarrollo Productivo, Industrial y Tecnológico. Ciudad Autónoma de Buenos Aires. Ministerio de Economía de la Nación, 2023.

que ya ha sufrido episodios de espionaje,[31] debe atender y reforzar sus mecanismos de protección sobre datos públicos y personales. Esto debe dar fundamento a una política de protección de datos robusta y consistente en el área estatal. Al mismo tiempo, el estímulo específico al desarrollo de este segmento de producción de *software*, en un entramado que cuenta con amplias capacidades en el sector, generaría *spillovers* productivos no despreciables.

En suma, contar con una agenda clara en materia de datos es una prioridad evidente para América Latina y Brasil, en particular. El proyecto encarado por la RedeSist/IE/UFRJ, el Centro Internacional Celso Furtado y el Cetic.Br/Nic.Br tiene mucho por contribuir en tal sentido.

31 Disponível em: https://elpais.com/internacional/2013/09/02/actualidad/1378133902_556483.html.

BLOCO 3

A EXPERIÊNCIA BRASILEIRA

CAPÍTULO VIII

ECONOMIA DE DADOS: CONCEITUAÇÕES, MENSURAÇÃO E POLÍTICAS GOVERNAMENTAIS NO BRASIL[1]

MARCELO G. P. MATOS

Introdução

A Economia de Dados é um conceito ainda em franca construção, havendo diversas propostas de conceituação, mais ou menos análogas, e uma diversidade de orientações e metodologias de mensuração. Trata-se de uma parte, porém de crescente centralidade, no escopo mais amplo da Economia Digital.

---

1 Este capítulo é baseado em pesquisa elaborada por Matos, referente ao período até 2023. (MATOS, Marcelo P. "Economia de Dados: conceituações, sistemas de mensuração e políticas no Brasil". Nota Técnica 5 do Projeto EconDados. *RedeSist e Cicef*, 2024).

Os riscos relacionados à segurança de dados crescem e tanto o volume de dados expostos, quanto as violações continuam a aumentar. As regulamentações buscam proteger os dados e as identidades digitais dos cidadãos, como a Lei Geral de Proteção de Dados da União Europeia e, no Brasil, o Marco Civil da Internet e a Lei Geral de Proteção de Dados Pessoais (LGPD). Essas regulamentações emergem no contexto da crescente preocupação, não só com a segurança de dados, mas, em perspectiva mais ampla, com a soberania digital.

A crescente importância dessa área traz consigo diversas oportunidades e, sobretudo, desafios, cabendo um papel fundamental ao Estado para: mitigar riscos, estabelecer marcos legais e regulatórios que protejam os interesses da sociedade e mobilizar políticas públicas que potencializem as competências existentes no país. Contudo, atuar sobre esse fenômeno requer, como ponto de partida, compreendê-lo e apreendê-lo. Diferentes conceituações e parâmetros de mensuração conferirão diferentes matizes à atuação do Estado, ou ausência desta, com impactos distintos sobre a socioeconomia do país.

Este capítulo analisa, à luz da preocupação com uma soberania multidimensional e de um marco conceitual e analítico sistêmico, como o fenômeno da Economia de Dados tem sido conceitualizado e mensurado pelo Estado brasileiro. O primeiro item examina a dimensão multidimensional de soberania, o segundo delineia o referencial analítico e metodológico, o terceiro explora as diversas conceituações explícitas e implícitas e as iniciativas de promoção da Economia de Dados no Brasil.

1 Soberania digital e soberania de dados pela perspectiva do Sul

Ao longo da última década, observa-se um cenário que se afasta cada vez mais de um ideário original de uma internet aberta, descentralizada e democrática. Crescentemente dominado por um grupo pequeno e poderoso de corporações que dominam a criação e regulação de mercados, a comunicação e a circulação de informação, o espaço digital desafia atribuições tradicionalmente associadas a um Estado soberano. No centro de suas atividades figuram a geração, coleção, armazenamento, processamento, distribuição, análise, entrega e exploração de dados. As grandes corporações digitais (GCDs) têm consolidado sua liderança, além das plataformas de redes sociais e comerciais digitais, em áreas críticas, como computação em nuvem, big data, Inteligência Artificial, IoT, etc., se consolidando como proprietárias de vastas e crescentes carteiras de dados e como principais fornecedores de serviços públicos e infraestruturas. Preocupações com a soberania nacional emergem de evidências concretas do potencial de uso destas tecnologias para comprometer a segurança de Estados, como evidencia o escândalo revelado por Edward Snowden em 2013.[2]

Diferentes experiências nacionais espelham uma diversidade de perspectivas relacionadas aos conceitos de soberania digital e soberania de dados, as quais podem ser agrupadas em quatro categorias.[3]

Primeiro, destacam-se as perspectivas que enfocam a Segurança Nacional e a Defesa do Estado de Direito. Dentre as preocupações com a segurança nacional, são destacados os riscos de ataques cibernéticos e vulnerabilidade de dados *on-line*. Aponta-se para o risco de roubo de dados sensíveis, práticas de espionagem e exploração de vulnerabilidades dos sistemas digitais para sabotar infraestruturas críticas, tais como o sistema financeiro, as redes de energia, as redes de transporte e os sistemas de saúde. Ademais, agências de

---

2 ONDRÁŠIK, Branislav. "Death of the 'Free Internet Myth'". *Masaryk University Journal of Law and Technology*, vol. 1, nº 2, 2007; KLIMBURG, Alexander. *The darkening web*: the war for cyberspace. Londres: Penguin Press, 2017; ZUBOFF, Shoshana. *The age of surveillance capitalism*: the fight for a human future at the new frontier of power. Nova York: Public Affairs Books, 2018; Pessanha, 2020; MAZZUCATO, Mariana *et al.* "Reimagining the Platform Economy". *Project Syndicate*, fev. 2021.

3 INTERNET SOCIETY. *Navigating Digital Sovereignty and its Impact on the Internet*, Report, dez. 2022.

inteligência dependem de ferramentas e dados digitais confiáveis para os esforços antiterroristas. Objetiva-se que o Estado proteja o domínio digital dentro das suas fronteiras.[4]

Segundo, observa-se a busca pela Autonomia Econômica em Relação a Tecnologias Estrangeiras e Provedores de Serviços, tendo em vista a crescente dominação por parte de empresas estadunidenses e crescentemente chinesas. As iniciativas usualmente se articulam com planos abrangentes de política industrial e de inovação, buscando promover a capacidade competitiva de empresas locais no escopo de uma estratégia mais ampla de digitalização.[5] A estas iniciativas, se articulam diversas políticas industriais e de inovação, que oferecem estímulos diretos para o desenvolvimento de empresas nos diversos segmentos relevantes, objetivando constituir *players* nacionais com significativa capacidade competitiva.[6]

Terceiro, podem ser identificados os objetivos de promoção de Autonomia dos Usuários e de Autodeterminação Individual, tendo em vista seus diferentes papéis como empregados, consumidores e usuários de tecnologias digitais, produtores de dados e, sobretudo, detentores de uma identidade digital. Iniciativas tem buscado avançar no estabelecimento de um marco legal e regulatório que proteja

---

4 Iniciativas de países para "localização de dados" ou limitação de plataformas são apresentadas nos capítulos anteriores desse bloco.

5 BAUMS, Ansgar. "Digitale Standortpolitik in der Post-Snowden-Welt". *In*: FRIEDRICHSEN, Mike; BISA, Peter-J. (Coord.). *Digitale Souveränität*: Vertrauen in der Netzwerkgesellschaft. Berlim: Springer-Verlag, 2016; BRIA, Francesca. "Public policies for digital sovereignty". *Platform Cooperativism Consortium conference*, Nova York, 2015; MATOS, Marcelo P. "Economia de Dados: conceituações, sistemas de mensuração e políticas no Brasil". Nota Técnica 5 do Projeto EconDados. *RedeSist e Cicef*, 2024.

6 SUMMA, Harald A. "How GAIA-X is paving the way to European data sovereignty". *Dotmagazine*, mar. 2020; DE LA CHAPELLE, B.; PORCIUNCULA, L. "We Need to Talk About Data: Framing the Debate Around Free Flow of Data and Data Sovereignty". *Internet and Jurisdiction Policy Network*, 2021.

identidades digitais e dados particulares, com o protagonismo da União Europeia.[7] Ações têm promovido o desenvolvimento de tecnologias locais de encriptação e proteção e gestão pessoal de identidades e dados e modelos de negócio mais transparentes e que respeitem leis e normas locais.[8] Também se identificam iniciativas associadas ao conceito de "consciência de dados" (*Datenbewusstsein*) e literacia digital que buscam promover uma educação digital emancipadora, conscientizando usuários dos riscos de desinformação e do modelo de negócios da Economia de Dados.[9]

Por fim, de forma pontual e subordinada a outros discursos, identificam-se perspectivas que sublinham a importância de Proteção da Identidade e Diversidade Sociocultural, promovendo a proteção do patrimônio cultural e a diversidade linguística. Nesta linha, se mobilizam iniciativas de promoção da produção de conteúdo nacional,

---

7 FALCÓN, M. L. "Economia de Dados: conceito, mensuração e repercussões na agenda de políticas da União Europeia". Nota Técnica 1 do Projeto EconDados. *RedeSist e Cicef*, 2024; MATOS, Marcelo P. "Economia de Dados: conceituações, sistemas de mensuração e políticas no Brasil". Nota Técnica 5 do Projeto EconDados. *RedeSist e Cicef*, 2024.

8 HILL, Jonah. "The Growth of Data Localization Post-Snowden: Analysis and Recommendations for U.S. Policymakers and Industry Leaders". *Lawfare Research Paper Series*, vol. 2, nº 3, 2014.

9 BMBF, 2019; FLORIDI, Luciano. "The Fight for Digital Sovereignty: What It Is, and Why It Matters, Especially for the EU". *Philosophy & Technology*, vol. 33, 2020; HÖPER, Lukas; SCHULTE, Carsten. "Datenbewusstsein im Kontext digitaler Kompetenzen für einen selbstbestimmten Umgang mit datengetriebenen digitalen Artefakten". Gesellschaft für Informatik. Informatik 2021. Lecture Notes in Informatics. Gesellschaft für Informatik, Bonn 2021; BELLI, Luca; GASPAR, Walter B. *The Quest for AI Sovereignty, Transparency and Accountability*, Official Outcome of the UN IGF Data and Artificial Intelligence Governance Coalition. Preliminary version of the report. UN Internet Governance Forum. Japão, out. 2023.

o fortalecimento de grupos nacionais de mídia, a valorização de conhecimentos dos povos originários, etc.[10]

As perspectivas traçadas acima impactam de forma diferenciada os países centrais, sede de muitas das GCDs e os países periféricos. O conceito de colonialidade ajuda a contextualizar muitas das relações assimétricas que se estabelecem.

A colonialidade impõe o padrão de modernidade e de racionalidade da metrópole, reforçado através de meios materiais e construção de mentalidades de inferiorização de modos de vida, saberes e epistemes dos territórios da periferia.[11] A crítica epistêmica da colonialidade compreende, assim, que na matriz do pensamento ocidental, com seus modelos únicos e descontextualizados, outros conhecimentos são considerados dispensáveis, o que também estaria na base do capitalismo informacional. Para Ricaurte,[12] a racionalidade centrada em dados nega a existência de mundos e epistemologias alternativas e deve ser compreendida como expressão da colonialidade

---

10 TAYLOR, John; KUKUTAI, Tahu. "Indigenous data sovereignty: Toward an agenda". In. Acton, ACT, Australia: Australian National University Press, 2016; RICAURTE, Paola. "Data epistemologies: the coloniality of power, and resistance". *Television & New Media*, vol. 20(4), 2019; GOFF, Patricia. "Cultural Sovereignty in a Digital Age". *In*: CARMENT, David; MACDONALD, Laura; PALTIEL, Jeremy (Coord.). *Canada and Great Power Competition*. Cham: Palgrave Macmillan, 2022.

11 QUIJANO, Aníbal. "Colonialidad y modernidad/racionalidad". *Perú Indígena*, vol. 13, nº 29, 1992; QUIJANO, Aníbal. "Colonialidade do poder, Eurocentrismo e América Latina". *In*: *A colonialidade do saber*: eurocentrismo e ciências sociais. Perspectivas latino-americanas. CLACSO, Consejo Latinoamericano de Ciencias Sociales, Buenos Aires, 2005; LASTRES, Helena Maria Martins; CASSIOLATO, José Eduardo. "APLs, conhecimento, desenvolvimento e os desafios da colonialidade do saber". *In*: MATOS, Marcelo Pessoa de *et al.* (Coord.). *Arranjos produtivos locais*: referencial, experiências e políticas em 20 anos da RedeSist. Rio de Janeiro: E-Papers, 2017.

12 RICAURTE, Paola. "Data epistemologies: the coloniality of power, and resistance". *Television & New Media*, vol. 20(4), 2019.

do poder. Silveira[13] evidencia como a colonialidade em um cenário de capitalismo informacional, organizado em uma Economia de Dados neoliberal contribui para um novo grau de "epistemicío".[14] O colonialismo de dados mobiliza as mesma práticas e mecanismos do colonialismo histórico, mas engendrando um novo tipo de apropriação: a apropriação da vida humana, por intermédio da captura de dados. Adiciona-se o risco de captura da própria capacidade de discernimento e exercício do livre arbítrio em uma circunstância de alteração comportamental impulsionado por sistemas de Inteligência Artificial.[15]

O Norte figura como produtor e exportador das tecnologias, recebendo remessas financeiras do exterior e beneficiando suas economias com os lucros obtidos por suas empresas, além de impulsionar as competências científicas e tecnológicas no escopo de seus sistemas nacionais de inovação. Os dados gerados no Sul Global alimentam os modelos de aprendizado de máquinas nos países centrais e turbinam a lógica de extração de renda pela comercialização dos dados. Serviços crescentemente complexos, baseados em computação em nuvem e processamento de grande volume de dados, são vendidos como pacotes fechados para empresas e governos da periferia, constituindo

---

13 SILVEIRA, Sérgio Amadeu da. "A hipótese do colonialismo de dados e o neoliberalismo". *In*: CASSINO, João Francisco; SOUZA, Joyce; SILVEIRA, Sérgio Amadeu da (Coord.). *Colonialismo de dados*: como opera a trincheira algorítmica na guerra neoliberal. São Paulo: FPA, 2021.

14 "A destruição de algumas formas de saber locais, à inferiorização de outros, desperdiçando-se, em nome dos desígnios do colonialismo, a riqueza de perspectivas presentes na diversidade cultural e nas multifacetadas visões do mundo por elas protagonizadas" (SOUSA SANTOS, Boaventura de; MENESES, Maria Paula. *Epistemologias do Sul*. Coimbra: Almedina, 2009, p. 183).

15 COULDRY; MEJIAS, 2019; CASSINO, João Francisco; SOUZA, Joyce; SILVEIRA, Sérgio Amadeu da (Coord.). *Colonialismo de dados*: como opera a trincheira algorítmica na guerra neoliberal. São Paulo: Fundação Perseu Abramo, 2021.

uma fonte adicional de extração unidirecional de riqueza, além de constituir fonte adicional de absorção de dados estruturados.[16]

Conforme discute Celso Furtado,[17] o subdesenvolvimento se funda essencialmente na forma de assimilação do progresso técnico dentro do sistema capitalista mundial, tanto pela assimilação de produtos finais de consumo, quanto de processos produtivos. Esta análise, baseada em um período histórico muito anterior ao advento da internet, se mostra absolutamente atual, ao se observar como a mídia e as redes sociais induzem um padrão simbólico e cognitivo único. A assimilação de tecnologias "importadas", que, além de impor uma transferência de excedente em contrapartida, também impõe a assimilação de parte de uma trajetória histórica de desenvolvimento alheia ao sistema nacional periférico.

A colonialidade que está na raiz desta dependência cultural também se manifesta no escopo dos embrionários marcos legais e regulatórios. Concebidos e pactuados no contexto do sistema sociocultural e econômico dos países centrais para tratar prioritariamente de assuntos como privacidade, identidade digital e defesa da concorrência, trazem em sua gênese as prioridades elencadas no escopo destas sociedades e se baseiam no seu grau de desenvolvimento de competências científicas, tecnológicas e inovativas.

---

16 SILVEIRA, Sérgio Amadeu da. "A hipótese do colonialismo de dados e o neoliberalismo". *In*: CASSINO, João Francisco; SOUZA, Joyce; SILVEIRA, Sérgio Amadeu da (Coord.). *Colonialismo de dados*: como opera a trincheira algorítmica na guerra neoliberal. São Paulo: FPA, 2021.

17 FURTADO, Celso. *O mito do desenvolvimento econômico*. Rio de Janeiro: Paz e Terra, 1974; FURTADO, Celso. *O capitalismo global*. São Paulo: Paz e Terra, 1998.

2 Referencial Analítico e Metodológico

Propõem-se a articulação de diferentes dimensões complementares, de forma a explorar em que medida as conceituações, mensurações e iniciativas de promoção as levam em consideração. Parte-se de uma perspectiva ampla de sistema produtivo e inovativo digital, que traz em seu núcleo os atores e processos centrais da Economia de Dados e que a situa em um contexto mais amplo da Economia Digital, explicitando as interfaces de produção, inovação e consumo e destacando seus principais agentes (ver Figuras 3 e 4 no capítulo I).

Em primeiro lugar, cabe averiguar em que medida as conceituações e iniciativas contemplam o conjunto completo de agentes e competências do sistema produtivo e inovativo digital e de dados, tendo em vistas as implicações desta perspectiva sistêmica para a promoção e o desenvolvimento destas atividades econômicas no país, a partir de contribuições da RedeSist.[18]

Em segundo lugar, parte-se da discussão empreendida acima acerca da soberania digital e soberania de dados para averiguar em que medida as conceituações e iniciativas trazem um reconhecimento da importância das diferentes dimensões relacionadas ao desenvolvimento e à soberania do país, conforme discutido acima e sistematizadas em quatro categorias:

i. Segurança nacional e defesa do Estado de Direito;

ii. Promoção de uma autonomia econômica em relação a tecnologias estrangeiras e provedores de serviços;

---

18 CASSIOLATO, José Eduardo; LASTRES, Helena Maria Martins. "Sistemas de inovação e desenvolvimento: as implicações de política". *São Paulo em Perspectiva*, vol. 19, nº 1, jan.-mar. 2005; CASSIOLATO, José Eduardo; MATOS, Marcelo Pessoa de; LASTRES, Helena Maria Martins. "Innovation Systems and Development". *In*: CURRIE-ALDER, Bruce *et al.* (Coord.). *International Development Ideas, Experience and Prospects*. Oxford: Oxford University Press, 2014.

iii. Promoção de autonomia dos usuários e de autodeterminação individual;

iv. Proteção da identidade e diversidade sociocultural.

A metodologia empregada é centrada no estudo de caso brasileiro, a partir de uma análise qualitativa com base documental de leis, normas e documentos oficiais de políticas públicas na esfera federal. Ao apreciar estes documentos, a abordagem proposta privilegia a análise do "discurso", em detrimento de sua "implementação" efetiva, tendo em vista serem muito recentes essas iniciativas. Desta forma, é prematuro avaliar, de forma consistente, como esses discursos têm se traduzido em ações concretas.

3 Conceituação e iniciativas de promoção da Economia de Dados no Brasil

3.1 Conceituações e sistemas de mensuração de Economia de Dados pelas principais instituições produtoras de estatísticas

O IBGE possui como incumbência a coordenação dos sistemas estatístico e cartográfico nacionais. Conforme os procedimentos de levantamento de informação junto ao órgão, detalhados em Matos,[19] até a mudança de governo em 2023, o órgão ainda não havia adotado uma conceituação de Economia de Dados, nem mobilizado esforços para a sua mensuração direta. Aproximações iniciais se dão a partir do enfoque da Economia de Dados no escopo mais amplo da Economia Digital com mensuração pela ótica da oferta, da demanda, salientando-se, ainda, esforços a partir das contas nacionais, com a construção de contas satélite.

---

19 MATOS, Marcelo P. "Economia de Dados: conceituações, sistemas de mensuração e políticas no Brasil". Nota Técnica 5 do Projeto EconDados. *RedeSist e Cicef*, 2024.

A mensuração pela ótica da oferta pode se dar considerando os diversos subsetores de atividade econômica e adotando como critério de recorte as delimitações propostas por organismos internacionais. A esse agregado alternativo podem ser associados indicadores relacionados às pesquisas estruturais, tais como valor adicionado, produtividade, média de salários, etc. Adicionalmente, vislumbra-se a possibilidade de aferição da importância de ocupações relacionadas ao tratamento de dados nos diversos setores da economia, considerando ocupações como "cientista de dados" e afins.

A mensuração pela ótica da demanda, enfocando o uso de produtos digitais, bens, serviços e tecnologias. Este uso pode ser mensurado tanto no âmbito dos domicílios, quanto no âmbito das empresas. Destaca-se o esforço, em 2023, no escopo da pesquisa Pintec Semestral, que enfocou o uso de tecnologias digitais avançadas, teletrabalho e cibersegurança em empresas industriais com 100 ou mais pessoas ocupadas. A pesquisa buscou identificar o emprego das seguintes tecnologias digitais avançadas: i) análise de big data; ii) computação em nuvem; iii) Inteligência Artificial (IA); iv) Internet das Coisas; v) manufatura aditiva; e vi) robótica. Foi contemplado seu emprego nas seguintes áreas das empresas: i) desenvolvimento de projetos de produtos, processos e serviços; ii) produção; iii) logística; iv) administração; e v) comercialização.[20]

Embora não figure como órgão produtor de estatísticas oficiais, cabe destaque ao Centro Regional de Estudos para o Desenvolvimento da Sociedade da Informação (Cetic.br), do NIC.br, enquanto responsável pela realização sistemática de pesquisas sobre o uso de TICs em diferentes âmbitos da sociedade brasileira. Por exemplo, a pesquisa TIC-Empresa, explora diferentes aspectos do acesso, habilidades e uso de tecnologias básicas como os computadores, a internet e *softwares*, e de serviços de governo eletrônico, entre outros aspectos. Pesquisas enfocadas em setores específicos, como a TIC-Saúde e a

20 IBGE. *Pesquisa de inovação semestral*: indicadores básicos: 2022. IBGE, 2024.

TIC-Educação, TIC – Governo Eletrônico, TIC-Domicílios, além dos aspectos gerais de emprego de TICs, exploram as aplicações e uso dessas tecnologias nessas áreas de atuação.

Tanto as pesquisas mencionadas do IBGE, quanto as pesquisas conduzidas pelo Cetic.br não apresentam uma conceituação explícita de "Economia de Dados". As pesquisas, em seu conjunto, se apresentam bastante abrangentes em termos de cobertura dos diversos setores utilizadores de tecnologias digitais. Contudo, sob o ponto de vista de sistema produtivo digital propriamente dito, os estudos não detalham agentes e atividades relacionados à armazenagem e custódia de dados, captura e processamento, análise de dados e produção de conhecimento, e contemplam parcialmente o consumo final de bens e serviços por intermédio do uso de tecnologias e serviços habilitados a partir de dados, tais como big data e IA.

Contudo, discursos da presidência do IBGE, iniciada em 2023, e iniciativas que começam a se estruturar apontam para um entendimento mais consolidado da Economia de Dados e para a perspectiva multidimensional de soberania digital e de dados. Em primeiro lugar, destaca-se a intenção explicitada pelo Presidente da instituição de atuar junto a diferentes instâncias da administração federal para avançar na constituição de um *data lake* (agregação e estruturação de bases de dados), formado a partir das mais diversas bases de dados constituídas e geridas por órgãos vinculados ao governo. Tal agregação de base de dados e seu acesso pelo IBGE facultaria o órgão a construir estatísticas mais abrangentes e estruturadas, auxiliando os diversos órgãos na concepção, construção, acompanhamento e avaliação de políticas públicas.

Em segundo lugar, destaca-se o acordo de cooperação técnica celebrado entre o IBGE, UFG e Unicamp para o desenvolvimento de projeto de Inteligência Artificial aplicada às políticas públicas. Objetiva-se desenvolver ferramentas conversacionais com uso de IA, aos moldes do ChatGPT, para auxiliar na elaboração de diagnósticos e de políticas públicas. Depreende-se da comunicação do Presidente da instituição, que o projeto se alinha com uma perspectiva de soberania relacionada à "promoção de uma autonomia econômica em relação a tecnologias estrangeiras e provedores de serviços", na medida em que se visa mobilizar competências nacionais no desenvolvimento de ferramentas de análise e processamento de dados relacionados às políticas públicas. E como apontado pelos coordenadores do projeto, urge conhecer mais profundamente as funcionalidades das ferramentas de IA, seus potenciais usos e os perigos que representa, tanto nas políticas e programas públicos como em outras atividades humanas. Isso além de obviamente contribuir para disponibilizar informações preciosas sobre as políticas públicas brasileiras.[21]

3.2 Perspectivas do Marco Legal e Regulatório

3.2.1 O Marco Civil da Internet

O Marco Civil da Internet (Lei n. 12.965/2014) contribui para regulamentar importantes aspectos relacionados às dimensões do conteúdo e dos serviços providos por plataformas.

A lei atribui forte peso a imperativos de soberania relacionados à promoção de autonomia dos usuários e de autodeterminação individual. Destaca-se a garantia de direitos fundamentais a partir dos preceitos de liberdade de expressão (art. 2), de privacidade e de neutralidade da rede (art. 3). O art. 7 reconhece o acesso à internet como "essencial ao exercício da cidadania" e garante a "inviolabilidade da intimidade e da vida privada" e a "inviolabilidade e sigilo do fluxo de suas comunicações".

O uso indiscriminado de dados é limitado por diversos dispositivos. O item VII do art. 7 determina o "não fornecimento a terceiros de seus dados pessoais, inclusive registros de conexão, e de acesso a aplicações de internet, salvo mediante consentimento livre, expresso e informado". O item VIII exige que sejam providas:

---

21 Disponível em: https://pp.nexojornal.com.br/ponto-de-vista/2024/10/10/inteligencia-artificial-e-politicas-publicas-um-ano-depois.

> informações claras e completas sobre coleta, uso, armazenamento, tratamento e proteção de seus dados pessoais, que somente poderão ser utilizados para finalidades que: a) justifiquem sua coleta; b) não sejam vedadas pela legislação; e c) estejam especificadas nos contratos de prestação de serviços ou em termos de uso de aplicações de internet.

O item X, por sua vez, garante ao usuário o direito de "exclusão definitiva dos dados pessoais que tiver fornecido a determinada aplicação de internet, a seu requerimento, ao término da relação entre as partes".

A isenção de responsabilidade das plataformas digitais pelo conteúdo gerado pelos usuários (art. 18), adotando padrão dos EUA, contribui para reforçar a liberdade de expressão e para coibir práticas de censura. Contudo, a ausência de obrigações de transparência e *accountability* a serem cumpridos pelas plataformas neste documento legal contribuiu para a proliferação de desinformação e de atividade maliciosa em tais ambientes, sem que as empresas tenham tido a obrigação de remoção de conteúdo.

Importante diretriz – em termos da promoção da soberania – está no art. 26:

> O cumprimento do dever constitucional do Estado na prestação da educação, em todos os níveis de ensino, inclui a capacitação, integrada a outras práticas educacionais, para o uso seguro, consciente e responsável da internet como ferramenta para o exercício da cidadania, a promoção da cultura e o desenvolvimento tecnológico.

Tal preceito se alinha a diretrizes perseguidas em diversos países de promoção de educação e conscientização crítica para um uso "soberano" da internet.

As demais dimensões de objetivos relativos à soberania digital e de dados não encontram repercussão relevante no Marco Civil da

Internet. Um alinhamento com um objetivo de promoção da segurança nacional é verificado, de forma pontual e pouco específica, na diretriz para a atuação do Estado n. VII (art.24) ao indicar a "otimização da infraestrutura das redes e estímulo à implantação de centros de armazenamento, gerenciamento e disseminação de dados no País".

Também virtualmente ausente no documento legal é a preocupação com diretrizes de soberania alinhadas à promoção de uma autonomia econômica em relação a tecnologias estrangeiras e provedores de serviços. A lei faz menções vagas a "livre iniciativa" (art.2), "liberdade dos modelos de negócio" (art.3), "inovação e fomento à ampla difusão de novas tecnologias e modelos de uso", "adoção a padrões tecnológicos abertos" (art.4) e "adoção preferencial de tecnologias, padrões e formatos abertos e livres" (art. 24). A única menção pontual e indireta à promoção de capacidades técnicas e competitivas nacionais está na diretriz de atuação do Estado, já mencionada acima, que versa sobre a implantação de centros de armazenamento, gerenciamento e disseminação de dados no país.

3.2.2 Lei Geral de Proteção de Dados Pessoais

A LGPD (Lei n. 13.709/2018) provê um arcabouço legal amplo para a proteção de dados pessoais. A lei contempla a diversidade de atividades usualmente presentes em definições de Economia de Dados. Assim, o item X do art. 5 define o tratamento de dados como

> toda operação realizada com dados pessoais, como as que se referem a coleta, produção, recepção, classificação, utilização, acesso, reprodução, transmissão, distribuição, processamento, arquivamento, armazenamento, eliminação, avaliação ou controle da informação, modificação, comunicação, transferência, difusão ou extração.

Tendo em vista a perspectiva ampla do sistema produtivo e inovativo digital, cabe destacar a diversidade de agentes relevantes previstos pela lei. Ao se referir a "controlador", "operador" e "encarregado", a lei sistematiza os principais papéis que podem ser exercidos por provedores de serviços *on-line* e plataformas digitais no tratamento de dados pessoais. A lei prevê o papel dos "órgãos de pesquisa", mas enquanto geradores e utilizadores de dados em suas atividades de pesquisa diversas e não enquanto agentes críticos para o desenvolvimento de tecnologias adequadas à geração, tratamento e aplicação de dados, alinhados a preceitos de soberania de dados. Tampouco há referência a agentes industriais produtores de *hardwares* e *softwares* embarcados, não se reconhecendo a potencial interface entre padrões técnicos empregados em produtos e serviços e a própria capacidade de acesso à informação e de fazer cumprir o disposto na lei em termos de proteção de dados. Por fim, a lei traz um papel destacado para o Poder Público, sobretudo por intermédio das atribuições da Autoridade Nacional de Proteção de Dados (ANPD) e do Conselho Nacional de Proteção de Dados Pessoais e da Privacidade, com a função de fiscalizar o cumprimento da LGPD.

A LGPD enfatiza a soberania relativa à promoção de "autonomia dos usuários e de autodeterminação individual". Seus fundamentos destacam "privacidade", "autodeterminação", "liberdade de expressão", "intimidade, honra e imagem", "dignidade e exercício da cidadania" (art. 2). Os princípios e limites à atividade de tratamento de dados (art.6) e o conjunto de direitos relativos ao consentimento (art. 7) para uso de dados pessoais ou sua revogação (art. 8), a possibilidade de exigência de acesso, correção e eliminação de dados (art. 18) reforçam este aspecto de soberania individual e autodeterminação.

Com relação à soberania em termos da "segurança nacional e defesa do Estado de Direito" a lei traz alguns provimentos. O art. 4 determina que as limitações impostas pela lei não se aplicam no escopo da atuação do Estado na provisão de "segurança pública"; "defesa nacional" e "segurança do Estado"; e o § 4º determina que os bancos de dados relacionados a tais funções não poderão ser tratados por pessoa de direito privado. Desta forma, é assegurado o tratamento direto por órgão vinculado ao Estado e em território nacional de dados críticos à segurança nacional.

O art. 33 estabelece um conjunto de limitações e condicionantes para a transferência internacional de dados pessoais. O item I limita tal transferência a países ou organismos internacionais que proporcionem grau de proteção de dados pessoais alinhados à LGPD. Em tese, tal disposto excluiria serviços de internet e de processamento de dados situados nos EUA, cuja legislação não apresenta tal alinhamento previsto com a legislação nacional. Por outro lado, o item II constitui um afrouxamento excessivo, tornando o item I potencialmente sem efeito prático, na medida em que baste ao controlador no exterior apresentar cláusulas contratuais que "garantam" os direitos previstos na LGPD, mesmo sem que exista capacidade de *enforcement* internacional para o cumprimento de tais cláusulas.

A lei apresenta apenas uma referência genérica e pouco específica à questão da proteção dos dados, ao determinar no art. 46 que

> os agentes de tratamento devem adotar medidas de segurança, técnicas e administrativas aptas a proteger os dados pessoais de acessos não autorizados e de situações acidentais ou ilícitas de destruição, perda, alteração, comunicação ou qualquer forma de tratamento inadequado ou ilícito.

Não há nenhuma ponderação acerca de dados pessoais críticos associados à provisão de serviços públicos e adoção de infraestruturas e padrões técnicos unificados e públicos para a proteção destes dados. Tampouco há, conforme apontado acima, nenhuma consideração acerca da interface entre padrões técnicos adotados nos serviços de conexão e nos serviços digitais e a capacidade de aceso à informação e de fazer cumprir o disposto na lei em termos de proteção de dados. Conforme argumenta Pinheiro,[22] na ausência

---

22 PINHEIRO, Patricia Peck. *Proteção de Dados Pessoais*: comentários à Lei n. 13709/2018 (LGPD). 4ª ed. São Paulo: SaraivaJur, 2022.

de uma regulamentação do artigo 46 que detalhe padrões técnicos mínimos de segurança de dados, "todos os dias ocorrem licitações cujos editais não conseguem especificar adequadamente as exigências de requisitos de proteção e segurança de dados alinhados à LGPD e à uma perspectiva de soberania digital".

No que diz respeito a diretrizes de soberania relacionadas à "promoção de uma autonomia econômica em relação a tecnologias estrangeiras e provedores de serviços", não se observa virtualmente nenhuma menção explícita ou implícita na lei. Mesmo que a lei destaque como um dos seus fundamentos, no art. 2 o "desenvolvimento econômico e tecnológico e a inovação", não há nenhuma referência a um potencial papel de agentes econômicos nacionais ou de instituições de pesquisa nacionais no desenvolvimento de tecnologias e padrões técnicos.

Por fim, cabe destacar que, por tratar exclusivamente de dados pessoais, a LGPD não estende a mesma proteção e disposição à uma diversidade de outros dados, muitos dos quais de suma importância sob o ponto de vista da soberania e segurança nacional. Dados sobre infraestruturas críticas das cidades, sistema financeiro nacional ou operação do sistema elétrico do país (SIN), entre outros, carecem de legislação equivalente.

3.2.3 Outras leis relacionadas à Governança de Dados e serviços relacionados

O Decreto n. 8.777/2016, institui a Política de Dados Abertos do Poder Executivo Federal. Dado seu foco, o documento não contempla questões relacionadas à proteção de dados. Contudo, tampouco contempla ponderações a respeito de seu uso ético, o que pode ser de importância central, tendo em vista a utilização destes dados para treinar sistemas de IA e mobilizar serviços baseados em IA para auxiliar a construção, gestão e avaliação de políticas públicas.

O Decreto n. 10.046, de 2019, dispõe sobre a governança no compartilhamento de dados no âmbito da Administração Pública

Federal e institui o Cadastro Base do Cidadão e o Comitê Central de Governança de Dados. Especialmente importante sob o ponto de vista da soberania de dados é o disposto no art. 7, que determina padrões de segurança para plataformas utilizadas para o compartilhamento de dados. Por outro lado, o decreto não impõe nenhuma limitação com relação a que tipo de agentes podem oferecer serviços de interoperabilidade, não excluindo a possibilidade de dados protegidos por sigilo serem transmitidos por redes que incluam infraestruturas e atores privados e fora do país. Sob este ponto de vista, o decreto não apresenta um alinhamento com objetivos de soberania digital e de dados relacionados à soberania nacional.

Cabe destacar, ainda, o PL 21/2020 que propõe a criação do Marco Legal do Desenvolvimento e uso da IA e o PLC n. 234/2023 que propõe a instituição da Lei Geral de Empoderamento de Dados e dispõe sobre o Ecossistema Brasileiro de Monetização de Dados. Conforme discutido em Matos,[23] estas leis viriam a contribuir de forma muito relevante para a consolidação de um marco legal adequado, mas, à exemplo das leis vigentes, o foco recai quase que exclusivamente sobre a dimensão de promoção de autonomia dos usuários e de autodeterminação individual, pouco considerando as demais dimensões de soberania consideradas relevantes. Não há considerações sobre aspectos de segurança nacional e a natureza especialmente crítica de dados relacionados a diversos sistemas e infraestruturas vitais para a sociedade. Embora proponha um conjunto de dispositivos para regulamentar e regular o mercado de dados no país, não se observa nenhuma orientação relacionada à natureza e origem dos agentes e tecnologias empregadas. Tampouco são contemplados aspectos relacionados à proteção da identidade e diversidade sociocultural, promovendo a proteção do patrimônio cultural, a diversidade linguística.

---

23 MATOS, Marcelo Pessoa de. "Economia de Dados: conceituações, sistemas de mensuração e políticas no Brasil". Nota Técnica 5 do Projeto EconDados. *RedeSist e Cicef*, 2024.

3.2.4 Atuação do Cade

O Conselho Administrativo de Defesa Econômica (Cade) tem buscado apreender a dinâmica do mercado envolvendo plataformas digitais, propondo se posicionar como um órgão central na regulação do setor.[24] Também tem se mobilizado para atuar no campo da defesa da concorrência relacionada à Economia de Dados, a partir do reconhecimento da importância de dados na dinâmica competitiva em diversos mercados. No escopo da avaliação de atos de concentração, o Cade tem observado os potenciais impactos de fusões e aquisições envolvendo empresas de tecnologia e dados, tendo em vista o risco de excessiva concentração de dados, o potencial de manipulação de serviços baseados em dados e a criação de barreiras à entrada para novos concorrentes. Também no escopo da análise de Condutas Anticompetitivas tem examinado questões como a coleta e uso de dados de forma predatória, a imposição de condições injustas para o acesso a dados ou a discriminação contra concorrentes que buscam acessar dados essenciais.[25]

A organização também tem mobilizado relevante esforço no âmbito da proposição de diretrizes e orientações. Destaca-se o relatório do Cade que, embora não utilize o termo Economia de Dados, apresenta uma perspectiva convergente: "os serviços digitais abrangem uma variedade de atividades diárias, incluindo serviços de intermediação on-line, como mercados, mídias sociais, mecanismos

---

24 Em consulta pública, propõe mudanças estruturais na maneira como as plataformas são reguladas, com a adoção de um modelo preventivo ex-ante, de forma a prevenir condutas que possam ser nocivas à concorrência e/ou aos consumidores (CADE. *Contribuição do CADE à tomada de subsídios para regulação de plataformas digitais do Ministério da Fazenda*. Brasília: CADE, 2024).

25 Para exemplos, ver MATOS, Marcelo P. "Economia de Dados: conceituações, sistemas de mensuração e políticas no Brasil". Nota Técnica 5 do Projeto EconDados. *RedeSist e Cicef*, 2024.

de pesquisa, operações do sistema e lojas de *software* de aplicativos".[26] O documento explicita o risco de práticas anticompetitivas associadas ao substancial poder de mercado, sobretudo tendo em vista efeitos cumulativos relacionados a economias de escala e de escopo, efeitos de rede e circuitos de *feedback* de dados em tempo real. O documento destaca as seguintes potenciais práticas anticompetitivas:

- Coleta excessiva de dados privados, violação da privacidade dos consumidores e aumento do número de anúncios para além do que se verifica em mercados concorrenciais;

- Cobrança de preços excessivos pelo acesso às plataformas e de taxas de intermediação ou imposição de condições contratuais injustas aos consumidores ou empresas que dependem das plataformas para acessar os consumidores;

- Utilização do controle sobre *rankings*, instrumentos de reputação ou mecanismos semelhantes para prejudicar os concorrentes; e

- Remoção de potenciais concorrentes dos mercados através de aquisições ou outros comportamentos de exclusão.

Contudo, o documento não apresenta qualquer ponderação acerca das implicações de concentração do poder de mercado nas mãos de plataformas internacionais. Adota-se uma perspectiva quase que exclusivamente positiva da Economia de Dados, ao se indicar como o uso ampliado e concentrado de dados permite às plataformas fornecer produtos de maior qualidade e mais personalizados, sem reflexões acerca dos riscos associados para a privacidade e identidade digital dos indivíduos. Também está ausente uma discussão acerca das implicações para a segurança nacional e defesa do Estado de Direito, sobretudo considerando os desafios de *enforcement* em embates

---

26 CADE. *Contribuição do CADE à tomada de subsídios para regulação de plataformas digitais do Ministério da Fazenda*. Brasília: CADE, 2024, p. 12.

recentes entre órgãos do Poder Público e GCDs. Ademais, também parecem estar fora do escopo considerações acerca da origem dos grandes *players* e as implicações em termos de perda de soberania econômica e tecnológica com a exclusão de agentes nacionais.

3.3 Perspectivas das políticas governamentais

3.3.1 Estratégia brasileira para Transformação Digital (E-digital)

A E-digital,[27] teve sua primeira versão lançada pelo MCTI em 2018, destacando como desafio a ampliação da infraestrutura de telecomunicações para as áreas deficientes de cobertura e para a população de baixa renda. Em termos de infraestrutura, a estratégia destacava a reduzida presença de *data centers* no país e definia "como estratégico que o Brasil construa mecanismos de atração de centros de dados", tendo em vista que "aumentar o número de centros de dados no País significa conferir maior governança sobre o conteúdo e, consequentemente, maior segurança para os dados de empresas e de cidadãos". O documento também apresentava uma preocupação com "o risco de concentração do domínio econômico no mercado de plataformas digitais, o que exige atualização e avaliação por parte das autoridades regulatórias e de antitruste" e destacava a importância do "estímulo ao desenvolvimento de empresas nacionais atuantes nos mercados de plataformas digitais, buscando ampliar a segurança jurídica e a apropriação dos ganhos de exploração desses mercados".

Em dezembro de 2022, foi publicada uma atualização da estratégia intitulada Estratégia Brasileira para a Transformação Digital

27 BRASIL. Ministro da Ciência, Tecnologia, Inovações e Comunicações. *Estratégia Brasileira para a Transformação Digital*. 2018.

(E-Digital) Ciclo 2022-2026,[28] a qual mantém o mesmo arranjo institucional e os mesmos eixos temáticos, subdivididos em subeixos.

Em termos do subeixo de "infraestrutura e acesso às tecnologias de informação e comunicação", o diagnóstico reforça os mesmos aspectos destacados no documento de 2018, ampliação da oferta do serviço de internet e melhoria da qualidade e velocidade por todo o território, em áreas do interior, rurais e população de menor nível de renda.

Com relação ao eixo "pesquisa, desenvolvimento e inovação", observa-se uma orientação estratégica parcialmente alinhada à diretriz de soberania digital discutida acima de "promoção de uma autonomia econômica em relação a tecnologias estrangeiras e provedores de serviços". Tem como objetivo geral "estimular o desenvolvimento de novas tecnologias, com a ampliação da produção científica e tecnológica, e buscar soluções para desafios nacionais". O documento faz referência aos instrumentos de fomento à inovação no país, com destaque para o desenvolvimento de *startups* e do empreendedorismo inovador, uso de encomendas tecnológicas e compras públicas para estimular o desenvolvimento de soluções adequadas aos desafios do país. Tal perspectiva é reforçada no subeixo "dimensão internacional", com objetivos orientados ao fortalecimento das competências e empresas nacionais:

> estimular a competitividade e a presença no exterior das empresas brasileiras com atuação nos segmentos digitais; promover a expansão de exportações por meio do comércio eletrônico e apoiar a inserção de PMEs brasileiras neste segmento.

Contudo, essas diretrizes não preveem a definição de áreas críticas específicas nas quais deva ser centrado o esforço.

---

28 CGEE. *Estratégia Brasileira para a Transformação Digital* (E-Digital). Ciclo 2022-2026. Brasília, 2022; MCTI, 2022.

Também no escopo do subeixo "confiança no ambiente digital" observa-se um alinhamento direto com diretrizes de promoção da soberania digital discutidos acima, destacadamente a "segurança nacional e Estado de Direito" e "autonomia dos usuários e autodeterminação individual". O subeixo tem como objetivo geral "assegurar que o ambiente digital seja seguro, confiável e propício aos serviços e ao consumo, com respeito aos direitos dos cidadãos". Neste sentido, são de fundamental importância as diretrizes de "proteção de direitos no meio digital, inclusive nos aspectos relativos à privacidade e à proteção de dados pessoais" e de fortalecimento da "segurança cibernética" e "proteção da infraestrutura crítica", com papel destacado da ANPD.

O subeixo "Transformação digital da economia" destaca o tema "Economia baseada em dados" e uma perspectiva da conceituação da Economia de Dados se encontra na seguinte passagem:

> O reaproveitamento e a reutilização dos dados promovem o aumento recorrente de seu valor e faz com que se tornem um novo fator de produção, tal como bens materiais e capital humano. Ao mesmo tempo, os dados também impulsionam mudanças de sociabilidade, de modo que a sua mobilização se torna cada vez mais habitual e imprescindível. Desta forma, a produção de dados possui consequências diretas para a criação de novas oportunidades.

E também se apresenta uma identificação das tecnologias digitais que habilitam esses processos, ao se destacar o papel central dos dados enquanto insumos e produtos relacionados a tecnologias como "Inteligência Artificial, *machine learning*, realidade aumentada, big data, *cloud computing*, tecnologias biomédicas".

Portanto, de forma alinhada a diversas definições propostas pelo mundo, esta perspectiva destaca a: i) geração de dados no âmbito de sociedade, Estado e mercado, sua armazenagem e custódia; ii) a captura e processamento, análise de dados e produção de conhecimento. Por outro lado, não se observa um mapeamento das dimensões e mecanismos através dos quais podem se dar o consumo intermediário e final de bens e serviços associados ao processamento dos dados e dos agentes críticos nas diferentes etapas desta economia. Isso pode contribuir para um foco excessivamente centrado na adoção de tecnologias e na provisão de infraestrutura de base, sem ponderações sobre potenciais modelos de negócio e o papel de diferentes *players* na Economia de Dados.

Com efeito, uma perspectiva de soberania relacionada à "promoção de uma autonomia econômica em relação a tecnologias estrangeiras e provedores de serviços" é praticamente ausente, na medida que as perspectivas de benefício para empresas e para a sociedade são vislumbradas maiormente pela adoção de tais tecnologias e não pelo desenvolvimento de competências tecnológicas e serviços no país. Isto fica evidente também nas discussões relacionadas aos subeixos "um mundo de dispositivos conectados" e "Plano Nacional de Internet das Coisas", ao se enfocarem apenas os potenciais benefícios decorrentes da adoção de tecnologias. Embora haja uma menção isolada ao reconhecimento de que "a disseminação de tais tecnologias é marcada por um padrão de desigualdade que tende a aumentar a distância entre países desenvolvidos, em desenvolvimento e pobres", esta perspectiva não se traduz em diretrizes de política. Também a menção ao imperativo de estabelecimento e ampliação de *data centers* e pontos de troca de tráfego no país faz alusão apenas genérica ao potencial de tais infraestruturas estimularem a atração e criação de empresas inovadoras.

O diagnóstico apresentado pelo documento contém uma orientação estratégica alinhada ao imperativo de soberania discutido acima, de "segurança nacional e defesa do Estado de Direito". O documento identifica os riscos inerentes aos processos de geração, tratamento e uso de dados e ressalta a importância de construção de estratégias ativas para seu adequado aproveitamento em prol do desenvolvimento:

> volume crescente de dados não dá garantias de que seus efeitos serão benéficos. Esse crescimento exige um plano de ação que

> o qualifique, visando a circulação dos dados e sua recíproca fecundação em direção a serviços e produtos mais complexos, em um movimento consistente de desenvolvimento capaz de aumentar a renda brasileira nos prazos médio e longo.

O documento preconiza a construção de "um sistema de dados nacionais integrados" que exige seu "design considere os problemas de segurança, privacidade, integridade e eticidade que seu uso pode implicar". Ademais, o documento destaca ainda a importância de uma "governança de dados", contribuindo para reduzir "os riscos associados ao uso indevido de dados, a exemplo da vigilância política, de práticas monopolistas e anticompetitivas, espionagem e vazamento de dados pessoais ou sensíveis".

3.3.2 Programas de política com foco em tecnologias específicas

O Plano Nacional de Internet das Coisas foi instituído pelo Decreto n. 9.854, de 2019, tendo sua elaboração se dado a partir de uma parceria entre o MCTI e o BNDES. A Estratégia Brasileira de Inteligência Artificial (EBIA) foi divulgada em julho de 2021, em alinhamento à Portaria MCTIC n. 1.122/2020, que definiu como prioridade a área de IA, no que se refere a projetos de pesquisa, de desenvolvimento de tecnologias e inovações, para o período 2020 a 2023.

Ambas as estratégias fazem alusão à crescente importância dos dados enquanto matéria-prima viabilizadora das respectivas tecnologias, mas não apresentam conceituação da Economia de Dados, tampouco uma visão minimamente estruturada dos vários processos e agentes envolvidos. Os desdobramentos da importância dos dados para tais tecnologias se traduzem, sobretudo, em duas linhas de diretrizes. Na primeira, as orientações para a promoção de um ambiente de dados abertos se alinham sobretudo com as perspectivas de seu uso para alimentar sistema de IA e os potenciais desdobramentos positivos de geração de valor por intermédio da aplicação de tais sistemas. Na segunda, as diretrizes relacionadas à Infraestrutura de Conectividade e Interoperabilidade no Plano Nacional de Internet das Coisas buscam desenvolver os meios para a ampla circulação de dados. Ambas as estratégias não apresentam um reconhecimento do valor intrínseco aos dados e seu papel estratégico, limitando sua percepção de valor aos potenciais desdobramentos do emprego das respectivas tecnologias.

Também é ausente uma orientação de soberania digital e de dados relativa à "promoção de uma autonomia econômica em relação a tecnologias estrangeiras e provedores de serviços". Como políticas gestadas dentro do MCTI, o foco no setor produtivo fica restrito ao escopo de *startups* e do que tem sido chamado de "ecossistema de empreendedorismo", uma vez que o ministério possui incumbência de estímulo a esses empreendimentos. Assim, a estratégia em IA, por exemplo, dá os seguintes destaques para a relação entre

> Industrialização e IA: programas para incentivar a adoção de tecnologias em IA por parte do setor privado, com investimentos em setores estratégicos, financiamento para *startups* de IA, em pequenas e médias empresas, estratégias para criar clusters para IA.

A EBIA, em sua seção sobre aspectos internacionais, inicia chamando a atenção para a corrida global pela liderança em IA, mas deixa evidente que não se vislumbra um papel para o sistema nacional de inovação nesta corrida, se limitando ao papel de adotante em setores de tradicionais vantagens competitivas estáticas: agricultura, pecuária, mineração e indústria petroquímica.

Alinhado a esta visão bipartida – de um lado um rarefeito sistema de *startups* nestas tecnologias e de outro um tecido produtivo com papel passivo de adotante – ambas as estratégias dão destaque para a importância de programas de formação e capacitação profissional e de graduação e pós-graduação em competências críticas nesta área e à formação de profissionais habilitados para viabilizar uma eficiente adoção e aplicação destas tecnologias no tecido produtivo.

Por fim, apresentam um alinhamento relevante com uma orientação de soberania relacionada à "promoção de autonomia dos usuários e de autodeterminação individual". Especialmente a EBIA faz amplas ponderações e enumera diretrizes de ação relacionados ao "equilíbrio entre: (i) a proteção e a salvaguarda de direitos, inclusive aqueles associados à proteção de dados pessoais e à prevenção de discriminação e viés algorítmico", de forma que os sistemas desenvolvidos respeitem "os direitos humanos, os valores democráticos e a diversidade, impondo-se a inclusão de salvaguardas apropriadas que possibilitem a intervenção humana, sempre que necessária, para garantir uma sociedade justa" e evitem vieses algorítmicos.

Dentre iniciativas específicas relacionadas à Economia de Dados, cabe destacar o esforço de criação, em 2020, de uma rede de inovação envolvendo IA, Aprendizado de Máquinas, IoT, big data, *Analytics*, entre outras. Capitaneada pelo MCTI e Embrapii, articulou 17 instituições de pesquisa e destinou R$ 70 milhões para fomentar projetos de pesquisa e de formação de redes inovativas, incluindo *startups*. Outras iniciativas utilizaram recursos do FNDCT para financiar projetos de pesquisa e inovações individuais, tais como o Programa IA² MCTI, Centros de Pesquisa Aplicada em IA, Finep IoT, encomendas tecnológicas como o programa Soluções de IA para o Poder Público, subvenção econômica no programa Finep Mais Inovação Brasil – Tecnologias Digitais, etc.

Salienta-se, que o MCTI está revisando a estratégia de IA: em março de 2024, em reunião do Conselho Nacional de Ciência e Tecnologia (CCT) sobre os avanços da IA no Brasil, o Presidente da República solicitou aos conselheiros a elaboração de uma proposta de política de IA nacional, tendo declarado, de modo contundente, querer "uma IA genuinamente guarani" ou "yanomami" e instou pesquisadores a produzirem algo "nosso".[29]

29 Ver capítulo X; SILVEIRA, Sérgio Amadeu da. "Lula e a Inteligência Artificial". *Outras palavras*, 18 mar. 2024b.

3.3.3 Estratégia Nacional de Governo Digital

O Decreto Presidencial n. 10.332, de 2020 (alterado pelos Decretos n. 10.996/ 2022 e n. 11.260/ 2022) institui a Estratégia de Governo Digital para o período de 2020 a 2023, no âmbito dos órgãos e das entidades da Administração Pública Federal direta, autárquica e fundacional. Os princípios, regras e instrumentos para o Governo Digital e para o aumento da eficiência pública estão definidos na Lei n. 14.129, de 2021 (Lei do Governo Digital). A estratégia, que abrange o período de 2020 a 2023, engloba uma diversidade de frentes de atuação, sintetizados em seis eixos estratégicos associados a atributos do futuro governo digital: centrado no cidadão; integrado; inteligente; confiável; transparente e aberto; e eficiente.

Pode-se extrair uma perspectiva implícita de conceituação da Economia de Dados do documento da política, na medida em que indica que a "economia do presente é fortemente baseada no tratamento e uso de dados e o Estado detém e armazena uma parte relevante desses dados". O potencial valor para o governo e o para a sociedade fica evidente ao se indicar que:

> uma plataforma tecnológica para análise, curadoria, descoberta, mineração e integração de informações governamentais possibilita o cruzamento de dados e uma análise estratégica para a tomada de decisão e assertividade na destinação dos recursos públicos dos programas sociais.[30]

Considerando os principais meios para tornar realidade este potencial de geração de valor, o documento destaca inúmeras iniciativas relacionadas a dados em domínio do Poder Público, tais como "catalogar, no mínimo, as 300 principais bases de dados do Governo federal até 2022" e promover "um barramento de interoperabilidade

---

30 Disponível em: https://www.gov.br/governodigital/pt-br/EGD2020/inteligente.

de dados que facilite a integração e o reuso dessas informações para a prestação de serviços aos cidadãos".[31] Nesse segundo objetivo, destaca-se a articulação do Cadastro Base do Cidadão, instituído pelo Decreto n. 10.046, de 2019, com o CNPJ e com o CEP até 2022. A estratégia prevê também a ampliação para 20 do número de atributos no cadastro base do cidadão até 2023, tornando a base mais rica. Prevê, ainda, o acesso digital único aos servidores públicos federais, a consolidação de 622 domínios do Poder Executivo federal no portal único gov.br; o uso por todos os cidadãos de um *login* único de acesso gov.br para mil serviços públicos digitais, até 2022; e o estabelecimento de 15 cadastros base de referência para interoperabilidade do governo federal até 2023.

A estratégia não apresenta nenhuma perspectiva dos elos críticos do sistema produtivo digital ou de seu conjunto de agentes, o que sugere uma orientação circunscrita ao uso de dados dos indivíduos e empresas por parte de órgãos do próprio governo. Contudo, tal perspectiva não se sustenta ao se analisar as diversas iniciativas relacionadas ao macro-objetivo "inteligente" e "eficiente". As iniciativas "8.2: Implementar recursos de IA em, no mínimo, 12 serviços públicos federais até 2022" e "8.3: Disponibilizar, pelo menos, nove conjuntos de dados por meio de soluções de *blockchain* na Administração Pública Federal até 2022" não fazem nenhuma referência à mobilização de competências dentro do próprio governo, deixando em aberto a perspectiva de contratação destes serviços junto a fornecedores privados.

Por outro lado, as iniciativas "8.4: implementar recursos para criação de uma rede *blockchain* do Governo Federal interoperável, com uso de identificação confiável e de algoritmos seguros" e "8.5: Implantar um laboratório de experimentação de dados com tecnologias

---

31 Tal integração tem sido operacionalizada, por exemplo, através da iniciativa Conecta GOV.BR que promove a troca automática e segura de informações entre os sistemas para que o cidadão não tenha que reapresentar informações que o governo já possua.

emergentes até 2023" sugerem a mobilização de competências existentes no país. Além de iniciativas individuais de diversos órgãos vinculados ao governo, destaca-se o acordo de cooperação técnica assinado pelo TCU e o BNDES, em maio de 2022, para a criação da Rede Blockchain Brasil (RBB), concebida como rede pública e sem fins lucrativos, de abrangência nacional, conectando instituições participantes em uma estrutura de governança e infraestrutura tecnológica voltadas para soluções de interesse público.

Tomando as quatro grandes linhas de objetivos relacionados à soberania digital e de dados, discutidos anteriormente, o documento não se atém a "segurança nacional e defesa do Estado de Direito" e "promoção de uma autonomia econômica em relação a tecnologias estrangeiras e provedores de serviços". Se, por um lado, há a indicação de projetos para o desenvolvimento de infraestruturas e soluções tecnológicas próprias, a maioria das iniciativas primam pela lógica da adoção das tecnologias, na medida em que apresentam metas ambiciosas de ampliação de seu uso no curto prazo.

Os riscos potenciais decorrentes desta omissão ficam mais evidentes ao se considerar as iniciativas sob a macro-meta da estratégia denominada "eficiente". O diagnóstico reconhece que "órgãos da Administração Pública Federal possuem mais de 130 *data centers*, com inúmeras oportunidades de otimização, além de fragilidades associadas à disponibilidade e segurança". A partir desse diagnóstico se desdobram duas iniciativas na estratégia. Em primeiro lugar, "16.4: Otimizar a infraestrutura de, pelo menos, 30 *data centers* do governo até 2022". E, em segundo lugar, "16.5: Migração de serviços de, pelo menos, 30 órgãos para a nuvem até 2022". É notório que a inciativa de otimização de *data centers* do governo foi revogada, ao passo que a de migração para serviços de computação em nuvem consta como concluída no site da estratégia. Evidencia-se uma opção explícita de utilização de pacotes de serviços fornecidos por grandes corporações internacionais de tecnologia, colocando em risco um volume significativo de dados sensíveis dos cidadãos e do próprio governo. Tal perspectiva fica ainda mais evidente nos casos mostrados por Silveira,[32] relativos ao uso de serviços IA e de computação em nuvem de GCDs no judiciário brasileiro e por parte do Ministério da Educação.[33]

O documento traz como um dos seus eixos centrais a promoção de "um governo transparente a aberto", em alinhamento com o Decreto n. 8.777/2016, que institui a Política de Dados Abertos do Poder Executivo Federal. A estratégia explicita como dados abertos podem servir para a alimentação de sistemas de IA e o desenvolvimento de outras tecnologias e soluções potencialmente úteis para o governo.

A partir de 2023, a estratégia de Governo Digital passou por atualização, através de ampla consulta pública, conduzida pelo MGI, e com o apoio de diversos parceiros.[34]

No escopo da estratégia de governo digital, cabe também destacar a iniciativa da Rede Nacional de Governo Digital (Rede GOV.BR), através da qual o governo federal busca apoiar Estados e municípios a avançarem na digitalização. Em novembro de 2023, a rede abarcava os 26 Estados e o Distrito Federal e 512 municípios. A iniciativa oferece mecanismos de autodiagnóstico do grau de avanço da digitalização, orientação e guias para a construção de uma agenda, além de possibilitar que Estados e municípios usem soluções tais como o *login* único, a assinatura eletrônica e a prova de vida digital, através da plataforma gov.br.

---

32 SILVEIRA, Sérgio Amadeu da. "A hipótese do colonialismo de dados e o neoliberalismo". *In*: CASSINO, João Francisco; SOUZA, Joyce; SILVEIRA, Sérgio Amadeu da (Coord.). *Colonialismo de dados*: como opera a trincheira algorítmica na guerra neoliberal. São Paulo: FPA, 2021.

33 LASTRES, Helena Maria Martins; CASSIOLATO, José Eduardo; DANTAS, Marcos. "Estado atual da conceituação e mensuração da Economia de Dados no Brasil". Nota Técnica 12 do Projeto EconDados. *RedeSist e Cicef*, 2024.

34 Ver capítulo X.

3.3.4 Política Nacional de Segurança da Informação

A Política Nacional de Segurança da Informação foi instituída pelo Decreto n. 9.637, de 2018, alterado pelo Decreto n. 10.641, de 2021. O Decreto explicita, dentre seus princípios orientadores, um alinhamento direto com uma perspectiva de soberania digital e de dados centrada na

> segurança nacional e na defesa do Estado de Direito: I – soberania nacional; (...) VIII – orientação à gestão de riscos e à gestão da segurança da informação; IX – prevenção e tratamento de incidentes de segurança da informação; X – articulação entre as ações de segurança cibernética, de defesa cibernética e de proteção de dados e ativos da informação; XI – (...) garantir o sigilo das informações imprescindíveis à segurança da sociedade e do Estado e a inviolabilidade da intimidade da vida privada, da honra e da imagem das pessoas.

O decreto determina a elaboração de estratégias relacionadas a diversos módulos, sendo que apenas aquele relacionado à segurança cibernética foi elaborado, com a instituição da **Estratégia Nacional de Segurança Cibernética – E-Ciber,** pelo Decreto n. 10.222, de 2020. É inerente o alinhamento com uma orientação de soberania relacionada à "segurança nacional e defesa do Estado de Direito". O documento destaca a

> (...) importância de instrumentos normativos adequados à realidade brasileira que, de fato, contribuam para a proteção dos sistemas e de redes governamentais, uma vez que os serviços apoiados nesses recursos não podem sofrer interrupções, vazamento de dados ou serem alvos de outras ações danosas.

A potencial vulnerabilidade de infraestruturas e serviços críticos é reconhecida:

> Outro ponto crítico refere-se à proteção cibernética das empresas representantes das infraestruturas críticas. A título de

> compreensão, podemos conceituá-las como as instalações, serviços e bens que, se forem interrompidos ou destruídos, provocarão sério impacto social, econômico, político, internacional ou à segurança nacional.

Nessa linha, são exploradas as diversas frentes de ação que devem contribuir para a segurança cibernética. O documento apresenta uma perspectiva abrangente da indústria nacional ao indicar que

> é preciso que o país disponha de uma indústria de segurança cibernética inovadora, apoiada por pesquisas e por produções científicas de alto nível, capaz de reter talentos que possam contribuir com a indústria nacional e realimentar o ciclo de produção do conhecimento.

Contudo, posteriormente circunscreve, a exemplo de outras estratégias analisadas, o escopo do potencial inovativo às *startups*.

A concepção do tecido produtivo como espaço de aplicação de tecnologias críticas, e não como *lócus* de mobilização de competências para seu desenvolvimento, fica evidente na seção que trata da Dimensão Internacional e Parcerias Estratégicas, ao listar as tecnologias e seus potenciais impactos positivos, mas sem conceber o potencial de empresas situadas no país se constituírem como *players* no desenvolvimento de soluções baseadas nestas tecnologias.

No que concerne ao eixo educação, além do esperado foco na formação técnica e superior relacionada à segurança cibernética, destaca-se a proposição de um conjunto de iniciativas alinhadas a uma perspectiva de soberania centrada na "promoção de autonomia dos usuários e de autodeterminação individual", focando em iniciativas de alfabetização digital.

Por fim, cabe destacar que a segurança cibernética é abordada na estratégia exclusivamente pelo prisma da proteção e reação a atos mal-intencionados e/ou ilegais (os ilícitos cibernéticos). Não se discute a segurança de dados sob o prisma das escolhas de localização para o armazenamento de dados críticos ou de que prestadores de serviços são mobilizados para processar estes dados para a provisão de serviços (e em que medida os respectivos países possuem legislação de proteção de dados alinhada à LGPD). É esvaziada, desta forma, qualquer preocupação de ordem estratégica e geopolítica, como o risco de localização fora do país e compartilhamento e venda de dados críticos de cidadãos brasileiros e seu uso para treinar algoritmos de IA ou a espionagem e manipulação política, etc. Assim, a estratégia concebe os agentes e prestadores de serviços formais em todo o globo como igualmente bem-intencionados e alinhados aos parâmetros legais e regulatórios implementados no Brasil, a despeito dos inúmeros casos recentes de uso indevido de dados por agências de inteligências e pelas GCDs.

Já em 2023, o decreto presidencial n. 11.856, formaliza a Política Nacional de Cibersegurança (PNCiber). Considerando as diretrizes orientadoras, apresenta uma perspectiva de avanço com relação à E-Ciber, ao destacar não somente a "soberania nacional", mas também a "priorização dos interesses nacionais". Esta perspectiva de "interesses nacionais" pode ser interpretada sob o prisma de uma soberania nacional em termos da "promoção de uma autonomia econômica em relação a tecnologias estrangeiras e provedores de serviços". Reforça tal perspectiva o fato de ser citado como primeiro objetivo da política "promover o desenvolvimento de produtos, serviços e tecnologias de caráter nacional destinados à segurança cibernética".

3.3.5 Plano Nova Indústria Brasil

Em janeiro de 2024, foi lançado pelo MDIC a estratégia Nova Indústria Brasil, referência para a política industrial e de inovação do país para o período 2024-2026. O documento não reconhece explicitamente a Economia de Dados como um espaço de geração de valor e crescente relevância futura. Contudo, há importantes referências nas ações de transformação digital que possuem interface com a Economia de Dados.

A primeira referência está na missão relacionada ao Complexo Econômico Industrial da Saúde, onde se explicita o objetivo específico de "desenvolver tecnologias da informação e da comunicação, com domínio nacional de dados (...)". A segunda referência, se dá na missão relacionada a infraestrutura, saneamento, moradia e mobilidade. Associado ao objetivo específico de "ampliar infraestruturas digitais locais com foco em conectividade de alta velocidade e resiliente", identifica-se a iniciativa de apoio à ciberinfraestrutura nacional, por intermédio da Estratégia Nacional de *Data centers* e serviços de computação em nuvem, a qual se propõe incentivar a implantação e expansão em território nacional de *data centers* seguros e sustentáveis, o fomento de serviços de computação em nuvem com conhecimento e tecnologias desenvolvidas no país.

Identifica-se um conjunto de referências relacionadas à missão de transformação digital da indústria. Três dos objetivos específicos se alinham diretamente com uma diretriz de promoção da soberania associada à "autonomia econômica em relação a tecnologias estrangeiras e provedores de serviços", ao objetivarem desenvolver empresas nacionais competitivas em tecnologias digitais disruptivas e emergentes e o aumento da participação de empresas nacionais no segmento de plataformas digitais. Enquanto este último item figura apenas como intenção abstrata, o primeiro encontra repercussão na indicação de instrumentos concretos, com destaque para a indicação de "tecnologias digitais disruptivas" (IA Generativa, tecnologias quânticas, segurança cibernética, *blockchain*) como prioridade para a destinação de recursos não reembolsáveis de promoção da inovação (previsão de R$ 260 milhões). Ademais, identificam-se ações pontuais, como o programa *Startup* GOV.BR, com destinação de R$ 36 milhões para a contratação de nove projetos em "tecnologias disruptivas".

Ademais, observa-se uma perspectiva alinhada à soberania nacional pelo prisma da segurança nacional no projeto de estabelecimento da Rede Privativa de Comunicação da Administração Pública Federal até 2026, constituindo infraestrutura segura para atender atividades de missão crítica, como segurança pública, defesa, serviços de emergência, resposta a desastres e outras atribuições críticas do Estado.

Considerações finais

O artigo traçou um panorama das conceituações e perspectivas de promoção da Economia de Dados no Brasil. A análise se orientou por um referencial analítico sistêmico e por concepções sobre soberania tecnológica, digital e de dados. Tal estratégia se fundamenta no seguinte fato: conceitos não são neutros. São política, social e culturalmente condicionados e carregam consigo implicações em termos dos marcos legal e institucional erigidos em torno de si e em termos das políticas públicas explícitas e implícitas.

Nesse sentido, é fundamental considerar que um conceito de "Economia de Dados" útil e adequado a uma diretriz de desenvolvimento do Brasil precisa levar em consideração preceitos amplos de soberania, os condicionantes específicos a um país em desenvolvimento e uma perspectiva sistêmica, conforme cunhada por autores e instituições do Sul global.

De forma geral, a análise revelou um estágio ainda inicial do reconhecimento da importância da Economia de Dados para a economia e a sociedade brasileira, com um marco legal em contínua construção, e a ausência de iniciativas estruturadas de mensuração desta economia.

Na ausência de uma conceituação consolidada desse crescentemente importante campo da economia, o país corre o risco de navegar às cegas, tendendo a se subordinar a padrões e estratégias de grandes *players* internacionais, colocando em xeque sua soberania em múltiplas dimensões. A ausência de modelos de mensuração e de eleição de dimensões relevantes e indicadores para sua medição contribui para que as políticas públicas tenham dificuldade para determinar metas claras e mobilizar os instrumentos adequados para que estas sejam atingidas.

Não por acaso, os planos e estratégias discutidos – digitalização, IA, Internet das Coisas, *blockchain*, cibersegurança – se limitam a diretrizes abstratas e não aterrissam em programas e ações concretas, com a identificação de instrumentos de política específicos. A adoção acrítica dos conceitos internacionais e da retórica liberal subjacente contribui para que os documentos de política priorizem a inserção do país como mero usuário das tecnologias emergentes, e a tônica esteja nos benefícios de sua adoção, independentemente de suas especificidades técnicas e de quais agentes e sistemas de inovação são fortalecidos com a mobilização e desenvolvimento de competências produtivas e tecnológicas.

A ausência de uma conceituação e de critérios de mensuração também contribuem para que inexista um quadro de referência que permita promover o diálogo entre diferentes pastas/ministérios e organizações da Administração Pública. Muitas das estratégias discutidas acima foram gestadas até 2022, unicamente dentro do MCTI ou por este ministério em parceria com uma outra organização pública. Mas, efetivamente, não se configuram como políticas intersetoriais. Nesse sentido, as perspectivas de estímulo ao desenvolvimento de competências no país tendem a se restringir à política tradicional de C&T e à política de ambientes de inovação (PNI) com foco em *startups* e nos tais "ecossistemas empreendedores".

Contudo, especialmente em países periféricos, a lógica de inserção da produção de soluções tecnológicas por *startups* à demanda potencial de grandes empresas pode contribuir para uma dinâmica desterritorializada. Com o risco de se estabelecerem pouquíssimas conexões efetivas e profundas com as bases de conhecimento e vocações produtivas do território, recursos de apoio à incubação podem estar contribuindo para subsidiar a terceirização da busca tecnológica de grandes corporações. Trata-se do que Pessanha[35] caracteriza como a tendência à "startupização" inerente ao "capitalismo

35 PESSANHA, Roberto Moraes. "Capitalismo de plataformas". *Blog do Roberto Moraes*, 2020a. Disponível em: http://www.robertomoraes.

de plataformas". Uma nova forma de socialização dos riscos dos investimentos inovativos, com poucos *spillovers* para o território e baixa socialização dos retornos.[36]

Contribui para esse quadro fragmentado o fato de importantes políticas públicas do atual governo ainda estarem em processo de atualização ou gestação. É importante que se evite um recorrente traço de colonialismo na importação de conceitos descontextualizados e de concepções acríticas, e se construa uma visão adequada do futuro da sociedade, com foco especial nas ações de política industrial e de inovação para o desenvolvimento de tecnologias nacionais. Além disso, o governo digital, a integração de dados do setor público e o aperfeiçoamento de metodologias de mensuração da Economia de Dados no Brasil podem trazer instrumentos relevantes de políticas públicas, com ênfase no potencial do poder de compra do Estado, para o desenvolvimento de sistemas operacionais, plataformas, centros de dados e todo um conjunto que integre um sistema produtivo e inovativo digital nacional.

---

com.br/2020/06/capitalismo-de-plataformas-e-appficacao.html. Acessado em: 26.05.2025.

36 LAZONICK, William; MAZZUCATO, Mariana. "The risk-reward nexus in the innovation-inequality relationship: who takes the risks? Who gets the rewards?" *Industrial and Corporate Change*, vol. 22, nº 4, 2013; MAZZUCATO, Mariana. "Mission-oriented innovation policies: challenges and opportunities". *Industrial and Corporate Change*, vol. 27, nº 5, 2018; CASSIOLATO, José Eduardo; DANTAS, Marcos; LASTRES, Helena Maria Martins. "Marco conceitual e analítico da Economia de Dados". Nota Técnica 11 do Projeto EconDados. *RedeSist e Cicef*, 2024; LASTRES, Helena Maria Martins; CASSIOLATO, José Eduardo; DANTAS, Marcos. "Estado atual da conceituação e mensuração da Economia de Dados no Brasil". Nota Técnica 12 do Projeto EconDados. *RedeSist e Cicef*, 2024; DANTAS, Marcos; LASTRES, Helena Maria Martins; CASSIOLATO, José Eduardo. "Panorama da Economia de Dados no Brasil nos anos 2020". Nota Técnica 13 do Projeto EconDados. *RedeSist e Cicef*, 2024.

O Brasil possui amplas competências científicas e tecnológicas e de ponta em diversas áreas e um tecido produtivo diversificado, o que demanda um conceito de Economia de Dados cultural e politicamente empoderado e adequado a uma perspectiva nacional de desenvolvimento. Em primeiro lugar, não basta uma conceituação que reconheça que o fenômeno existe. É preciso que a conceituação apresente uma identificação explícita das implicações deste fenômeno. Neste sentido, precisa indicar, a partir das especificidades da sociedade da economia e da institucionalidade nacional, que implicações, desafios e oportunidades trazem para as quatro dimensões da soberania delineados neste capítulo. A consideração das especificidades socioculturais de um país como o Brasil evidencia como é especialmente importante, por exemplo, a consideração deste quarto ponto, que é apenas marginalmente contemplado na literatura advinda dos países centrais. Uma conceituação útil de Economia de Dados precisa considerar os mecanismos através dos quais diferentes vozes e epistemes são potencializadas ou sufocadas e de que forma isto impacta no desenvolvimento regional e territorial de um país multicultural.

Em segundo lugar, não basta que uma conceituação identifique os processos envolvidos de geração, processamento e análise de dados, entre outros. É preciso que contextualize estes processos em uma perspectiva efetivamente sistêmica do sistema produtivo e inovativo digital. Tal perspectiva é pré-requisito para que se logre superar um cenário de profusão de políticas/missões uniministeriais e que se avance em direção a políticas públicas efetivamente intersetoriais, ancoradas em uma perspectiva sólida de desenvolvimento e no entendimento de como as especificidades do tecido social, econômico e institucional do país estabelecem desafios e também oportunidades para este processo.

Em terceiro lugar, uma conceituação útil precisa traçar um panorama claro – também derivado dos dois pontos anteriores – de quais fenômenos devem ser mensurados e quais indicadores e métricas devem ser empregadas. Em uma perspectiva pragmática de atuação de gestores públicos, o sucesso de sua intervenção é determinado de acordo com as métricas anteriormente definidas. Reafirma-se que a construção de métricas, indicadores e índices não é neutra, constituindo um processo político e estratégico.

CAPÍTULO IX

O NORDESTE DO BRASIL E A ECONOMIA DE DADOS[1]

SEVERINO JOSÉ DE LIMA
DANILO RAIMUNDO DE ARRUDA
PABLO AURÉLIO LACERDA DE ALMEIDA

Introdução

O objetivo deste trabalho é a identificação da capacidade instalada de Ciência e Tecnologia na região Nordeste do Brasil relacionado

---

1 Este capítulo é resultante da nota técnica, "Medição da economia baseada em dados: impactos, desafios e oportunidades para o Nordeste brasileiro", construída no âmbito do projeto de pesquisa "Medição da Economia de Dados: um estudo de caso sobre o Brasil", sendo demandado pelo Cetic.br e o NIC.br e executado por meio da parceria entre a RedeSist e o Centro Celso Furtado. (LIMA, Severino José de; ARRUDA, Danilo Raimundo de; PINTO, Pablo Aurélio Lacerda Almeida. "Medição da economia baseada em dados: impactos, desafios e oportunidades para o Nordeste brasileiro". Nota Técnica 9 do Projeto EconDados. *RedeSist e Cicef*, 2024).

ao que se chama hoje de Economia de Dados. E, especificamente, possíveis domínios tecnológicos e estratégicos no que tange aos problemas de integridade da informação, de confiança nos ambientes digitais e de preservação da soberania do país.

A assertiva é a de que dificilmente haveria soberania digital sem a ação do Estado, não somente necessária nos domínios tecnológicos que são demandados. Também na ação política frente ao poder das grandes corporações de tecnologias e do seu controle de infraestruturas cruciais no cenário global e implantadas em nosso território. Nesse horizonte, as desigualdades regionais colocam-se no rol das questões ímpares a serem levadas em consideração quando se busca a mobilização de esforços para estruturação de uma política de soberania de dados.

Nesse sentido, em 8 setembro de 2022, o atual Presidente da República, Luiz Inácio Lula da Silva, ainda candidato, recebeu a Carta Soberania Digital,[2] assinada por 600 cientistas, pesquisadores e intelectuais brasileiros e que, entre outras coisas, dizia: "As tecnologias digitais não podem servir para ampliar as desigualdades e a dependência do país ao grande capital internacional". Os assinantes do documento, sabem, e os autores deste texto também, que a solução para o Brasil e para o Nordeste, lembrando Celso Furtado, é um problema tecnológico e de vontade política para fazer "as coisas acontecerem".[3] E as coisas só acontecem nos territórios.

É preciso, portanto, investir em soberania tecnológica frente ao *colonialismo dos dados*. E para esclarecer isso, segue-se o exemplo do Projeto de Educação Vigiada, considerado emblemático. Esse denunciou a algum tempo que mais de 72% das instituições brasileiras de educação superior pública entregaram o armazenamento

---

2 Disponível em: https://cartasoberaniadigital.lablivre.wiki.br/carta/.

3 FURTADO, Celso. *Brasil*: a construção interrompida. Rio de Janeiro: Paz e Terra, 1992.

dos seus *e-mails* ao *Google* e 8% para *Microsoft*.[4] Em 03/04/2023, pesquisa do Observatório de Educação Vigiada, a partir de dados do Diário Oficial da União (DOU), apontou que as universidades federais e os institutos federais já gastaram mais de R$ 17 milhões para aquisição de licença de uso das plataformas educacionais do *Google Workspace for Education*. Parece contraditório que, as instituições que estão construindo as alavancas da soberania digital estejam tomando esse caminho.

Os limites do ponto de vista de infraestrutura de conectividade e de autonomia institucional, somados as necessidades de avanços no desenvolvimento científico e tecnológico, e ao domínio de conhecimentos relativos à implantação do "Sistemas Produtivos e Inovativos",[5] abrem flanco para esse tipo de problemática relatada anteriormente.

Nesses termos pode-se dizer que a soberania nacional anda de mãos dadas com autonomia digital. E, esses termos adquirem inteligibilidade quando se referem a certos contextos de análise. Ou seja, tais contextos de análises referem-se as territorialidades que albergam tantos os conhecimentos como os avanços no que tange ao desenvolvimento científico e tecnológico. Assim, a territorialidade que enraíza processos inovativos também detém o governo de seus domínios e expansão. Sem noção de território não se pode falar em endogeinização do desenvolvimento científico e tecnológico e da inovação; não se tem como falar em integridade e confiança dos ambientes digitais e de alcance da soberania do país.

Para que isso possa se realizar, como diria Milton Santos,[6] precisa-se levar em conta o estado das técnicas e o estado das políticas. Portanto, não se pode separar essas duas coisas: "As técnicas são

---

4 SILVEIRA, 2023a.

5 LASTRES *et al.*, 2024.

6 SANTOS, Milton. *Por uma outra globalização*: do pensamento único à consciência universal. Rio de Janeiro: Record, [2000] 2012.

oferecidas como um sistema e realizadas combinadamente através do trabalho e das formas de escolha dos momentos e dos lugares de seu uso. É isso que fez a história".[7] Ainda, conforme esse autor,

> o sistema técnico dominante no mundo de hoje tem uma outra característica de ser invasor: Ele não se contenta em ficar ali onde primeiro se instala e busca espalhar-se na produção e no território, pode não conseguir isto, mas essa é a sua vocação, que é também fundamentada nas ações dos atores hegemônicos, como são, por exemplo, as empresas globais.[8]

1 Como tudo começou na região Nordeste: o caso de Campina Grande

A Paraíba se destaca pela liderança de implantação de tecnologias computacionais.[9] Essa trajetória vem da Escola Politécnica da Paraíba, em 1952, tem seu marco com a aquisição do primeiro computador IBM 1130 do Norte e Nordeste,[10] um dos primeiros do Brasil, como se tem notícia. O caminho percorrido é fruto dos esforços do visionário Lynaldo Cavalcanti,[11] sendo hoje destaque no Brasil e

---

7 SANTOS, Milton. *Por uma outra globalização*: do pensamento único à consciência universal. Rio de Janeiro: Record, [2000] 2012, p. 23.

8 SANTOS, Milton. *Por uma outra globalização*: do pensamento único à consciência universal. Rio de Janeiro: Record, [2000] 2012, p. 26.

9 UFCG. *Curso de Computação da UFCG*. História. Universidade Federal de Campina Grande, Campina Grande/PB, 2022. Disponível em: https://www.computacao.ufcg.edu.br/unidade-acad%C3%AAmica/hist%C3%B3ria. Acessado em: 10.01.2025.

10 RESENDE, André. "Referência na tecnologia, Campina Grande teve 1º computador do Norte e Nordeste do Brasil". *G1 Paraíba*, 11 out. 2019. Disponível em: https://g1.globo.com/pb/paraiba/noticia/2019/10/11/referencia-na-tecnologia-campina-grande-teve-1o-computador-do-norte-e-nordeste-do-brasil.ghtml. Acessado em: 26.12.2024.

11 RESENDE, André. "Referência na tecnologia, Campina Grande teve 1º computador do Norte e Nordeste do Brasil". *G1 Paraíba*, 11 out. 2019.

no mundo por seu pioneirismo e pela construção de competências nas áreas das TICs.[12] Desde então, a UFPB veio exercendo a liderança na região nas áreas que alicerçam a trajetória de desenvolvimento de conhecimentos e aprendizados da Economia Digital e de Dados.

Esse processo tem um novo rumo em 2002, quando foi criada a UFCG, desmembrada da UFPB e que abrangeu os *Campi* de Campina Grande e outros do Sertão da Paraíba. O Campus de Campina Grande passou a ser a sede da nova universidade e continuou essa trajetória de acúmulo de conhecimentos, sendo, portanto, uma das instituições líderes nas áreas de engenharias e sistemas de computação e um polo irradiador para o Nordeste de sinergias e de externalidades positivas.

Com a criação da UFCG, foi criado o CEEI-Centro de Engenharia Elétrica e Informática que assume o ensino e a pesquisa nas áreas propriamente de fronteira das tecnologias da informação e comunicação. O CCT-Centro de Ciências e Tecnologia (CCT), a sua instituição mãe, continuou abrangendo as outras áreas científicas e tecnológicas.

O Centro de Engenharia Elétrica e Informática coloca Campina Grande no topo nacional de registros de patentes. Tais conquistas advêm das relações de cooperação e de parcerias entre universidades, a iniciativa privada e a sociedade. O CEEI/UFCG atende as demandas postas, significativamente por indústrias e governos, nas buscas de soluções a partir da utilização do que há de mais avançado em termos de conhecimentos. Como apontou a Presidente da Academia Brasileira de Ciências, Helena Nader: "Eles são espetaculares; vêm

---

Disponível em: https://g1.globo.com/pb/paraiba/noticia/2019/10/11/referencia-na-tecnologia-campina-grande-teve-1o-computador-do-norte-e-nordeste-do-brasil.ghtml. Acessado em: 26.12.2024.

12 UFCG. *Curso de Computação da UFCG*. História. Universidade Federal de Campina Grande, Campina Grande/PB, 2022. Disponível em: https://www.computacao.ufcg.edu.br/unidade-acad%C3%AAmica/hist%C3%B3ria. Acessado em: 10.01.2025.

crescendo em colaboração com a indústria, transformando conhecimento em produtos”.[13]

Isso significa dizer que a constituição do CEEI como Centro de liderança na Universidade na corrida científica e tecnológica, desde os países desenvolvidos, não deixou de ter como parcerias básicas e fundamentais os outros centros, sobretudo o CCT com os seus cursos de física, matemática, estatística e outros. Reforça-se, portanto, que o CEEI aliado a esses outros domínios científicos e tecnológicos, nas últimas décadas, num caso exemplar pela sua liderança nessas áreas e que merece ser estudado como um *case* para o Nordeste e o Brasil.

Figura 1 – Distribuição da infraestrutura da UFCG no Estado da Paraíba

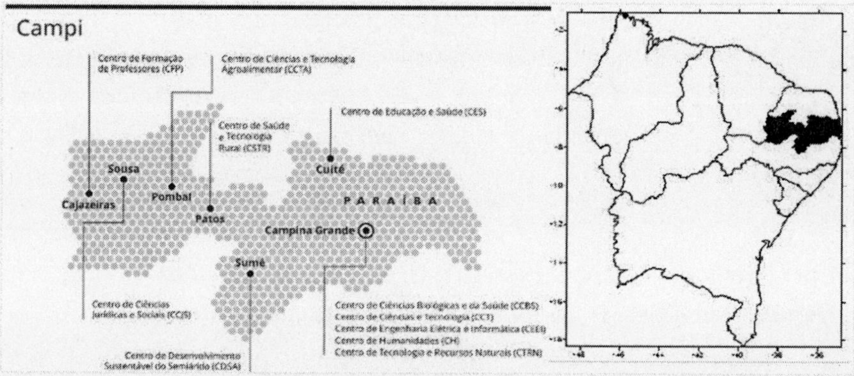

Fonte: https://portal.ufcg.edu.br/ e https://www.researchgate.net/figure/Figura-1-Regiao-Nordeste-do-Brasil-com-destaque-para-o-estado-da-Paraiba_fig1_322347780.

A UFCG está presente em sete cidades paraibanas e ocupando territórios que vão do Agreste ao Alto Sertão. Está localizada no semiárido do Nordeste, território de elevada vulnerabilidade social e econômica. Como já se viu, ela tem sede no município de Campina

13 UFCG, 2024.

Grande, cidade com 419.379 habitantes,[14] e que apresenta em seu entorno a zona de influência direta 16 municípios. Estes formam a região metropolitana de Campina Grande-PB, cuja população gira em torno de 640 mil habitantes.[15]

A UFCG teve em sua história a consolidação de conhecimentos em diversas áreas. Especialmente, ela carrega em seu "DNA", como foi apontado, uma forte tradição para a área das tecnologias da informação e comunicação. É essa história que torna a universidade um dos principais celeiros de formação de profissionais para o mercado das tecnologias no Brasil e no mundo; sendo referência nas inovações tecnológicas e abrangendo um leque de parcerias nessas áreas.

Os meios de comunicações dão conta desse patrimônio científico e tecnológico que se erguem no Semiárido nordestino, a exemplo da seguinte notícia: "*Do primeiro computador do Nordeste até a 5G, Campina Grande continua 'escrevendo história de inovação*".[16] Mais detidamente, essas áreas apresentam laboratórios com equipamentos e maquinários, bem como, projetos e pesquisas realizados com instituições, organizações, empresas nacionais e internacionais e governos nacionais e estrangeiros.

Apesar da importância dos outros centros, como já se falou, nos interessa o CEEI como caso exemplar pela relevância que ele representa na liderança nas áreas da informação e comunicação.

---

14 IBGE. *Pesquisa de inovação semestral*: indicadores básicos: 2022. IBGE, 2024.

15 Os dezesseis municípios têm uma população de quase 220 mil habitantes. (https://pt.wikipedia.org/wiki/Campina_Grande). Quanto aos dados populacionais, disponíveis em: https://cidades.ibge.gov.br/.

16 GLOBO. "Do primeiro computador do Nordeste até o 5G, Campina Grande continua 'escrevendo história de inovação'". *G1 Paraíba*, 11 out. 2023. Disponível em: https://g1.globo.com/pb/paraiba/noticia/2023/10/11/do-primeiro-computador-do-nordeste-ate-o-5g-campina-grande-continua-escrevendo-historia-de-inovacao.ghtml. Acessado em: 10.01.2025.

Este Centro coloca-se como um dos principais centro de excelência em ensino e pesquisa do país. Confunde-se com a própria história da universidade com uma trajetória relevante de desenvolvimento de competências em engenharia elétrica e sistemas de computação.

O Centro é composto por um complexo laboratorial que soma 52 ambientes de pesquisa e ensino com competências complementares dentro de suas áreas de atuações, sendo 31 laboratórios voltados para pesquisa e 21 dedicados ao ensino. O CEEI Tem 2 cursos de graduação em Engenharia Elétrica e Ciência da Computação com 1500 graduandos. Conta com 2 mestrados acadêmicos e 1 profissional e dois cursos de doutorados em Engenharia Elétrica e Ciência da Computação, abrangendo 300 pós-graduandos. Salientam-se as relações com as mais diversas empresas e governos: *Samsung*, Positivo Informática, DELL, Asus, Epson, Ericsson, Motorola, Huawei, Lenovo, LG, Xiaomi, Intelbras, Nokia, HP, Siemens, Tribunal de Contas do Acre, Polícia Federal e outras. Entre outras coisas, essas informações evidenciam porque o CEEI é um dos principais centros de ensino e pesquisa do Brasil.[17]

Todas essas parcerias e serviços prestados à sociedade, o complexo de ensino e laboratórios, associados a formação acadêmica de excelência e na produção de ciência e inovação para atender as demandas sociais, não existiriam, sem um exército de alunos/as dos cursos de graduação, de programas de iniciação científica, de Programas de Educação Tutorial-PET e programas de bolsas de extensão, e outros. Além disso, os estudantes dos programas de mestrados, doutorados e pós-doutorados contribuem imensamente

17 As informações sobre as institucionalidades e os laboratórios estão disponíveis em: https://www.ceei.ufcg.edu.br/; https://www.dee.ufcg.edu.br/; https://lcc.ufcg.edu.br/ e https://www.computacao.ufcg.edu.br/. Para maiores detalhes, ver LIMA, Severino José de; ARRUDA, Danilo Raimundo de; PINTO, Pablo Aurélio Lacerda Almeida. "Medição da economia baseada em dados: impactos, desafios e oportunidades para o Nordeste brasileiro". Nota Técnica 9 do Projeto EconDados. *RedeSist e Cicef*, 2024.

para o avanço da produção científica num vasto e complexo arranjo de pesquisa e inovação.

Juntam-se a esse exército de profissionais e estudantes desse ambiente de cultura e excelência acadêmica, pesquisadores/as de renome internacional, mesmo que temporariamente, através de convênios de cooperação técnica e científica com várias universidades no Brasil e de outros países. Neste sentido, os cursos de Engenharia Elétrica e de Sistemas de Computação, por exemplo, tiveram a participação de pesquisadores/as canadenses que vieram trazer as suas experiências e aprendizados, além da ida de professores brasileiros para capacitações em nível de mestrado e doutorado nos centros de excelência daquele país. Destaca-se ainda, a participação de pesquisadores indianos, mediante convênio com as universidades daquele país, sendo que muitos deles se estabeleceram em Campina Grande. Hoje a UFCG recebe pesquisadores e estudantes de todas as partes do mundo.

A área de computação da Universidade, na verdade, começou com um curso de tecnólogo de processamento de dados para atender a uma demanda de profissionais neste campo em todo o Nordeste; além de se iniciar um curso de mestrado nessa área antes de ser criado o curso de bacharelado em ciência da computação. Esse fato, não teria acontecido sem a participação imprescindível de pesquisadores/as do ITA-Instituto de Tecnologia da Aeronáutica. Foram esses pesquisadores/as que suplementaram com o pessoal o início desses cursos. Então, na trajetória que se descreve marcada pela busca permanente da excelência acadêmica e o domínio das tecnologias de ponta, essas parcerias ofertadas por esses convênios científicos e tecnológicos com tais instituições foram imprescindíveis para o transbordamento institucional dos diversos aprendizados requeridos para nos capacitar.[18]

---

18 UFCG. *Curso de Computação da UFCG*. História. Universidade Federal de Campina Grande, Campina Grande/PB, 2022. Disponível

A seguir, no Quadro 1, são apresentados os laboratórios de ensino e pesquisa do CEEI, que apoiam a vasta produção de pesquisas e conhecimentos na UFCG e fazem parte dos cursos de Sistemas de Computação e Engenharia Elétrica.

Quadro 1 – Complexo de laboratórios do Centro de Energia Elétrica e Informática-CEEI/UFCG

<table>
<tr><th colspan="2">Laboratórios de Pesquisa</th></tr>
<tr><td>Laboratório de Experiências de Aprendizagem Criativas (LEAC)
Laboratório de Geração Termelétrica (LGT)
Laboratório de Instrumentação e Metrologia Científicas (LIMC)
Laboratório de Instrumentação Eletrônica e Controle (LIEC)
Laboratório de Inteligência Aplicada a Sistemas Elétricos (LIASE)
Laboratório de Interface Homem-Máquina (LIHM)
Laboratório de Isolamentos Elétricos (LABIS)
Laboratório de Metrologia (LABMET)
Laboratório de Processamento de Sinais e Informação (LAPSI)
Laboratório de Proteção Digital (LabPro)
Laboratório de Proteção e Simulação de Sistemas de Potência (LASSE)
Laboratório de Radiometria
Laboratório de Simulação Digital (LabSim)
Laboratório de Sistemas Embarcados e Computação Pervasiva (EMBEDDED)
Laboratório de Sistemas Inteligentes (eSMART)
Laboratório de Excelência em Microeleletrônica do Nordeste (LEMNE)
Laboratório de Eletrônica Industrial e Acionamento de Máquinas (LEIAM)</td><td>Laboratório de Sistemas Distribuídos (LSD)
Laboratório de Práticas de Software (SPLab)
iQuanta
Laboratório do Grupo de Sistemas de Informação e Banco de Dados (SINBAD)
Laboratório de Qualidade de Dados (LQD)
Laboratório de Arquiteturas Dedicadas (LAD)
Laboratório de Sistemas Embarcados e Computação Pervasiva (Embedded)
Laboratório de Alta Tensão (LAT)
Laboratório de Automação e Redes Industriais (LARI)
Laboratório de Automação e Robótica (eROBÓTICA)
Laboratório de Bio-Sensores (eBIOS)
Laboratório de Comunicações (LABCOM)
Laboratório de Comunicações Quânticas (QuantaC)
Laboratório de Eletromagnetismo e Microondas Aplicados (LEMA)</td></tr>
<tr><th colspan="2">Laboratórios de Ensino</th></tr>
<tr><td>Laboratório de Técnicas Digitais (LTD)
Laboratório de Eletrônica Analógica (LEAN)
Laboratório de Circuitos Elétricos (LCE)
Laboratório de Circuitos Lógicos (LCL)
Laboratório de Princípios de Comunicações (LCP)
Laboratório de Instalações Elétricas (LIE)
Laboratório de Sistemas Elétricos (LSE)
Laboratório de Ensino Informatizado de Graduação (LEIG)
Laboratório LCC1
Laboratório LCC2
Laboratório LCC3</td><td>Laboratório de Controle Analógico e Digital (LCAD)
Laboratório de Eletrônica de Potência (LEP)
Laboratório de Materiais Elétricos (LME)
Laboratório de Equipamentos Elétricos (LEE)
Laboratório de Conversão e Máquinas Elétricas (LCME)
Laboratório de Eletromagnetismo (LEMAG)
Laboratório de Acionamentos Elétricos (LAE)
Laboratório de Rádio-Propagação (LARP)
Laboratório de Automação Industrial (LAI)
Laboratório RE-10 de Programação e Iniciação à Computação</td></tr>
</table>

Fonte: CEEI/UFCG, 2024.

Passa-se agora a descrever as atuações, as pesquisas e as interações com as inciativas públicas e privadas, desses laboratórios selecionados:[19]

em: https://www.computacao.ufcg.edu.br/unidade-acad%C3%AAmica/hist%C3%B3ria. Acessado em: 10.01.2025.

19 Para mais informações, ver LIMA, Severino José de; ARRUDA, Danilo Raimundo de; PINTO, Pablo Aurélio Lacerda Almeida. "Medição da economia baseada em dados: impactos, desafios e oportunidades para o

O Laboratório de Sistemas Distribuídos-LSD conta com uma equipe de quase 100 profissionais (professores, graduandos, mestrandos, doutorandos, gerentes de projetos, e outros). Tem em seu portfólio mais de 40 projetos realizados e em execução. Conforme os dados apontados, para o pós-2004, as discussões em termos de avanços científicos e tecnológicos nas TICs são as marcas desse laboratório. Tais projetos envolvem desenvolvimento de pesquisa nas áreas de banco de dados, Inteligência Artificial, infraestrutura de rede, computação em nuvem e de borda, big data, segurança de dados, aprendizado de máquinas, compartilhamento e processamento de dados, *data centers*, Internet das Coisas, aprendizado de máquinas, arquitetura de plataformas. Como relatado, tais projetos envolvem relações com organizações públicas e privadas.

O Laboratório de Sistemas Inteligentes (Brain) desenvolve proposta de soluções tecnológicas. Tem como fontes de financiamentos Lei de Informática[20] e a Embrapii. O Brain tem em seu portfólio: 100 prêmios nacionais e internacionais; 15 *softwares* registrados no INPI-Instituto Nacional de Propriedade Intelectual; e mais de 100 publicações. Coordena o Laboratório da Olimpíada Paraibana de Informática, na área de programação. As pesquisas, desenvolvimentos e inovações se dão nas áreas de Inteligência Artificial, envolvendo técnicas de aprendizado de máquinas; *Analytics* voltados para as tomadas de decisões nos negócios; otimização com aplicação de "algoritmos e estruturas de dados avançados".[21] Destacam-se outras interações com os diversos atores (com aplicação de IA com o *Google*, Wildlife Studios, Tribunal Regional Federal-TRF5, Petrobras, Vsoft, Legalabs, DriverGO e o setor jurídico).

Nordeste brasileiro". Nota Técnica 9 do Projeto EconDados. *RedeSist e Cicef*, 2024.

20 BRASIL. *Lei n. 8.248/1991*. Disponível em: https://www.gov.br/pt-br/servicos/obter-beneficios-fiscais-da-lei-da-informatica#.

21 Disponível em: https://brain.ufcg.edu.br/.

O Laboratório de Computação Inteligente Aplicada (Lacina) é excelência em ensino e pesquisa. Desenvolve pesquisa nas áreas de Inteligência Artificial, *data analytics*, big data, dados geográficos conectados, *web*, aprendizado de máquinas, *mobile*. Apresenta inúmeras parcerias destacando-se: Chesf, Ministério Público, Tribunal de Contas do Acre, Prefeitura de Campina Grande, Sony, Positivo, Asus, Ericsson, Dell, Motorola, Nokia, Epson, entre outras. Faz parte da Unidade Embrapii/CEEI e tem parceria com a Fundação Parque Tecnológico da Paraíba-PaqTcPB.[22] Conta com um quadro de professores/as e pesquisadores/as de 22 profissionais, além de dezenas de outros pesquisadores/as, desenvolvedores/as, pesquisadores/as em formação (doutorandos e mestrandos) e alunos de graduação que fazem parte deste laboratório.

O Laboratório de Sistemas Embarcados e Computação Pervasiva (Embedded) foi fundado em 2005. É credenciado para receber recurso da Lei da Informática, sendo o Parque Tecnológico da Paraíba o mediador financeiro. Possui em sua trajetória, parcerias com grandes corporações (AOC, COPAL, FORD, Positivo e outras). Mantém parcerias com o Laboratório de Microeletrônica da UFCG; com o Núcleo de Pesquisa Desenvolvimento e Inovação em Tecnologia da Informação, Comunicação e Automação-Virtus/UFCG; com o Laboratório de Interface Humano-Máquina-LIHM; com o Laboratório de Instrumentação Eletrônica e Controle da UFCG e com o Grupo de Pesquisa em Ferramentas e Processos Inteligentes em Engenharia de *Software*. Atua nas áreas de engenharia de *software* inteligente, sistemas de automação inteligente, engenharia de *software* para Internet das Coisas, microeletrônica com projeto de *system-on-chips*, processamento de sinais e *design* de IP digitais. Ainda, o laboratório tem um corpo profissional com 28 pesquisadores/as.

---

22 O PaqTcPB é outra instituição importante no desenvolvimento científico e tecnológico. Foi um dois primeiros Parques Tecnológicos criados no Brasil, juntamente com o de Campinas-SP e São Carlos-SP.

O Laboratório de Excelência em Microeletrônica do Nordeste (X-MEN), fundado em 2016, desenvolve pesquisas em microeletrônica digital, *systems on a chip design* e digital IPs para dispositivos em condições de processamento de dados (sistemas com aplicações em comunicações, saúde, finanças e outros). Possui uma equipe de trabalho diversa com estudantes dos mais variados níveis, professores/as, pesquisadores/as, engenheiros/as e outros.

O Laboratório de Comunicações (Labcom) está mais próximo da infraestrutura da Economia de Dados e Digital, como é o caso das infovias, com fibras óticas por exemplo, além do uso de redes de eletricidade. As pesquisas giram em torno de "métodos e sistemas para Comunicações Analógicas e Digitais, Processamento da Informação, Codificação, Comunicações Ópticas, Telefonia Digital, Comunicações Móveis, Processamento Digital de Sinais",[23] destacando-se os estudos na otimização da transmissão da informação e na área da comunicação. Ainda, o Labcom conta com 6 pesquisadores, além de estudantes da graduação e pós-graduação.

O Laboratório de Sistemas de Informação (LSI) conta com pesquisa, desenvolvimento e inovação nas áreas de sistemas de informações e bancos de dados. Faz parte da Unidade Embrapii/CEEI. Tem foco nas linhas de ciências de dados, geoprocessamento, negócios inteligentes, redes sociais, *web*, aplicações para plataformas, processamento de linguagem natural e análise de sentimento. Tem um quadro de recursos humanos formado por 54 profissionais (estudantes de graduação, mestrado e doutorado; professores/as, pesquisadores/as e colaboradores/as). Muitos dos pesquisadores/as atuam em outras instituições da região como o Instituto Federal da Paraíba, Universidade Federal do Maranhão e Universidade Federal de Pernambuco. Já formou mais de 70 profissionais. Tem um portfólio de 23 projetos finalizados em parcerias com instituições públicas e privadas (Tribunais de Contas, Governo da Paraíba, Embrapa,

---

23 Disponível em: https://www.dee.ufcg.edu.br.

Ministério de Ciência, Tecnologia e Inovação, HP, Financiadora de Estudos e Projetos-Finep, e outras). Atualmente, estão em execução 4 projetos com órgãos públicos e privados. Conta ainda com uma patente e mais onze registros de patentes.

O Laboratório de Práticas de *Software* (SPLab), fundando em 1994, é uma infraestrutura de capacitações nas áreas de engenharias de *software* com atividades práticas e teóricas no que há de mais moderno nas áreas. Conta com 11 pesquisadores com formação em ciências da computação. Vale destacar que: "Os projetos estudantis geralmente fazem parte de um grande projeto conduzido por membros do Corpo Acadêmico do SPLab, apoiado por agências de pesquisa e/ou parceiros industriais".[24] Trabalha com testagem, verificação e validação de *software*.

Além desse complexo laboratorial e ambientes de pesquisa e inovação, vale descrever também outras institucionalidades[25] que são partes integrantes e/ou têm interações/parcerias com os Centros de Tecnologias da UFCG, especialmente, o CEEI.

O Núcleo de Inovação e Transferência de Tecnologia – NITT/UFCG, criado em 2008, tem em suas origens a discussão e cultura da propriedade intelectual com foco nos produtos e serviços desenvolvidos pelas pesquisas da UFCG, além de direitos autorais e registros de cultivares, atuando na parte de registro de *software* e marcas (UFCG, *s. d.*).

---

24 Disponível em: https://splab.computacao.ufcg.edu.br/welcome-to-splab.

25 Informações disponíveis em: https://nitt.ufcg.edu.br/; https://sites.google.com/site/iquanta/Home; https://portal.ufcg.edu.br/ultimas-noticias/4330-parceria-estrategica-entre-brasil-e-china-anima-pesquisadores-do-projeto-bingo.html. Ver também LIMA, Severino José de; ARRUDA, Danilo Raimundo de; PINTO, Pablo Aurélio Lacerda Almeida. "Medição da economia baseada em dados: impactos, desafios e oportunidades para o Nordeste brasileiro". Nota Técnica 9 do Projeto EconDados. *RedeSist e Cicef*, 2024.

Criado em 2019, enquanto parte da institucionalidade do CEEI-UFCG, tem-se o Programa Inova (Programa Institucional de Pesquisa, Desenvolvimento e Inovação em Cooperação com Empresas). Entre os objetivos do Inova está a promoção do relacionamento universidade e empresa por meio de pesquisadores, disponibilidades de laboratórios e de parcerias entre as infraestruturas de C&T que se complementam dentro da estrutura dessa universidade.[26]

Outra institucionalidade importante dentro do CEEI é o Núcleo de Pesquisa, Desenvolvimento e Inovação em Tecnologia da Informação, Comunicação e Automação-Virtus. Ele articula sinergias em torno de desenvolvimento de pesquisas e projetos nas áreas das TICs e em automação, plataformas de sensoriamento, utilizando incentivos da Lei da Informática, da Embrapii e da Agência Nacional do Petróleo-ANP. A competência em desenvolvimento de *hardware* para indústria faz do Virtus uma grande referência, e com forte colaboração com a Embrapii. Os laboratórios e grupos de pesquisas presentes no Virtus desenvolvem pesquisas nas linhas de: computação na borda e redes móveis (B5G), Inteligência Artificial, Internet das Coisas, sistemas conectados a cenários reais, internet 5G, *analytics* e big data. Além das parcerias realizadas pelo CEEI apontadas acima, o Virtus, como se observa com outros laboratórios, tem parcerias com instituições locais, nas quais estão profissionais formados nesse Centro.[27]

O IQuanta é mais uma instituição dentro do arranjo de pesquisa e inovação da UFCG. Ele tem origem nos encontros do Grupo de Estudos em Computação e Informações Quânticas-IQuanta. Esse grupo foi se ampliando em encontros de pesquisadores realizados em 2004, 2006 e 2007 em Campina Grande. Foi fundado por meio do “Projeto IQUANT/FINEP/PaqTcPB/UFCG/CTinfra/02/2003” e do “Projeto Quanta/CNPq/UFCG/ UFCIQuan/Finep/PaqTcPB”.

---

26 UFCG, 2020.

27 UFCG, 2013.

No encontro de 2004 foi eleita a primeira diretoria que teve à frente Francisco Marcos de Assis.[28]

O IQuanta é uma entidade de direito privado com direção e pessoal definidos em estatuto do quadro da UFCG. Este reúne às áreas de física, engenharias e computação no desenvolvimento de pesquisas com repercussões fundamentais para soluções tecnológicas em áreas fundamentais para os avanços da Economia de Dados e Digital. Exemplos: processamento de dados, melhoramentos das infraestruturas de redes, *software* e *hardware*. Conta com diversos laboratórios que pesquisam na área de magnetismo, luminosidade, biomateriais, ciências de materiais e outras. Destacam-se ainda: o Laboratório de Comunicação Quântica e o Laboratório de Simulação de Circuitos Quânticos e Redes Neurais Quânticos. O Instituto conta ainda, dentro do "Projeto RENASIC/QUANTA" com o Laboratório Virtual de Computação, Informação e Criptografias Quânticas, desenvolvendo estudo com aplicações nas áreas: "sistemas quânticos para comunicações seguras e computação eficiente", "protótipo de sistema de distribuição quântica de chaves secretas". Tem como parceiros a Fundação Parque Tecnológico da Paraíba (PaqTcPB) e a Finep.[29]

Recentemente ganhou destaque o Projeto Radiotelescópio Bingo, orçado em cerca de US$ 4.2 milhões.[30] O Radiotelescópio ocupa um espaço equivalente à área do Maracanã. É uma parceria da USP, INPE, UFCG e instituições da China, do Reino Unido e de 7 outros países. O Bingo aponta para um conjunto de conhecimentos e capacidades que interagem nessas instituições e parcerias internacionais. Ele é um dos primeiros no mundo com foco nas pesquisas nas áreas de "cosmologia e astrofísica e usando faixa de rádio".

---

28 UFCG, 2004.

29 UFCG, 2013; 2003.

30 UFCG. *Andamento do projeto do Radiotelescópio Bingo é avaliado em evento na UFCG*. Universidade Federal de Campina Grande, Campina Grande/PB, 8 jul. 2019.

Essas áreas se colocam como a grande corrida das ciências hoje, ao buscar desvendar e dar respostas a questões como: energia escura, origens e distribuição das galáxias, buracos negros.[31]

A UFCG/CEEI participou do primeiro edital da Embrapii, em 2014. Mediante esse edital foi instalada em Campina Grande a primeira Unidade Regional da Embrapii. Esta unidade regional, instalada nas dependências da UFCG/CEEI, foi uma das primeiras do Brasil. O portfólio dessa empresa de inovação industrial mostra a dimensão da parceria com o CEEI. São mais de 200 projetos desenvolvidos com mais de 80 empresas públicas e privadas. A Embrapii articula uma dezena de laboratórios dos centros de tecnologias da UFCG. São mais de R$ 200 milhões em projetos financiados.[32]

2 As capacitações das universidades para enfrentar a Covid-2019 e o caso dos respiradores

O Brasil e o mundo ficaram perplexo com a rapidez de contágio do novo Coronavírus, ocasionando uma pandemia que redundou em enormes dificuldades em termos de escassez de hospitais, equipamentos e insumos, além de pessoal em muitos lugares do mundo para combatê-la. Meios de comunicação falavam de crise de suprimentos, como é o caso dos ventiladores mecânicos e que são equipamentos essenciais para tratar os casos mais severos da doença.

Assim, conforme Tenente[33] estabeleceu-se uma "guerra" entre países por respiradores mecânicos. Nesse caso, as produções nacionais

---

31 UFCG, 2023.

32 Publicados em: https://www.ceei.ufcg.edu.br/ e https://lacina.computacao.ufcg.edu.br/ceei.

33 TENENTE, Luiza. "'Guerra' entre países por respiradores mecânicos e produção nacional insuficiente são entrave para o combate ao coronavírus no Brasil". *G1*, 5 abr. 2020. Disponível em: https://g1.globo.com/bemestar/coronavirus/noticia/2020/04/05/guerra-entre-paises-por-respiradores-mecanicos-e-producao-nacional-insuficiente-sao-entrave-para-o-combate-ao-coronavirus-no-brasil.ghtml. Acessado em: 26.12.2024.

em nosso país eram insuficientes, e tornaram-se um entrave para combater a pandemia no Brasil. Assim, em um quadro grave da Covid-19, o respirador mecânico é um equipamento fundamental para aumentar as chances de sobrevivência dos infectados. Sem esse equipamento, a falta de ar intensa pode levar à falência dos órgãos. Segundo esse autor, o entrave ocorreria por três causas principais: 1) "a concorrência com países ricos que aceitam pagar mais caro pelo equipamento"; 2) "a baixa capacidade de produção das empresas brasileiras frente a elevada demanda" e 3) "a complexidade de fabricação de aparelhos".[34]

Dessa forma, indústrias brasileiras e estrangeiras justificaram a escassez alegando que o número de encomendas dos respiradores mecânicos disparou logo no início da pandemia; havendo uma corrida de países e governos do mundo inteiro para comprá-los. Então, sabe-se que as universidades federais públicas no Brasil e outras instituições de ensino e pesquisa, especificamente, da região Nordeste, transformaram-se cada uma em uma praça de "guerra" e todas juntas num "exército de combate" ao Covid-19.

Naquele momento, o Ministério da Saúde informou que havia no Brasil apenas 65.411 ventiladores mecânicos, sendo que, 46.663 estavam no Sistema Único de Saúde (SUS), e deste montante 3.639 unidades estavam em manutenção ou ainda não tinham sido instaladas. O MS informou ainda que haveria dificuldade de prever com exatidão quantos respiradores o país necessitaria nas próximas sucessivas semanas, uma vez que dependeria do número de contaminações. Ainda informou, o porta voz do MS, que a distribuição dos respiradores era desigual: em 33% dos municípios havia, no máximo, 10 respiradores disponíveis. O MS alertou que, se o contágio

---

34 TENENTE, Luiza. "'Guerra' entre países por respiradores mecânicos e produção nacional insuficiente são entrave para o combate ao coronavírus no Brasil". *G1*, 5 abr. 2020. Disponível em: https://g1.globo.com/bemestar/coronavirus/noticia/2020/04/05/guerra-entre-paises-por--respiradores-mecanicos-e-producao-nacional-insuficiente-sao-entrave--para-o-combate-ao-coronavirus-no-brasil.ghtml.

da doença seguisse a tendência de países como a Itália, não haveria aparelhos suficientes para todos os casos de doentes graves. Informou também que o governo esperava comprar 17 mil respiradores para o país; mas havia impedimentos para adquiri-los devido a lógica do mercado: os países mais ricos dificultavam as negociações.[35]

Diante do exposto acima, as instituições de ensino e pesquisa do Nordeste instalaram uma "batalha" ao Covid-19: as capacitações nas tecnologias digitais foram usadas de forma rápida e eficientes para dar respostas à crise sanitária. Resultados tecnológicos que foram obtidos por essas instituições foram muito importantes naquele momento que se teve problema com respiradores pulmonares, com sistemas de mapeamento da Covid-19, com Equipamentos de Proteção Individual-EPIs, entre outros.

Nessa direção, os comitês contra a Covid-19 desempenharam um papel muito importante durante a pandemia, divulgando boletins epidemiológicos, além de outros exemplos: o uso de máscara anti-Covid-19 desenvolvida pela UFPB e registrada na Anvisa (Agência Nacional de Vigilância Sanitária) foi um caso que chamou à atenção pelo fato de a mesma ter a novidade de possuir uma camada filtrante com aplicação de quitosana, polímero encontrado na casca do camarão. Também, essa instituição e outras colocaram à disposição das autoridades de saúde materiais no campo dos EPIs.

Para ilustrar essas atividades referentes aos avanços das tecnologias digitais que elas dominam, observe-se a corrida de algumas delas buscando responder à demanda tão necessária e exigente de rapidez que foi da crise dos respiradores. Nesse sentido, 5 casos nos pareceram mais emblemáticos: o caso do ventilador *Inspire*

35 TENENTE, Luiza. "'Guerra' entre países por respiradores mecânicos e produção nacional insuficiente são entrave para o combate ao coronavírus no Brasil". *G1*, 5 abr. 2020. Disponível em: https://g1.globo.com/bemestar/coronavirus/noticia/2020/04/05/guerra-entre-paises-por-respiradores-mecanicos-e-producao-nacional-insuficiente-sao-entrave-para-o-combate-ao-coronavirus-no-brasil.ghtml.

da Universidade de São Paulo (USP), seguido do Projeto VExCO da Universidade Federal do Rio de Janeiro (UFRJ);[36] e as ações da Universidade Federal do Ceará (UFC) e da Universidade Estadual do Ceará (UECE) e o respirador desenvolvido pela Universidade Federal da Paraíba (UFPB). Entre os respiradores da pandemia da Covid-19, entretanto, merece maior destaque o respirador pulmonar criado pela Agência UFPB de Inovação Tecnológica (INOVA UFPB).[37]

Quando a Paraíba atingia 46% de aumento dos casos da Covid-19, em cinco dias, em abril de 2020, a UFPB anunciou um produto 37 vezes mais em conta do que os vendidos no comércio. O ventilador pulmonar da UFPB representa um conjunto de tecnologias embarcadas ao fazer uso de *touchscreen*, sistema multibiométrico e conectividade *wireless*. Essa é a novidade em termos de avanços tecnológicos que o produto traz. Assim, é possível acessá-lo, monitorá-lo e operá-lo remotamente, e, desta forma, evitar o contágio pela Coronavírus.

A novidade do equipamento é que ele não é um respirador pulmonar de "emergência e pode ser usado em substituição aos convencionais comercializados naquele contexto".[38] Com essas características, esse produto tecnológico foi considerando um dos maiores avanços durante a pandemia em termos de respostas e solução de problema. Contou com a parceria e apoio financeiro da FapesqPB, com investimento de R$ 160.000,00; além da participação do HULW/UFPB, e da PaqTcPB. Em 2021, a UFPB obteve a carta patente do "ventilador pulmonar portátil".[39]

---

36 Disponível em: http://www.coppetec.coppe.ufrj.br/site/respiradores-ufrj/ e https://jornal.usp.br/institucional/projeto-inspire-entrega-milesimo-ventilador-pulmonar/.

37 FASUBRA. *COVID-19*: veja ações da UFPB e UFC. Brasília/DF, 22 abr. 2020.

38 FASUBRA. *COVID-19*: veja ações da UFPB e UFC. Brasília/DF, 22 abr. 2020.

39 UFPB, 2021.

3 Embrapii e sua presença em territórios do Nordeste[40]

A trajetória da Embrapii (Empresa Brasileira de Pesquisa e Inovação Industrial) na Paraíba, e uma das primeiras do Nordeste, inicia-se com a implantação de sua Unidade Regional, no Centro de Energia Elétrica e Informática/UFCG mediante o primeiro Edital Embrapii/2014. A partir dessa instalação, essa Unidade Regional passou a construir uma rede de relações com várias instituições do Nordeste. Tal atuação está relacionada a certa divisão de competências científicas e tecnológicas com foco nas transformações digitais e incorporação dos novos conhecimentos trazidos pelas TICs e que vão penetrar em vários campos do saber e a depender da instituição onde a Unidade está instalada.[41]

A Paraíba entra na Embrapii com sua especialidade em *software* e automação, *hardware* e *software* para saúde, otimização de energia e sistemas para manufatura, estando presente nas três universidades e no Instituto Federal. O Ceará contribui com pesquisas focadas em sistemas embarcados complexos e mobilidade digital, manufatura inteligente com presença de unidades na Universidade Federal do Ceará, no Instituto Federal e no Instituto Atlântico.

No Rio Grande do Norte a atenção está voltada para a Internet das Coisas e tecnologia mineral, contando com unidades na Universidade Federal e no Instituto Federal do Rio Grande do Norte. Em Alagoas, a empresa trabalha com computação industrial e está presente como unidade na Universidade Federal de Alagoas-UFAL que conta com uma infraestrutura de CT&I nas áreas aprendizados de máquinas, eletrônica, automação, Internet das Coisas, robótica, *deep learnig*, e outras.

---

40 Embrapii (2014; 2022), e, também, disponível em: https://embrapii.org.br/.

41 EMBRAPII. Relatório 2014 Contrato de Gestão Embrapii/MCTI. Empresa Brasileira de Pesquisa e Inovação Industrial. Brasília-DF. 2014.

Figura 2 – Unidades da Embrapii no Nordeste brasileiro

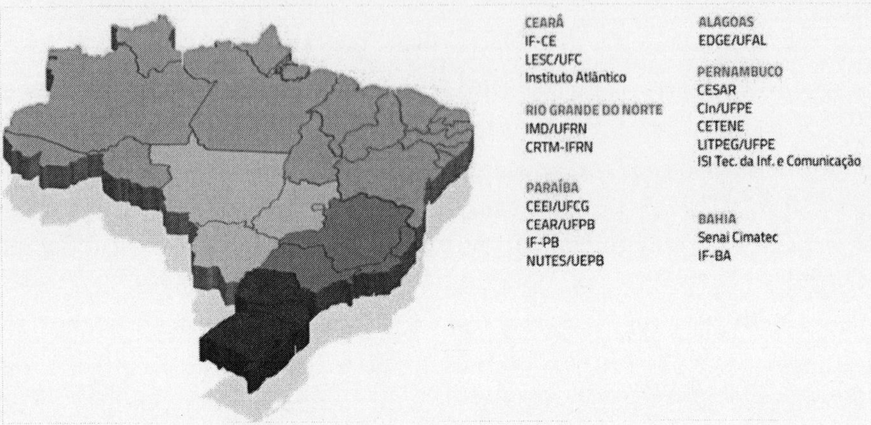

Fonte: EMBRAPII, 2022.

A Bahia desenvolve estudos em tecnologia em saúde e manufatura integrada, destacando aplicações de prototipagens integradas e sistemas computacionais para a área médica com o Núcleo de Tecnologia em Saúde (NTS) que atua deste 1997 na área. O NTS está instalado no Instituto Federal; além da atuação no Senai Cimatec com pesquisa em automação, otimização e robótica voltados para a indústria. Em Pernambuco, a Embrapii está presente em cinco núcleos. E esse Estado apresenta "expertise em pesquisa na área de produtos conectados, inteligência espacial, eficiência energética e ambiental, sistemas vasculares, biotecnologia vegetal".[42] Nesse Estado, portanto, a Embrapii conta com unidades: na UFPE; no Centro de Tecnologias Estratégicas do Nordeste/CETENE (com pesquisas em computação científica, biotecnologia, nanotecnologia, bionanomateriais e nanomateriais); além de atuar no Instituto Senai de Inovação para as Tecnologias da Informação e Comunicação/ISI-TICs. Esta Unidade do Senai/Embrapii desenvolve pesquisas em inteligência computacional, ciência de dados e engenharia de

---

42 EMBRAPII. *Relatório Anual*, 2022. Brasília-DF, 2022, p. 58.

software. Isso aponta uma relevante competência instalada no Estado de Pernambuco nas áreas das TICs.[43]

A Embrapii está praticamente atuando com unidades em toda a rede de Institutos Federais e nas universidades do Nordeste. A sua atuação é destacada também com as instituições: Metrópole Digital em Natal-RN; na Bahia com o Parque Tecnológico de Salvador e no Instituto Atlântico-CE. Destaca-se aqui o Porto Digital de Recife-PE, que embora só atue com a Embrapii em parcerias para eventos e discussões na área de TICs, mereça atenção por sua dimensão para Pernambuco e o Nordeste.

4 A presença do Serpro e do Dataprev no Nordeste[44]

Merece menção a presença do Serpro e do Dataprev no Nordeste prestando serviços aos governos estaduais e municipais, bem como, a iniciativa privada e que são partes importantes nesse arranjo nordestino de instituições potencializadoras da Economia Digital/Dados. Essas instituições colocam-se na vanguarda dessa economia, pois essas duas organizações, hoje, são os guardiões dos dados mais sensíveis da população brasileira: ao acompanharem cada pessoa física desde o seu nascimento. Vale relatar também, que esses órgãos apresentam em seu quadro de recursos humanos uma massa crítica de pesquisas, estudos, soluções tecnológicas em TICs.

O Serpro, sob a iniciativa do Ministério de Gestão e Inovação em Serviços Públicos-MGI, vem colaborando na estruturação da Estratégia Nacional de Governo Digital. Essa estratégia lança um olhar sobre o controle social e participação cidadã nos destinos dos diversos territórios brasileiros. Também um olhar na qualificação do debate público em termos de planejamento estratégico. E, desta

43 EMBRAPII. *Relatório Anual*, 2022. Brasília-DF, 2022.

44 Disponível em: https://tecnoblog.net/responde/o-que-e-serpro/; https://portal.dataprev.gov.br/conheca-dataprev-quem-somos/empresa.

forma, busca transformar a Administração Pública a partir de uso das tecnologias digitais.[45] Os dados públicos, as formas de acesso, de comunicá-los e levá-los para a sociedade apresentam-se como os desafios que precisam ser superados com criatividade e domínio de tecnologias próprias.

Os governos deveriam valorizar a importância que o Serpro e o Dataprev têm em governança, gestão de dados e segurança de dados. Para os Tribunais de Contas, para os Tribunais de Justiça, e, principalmente, para o Consórcio Nordeste, o apoio dessas instituições pode ser imprescindível na sua área de atuação.

5 O Instituto Santos Dumont (ISD) e a expertise em Neurociências[46]

O ISD, situado no município de Macaíba/RN e idealizado por Miguel Nicolelis, representa um marco significativo no âmbito do ensino e da pesquisa em neurociências voltadas para saúde. Estabelecido em 2014, o ISD é uma Organização Social que opera sob um contrato de gestão firmado com o Ministério da Educação (MEC), conforme Decreto Presidencial de 27 de fevereiro de 2014. O ISD é formando por institucionalidades que o antecede e que estavam sobre a gestão da AASDAP (Associação Alberto Santos Dumont para Apoio à Pesquisa): o Instituto Internacional de Neurociências de Natal, criado em 2006, e o Centro de Educação e Pesquisa em Saúde Anita Garibaldi (Anita), fundado em 2008. Ademais, faz parte da infraestrutura do ISD, o Centro de Educação Científica com unidade em Natal e Macaíba voltado para os ensinamentos práticos nos campos das ciências.

---

45 Disponível em: https://www.gov.br/governodigital/pt-br/estrategias-e-governanca-digital/estrategianacional; e https://www.gov.br/gestao/pt-br/assuntos/noticias/2024/junho/governo-federal-lanca-estrategia-nacional-de-governo-digital.

46 Informações disponíveis em: https://www.institutosantosdumont.org.br/sobre-isd/.

O ISD tem como missão principal o desenvolvimento de conhecimentos científicos e tecnológicos em neurociência para a sociedade do Nordeste. Sua atuação abrange especificamente as áreas de saúde materno-infantil e de pessoas com deficiência, utilizando técnicas avançadas de neurociência e neuroengenharia desenvolvidas internamente. Além de fornecer cuidados de saúde, o ISD busca integrar de forma holística o ensino, a pesquisa e a extensão em saúde.

Com foco na pesquisa, destaca-se a Interface Cérebro-Máquina (ICM). Nessa área da neurociência, o uso de tecnologias de ponta visa fornecer respostas para doenças cerebrais, como Parkinson e Acidente Vascular Encefálico (AVE), por meio da aplicação de técnicas de robótica, eletrônica, computação e materiais biocompatíveis. Além disso, a neuromodulação, outra área de destaque, busca abordar problemas relacionados ao sistema nervoso através de métodos como corrente elétrica ou magnética e implante de dispositivos. Os distúrbios tratados incluem uma gama de condições, como: "Parkinson, tremor essencial, dor crônica, epilepsia, deficiência auditiva (surdez), depressão, distonia, síndrome de Tourette e transtorno obsessivo-compulsivo"; além de outras comorbidades e transtornos psíquicos como: obesidade, paralisias, Alzheimer, Zika, transtorno psiquiátrico, *déficits* motores e cegueira.

Esses esforços refletem o compromisso do ISD com a pesquisa de ponta e a busca por soluções inovadoras para desafios complexos na área da saúde. Como é destacado:

> Estas pesquisas avançadas em neuromodulação podem superar o conhecimento atual para além da expectativa de dispositivos para intervenção em alterações ou distúrbios instalados, para novas aplicações e prevenção por meio de sistemas inteligentes de realimentação do sistema nervoso.[47]

---

47 Disponível em: https://www.institutosantosdumont.org.br/neurociencias-neuroengenharia/.

A infraestrutura do ISD é composta por quatro laboratórios modernos em termos de equipamentos, ferramentas, matérias-primas e insumos para a neurociência e neuroengenharia, são eles: Laboratório de Eletrofisiologia Humana e Interface Homem-Máquina, Laboratório de Neuroengenharia, Laboratório de Neurorreabilitação e Laboratório de Microscopia na de histologia. Esta infraestrutura de CT&I destaca-se pela sua significativa contribuição para o avanço científico e tecnológico, especialmente nos campos das neurociências e neuroengenharia.

Destacam-se as parcerias com as várias esferas de governos, universidades públicas e privadas, em particular com a Universidade Vita-Salute San Raffaele em Milão, na Itália, para estabelecer o Polo de Neurotecnologia.

6 Capacitações Científicas e Tecnológicas em Economia Digital/Dados: os Grupos de Pesquisas[48]

Aqui, são apresentados esses grupos, buscando detalhar sua atuação por grandes áreas e áreas específicas do conhecimento. Como se pode ver, é significativa a teia de ambientes de pesquisa e inovação espalhados pelas redes de instituições públicas e privadas da região. São apresentadas as instituições, os grupos de pesquisa, linhas de pesquisadores, buscando detalhar por grande grandes áreas e áreas específicas do conhecimento Esses grupos que dão sustentação aos laboratórios, núcleos de pesquisas, parques tecnológicos apontam

48 Consulta na Base Corrente do Diretório dos Grupos de Pesquisa (DGP), do CNPq, utilizando os descritores: Inteligência Artificial, big data, banco de dados, Computação em Nuvem, Internet das Coisas, Tecnologia Quântica, Ciências de dados e Tecnologia 5G. Ainda, a busca por grupo com os grupos certificados e considerou enquanto recorte a região Nordeste. Destaca ainda que um grupo pode estar desenvolvendo mais de uma tecnologia. Disponível em: https://lattes.cnpq.br/web/dgp.

para uma institucionalidade ímpar, e mostram capacidades de articular respostas relevantes para os problemas sanitários postos.

Figura 3 – Grupos de Pesquisa no Nordeste por grandes áreas do conhecimento, 2002 e 2023

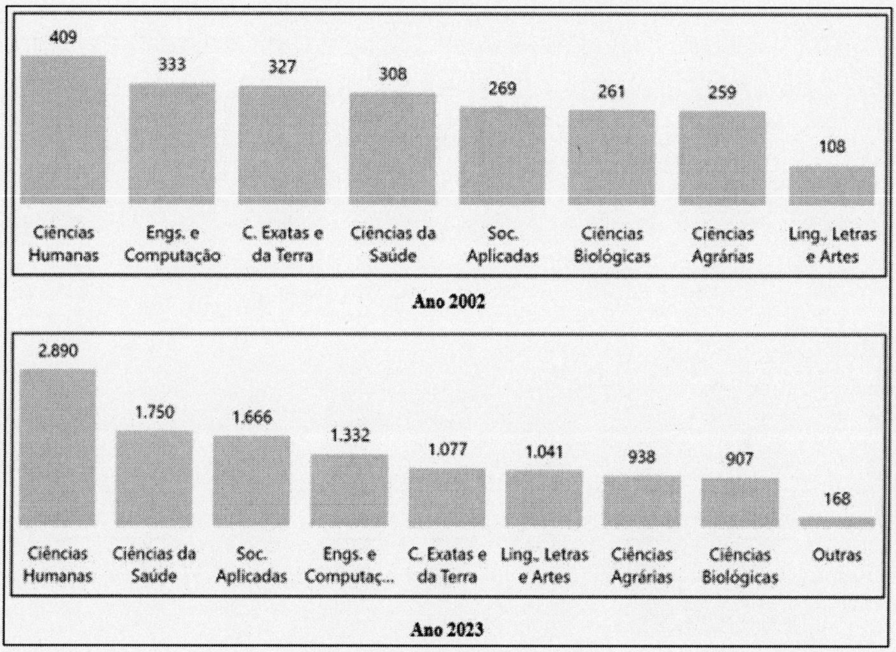

Fonte: MCTI/CNPq, 2024.

As áreas de sistemas de computação e engenharias que apresentam maior protagonismos no desenvolvimento das capacidades de CT&I em TICs, tiveram um aumento considerado, passando de 333 para 1.332 grupos de pesquisas. Essas capacidades são somadas com a grande área de Ciências Exatas e da terra que saiu de 327 para 1.077 grupos.

Em 2002 ocorre o desmembramento da UFPB, instituição líder em grupos de pesquisa junto com a UFPE. Quando somado os grupos da UFCG, da UFPB, do IFPB e da UEPB, têm-se uma das maiores estruturas de grupos de pesquisa nessas áreas na região Nordeste e com a formação da graduação à pós-graduação se dando principalmente, na UFCG e na UFPB. Ao realizar uma consulta no diretório por grupo para identificar aqueles que desenvolvem ferramentas, tecnologias, conhecimentos nas áreas das TICs para solucionar os mais diversos problemas, contatou-se os seguintes indicadores.

Figura 4 – Grupos de Pesquisa no Nordeste por grandes áreas do conhecimento de Engenharias e Computação, 2002 e 2023

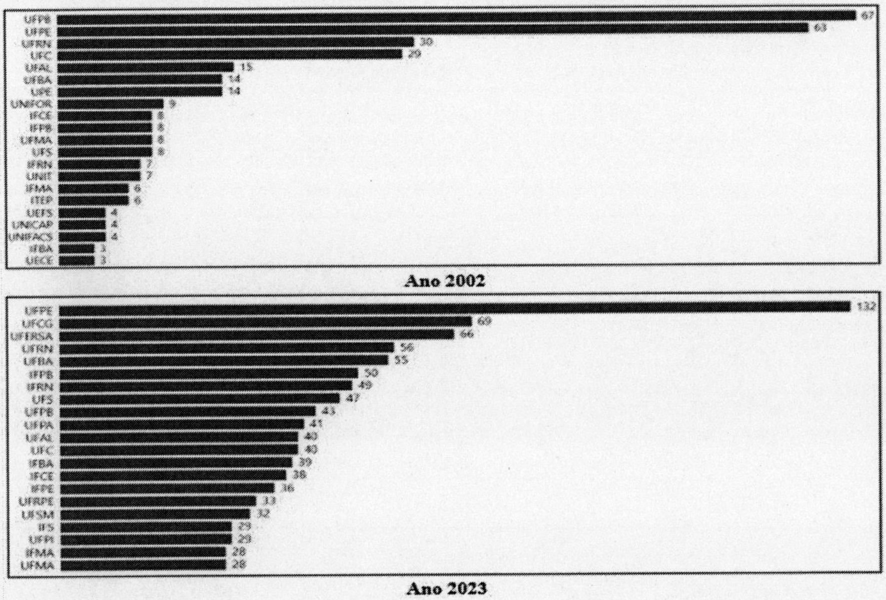

Fonte: MCTI/CNPq, 2024.

Tabela 1 – Grupos de Pesquisas no Nordeste, Grandes Áreas dos Conhecimentos e pesquisas desenvolvidas

	Inteligência Artificial	Banco de Dados	Big Data	Ciências de Dados	Computação em Nuvem	Internet 5G	Tecnologia Quântica	Internet das Coisas
Ciências Exatas e da Terra	102	27	23	12	19	4	50	45
Engenharias	52	6	7	12	1	3	7	25
Ciências da Saúde	15	2	1	36				2
Ciências Sociais Aplicadas	24	5	6	9	1			6
Ciências Humanas	8	1		4			2	1
Ciências Agrárias	7	4		2	1			5
Ciências Biológicas	3	5		3	1		1	
Linguística, Letras e Artes	1	2						
Total	212	52	37	78	23	7	60	84

Fonte: MCTI/CNPq/Base Corrente, 2024.

Reforça-se a recomendação de Lastres *et al.*[49] *para se realizar uma investigação mais detalhada em termos de levantamento das informações, e, também, fazer uma pesquisa direta com os grupos para entender as pesquisas desenvolvidas e relacionadas com Economia de Dados e as relações com as indústrias e a sociedade.*

7 Nordeste: a porta de conectividade do Brasil com o mundo

O Nordeste é a porta de entrada da *internet*, e, portanto, o ponto que liga o Brasil ao mundo digital (ver mapa na sequência). E, no entanto, apresenta maior vulnerabilidade e desigualdades em relação a outras regiões do país, quando se fala em conectividade. Essas desigualdades, principalmente, se somam e se ampliam quando colocadas no contexto da Economia de Dados.

Figura 5 – Nordeste: a porta de conectividade do Brasil com o mundo

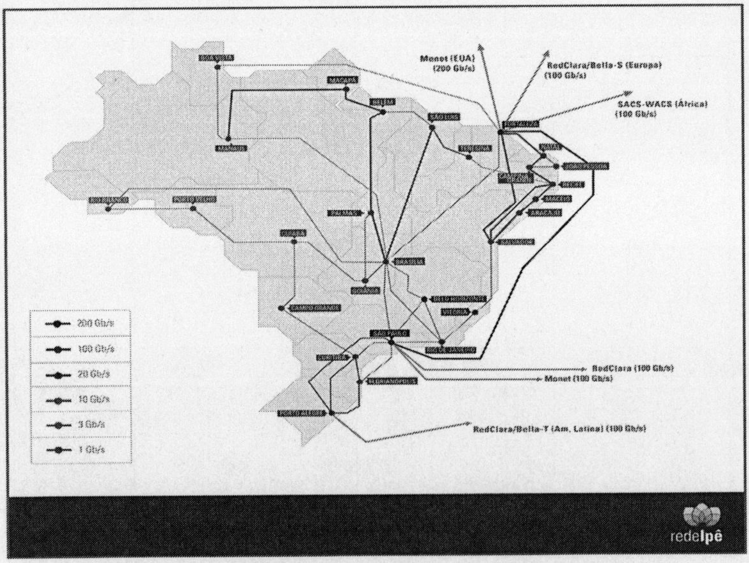

Fonte: https://www.rnp.br/noticias/evolucao-da-internet-no-brasil, 2022. Acessado em: 15.07.2024.

---

49 LASTRES *et al.* 2024.

Paradoxalmente, mesmo diante da razoável base científica e tecnológica mostrada anteriormente, a pandemia expôs as fragilidades da Região Nordeste quanto à conectividade. Diante da conjuntura de crise sanitária e política, ficou bem claro para os governadores da região, a falta de investimentos na área e, tomarem para si responsabilidades para dar respostas no campo da saúde e, em consequência nas áreas de empregos, educação e outras com as "atividades remotas".

7.1 O caso do Ceará

O Ceará foi um Estado que protagonizou um significativo avanço nessa infraestrutura de conexão e sua qualidade. O Plano de CT&I do Estado, 2018 (antes da pandemia), colocava os eixos estratégicos de infraestrutura e conectividade, formação da juventude, e governança e sustentabilidade. Esse Estado chega ao final de 2022 com avanços significativos em termos de conectividade, com grande parte das escolas praticamente com acesso à *internet* e com os estudantes sendo contemplados com equipamentos, aparelhos e tecnologias para acessar a rede. O Cinturão Digital do Estado garante acesso à rede de computadores, sendo possível realizar videoconferências, acessar TV Digital e melhorar o uso da telefonia.[50]

Além de conectar os estudantes da rede de escolas municipais e estaduais, levou a telemedicina, educação à distância e infraestrutura de rede para órgãos dos governos e outras instituições presentes no Estado. Possibilitou também a montagem de uma estrutura de aprendizados com laboratórios de informática, robótica, ciências, física e química, assegurando a prática da iniciação científica desde os anos iniciais de formação.

---

50 CEARÁ, 2018. Disponível em: https://www.ceara.gov.br/2010/03/13/cinturao-digital/. Acessado em: 13.05.2024.

7.2 O caso da UFRN, Rede Giga Natal[51]

A Região Metropolitana de Natal conta com uma infraestrutura avançada, a Rede Giga. A administração dessa Rede de Natal fica por conta do Instituto Metrópole Digital (IMD). O IMD é uma estrutura da UFRN e conta com *data center* e um supercomputador. Estão ligadas a Rede Giga 346 escolas. Ainda, tem parceria com Serviço Federal de Processamento de Dados (Serpro), sete unidades do Serviço Nacional de Aprendizagem Comercial (Senac), além de grande parte da rede de saúde e cobrindo toda a Região Metropolitana de Natal com um arco de fibra óptica.

O que chama a atenção é a capacidade de uma universidade de atender toda uma região metropolitana com mais de 1 milhão de habitantes com um arco de fibra óptica. Essa infraestrutura dá suporte a todas as instalações da UFRN com suas atividades de ensino, pesquisa e extensão, e, entre outras coisas, o Parque Tecnológico Metrópole, e dentro desse parque tecnológico se desenvolveu um grande arranjo de inovação. Partindo da experiência da UFRN, o governo do Estado está expandindo esse modelo com uma Infovia que acompanha a infraestrutura instalada da Chesf (Companhia Hidroelétrica do São Francisco).

Essa Infovia Potiguar busca levar *internet* de qualidade nos espaços e em instituições públicas, dos municípios, do Estado e do Governo Federal. Ela é fruto da parceria da UFRN com o Governo do Estado, a UERN, o Instituto Federal e a Rede Nacional de Pesquisa-RNP. Esse empreendimento de Infovia está montando a sua própria estrutura para levar *internet* para locais onde a Rede Chesf não está presente. A primeira fase da Infovia foi inaugurada em abril deste ano. O Projeto aponta para cerca de 300 pontos de

---

51 Disponíveis em: https://infoviapotiguar.net.br/ e https://www.metropoledigital.ufrn.br/portal/. Acessados em: maio 2024.

ligações, sendo: 18 instituições federais, 268 instituições estaduais e municipais e 15 municípios.[52]

7.3 Bahia: para além da infovia metropolitana

O Estado da Bahia territorialmente é um dos maiores do Nordeste. A Região Metropolitana de Salvador tem uma boa conectividade com a Infovia Digital da Bahia. No entanto, o Estado tem grandes problemas de conectividade nos interiores, sendo grave nos territórios mais distantes e em regiões próximas aos aglomerados urbanos onde sua rede móvel não se faz presente. A conectividade do meio rural é "15% menor que a média nacional".[53] O Programa Fala Bahia evidencia a vulnerabilidade do Estado, ao levar, em 2023, sinal de telefonia móvel e *internet* para 150 distritos, e com perspectiva de atender mais 140 distritos na segunda fase do Programa.[54]

7.4 Acesso à internet no Nordeste[55]

O Nordeste destaca-se a presença da RNP basicamente em todas as universidades, institutos federais, grande parte dos serviços de saúde, parques tecnológicos e com fortes parcerias com os governos estaduais. Porém, mesmo a Paraíba que tem atingido patamares elevados no desenvolvimento de CT&I, como foi colocado, os problemas de conectividade de *internet* colocam-se como um grande gargalo no Estado; o que não é diferente dos demais.

---

52 Disponível em: https://infoviapotiguar.net.br.

53 Disponível em: https://www.correio24horas.com.br/colunistas/donaldson-gomes/indice-de-conectividade-rural-da-bahia-e-15-menor-que-a-media-nacional-0524. Acessado: 13.05.2024.

54 Disponível em: http://www.infraestrutura.ba.gov.br/. Acessado: 13.05.2024.

55 Disponíveis em: https://www.itec.al.gov.br/projetos/inclusao-digital; https://portal.pi.gov.br/ati/piaui-conectado/; https://www.se.gov.br; https://sead.se.gov.br e https://emgetis.se.gov.br/rede-governo/. Acessados em: maio 2024.

Observou-se também que em muitos Estados e municípios o processo de digitalização está em curso, sendo um caminho importante para se constituir governos digitais.

O Maranhão é outro Estado que apresenta vulnerabilidade de infraestrutura de *internet*, embora tenha buscado expandir o acesso à *internet* nas escolas e a inclusão digital. É o Estado com o mais baixo acesso, conforme o Índice Brasileiro de Conectividade 2023-IBC.[56] Destaca-se no Estado o Programa de Inclusão Digital para Idosos que é uma parceria com a Universidade Estadual do Maranhão-UEMA.

Quantos aos demais Estados, as iniciativas estão em curso com foco na inclusão digital, mesmo que incipiente devido à escassez de recursos. O governo de Alagoas criou o DigitAlagoas que visa atender a rede de telecentros, os laboratórios de escolas estaduais e a saúde digital, esses serviços são coordenados pela Secretaria da Ciência, da Tecnóloga e da Inovação (Secti). O Piauí Conectado é uma parceria ampla de instituições locais, visando "expansão da infraestrutura de Transporte de Dados" com perspectiva de instalação de 11 mil km de fibra óptica, 2400 pontos de acesso nos 224 municípios do Estado. Em Pernambuco, tem-se o PE Conectado, rede que tem a gestão do governo do Estado, por meio da secretaria de administração. O PE Conectado vem dando suporte aos serviços públicos ofertados no Estado, bem como, avançar na inclusão digital, segurança de dados, e outros. Na Paraíba, as ações de inclusão digital se dão com a expansão da infraestrutura para áreas mais remotas do Estado e nos entornos das principais cidades (João Pessoa e Campina Grande, principalmente), além de focar na conexão entre as instituições públicas, escolas e serviços de saúde.

---

56 Índice em que o Nordeste e Norte apresentam os piores resultados em termos de conectividade. Nesse índice, o Ceará é o estado mais bem avaliado.

O Estado de Sergipe possui uma trajetória significativa de investimentos. O Estado tem se empenhado em interligar diversas instituições governamentais com o objetivo de melhorar e ampliar a oferta de serviços públicos. Um destaque na estratégia estadual foi o Plano de Modernização e Expansão da TI, que visou ampliar e melhorar o acesso à internet de banda larga, além de criar as bases para expandir a rede de telecomunicações em parceria com a iniciativa privada, pavimentando o caminho para a posterior implementação de uma Infovia no Estado.[57] Mais recentemente, as ações do governo nas áreas de TICs estão focadas em soluções de segurança, conectividade integrada e garantia de acesso às escolas públicas. O Estado conta com o apoio do governo central para melhorar o acesso à internet com 4G e 5G. Entre as iniciativas mais recentes, destacam-se: a criação do Laboratório de Criatividade e Inovação para Educação Básica (Labcrie), a reestruturação de 19 outros laboratórios, a implantação do Programa Maleta Digital, entre outras.[58]

Apesar de ser o ponto de chegada da infraestrutura de rede, o Nordeste também é um dos territórios com maiores disparidades no acesso a essa infraestrutura informacional e comunicacional. Isso se dá no contexto em que existem na região 2.936 provedores de *internet* instalados nos mais diversos municípios.

---

57 SERGIPE. *Sergipe terá 100% de cobertura de banda larga*. Aracaju/SE, dez. 2019.

58 SERGIPE. Rede Governo. Aracaju/SE, jan. 2023.

Gráfico 1 – Quantidade de provedores de internet por Estado do Nordeste, 2024

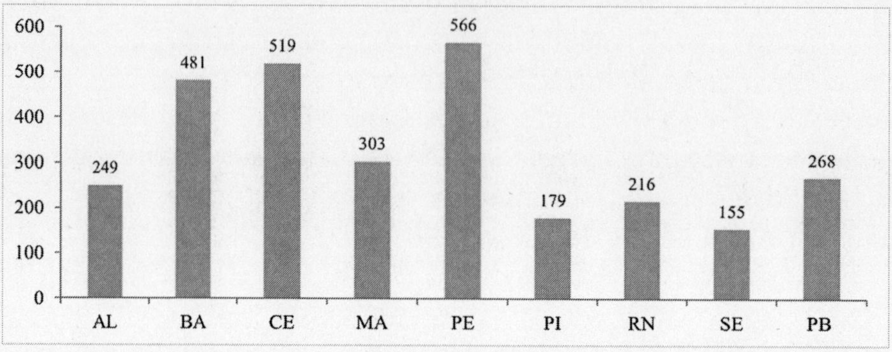

Fonte: https://sistemas.anatel.gov.br/stel/consultas/ListaPrestadorasLocalidade/tela.asp.

Grande parte desses provedores estão localizados nas capitais e nas grandes e médias cidades desses Estados e região, a exemplo de:

- Alagoas: Maceió (93; 37,3%), Arapiraca (31; 12,4%), Rio Largo (11; 4,4%), União dos Palmares (9; 3,6%), Delmiro Gouveia (8; 3,2%) e Campo Alegre (5; 2%). Ainda 27 municípios contam com 1 provedor cada;
- Bahia: Salvador (67; 13,7%), Feira de Santana (39; 8,1%); Camaçari (18; 3,7%), Lauro Freitas (16; 3,3%), Itabuna (10; 2,1%) Juazeiro (9; 1,9%) Vitória da Conquista (9; 1,9%). Ainda, 127 municípios contam com 1 provedor cada;
- Ceará: Fortaleza (154; 29,7%), Caucaia (23; 4,4%), Maracanaú (18; 3,5%), Maranguape (12; 2,3%), Crato, Itapipoca, Pereiro, Jaguaribe e Sobral (9; 1,7%). Ainda, 47 municípios contam com 1 provedor instalado;
- Maranhão: São Luís (45; 14,9%), Imperatriz (25; 8,3%) Caixas (21; 6,9%), Balsas (11; 3,6%), Tutóia (8; 2,6%), Codó, Paço do Lumiar e Timon (7; 2,3). Ainda, 55 municípios contam com 1 provedor cada;

- Pernambuco: Recife (87; 15,4%), Caruaru (42; 7,4%), Jaboatão dos Guararapes (32; 5,7%), Petrolina (23; 4,1%), Olinda (22; 3,9%), Paulista (17; 3%), Cabo de Santo Agostinho (16; 2,8%), Camaragibe (15; 2,7%) Garanhuns (10; 1,8%) Santa Cruz do Capibaribe e Vitória do Santo Antão (9; 1,6%). Com um provedor, 48 municípios;

- Piauí: Teresina (58; 32,4%), Parnaíba (15; 8,4%), Picos (5; 2,8%) e Batalha, Castelo do Piauí e Piripiri (4; 2,2%). Ainda, 54 municípios contavam com 1 provedor cada;

- Rio Grande do Norte: Natal (53; 24,5%), Mossoró (11; 5,1%) Parnamirim (8; 3,7%), Apodi (7; 3,2%) e Baraúna, Caicó, Currais Novos e São José do Mipibu (5; 2,3). Com 1 provedor, 39 municípios;

- Sergipe: Aracajú (64; 41,3%), Nossa Senhora do Socorro (10; 6,5%) São Cristóvão (7; 4,5%), Lagarto (6; 3,9%). Quatorze municípios contavam com 1 provedor cada;

- Paraíba: João Pessoa (54; 20,1%), Campina Grande (27; 10,1%), Patos (9; 3,4%), Guarabira (6; 2,2%) e Cajazeiras (4; 1,5%). E 55 municípios contam com um provedor cada.

Apoiando esses provedores há um conjunto de *data centers* no Brasil: 127 estruturas espalhadas pelo país. O Nordeste, além do *data center* do Instituto Metrópole Digital/UFRN, conta com 7 estruturas, sendo 4 em Fortaleza, 2 na Paraíba e 1 em Pernambuco, na cidade de Recife. Os da Paraíba estão distribuídos nas cidades de Campina Grande e João Pessoa.[59]

Ainda, a inclusão digital está sendo objeto de políticas com destaque para o Programa Nordeste Conectado, ainda em fase de projeto. Com foco em infraestruturas de redes e inclusão digital conta com investimentos bastantes tímidos. Esse Programa é uma

---

59 Disponível em: https://www.datacentermap.com/brazil/.

parceria do Ministério das Comunicações, Ministério da Educação e a Rede Nacional de Pesquisa (RNP).

A inclusão digital e a conectividade são colocadas como eixos estratégicos no Novo Programa de Aceleração do Crescimento-PAC. O Programa tem previsão de investir R$ 28 bilhões em conectividade e inclusão digital, o que representa apenas 1,65% do total investido: R$ 20,3 bilhões (2023-2026) e R$ 7,6 bilhões (pós-2026). Os investimentos estão voltados para a TV digital que visa atender cerca de 250 municípios em 25 Estados do Brasil, sendo 115 atendidos no Nordeste e com previsão de investimentos de R$ 154 milhões. A expansão das tecnologias 4G e 5G com atendimento a mais de 6.182 localidades, além de instalação de fibra ópticas em 530 sedes municipais; sendo previstos investimentos de R$ 18,6 bilhões. Expansão e criação das infovias interligando cidades polos, sendo o Nordeste contemplado com a construção de 20 redes metropolitanas nos Estados da Bahia, Ceará, Rio Grande do Norte, Paraíba, Pernambuco e Piauí; os investimentos somam R$ 1,9 bilhão. E a *Internet* nas Escolas que busca atender 138 mil escolas públicas no Brasil, sendo 48 mil no Nordeste (12.689 na Bahia), além de instituições de saúde (atendimento a 12.6 mil unidades), com investimentos de R$ 6,5 bilhões (fibra óptica, satélite e outros).

Como foi visto, o Nordeste guarda dentro de si um importante patrimônio que é sua rede de universidades e outras instituições de pesquisa. No entanto, falta-lhe infraestrutura em termos de *internet* para transformar essa potencialidade em uma das condições relevante para o seu desenvolvimento, principalmente nessa era digital. Era esta em que a soberania digital e a segurança de dados tem sido a preocupação maior de governos e democracias do mundo.

Considerações finais

Seria "colocar o carro na frente dos bois" dizer o que se deve fazer, quando já foi realizada uma pesquisa identificando vários casos dos esforços acumulados da capacidade instalada de ciência e tecnologia. Tanto é que se conclui o texto apontando o que ainda falta fazer para nós mesmos: "tudo". Isso porque o subdesenvolvimento, essa "malformação social", ainda persiste. E, principalmente, diante do quadro em que as técnicas e a política se colocam como essenciais nesse processo dominado por "atores hegemônicos", as "empresas globais", como destaca Milton Santos. Enfim, o que falta para consolidar um sistema de inovação compatível com crescimento econômico e um desenvolvimento social sustentáveis baseado no conhecimento? Nessa perspectiva, três eixos são essenciais:

1) Uma política estratégica de completação da industrialização, recuperando os ramos tradicionais do parque industrial e agroindustrial e que tem como foco o papel central das empresas públicas e/ou privadas na inovação. Essa recuperação da indústria não seria nos moldes tradicionais. Essas empresas teriam que se atualizar incorporando as inovações postas pelos mercados em termos de microeletrônica, biotecnologia e nanotecnologia e outros; e os conhecimentos mais avançados em termos da química fina, principalmente, nos campos da saúde e agricultura e de seus insumos. É imprescindível não se renunciar, a depender das possibilidades, à incorporação do que se há de mais avançado tanto nas indústrias/agroindústrias já existentes como nos novos ramos que serão implantados;

2) Políticas estratégicas de educação básica de qualidade e de fortalecimento da rede de universidades e instituições de pesquisa, dado que é consenso o seu papel essencial no avanço do conhecimento científico e tecnológico e de formação de cientistas e técnicos;

3) Por fim, uma política estratégica de fortalecimento e consolidação, efetiva e ofensiva, da rede de instituições de fomento e financiamento de ciência, tecnologia e inovação, tais como: Finep, CNPq, Capes, Embrapii, Institutos Públicos e Privados de Ciência Tecnologia e Inovação, Embrapa, Fundações de Amparo à Pesquisa, Associações Científica, a Cooperação Internacional, BNDES, BNB, Sudene e outras.

A implementação dessas políticas estratégicas certamente convergirá para construção e fortalecimento efetivo de um **Sistema**

Nacional de Inovação, o qual coroado e ao mesmo tempo é antecipado pelas três políticas anteriores. Esses são elementos essenciais para se alavancar o crescimento econômico e o desenvolvimento sustentado, e, portanto, baseado no conhecimento e alicerçados nos territórios. Como apontado nos três vetores acima, pode-se, em termos de necessidade imediatas, como mostrou a pandemia, e como se fez nos 1960 e 1970 com a implantação da malha rodoviária no Nordeste, "rasgar" os territórios nordestinos de norte a sul e de leste a oeste com infovias de alta velocidade. Essas ações estratégicas devem ser completadas com outras infraestruturas que dão suporte e alavancam a Economia de Dados.

CAPÍTULO X

PANORAMA E PERSPECTIVAS PARA A ECONOMIA DE DADOS NO BRASIL

MARCELO G. P. MATOS
CRISTINA LEMOS
ANA ARROIO

Introdução

Este capítulo fornece um panorama do atual estado da Economia Digital e de Dados no Brasil, seus atores e políticas, culminando com perspectivas e propostas para redução da dependência tecnológica digital e de dados, por meio de formulação e implementação de políticas que busquem promover o desenvolvimento de capacitações inovativas e produtivas nacionais e a participação efetiva da sociedade brasileira nas transformações.

Ele está organizado da seguinte forma: a primeira seção mapeia a penetração na sociedade e economia brasileiras da internet e da infraestrutura digital. O Instituto Brasileiro de Geografia e Estatística (IBGE), órgão brasileiro oficialmente responsável pela produção de estatísticas realizou no período 2016/2022, tentativas pioneiras e parciais em parceria com organizações internacionais (Cepal) e nacionais (Cetic/NIC e ABDI) para mensurar a Economia de Dados no país. Além dos dados oficiais, este estudo utiliza estimativas realizadas por empresas de consultoria e instituições acadêmicas visando preencher lacunas de informações. É importante observar que a diversidade de conceituações e metodologias utilizadas por tais instituições nem sempre estão definidas e frequentemente apresentam relevantes diferenças. Evidentemente, isso dificulta sobremaneira a produção de uma síntese coerente e capaz de compor um panorama. Porém, dadas tais limitações, algumas considerações serão efetuadas a partir dos resultados das pesquisas mais importantes.

Em seguida, a seção 2 apresenta uma avaliação crítica dos documentos das políticas públicas sobre o tema e discute também as implicações para a soberania, examinando os compromissos efetivamente assumidos e as escolhas práticas em curso. Com base nestes mapeamentos, elenca na seção 3 um conjunto de diretrizes e propostas de políticas para uma Economia de Dados inclusiva, soberana e transformadora no Brasil. Uma breve conclusão fecha o capítulo.

1 Panorama da Economia de Dados no Brasil

A importância desta pesquisa é corroborada pelo crescimento vertiginoso da Economia de Dados no mundo e no Brasil. O mercado global de dados foi avaliado em US$ 271,83 bilhões em 2022, sendo previsto alcançar US$ 307,52 bilhões em 2023 e US$ 745,15 bilhões até 2030.[1] Serviços de computação em nuvem geraram receitas substanciais: a Amazon Web Services (AWS) registou receita

1 Disponível em: https://www.fortunebusinessinsights.com/big-data-analytics-market-106179.

de US$ 45 bilhões em 2020 e este valor quase dobrou em dois anos, chegando a US$ 80 bilhões em 2022.[2] Uma pesquisa recente prevê um crescimento médio de 10,5% do mercado global de *data centers*, passando de US$ 187,35 bilhões em 2020 para cerca de US$ 517 bilhões em 2030.[3] No que se refere ao mercado de serviços de Inteligência Artificial (IA), diferentes estimativas apontam para um valor atual de mais de US$ 240 bilhões, com projeções para 2030 que variam de US$ 740 bilhões a mais de US$ 1,8 trilhões.[4]

Quando se olha para o Brasil, é importante enfatizar a forte penetração da internet e da infraestrutura digital na sociedade e na economia. A Tabela 1 apresenta informações sobre alguns dos países com maior número de população com acesso à internet, de 2018 a 2023. Em 2023, o Brasil, possuía mais de 84% da população conectada à internet, e, em média, os brasileiros utilizavam a internet 9 horas e 32 minutos por dia, de acordo com a União Internacional de Telecomunicações (UIT). Como pode-se observar na figura 1, o Brasil, com 181,8 milhões de usuários conectados à internet, só é superado pela China (1.050), Índia (692), EUA (311,3) e Indonésia (212,9).

---

2 Disponível em: https://www.statista.com/statistics/233725/development-of-amazon-web-services-revenue/.

3 Disponível em: https://www.alliedmarketresearch.com/data-center-market-A13117.

4 Disponível em: https://www.statista.com/statistics/941835/artificial-intelligence-market-size-revenue-comparisons/.

Tabela 1 – Percentual de indivíduos que utilizam a internet (%), 2018-2023

Ano	Brasil	Rússia	Alemanha	EUA	China
2018	70,4	80,9	87	88,5	59,2
2020	81,3	85	89,8	96,6	70,1
2022	80,5	90,4	91,6	96,8	75,6
2023	84,2	92,2	92,5	97,1	77,5

Fonte: União Internacional de Telecomunicações (UIT).

Figura 1 – Países com as maiores populações digitais do mundo em janeiro de 2023 (em milhões)

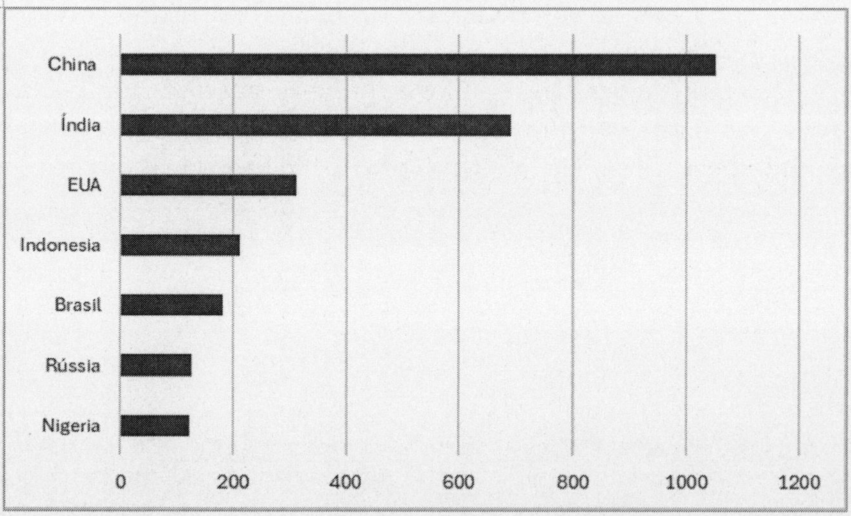

Fonte: Statista.

Segundo a pesquisa realizada pela FGV-SP,[5] o tráfego da internet é efetuado por aproximadamente 464 milhões de dispositivos digitais: computadores, celulares e *smartphones* – e a porcentagem

5 MEIRELES, 2023.

de aparelhos celulares e *smartphones* ultrapassou 50% deste total em 2022. Ainda neste ano, segundo a UIT, havia no Brasil, aproximadamente 212,9 milhões de assinaturas de telefones celulares, ou 1,01 por habitante. Em 2014, esse último indicador chegou a seu ponto máximo (1,37 aparelhos por habitante, segundo entre os países com mais usuários da internet), com a sua diminuição podendo ser atribuída à queda no poder aquisitivo da população e aumento da desigualdade, observada a partir de então. Esse dado é corroborado pela queda no percentual de indivíduos que utilizam a internet (Tabela 1), de 81,3% em 2020, para 80,5% em 2022. Já no início de 2023, registravam-se 221 milhões de conexões móveis celulares no Brasil e os gastos com aplicativos para aparelhos celulares alcançaram US$ 1,37 bilhão, em 2022. Existe também um pequeno, mas crescente, mercado de dispositivos de *smarthome*. Aponta-se que o valor estimado desse mercado, em 2022, foi de US$ 512 milhões, com tais dispositivos já instalados em 5,8 milhões de residências.

Porém, como discutido em Lastres, Cassiolato e Dantas,[6] a participação de empresas brasileiras na produção destes dispositivos digitais é ínfima e decrescente, apesar de pontuais perspectivas positivas, como no caso da reversão do processo de dissolução do Centro Nacional de Tecnologia Eletrônica Avançada (Ceitec) e a retomada de sua produção em novembro de 2023. A relação entre o valor adicionado do conjunto de equipamentos de informática e telecomunicações e componentes eletrônicos e o valor adicionado do total da indústria brasileira, que era de aproximadamente 2,39%, em 1996, caiu para 1,78%, em 2005, 1,53%, em 2015, chegando a 1,09%, em 2021.

Se por um lado, a presença da internet na sociedade brasileira, seja via computadores, seja principalmente via celulares e

---

6 LASTRES, Helena Maria Martins; CASSIOLATO, José Eduardo; DANTAS, Marcos. "Estado atual da conceituação e mensuração da Economia de Dados no Brasil". Nota Técnica 12 do Projeto EconDados. *RedeSist e Cicef*, 2024.

smartphones, é quase universal, por outro, esse gigantesco mercado está em grande parte dominado pelas GAFAM (acrônimo para se referir o Google, Apple, Facebook,[7] Amazon e Microsoft) e poucas outras corporações, havendo mesmo pequeno espaço para empresas brasileiras (Quadro 1).

Em ferramentas de buscas, o Google apresenta um domínio avassalador. O Google Chrome foi responsável por mais de 75% do tráfego da internet no Brasil e o Google é a ferramenta de busca mais usada com mais de 96% das buscas. As atualizações dos recursos de publicidade do Google indicam que o YouTube, do mesmo conglomerado, tinha 142 milhões de usuários no Brasil no início de 2023.

No segmento de "mídia social", havia aproximadamente 152 milhões de usuários no Brasil em janeiro de 2023.[8] Isso seria equivalente a 70,6% da população total ou 83,8% da base total de usuários de internet do Brasil. Dados publicados nas ferramentas de planejamento de anúncios das principais plataformas de mídias sociais indicam que havia 145,7 milhões de usuários com 18 anos ou mais usando mídias sociais no Brasil no mesmo período o que equivalia a 89,4% da população total com 18 anos ou mais.

O Brasil seria o terceiro país que mais consome redes sociais em todo o mundo. Em dezembro de 2022, mais de 130 milhões de usuários no Brasil passaram 356 bilhões de minutos conectados a estas redes, o que equivale a 46 horas de conexão por usuário no mês.[9] Segundo "Tendências de Media Social 2023" a audiência dessas plataformas superou o tempo despendido em outras categorias como

---

7 Embora o acrônimo utilize a letra inicial do aplicativo Facebook, a referência aqui é ao conglomerado Meta e as diversas plataformas que esta controla, tais como o próprio Facebook, Whatsapp, Instragram e outras.

8 Tendências de Media Social 2023.

9 Disponível em: https://forbes.com.br/forbes-tech/2023/03/brasil-e-o-terceiro-pais-que-mais-consome-redes-sociais-em-todo-o-mundo/.

serviços, entretenimento, trabalho, presença corporativa, varejo, serviços financeiros, entre outras.

Facebook e Instagram lideram esse mercado. Os dados publicados nos recursos de publicidade da Meta indicam que o Facebook tinha 109,1 milhões e o Instagram, 113,5 milhões de usuários no Brasil no início de 2023. Aproximadamente 3 milhões destes usuários eram menores de idade. A publicidade do Facebook alcança mais da metade da população brasileira e 60% dos usuários da internet.

TikTok e Linkedin são também importantes atores nas redes sociais. Os números publicados nos recursos de publicidade da ByteDancee Linkedin indicam que, no Brasil, no início de 2023, o TikTok tinha 82,21 milhões de usuários com 18 anos ou mais e que o LinkedIn tinha 59 milhões de "membros".

O Quadro 1 apresenta um panorama sintético da participação de atores nacionais em algumas das principais atividades da Economia de Dados, de acordo com aquelas elencadas na Figura 4 do capítulo I, sobre o Sistema Produtivo e Inovativo Digital. A salientar, a participação na intermediação de comercialização de bens e de provisão de serviços de plataformas nacionais de grande porte, com destaque a líderes de origem brasileira, como Magazine Luíza, a Ifood de serviços de entrega de alimentos, e QuintoAndar, de serviços de aluguel e venda de imóveis.[10] Cabe mencionar a empresa argentina líder neste segmento, Mercado Livre, que ultrapassou em valor de mercado a maior empresa da América Latina, a Petrobras, em agosto de 2024.[11] A presença significativa de plataformas de conteúdos de entretenimento por assinatura, grandes ou pequenas, remete à pujante indústria cultural e de produção audiovisual brasileira.

10 A Ifood e a Quinto Andar são *startups* criadas em São Paulo, respectivamente em 2011 e 2012. A Ifood é desde 2022 controlada por uma gigante holandesa, Prosus.

11 Disponível em: https://bit.ly/41qjbHV.

Quadro 1 – Panorama do mercado brasileiro nas atividades principais da Economia de Dados

Atividades	Atores
Motores de busca	Domínio da Alphabet/Google com participação residual do Bing e DuckDuckGo. Ausência de empresas nacionais
Mídia social e mensageria	Predomínio das plataformas internacionais: Meta (Facebook, Instagram, WhatsApp) e da Alphabet (YouTube) com concorrência do TikTok, Twitter, Telegram. Alguns atores nacionais em nichos: Bliive; iCampus Social; Skoob; Winwe; Teckler; Pergunter; Fashion.me; Receitáculo; ProprietárioDireto; etc.[12]
Intermediação para comercialização de bens	Predomínio de plataformas internacionais: Mercado Livre (Argentina 13,1%); Amazon (EUA, 9%); Shopee (China, 6%). Forte presença de empresas nacionais: Magazine Luiza (5%); OLX (4,6%); Via Varejo (Casas Bahia e Ponto Frio, 2%); Lojas Americanas (1,7%) e ainda, com menos de 1%, Raia Drogasil; Fast Shop; Enjoei; Carrefour; Zé Delivery etc.[13]
Intermediação para provisão de serviços	Predomínio de plataformas internacionais em segmentos de mercado como transporte (Uber), locação de imóveis (Airbnb), turismo (TripAdvisor) etc. Forte presença de nacionais: Ifood, QuintoAndar, 99; Zé Delivery, Tem Açúcar?; 4Mãos; DogHero; Turbi; Yellow, MoObie; Rentbrella; Blimo; Happymoment; etc. Em muitas cidades médias e pequenas, cooperativas locais de transporte pessoal são mais importantes que o Uber.

12 Disponível em: https://exame.com/tecnologia/confira-10-redes-sociais-que-foram-criadas-por-brasileiros/.

13 Disponível em: https://www.conversion.com.br/blog/relatorio-ecommerce-mensal/.

Provedor de conteúdos com base em assinaturas	Predomínio de plataformas internacionais, como Netflix, Amazon Prime e Spotify. Forte presença de empreendimentos nacionais grandes e pequenos: Globoplay (9,96%), Telecine, Spcine Play, Looke, À La Carte, Lumine e PlayPlus, Viuzz, AFRO.TV, DarkFlix, OldFlix, Univer etc.[14]
Insumos informacionais e consultoria baseada em dados	Predomínio de plataformas internacionais. Presença de empresas nacionais importantes como, p. ex., Totvs.
Serviços financeiros	Bancos tradicionais nacionais com acesso digital: Banco do Brasil, Caixa Econômica Federal, Itaú, Bradesco, etc. Bancos digitais nacionais, Nubank, Inter, C6 Bank, BTG Pactual, Mercado Pago e PagBank, etc. Financeiras

Fonte: Matos, 2024 e Dantas et al., 2024.

Segundo dados da Associação Brasileira de Comércio Eletrônico (Abcom), a comercialização de produtos através da internet gerou um faturamento em 2023 de R$ 185,7 bilhões. Numa comparação internacional desse mercado com os demais países do BRICS, uma empresa internacional de consultoria estimou que, em 2021, o mercado de comércio eletrônico entre empresas e clientes, no Brasil, seria menor do que China (US$ 1,37 trilhão), Índia (US$ 85,4 bilhões) e Rússia (US$ 42,6 bilhões) e acima da África do Sul (US$ 7,3 bilhões).[15]

Outra estimativa aponta que, em 2022, o número de pessoas comprando bens de consumo através da internet foi de 123,8 milhões

14 Disponível em: https://www.terra.com.br/diversao/tv/como-as-plataformas-brasileiras-de-streaming-estao-buscando-um-lugar-ao-sol,25c09b44c1baf577988ed307d02d630809hr3lme.html; https://www.startse.com/artigos/streaming-plataformas-brasil/.

15 J.P. Morgan (2019). '2020 E-Commerce Payments Trends Report: Brazil'. Disponível em: https://www.jpmorgan.com/merchant-services/insights/reports/brazil-2020.

e os gastos totais estimados para a compra de bens de consumo *on-line* foram de US$ 39,59 bilhões. A Tabela 2 apresenta um detalhamento das principais categorias de bens de consumo adquiridos pela internet, em 2022, destacando-se produtos eletrônicos, moda, cuidado pessoal e alimentação. No que se refere à alimentação, estima-se que, em 2022, 62,98 milhões de pessoas adquiriram comida através de plataformas *on-line*.[16]

Tabela 2 – Principais categorias de bens de consumo adquiridos eletronicamente no Brasil, 2022

Categoria	US$ bilhão	Categoria	US$ bilhão
Eletrônicos	13,35	Alimentação	4,13
Moda	7,79	Brinquedos & hobbies	4,03
Cuidado doméstico & pessoal	6,47	Mobiliário	2,86

Fonte: Adaptado de https://v4company.com/blog/marketing-digital/digital-brazil-2023.

No que se refere a mídias digitais, o gasto anual em 2022 no Brasil foi de aproximadamente US$ 3,1 bilhões, sendo US$ 1,45 bilhões em videojogos, US$ 1,23 bilhões em vídeos sob demanda, US$ 269,7 milhões em música digital e US$ 144,8 milhões em livros eletrônicos. O mercado de filmes ou serviços de *streaming* é o principal, sendo responsável por 49,3% do total deste segmento. Neste caso, apesar do predomínio de grandes empresas internacionais, como Netflix, Amazon e HBO, encontram-se alguns importantes atores nacionais grandes e pequenos, como Globoplay (9,96% *marketshare* em *streaming* de vídeo), Mubi, Telecine, Spcine Play; etc.[17]

---

16 Disponível em: https://v4company.com/blog/marketing-digital/digital-brazil-2023.

17 Disponível em: https://www.terra.com.br/diversao/tv/como-as-plataformas-brasileiras-de-streaming-estao-buscando-um-lugar-ao-sol,25c09b-

Outra atividade importante que tem aumentado significativamente no Brasil é a de publicidade digital. Em 2022, os gastos totais (*on-line* e *offline*) com publicidade alcançaram US$12,04 bilhões. Nesse ano, pela primeira vez, os gastos com publicidade digital superaram aqueles com as formas tradicionais (imprensa escrita, televisão, etc.), alcançando US$ 7,1 bilhões, aproximadamente 59% dos gastos totais. Mais significativo é que a denominada publicidade programática – criação de anúncios digitais – foi, em 2022, responsável por 79% (US$ 5,6 bilhões) do total de gastos com publicidade digital.

No que se refere à infraestrutura de conectividade, o mercado nacional é atendido fundamentalmente por provedores internacionais de conexão à internet via cabos e fibras óticas. Uma pequena fatia é atendida por satélites, inclusive da estatal Telebras, que proveem acesso a unidades públicas de educação e saúde, entre outras. A partir da década de 2020, novas tecnologias de conexão via pequenos satélites em baixa órbita despontaram como alternativa inovadora para disputar esse mercado. É o caso da Starlink, do empresário Elon Musk,[18] com operação iniciada no Brasil em 2022, que contava com pouco mais de 220 mil conexões por satélites de baixa órbita terrestre no país, em 2024 se posicionou com 16ª fornecedora de acesso no mercado nacional.[19] A concorrência em tais tecnologias desponta e, neste mesmo período, outra megacorporação transnacional, a

44c1baf577988ed307d02d630809hr3lme.html; https://www.startse.com/artigos/streaming-plataformas-brasil/.

18 Outra empresa de Musk, a rede social X, antigo Twitter, teve sua operação suspensa no Brasil pelo STF, em agosto de 2024, por não cumprimento de ordens judiciais e não pagamento de multas impostas. Recursos financeiros do X e da Starlink foram bloqueados, até que as obrigações determinadas sejam cumpridas. Tais eventos contribuíram para amplificar o debate sobre a regulação das grandes corporações digitais no Brasil e no mundo.

19 Disponível em: https://bit.ly/4ikj1sq.

Amazon, anunciou tratativas para trazer seu projeto Kuiper, também de satélites de baixa órbita, para atendimento a áreas remotas.[20]

Também nas atividades relacionadas a sistemas operacionais para infraestrutura digital no Brasil, não há uma presença significativa de empresas nacionais, à exceção da tradicional capacitação no desenvolvimento de *softwares*. Um estudo do mercado da Economia Digital em 2022[21] revelou um universo de 33,5 mil empresas de *softwares* e serviços associados, sendo 25,3% atuantes no desenvolvimento e produção, 35,3% na distribuição e comercialização e 39,3% na prestação de serviços. Também nos segmentos de "*software* analítico e serviços de inteligência de negócios" (Tabela 3) e produtos, *softwares* e serviços para a Internet das Coisas (Tabela 4) se observa um expressivo crescimento nos últimos anos.

Tabela 3 – Evolução do mercado brasileiro de *software* analítico e inteligência de negócios (US$ milhões), 2019/2022

Categoria da Tecnologia	2019	2020	2021	2022	2022/2021
Plataforma	823	1.030	898	1.051	17,0%
Aplicações	373	455	388	435	12,1%
Total	1.196	1.485	1.286	1.486	15,5%

Fonte: ABES, 2023.

20 Disponível em: https://investalk.bb.com.br/noticias/mercado/amazon-traz-internet-via-satelite-ao-brasil-para-competir-com-starlink-de-elon-musk.

21 ABES. *Mercado Brasileiro de Software*: panorama e tendências. São Paulo: ABES, 2023.

Tabela 4 – Evolução do mercado brasileiro de Internet das Coisas (US$ milhões), 2020/2022

Tecnologia	2020	2021	2022	2022/2021
Hardware/Conectividade	2.506	2.815	3.228	14,7%
Serviços	560	639	885	38,5%
Software	711	822	1.028	25,1%
Total	3.777	4.276	5.141	20,2%

Fonte: ABES, 2023.

Cabe ainda chamar atenção para o nascente e crescente mercado de Inteligência Artificial no Brasil. Estudo da Distrito (2021) mapeou 702 empresas que trabalham e desenvolvem IA no país, englobando atividades de *machine learning*, *deep learning*, processamento de linguagem natural e visão computacional. O estudo mostra um mercado geograficamente bastante concentrado, com 92,7% das empresas nas regiões Sul e Sudeste do país; 51,9% no Estado de São Paulo. A maioria (85,7%) das empresas produz soluções direcionadas para empresas (B2B).[22]

A Figura 2 apresenta os diferentes segmentos de mercado onde essas empresas atuam. Percebe-se que a maior parte está centrada na oferta genérica de serviços de IA (IA como serviço ou AIaaS na sigla em inglês) e em aplicações voltadas para análise de tendências e em áreas de saúde e biotecnologia. Dentre as empresas transnacionais com atuação no mercado brasileiro, estão a beAnalytic, JoinData, BRQ, Toccato, Nordica, Dataside, Semantix AI, Leega, etc. Por outro lado, identifica-se um crescente número de empreendedores de origem nacional, tais como TOTVS, Stefanini, 7COMm, etc. O perfil dominante é de pequenas empresas de criação recente: 70,2% possuem até 20 funcionários e 58,8% foram fundadas a partir de 2016.

22 Ver MATOS, Marcelo P. "Economia de Dados: conceituações, sistemas de mensuração e políticas no Brasil". Nota Técnica 5 do Projeto EconDados. *RedeSist e Cicef*, 2024.

Figura 2 – Áreas de atuação de provedores de serviços de Inteligência Artificial no mercado brasileiro, 2020

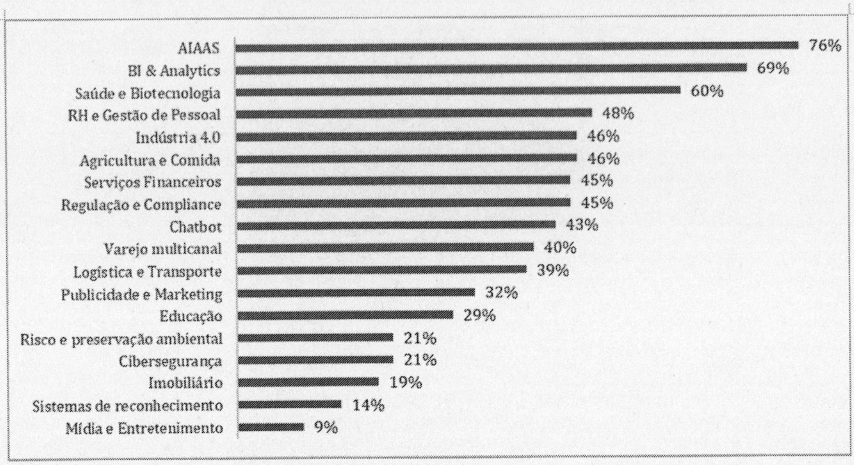

Fonte: Distrito, 2021.

Registra-se também a existência no país de 1.023 empresas de tecnologia em saúde (*healthtechs*), em 2022. A maior parte (70,2%) presta serviços de TICs em segmentos como gestão, acesso à saúde, telemedicina, IA, big data e *e-commerce* para farmácias. Mas estão presentes em outras atividades, como a de equipamentos de saúde. Do total de empresas identificadas, 9,5% são desse segmento, sendo 67 *startups* de materiais médicos e 31 de próteses e órteses. As regiões Sudeste e Sul centralizam a maioria delas (Tabela 5). De fato, 89% de tais empresas operam nas regiões Sudeste/Sul, com Nordeste, Centro-Oeste e Norte sendo responsáveis por 7%, 3,9% e 0,6% respectivamente.[23]

---

23 CASSIOLATO, José Eduardo *et al.* (Coord.). *Projeto Desafios para o Sistema Único de Saúde no contexto nacional e global de transformações sociais, econômicas e tecnológicas*. Relatório de Pesquisa. Rio de Janeiro: CEE/Fiocruz, 2023.

E ainda um segmento relativamente pequeno, mas em rápida expansão, de serviços baseados em DLT (Distributed Ledger Technology) como a *blockchain*, com destaque para iniciativas em varejo e *fintechs*. Exemplos incluem a atuação da Magazine Luiza, que iniciou as transações de criptomoedas em seu aplicativo, com a compra e venda de Ethereum, Bitcoin e USDC; Mercado Bitcoin, protagonista em tokenização, oferecendo a comercialização de criptomoedas; Monnos, oferecendo o chamado *blockchain* as a Service; e Foxbit, atuando no campo da tokenização.[24]

Tabela 5 – Percentual de *healthtechs* por macrorregião no Brasil, 2000 e 2022

Região	2020 (%)	2022 (%)
Sudeste	64,0	68,1
Sul	23,7	20,3
Nordeste	7,6	7,0
Centro-Oeste	4,2	3,9
Norte	0,6	0,6

Fonte: Matos *et al.*, 2023.

Em termos da infraestrutura para armazenamento e processamento dos dados, destaca-se o cenário brasileiro de *data centers*, estimado em aproximadamente 50% do mercado da América Latina. O mercado brasileiro atingiu cerca de US$ 2,10 bilhões em 2023, devendo crescer para US$ 3,03 bilhões até 2028, o que significa um crescimento médio anual de 7,58% durante o período.[25] Estima-se existirem cerca de 150 *data centers* no país, num mercado muito

24 Ver MATOS, Marcelo P. "Economia de Dados: conceituações, sistemas de mensuração e políticas no Brasil". Nota Técnica 5 do Projeto EconDados. *RedeSist e Cicef*, 2024.

25 Disponível em: https://www.mordorintelligence.com/pt/industry-reports/brazil-data-center-market.

concentrado: A Ascenty (Digital Realty Trust Inc.) responde por 35,1%. Odata (Patria Investments Ltd) tem 14,2% do mercado, Equinix Inc., 11,4%, Scala *Data Centers*, 11,4%, EdgeUno Inc., 4,8%, Quântico *Data Center*, 3,8%, Lumen Technologies Inc., 2,7%, Terremark Inc. (IBM), 2,7%, e HostDime Global Corp., 2,1%. Além desses, observa-se uma infraestrutura de *data centers* proprietários de bancos comerciais (Itaú, Bradesco, Banco do Brasil, etc.), empresas de telecomunicações (Vivo, Claro, Oi, etc.), Petrobras, entre outros. De forma complementar, destacam-se os *data centers* de organizações vinculadas ao Poder Público, tais como centros de dados do Banco Central do Brasil, Serpro, Dataprev, Telebras, Fiocruz, Petrobras, etc.

Grande parte do tráfego atual da internet é facilitado por infraestruturas de *data centers* de borda (*edge data centers*) para diminuir a latência e a sobrecarga de servidores. Nesse escopo, abre-se espaço para empresas de menor escala oferecerem serviços de CDN (*content distribution network*). Destaca-se, a iniciativa mobilizada pelo NIC.br de OpenCDN, de compartilhamento de infraestrutura que faculta a CDNs instalarem seus servidores em diferentes regiões do Brasil, ligados aos Pontos de Troca de Tráfego de internet locais do IX.br. Os provedores locais de acesso à internet podem estabelecer um acordo de troca de tráfego bilateral com o OpenCDN, de forma a acessar o conteúdo das CDNs participantes.

De forma articulada diretamente aos serviços de *data centers*, destacam-se serviços de hospedagem de sítios e centros virtuais de hospedagem em nuvem, um serviço de intermediação entre demandantes de espaço de hospedagem e capacidade de processamento e os provedores de serviços de *data centers*. Como apontado em Lastres, Cassiolato e Dantas,[26] também aqui predominam as grandes corpo-

26 LASTRES, Helena Maria Martins; CASSIOLATO, José Eduardo; DANTAS, Marcos. "Estado atual da conceituação e mensuração da Economia de Dados no Brasil". Nota Técnica 12 do Projeto EconDados. *RedeSist e Cicef*, 2024.

rações internacionais. Dentre as que atuam no mercado nacional, destacam-se a Amazon AWS (57% do mercado brasileiro), Microsoft Azure (28%),[27] Google Cloud, IBM Cloud, Hostinger, Cloudways, Digital Ocean, SiteGround, mas também empresas brasileiras, como KingHost, Locaweb, UOL Host, Arquivar, Brasil Cloud e Embratel Primesys. E ressaltam-se, ainda, os serviços de computação em nuvem oferecidos pelo DataPrev para a Administração Pública (GovCloud), o Serpro MultiCloud e a Telebras, com potencial para se consolidarem como principais provedores de serviços de nuvem para o Poder Público.

Outro segmento significativo é o mercado brasileiro de análise de big data que é estimado em US$ 9,80 bilhões em 2023 (46,7% do mercado latino-americano), esperando-se que alcance US$ 20,3 bilhões em 2029.[28] Parcela importante desse segmento se refere ao denominado *software* analítico e Inteligência de negócios. Segundo a Associação Brasileira das Empresas de Software este mercado teria alcançado no Brasil, em 2022, o montante de US$ 1,486 bilhão.[29] A mesma fonte sugere que o mercado brasileiro de Internet das Coisas seria de aproximadamente US$ 5,141 bilhões.

Em especial, deve-se mencionar a importância dos pagamentos que crescentemente passam a ser feitos digitalmente através da internet. Em 2022, estima-se que o número de pessoas fazendo pagamentos digitais foi de aproximadamente 123,8 milhões. O valor total de transações com pagamentos digitais neste ano foi de US$ 68,77 bilhões. A porcentagem de usuários da internet que utiliza serviços bancários digitais foi de 47,3%. E no mesmo ano de 2022 o PIX se tornou o meio de pagamento mais utilizado no país, sendo

---

27 Disponível em: https://www.computerweekly.com/br/reportagen/O-mercado-de-nuvem-cresce-e-se-consolida-no-Brasil; https://kinsta.com/pt/blog/cloud-market-share/.

28 Disponível em: https://www.mordorintelligence.com/industry-reports/brazil-big-data-analytics-market.

29 ABES. *Mercado Brasileiro de Software*: panorama e tendências. São Paulo: ABES, 2023.

realizadas cerca de 24 bilhões de operações, movimentando cerca de R$ 1,2 trilhão. Já em julho de 2024, havia 778 milhões de chaves PIX cadastradas, relacionadas a 167 milhões de usuários cadastrados e foram registradas 5,4 bilhões de transações em um só mês. O advento desta tecnologia de pagamento contribuiu para a geração de uma riquíssima e abrangente base de dados sobre transações na economia do país, abrangendo também uma grande gama de transações que ocorriam sem nenhuma espécie de registro formal.

Os governos nas três esferas possuem importante papel enquanto "produtores" de dados. Esses mobilizam e geram significativas bases de dados relacionadas às políticas públicas sob sua responsabilidade, com destaque para dados críticos dos cidadãos. O Catálogo de Base de Dados (CBD) oferece um panorama das bases de dados custodiadas pela Administração Pública Federal. Destacam-se o Cadastro Base do Cidadão, as diversas bases agregadas no DATASUS na área da saúde, o CadÚnico relacionado às políticas sociais, o Cadastro Ambiental Rural, as bases do Sistema Financeiro Nacional e da Receita Federal, entre inúmeras outras. Os órgãos governamentais nas três esferas também possuem importante papel enquanto consumidores de diversos serviços baseados em dados, desde serviços de mensageria, de reunião *on-line*, plataformas de acesso a serviços públicos, armazenamento e processamento em *data centers* ou por intermédio de serviços de computação em nuvem, até serviços de IA.

Entre os segmentos nos quais a penetração da digitalização e uso de dados tem se tornado mais relevante (e preocupante) encontram-se saúde e educação. Uma quantificação da digitalização nestas atividades foge do escopo desta pesquisa e mereceria um estudo específico. Apenas para se ter uma ideia de sua dimensão, estima-se que, em 2022 o mercado de saúde digital tenha alcançado US$ 1,91 bilhões.[30]

30 MATOS, Marcelo P. "Economia de Dados: conceituações, sistemas de mensuração e políticas no Brasil". Nota Técnica 5 do Projeto EconDados. *RedeSist e Cicef*, 2024.

2 Posicionamento estratégico do país na Economia de Dados

Dado o cenário acima descrito, qual a perspectiva para o Brasil em termos do lugar que pretende ocupar na economia e sociedade digitais?

Conforme detalhado no capítulo VIII, nos últimos anos, o país foi dotado de um conjunto de documentos apontando para uma "estratégia brasileira de transformação digital", "governo digital", "segurança cibernética" e "Inteligência Artificial". Parcialmente, estas estratégias foram atualizadas no escopo da atual gestão federal, iniciada em janeiro de 2023.

A *Estratégia Brasileira de Transformação Digital* 2022 – 2026 (E-digital) aponta, embora sem muita clareza, para a "economia baseada em dados": "O reaproveitamento e a reutilização dos dados promovem o aumento recorrente de seu valor e faz com que se tornem um novo fator de produção, tal como bens materiais e capital humano". A estratégia focaliza a geração, captura, armazenagem e custódia e o processamento e análise de dados, mas não provê qualquer mapeamento das dimensões e mecanismos associados a tais processos, nem dos agentes atuantes nas diferentes etapas. Assim, apenas reafirma o foco na provisão de infraestrutura e na adoção de tecnologias, sem qualificações sobre as capacidades nacionais e papéis dos diferentes agentes na Economia de Dados brasileira.

Sob o ponto de vista de seu foco e suas implicações para a soberania, a E-digital se apresenta relativamente vaga e omissa. À exemplo das leis analisadas no capítulo VIII, o principal foco reside em uma perspectiva de soberania relacionada à "autonomia dos usuários e autodeterminação individual", objetivando constituir um ambiente digital seguro, confiável e propício aos serviços e ao consumo, com respeito aos direitos dos cidadãos. No que se refere à diretriz de soberania relacionada à "promoção de uma autonomia econômica em relação a tecnologias estrangeiras e provedores de serviços", a estratégia se limita a uma perspectiva de estímulo ao desenvolvimento de novas tecnologias e da produção científica e tecnológica, enfatizando o papel de *startups*. A perspectiva bipartida presente na E-digital, e também nas demais políticas, – de um lado, um rarefeito sistema de *startups* nestas tecnologias e, de outro, um tecido produtivo com papel passivo de adotante – não foi amenizada por estratégias de política industrial e de inovação mais robustas alinhadas ao tema.

Outras políticas com foco em tecnologias específicas, tais como o Plano Nacional de Internet das Coisas e a Estratégia Brasileira de Inteligência Artificial não apresentam uma conceituação explícita ou implícita de Economia de Dados, tampouco uma visão minimamente estruturada dos vários processos e atores envolvidos. Também estas políticas trazem uma ênfase excessiva na adoção de tecnologias em detrimento de uma orientação para o desenvolvimento de competências nacionais no desenvolvimento destas tecnologias. Eventualmente, por serem políticas gestadas dentro do MCTI, o foco no setor produtivo brasileiro fica restrito ao escopo de *startups* e do que tem sido chamado de "ecossistema de empreendedorismo". Não há nenhuma ponderação relativa a competências tecnológicas e inovativas no tecido produtivo mais amplo e as referências a estes se dão, essencialmente, pelo viés da adoção de tecnologias. Perspectivas muito mais promissoras se apresentam a partir das iniciativas em curso para a construção de um Plano Nacional de IA efetivamente alinhado a prioridades de soberania nacional.

A partir de uma solicitação realizada em março de 2024 pelo Presidente da República à comunidade acadêmica brasileira, uma proposta do "Plano Brasileiro de Inteligência Artificial 2024-2028" foi apresentada e aprovada em julho de 2024, na 5ª Conferência Nacional de Ciência, Tecnologia e Inovação. O documento do plano traz avanços significativos ao colocar ênfase na capacitação nacional e soberania digital e de dados, abandonando o caráter anterior de uma política mais claramente centrada no uso das tecnologias de IA.

O chamado Plano de IA para o Bem de Todos (PBIA) apresenta diferencial em suas palavras-chave e enunciados, destacados em suas premissas: bem-estar social, geração de capacidade e capacitações nacionais, soberania tecnológica e de dados, alinhamento com outras políticas governamentais, sustentabilidade ambiental, transição ecológica com energias renováveis, valorização da diversidade, cooperação internacional, ética e responsabilidade no uso de IA, governança participativa e flexibilidade e adaptabilidade.

Tem destaque uma nova ênfase à soberania nacional, termo referenciado ao longo do documento, com objetivos de equipar o país de infraestrutura tecnológica avançada com alta capacidade de processamento, alimentada por energias renováveis, incluindo a aquisição de um dos cinco supercomputadores mais potentes do mundo e prevendo, ainda, a implantação de cinco centros de dados regionais.

Com um orçamento inicial de R$ 23 bilhões, oriundos fundamentalmente do FNDCT, da LOA e de créditos do BNDES e da Finep, tem foco nas áreas de saúde, educação, agricultura, meio ambiente, indústria, comércio e serviços, desenvolvimento social e gestão do serviço público. Um dos cinco eixos refere-se à IA para a melhoria dos serviços públicos e é previsto o estabelecimento de uma "nuvem soberana" de dados públicos, descrita como uma infraestrutura de nuvem privada ou comunitária gerida exclusivamente por órgãos ou empresas públicas – mencionando-se o Serpro e a Dataprev –, com objetivo de "assegurar a autonomia tecnológica nacional, a integridade e a segurança das informações e a privacidade dos cidadãos".[31]

Convergindo com este plano, o IBGE vem se posicionando sobre a necessidade de o país melhor se capacitar na era digital, com foco na soberania de dados. Em 2024, lançou a "Carta Brasil na Era Digital" e promoveu diálogo participativo para definir um conjunto de proposições para a construção do Sistema Nacional de Geociências, Estatísticas e Dados (Singed) – a ser conectado à infraestrutura de produção e armazenamento dos dados nacionais

31 PBIA, 2024, p. 60.

e que permita sua integração, harmonização e pareamento, visando o encaminhamento de anteprojeto de lei ao Congresso Nacional.[32]

Alinhada ao plano de IA, a Estratégia Nacional de Governo Digital, atualizada em 2024 sob a égide da atual gestão federal, permite identificar avanços com relação a uma perspectiva estratégica da Economia de Dados para o desenvolvimento. O potencial valor dos dados para o governo e para a sociedade é associado à análise estratégica para a tomada de decisão em matéria de políticas públicas. Reconhece as implicações para a soberania inerentes ao acesso e processamento de dados críticos dos governos e prioriza a mobilização da infraestrutura física de *data centers* públicos em uso pelo governo federal. Ademais, a estratégia objetiva "promover o desenvolvimento do ecossistema de inovação", mas também com foco em pequenas empresas emergentes inovadoras (*startups*).

Adiciona-se que ao preconizar a criação de "um sistema de dados nacionais integrados" explicita-se a exigência que seu "design considere os problemas de segurança, privacidade, integridade e eticidade". A importância de uma "governança de dados" é ressaltada, assim como o papel do Comitê Central de Governança de Dados,[33] criado para reduzir "os riscos associados ao uso indevido de dados, a exemplo da vigilância política, de práticas monopolistas e anticompetitivas, espionagem e vazamento de dados pessoais ou sensíveis".

O diagnóstico apresentado nesses documentos governamentais apresenta uma orientação estratégica alinhada ao imperativo de "segurança nacional e defesa do Estado de Direito". Identifica riscos inerentes aos processos de geração, tratamento e uso de dados e ressalta a importância de construção de estratégias ativas para seu adequado aproveitamento em prol do desenvolvimento. Requer-se um

---

32 IBGE. *Pesquisa de inovação semestral*: indicadores básicos: 2022. IBGE, 2024.

33 Disponível em: https://www.gov.br/governodigital/pt-br/governanca-de-dados/comite-central-de-governanca-de-dados.

plano de ação que qualifique o crescente volume de dados, visando sua circulação e sua recíproca fecundação em direção a serviços e produtos mais complexos, em um movimento consistente de desenvolvimento capaz de aumentar a renda brasileira, assim como a inclusão e a segurança e soberania nacional, nos prazos médio e longo.

Também o documento *Estratégia Nacional de Segurança Cibernética* deixa claro que segurança cibernética apresenta novo paradigma em termos de segurança para o Estado, uma vez que todos os atores nacionais possuem vulnerabilidades que podem ser exploradas por uma ameaça cibernética que adquira grande repercussão, de forma a colocar em risco até mesmo a estabilidade das instituições nacionais. Acrescenta que proteger o espaço cibernético requer visão atenta e liderança para gerenciar mudanças contínuas, políticas, tecnológicas, educacionais, legais e internacionais. Nesse sentido, o Governo, a indústria, a academia e a sociedade em geral devem incentivar a inovação tecnológica e a adoção de tecnologias de ponta, e manter constante atenção à segurança nacional, à economia e à livre expressão.

A despeito dos documentos de política elaborados nos últimos anos e parcialmente atualizados na atual gestão, cabem questionamentos aos compromissos assumidos, tendo em vista as escolhas práticas em curso. A localização física dos centros de processamento de dados no país constitui um aspecto central para qualquer projeto de desenvolvimento, tendo em vista suas implicações para uma divisão internacional do trabalho e para a segurança nacional. Esta questão precisa estar explicitamente presente na formulação e implementação de uma real política nacional de transformação digital e segurança cibernética. No entanto, uma efetiva promoção de autonomia econômica e política em relação a tecnologias estrangeiras e provedores forâneos de serviços encontra-se praticamente ausente nos documentos anteriores.[34]

---

34 Ressalvem-se os planos atualizados, que não apontam claramente compromissos de nacionalizar a localização e gestão dos dados públicos,

Confirma-se esse entendimento pelos *acordos* que o governo anterior firmou com a Microsoft, o Google Cloud e outras empresas estrangeiras fornecedoras de plataformas de dados para prestarem um serviço completo, envolvendo praticamente todas as atividades de armazenamento e transmissão de dados, desde *e-mails* até "nuvem", aos órgãos do Estado brasileiro.[35] Por esses acordos, qualquer órgão do Estado brasileiro – em quaisquer dos três poderes e das três instâncias federativas – pode, mediante adesão, usar as plataformas Microsoft ou Google, seja para armazenar seus dados financeiros, administrativos e outros, seja para trocar mensagens, seja para reuniões remotas, etc. O governo alega que, devido às dimensões do mercado a ser atendido, essas empresas podem praticar preços abaixo dos que praticariam caso cada órgão fosse contratar individualmente os mesmos "pacotes". De um ponto de vista estritamente financeiro e orçamentário, o argumento pode estar correto, mas de um ponto de vista mais amplo, relativo às oportunidades de desenvolvimento tecnológico, geração de empregos, além de soberania nacional, trata-se de uma visão, no mínimo, estreita. Daí que Silveira,[36] tenha questionado que virtualmente nenhum colunista ou parlamentar haja problematizado a "entrega" dos dados dos processos civis, criminais, empresariais, de crianças e adolescentes, para uma big tech com claros interesses econômicos e políticos no país.[37]

---

mas que ainda estão em processo de detalhamento.

35 "Acordo Corporativo Nº 8/2020" entre a União e a Microsoft e "Acordo Corporativo" Nº 12/2022 entre a União e a Google Cloud Brasil.

36 SILVEIRA, Sérgio Amadeu da. "A hipótese do colonialismo de dados e o neoliberalismo". *In*: CASSINO, João Francisco; SOUZA, Joyce; SILVEIRA, Sérgio Amadeu da (Coord.). *Colonialismo de dados*: como opera a trincheira algorítmica na guerra neoliberal. São Paulo: FPA, 2021.

37 Ver LASTRES, Helena Maria Martins; CASSIOLATO, José Eduardo; DANTAS, Marcos. "Estado atual da conceituação e mensuração da Economia de Dados no Brasil". Nota Técnica 12 do Projeto EconDados. *RedeSist e Cicef*, 2024.

Como registrado no documento *Educação em um cenário de plataformização e Economia de Dados*, publicado pelo Comitê Gestor da Internet no Brasil – CGI.br, em 2023:

> Quando o Estado depende da infraestrutura tecnológica de grandes empresas transnacionais com sistemas cuja gestão algorítmica se baseia em soluções proprietárias e de código fechado, sua capacidade de atuar para garantir os interesses de uma política nacional fica comprometida: a lógica de investimento em inovação nacional é substituída pelo mero consumo de tecnologias terceirizadas. Modelos baseados exclusivamente na terceirização de soluções tecnológicas podem enfraquecer a habilidade de estados criarem soluções para suas próprias questões e prioridades. Não se trata de fomentar uma agenda de uma política industrial neoprotecionista, mas viabilizar um ciclo de inovação tecnológica orientado à resolução de questões estruturais, tendo em vista o bem comum.[38]

Não poucas entidades correram a aderir aos acordos, dando preferência, por razões que não nos foi possível investigar, à plataforma "Teams", da Microsoft: 170 órgãos aderiram a essa plataforma, entre eles a Câmara dos Deputados e o Superior Tribunal Federal, muitas prefeituras ou organismos municipais e estaduais, e uma notável quantidade de órgãos da Justiça: tribunais regionais e procuradorias.[39] Em outubro de 2023, o Presidente do CNJ encomendou à Amazon, Microsoft e Google, o desenvolvimento de soluções para integrar digitalmente as atividades do judiciário no país: uma ferramenta de IA para uso jurídico, alimentada com jurisprudência dos tribunais brasileiros e capaz de indicar decisões, supervisionadas pelo juiz do caso; com interface única para permitir a interoperabilidade dos sistemas judiciais eletrônicos de todos os

---

38 CGI.BR. *Educação em um cenário de plataformização e Economia de Dados*. Núcleo de Informação e Coordenação do Ponto Br, 2023, p. 10.

39 Disponível em: https://www.gov.br/governodigital/pt-br/contratacoes/catalogo-de-solucoes-de-tic.

tribunais. Dessa forma é que concluímos que o problema se resumia em buscar soluções para o Judiciário. E não em proteger os dados da sociedade brasileira depositados nos sistemas da Justiça, nem aproveitar a oportunidade para desenvolver tecnologias e empresas nacionais, o que abriria caminho para reposicionar o Brasil na divisão internacional do trabalho na Economia de Dados.

Notamos também que, em 2020, o Ministério da Educação (MEC) contratou os serviços de computação em nuvem da Azure, da Microsoft, para processar os dados do Sistema de Seleção Unificada. Informações sensíveis de milhões de brasileiros passaram a serem processadas em servidores dessa ETN, com origem em um país com legislação não alinhada à LGPD. Mesmo assim, em abril de 2022, foi assinado o Acordo de Cooperação Técnica entre MEC e a Microsoft, para disponibilização gratuita da solução Office 365 Educacional A1 (versão nuvem) para toda a educação pública brasileira, federal, estadual, distrital ou municipal. Essa medida contemplou cerca de 140 mil escolas públicas e seus mais de 38 milhões de estudantes. E que, em finais de 2023, o MEC contratou a Oracle do Brasil Sistemas Ltda para prover "serviços continuados de computação em nuvem e fornecimento de solução de banco de dados". Isso apesar dos alertas e ações coletivas alegando que a empresa opera uma "máquina de vigilância" que rastreia e registra indefinidamente as informações pessoais e que tal vigilância viola várias leis nacionais e internacionais.[40]

Enquanto isso, as capacidades já existentes no Brasil, como a Rede Nacional de Pesquisa (RNP), a Telebras, o Serpro ou Dataprev, entre outras, permaneceram subutilizadas e buscaram sobreviver nesse cenário inóspito. O DataPrev estruturou seus serviços de computação em nuvem voltado para o governo denominado GovCloud.

---

40 Ver LASTRES, Helena Maria Martins; CASSIOLATO, José Eduardo; DANTAS, Marcos. "Estado atual da conceituação e mensuração da Economia de Dados no Brasil". Nota Técnica 12 do Projeto EconDados. *RedeSist e Cicef*, 2024.

O Serpro desenvolveu e lançou no mercado a sua "nuvem" Serpro MultiCloud. No seu sítio, anuncia "Nuvem de governo: soberania para dados do Poder Público". Informa tratar-se de infraestrutura em nuvem de gestão 100% nacional, "nuvem de governo para governo". Justifica "Por que migrar para a nuvem do governo", apresentando alguns argumentos.[41] Argumentos relevantes para convencer outros gestores públicos a preferirem sua "nuvem" à da Microsoft ou do Google, já que não havia uma estratégia nacional para orientar que órgãos do Governo e do Estado só podem colocar seus dados numa "nuvem do governo para governo".

Tal cenário se delineou a despeito do que preveem os dispositivos legais e infra legais que tratam da temática. Conforme discutido em Matos,[42] embora o marco legal pertinente – destacadamente o Marco Civil da Internet e a LGPD – não obrigue a contratação de serviços junto a fornecedores com determinada característica em termos de natureza jurídica ou localização de seus *data centers*, também não indicam, explicitamente, o contrário, que organizações públicas e privadas, situadas ou não no país, deveriam gozar das mesmas condições quando da concorrência pela prestação de serviços junto a órgãos governamentais. Neste contexto, dispositivos infra legais – "Manual de Boas Práticas, Orientações e Vedações para Contratação de Serviços de Computação em Nuvem" de 2016 do Ministério do Planejamento, Orçamento e Gestão; Acórdão 1.739-24/15-P do Tribunal de Contas da União (TCU), etc. – dão orientação explícita para que tais serviços sejam contratados junto a organizações vinculadas ao governo, caso exista nestes a capacidade de atender às necessidades postas. Em um contexto em que existe, atualmente, ampla capacidade de prestação de serviço por órgãos vinculados ao Poder Público – Serpro, DataPrev, Telebras –, estes

41 Disponível em: https://loja.serpro.gov.br/nuvem-de-governo.

42 MATOS, Marcelo P. "Economia de Dados: conceituações, sistemas de mensuração e políticas no Brasil". Nota Técnica 5 do Projeto EconDados. *RedeSist e Cicef*, 2024.

dispositivos infra legais deveriam ter o poder vinculante, vedando a contratação de serviços de nuvem junto a empresas privadas que não armazenam os dados em *data centers* no Brasil. Ademais, estão em alinho com o que determina a Constituição Federal, que vincula a soberania (política) à soberania econômica e subordina esta a uma estratégia de desenvolvimento na qual o mercado interno constitui um patrimônio a ser estimulado com o fim de promoção deste desenvolvimento com autonomia tecnológica.

Cabe, ainda, dois destaques sobre medidas de regulação das megacorporações no Brasil, ocorridas ou previstas para 2024. A primeira delas foi a iniciativa do Supremo Tribunal Federal de suspender em todo o território nacional a rede X, antigo Twitter, em função de ter descumprido ordens judiciais de remoção de perfis que disseminaram *fake news* e discursos de ódio e que cometeram crimes de ameaças a servidores públicos da Polícia Federal, além de a plataforma ter fechado seus escritórios de representação da empresa no país. Tal medida teve enorme repercussão internacional, sendo considerada pioneira no enfrentamento de nações com as GCDs, inspirando outros países e apontando para a necessidade premente de maior regulação de sua atuação. Outro destaque refere-se à discussão pelo governo de regulamentação da taxação das GDC, apontada pelo ministro da fazenda, que informou pretender enviar ao Congresso Nacional, em 2024, proposta para sua tributação, para “salvaguardar os direitos soberanos do país em relação a estas atividades”.[43]

---

43 Disponível em: https://www.cnnbrasil.com.br/economia/macroeconomia/haddad-diz-que-proposta-de-taxacao-de-big-techs-deve-ser-enviada-ainda-este-ano/.

3 Perspectivas para um sistema produtivo e inovativo digital e de dados brasileiro

A análise da experiência nacional e de iniciativas em curso nos diversos países considerados na pesquisa permitiram avançar, a seguir, em sugestões de diretrizes de políticas públicas para um processo de transformação digital e conformação de uma Economia de Dados que garantam a soberania tecnológica, de dados e digital nacional.[44]

Estado

- Reforçar o papel do Estado na promoção e financiamento da educação e literacia digital, assim como do desenvolvimento do sistema produtivo e inovativo digital e de dados, visando a soberania;
- Tratar políticas de transformação digital e de Economia de Dados nas mais altas hierarquias do governo, sinalizando sua importância estratégica para a soberania;
- Promover avanços no governo digital de forma prioritária, para oferecer serviços de excelência à população, ágeis, simples e eficazes.
- Avançar no debate de promoção de sistemas digitais, incluindo os Poderes Legislativo e Judiciário, além do Poder Executivo, com foco no Estado digital, visando garantir que a infraestrutura e a gestão dos dados públicos nacionais, estratégicos para a segurança, soberania e o desenvolvimento do país, estejam sobre controle do Estado brasileiro.

---

44 Observar que as diretrizes de políticas neste capítulo complementam e aprofundam as propostas na "Carta Soberania Digital" assinada por aproximadamente 600 pesquisadoras, pesquisadores e ativistas e entregue para o Presidente Lula, ainda candidato, no segundo semestre de 2022. Ver: https://soberania.digital/manifesto/.

- Enfatizar o poder de compra do Estado como um dos instrumentos mais poderosos de desenvolvimento tecnológico e produtivo e dinamização da economia, com efeitos multiplicadores, por meio das demandas que se fazem necessárias para os processos de digitalização do governo e de capacitação pública em dados. Experiências de compras governamentais no SUS e no programa de aquisição de alimentos são exemplos bem-sucedidos;

- Avançar na criação e regulamentação de marcos legais e institucionais que tratem as especificidades de cada uma das atividades principais apresentadas no Quadro 1, tendo em vista o reconhecimento de suas particularidades e distintos impactos sobre a economia, relações de trabalho e sociedade como sobre a soberania nacional.

Sociedade

- Priorizar o olhar para a sociedade, educação e conscientização digital dos cidadãos e capacitação na esfera pública, sobre as transformações em curso e a importância da contextualização da análise de dados para o desenvolvimento local e nacional;

- Intensificar processos participativos de diálogo social e de parceria com a sociedade, com os diversos atores, movimentos populares, representações de classe, instituições de ensino e pesquisa, empresas, entre outros, para aprofundar conhecimentos, abrir brechas de resistência aos padrões estabelecidos, constituir quadros regulatórios consistentes para o enfrentamento do processo, formular políticas públicas adequadas, como a formatação do governo digital, e construir ferramentas apropriadas e que espelhem nosso contexto e avanços;

- Tratar os dados pessoais dos brasileiros de forma estratégica como um bem nacional.

Indústria

- Desenvolver estratégias de decolonização das tecnologias e modelos dominantes, para promover uma capacidade coletiva de criação e inovação.
- Incorporar a Economia de Dados como eixo transversal à Nova Indústria Brasil, promovendo estreita articulação entre as políticas do MC, MCTI, MDIC, MEC, MF, MGI, e MS.
- Desenvolver o sistema produtivo e inovativo em torno do governo digital, orientando a demanda para o estímulo ao desenvolvimento de:
    - produtos e serviços chave do sistema produtivo: *hardwares*, *softwares*, incluindo *software* livre e *software* público, códigos dos programas, sistemas de algoritmos, *blockchains*, plataformas, centros de dados – a serem contemplados na política industrial e de CT&I (MDIC e MCTI)
    - plataformas nacionais com soluções próprias e adequadas e que garantam a soberania sobre os dados.
    - sistema integrado de gestão e controle dos dados públicos, envolvendo ministérios, suas agências e organismos públicos, com o MGI, MPlan, MiniFaz, MS, MEC, IBGE, assim como com empresas e órgãos responsáveis pelo processamento de dados públicos, como Dataprev, Serpro, DataSus, entre outros.

Conceituação e mensuração

- Aprimorar a compreensão sobre como países com grandes disparidades socioeconômicas e diversidade cultural podem construir processos próprios, democráticos e inclusivos de desenvolvimento com soberania de dados, que evitem vieses algorítmicos excludentes, de território, renda, gênero e raciais;

- Promover a difusão de conceituações claras sobre as transformações digitais e a Economia de Dados e de critérios de mensuração para a conformação de um quadro de referência que permita promover o diálogo entre diferentes organismos e esferas de governo, visando o estabelecimento de políticas governamentais intersetoriais e integradas, além de parâmetros para o setor privado;
- Avançar em modelos de medição de dados mais contextualizados, com indicadores que evitem as armadilhas de modelos importados que invisibilizam o sistema de produção e inovação, diversidades socioculturais e ambientais e formas de organização social nacional;
- Incluir medições sobre impactos socioambientais da Economia de Dados, especialmente sobre trabalho, consumo energético e hídrico, além de tratar de questões de gênero, raça e comunidades periféricas e dar visibilidade a sua participação neste mercado de trabalho.

Relações Internacionais

- Avançar na cooperação e integração dos países do BRICS+ e periféricos, criando alternativas para enfrentar os múltiplos desafios da Economia de Dados, inclusive no que se refere à regulação das plataformas das grandes corporações digitais.
- Estimular projetos conjuntos de P&D; aplicação e difusão de soluções tecnológicas e empresariais alternativas às tecnologias das ETN de base digital;
- Buscar espaços políticos e econômicos favoráveis no plano internacional;

- Estimular a criação de um Centro de Estudos de Alto Nível nos BRICS+ para promover pesquisa e a reflexão sobre aspectos do desenvolvimento econômico, inclusive a Economia de Dados e sistemas financeiros e tecnológicos dos países membros.

Complementarmente, são elencadas a seguir proposições específicas, de forma não exaustiva, em quatro blocos listados, tratando de conscientização digital dos cidadãos e dos servidores públicos, promoção e capacitação do Sistema Produtivo e Inovativo Digital, setor financeiro e medição da Economia de Dados.

1. Conscientização e capacitação digital dos cidadãos:

- Programas de comunicação e difusão da percepção sobre urgência da transformação digital para a sociedade e de uma cultura digital;
- Introdução no currículo do ensino médio de matérias para formar uma cultura digital, processos de transformação digital e alfabetização e letramento digital e de dados;
- Programas de capacitação em parceria entre ENAP, Nic.br e grupo universitário especializado em processamento de dados para a capacitação de servidores públicos atuantes em áreas críticas relacionadas à coleta, processamento, análise e uso de dados;
- Passaporte digital – nos moldes do programa "passaporte universitário", oferecer bolsas e financiamento para a realização de cursos de graduação, mestrado e doutorado em áreas específicas, como Ciência de Dados, Física e Matemática relacionadas a tecnologias de fronteira como IA e Computação Quântica.

2. Estímulo ao desenvolvimento de competências produtivas e tecnológicas nacionais, priorizando aquelas mais estratégicas para a soberania digital e de dados:

- Estabelecer estratégia ampla de Governo Digital como motor de desenvolvimento e dinamização de um complexo científico, tecnológico e industrial:
    - Avanço em soluções integradas através da plataforma SouGov, sobretudo para que Estados e municípios adotem soluções baseadas em competências e soluções nacionais. Gestão, armazenamento e processamento em *data centers* no país e preferencialmente de órgãos ou empresas públicas. Desenvolvimento de soluções em IA nacionais e controladas pelo Estado para interatividade no *chat* do aplicativo;
    - Ampliação do programa de Software Público Brasileiro através de encomendas tecnológicas;
    - Integração dos dados das unidades e agências governamentais, consolidando *pool* de dados unificado, armazenado no Serpro e sob tutela do IBGE;
    - Consolidação do projeto de Rede Privativa de Comunicação da Administração Pública Federal a ser operada pela Telebras. Gradual expansão da rede para governos estaduais e municipais;
    - Priorizar o desenvolvimento de infraestrutura de telecomunicações endógena, inclusive sistema de satélites em órbita baixa e VSAT para conexão em áreas remotas do país;
    - Fazer efetivo uso do disposto no Art. 26., § 7º, da Lei 14133 de 2021, designando como ESTRATÉGICAS as tecnologias de sistemas de tecnologia de informação e comunicação do governo, limitando a participação em licitações a bens e serviços com tecnologia desenvolvida no país e produção no país.

- Desenvolvimento de sistemas regionais de excelência em tecnologias digitais de fronteira, a partir de competências existentes em ICTs e tecido produtivo, impulsionados a partir de seguintes iniciativas e instrumentos:
    - Fortalecimento e desenvolvimento do Centro Nacional de Tecnologia Eletrônica Avançada como eixo articulador de competências tecnológicas em computação;
    - Fortalecimento da rede de inovação em Inteligência Artificial das unidades Embrapii;
    - Consolidação do programa de apoio a Centros de Pesquisa Aplicada (CPA) em tecnologias digitais (ex. IA), passando do apoio por cinco anos a projetos de pesquisa para um apoio contínuo e de longo prazo associado a programas de desenvolvimento de tecnologias estratégicas, constituindo uma Rede Estratégica de CPAs, com protagonismo da RNP e articulada aos sistemas regionais de excelência.
- Serviços digitais de fronteira – IA Generativa, robótica avançada para a indústria, tecnologias quânticas, segurança cibernética, realidade virtual e aumentada, *open ran*, *blockchain*, entre outros:
    - Para o governo: atendimento da demanda da população brasileira, na saúde, educação, habitação, segurança alimentar e agricultura familiar, saneamento, meio ambiente, prevenção de eventos e mudanças climáticas, como contratantes dos serviços: Bacen, MA, MAPA, MDA, MEC, MGI, MS. Formular programas de absorção tecnológica nos moldes da Política de Desenvolvimento Produtivo (PDP) na saúde, estabelecendo a parceria com transferência de tecnologia e competências tecnológicas à

organização nacional (Serpro) ou empresa nacional nos sistemas regionais, tendo como contrapartida a garantia de provisão consorciada do serviço por cinco anos (poder de compra do Estado).

- Para o setor privado e demais segmentos da sociedade: financiamento de programas de inovação em rede, com no mínimo três atores, incluindo empresa nacional e ICT, e composição de recursos não-reembolsáveis (subvenção, Embrapii) em fases iniciais, com recursos reembolsáveis em fases seguintes (inovacred, etc.). Empreendimentos inovadores: BNDES garagem e mecanismos de *equity*.

- Áreas com tecnologias consolidadas – serviços de *data center*, computação em nuvem, infraestrutura de telecomunicações para internet:
    - Para dados públicos, capacitar e ampliar a capacidade de organizações públicas para o fortalecimento de infraestrutura pública, como ofertantes únicos de serviços de *data centers*, computação em nuvem, e contratação/concurso para pessoal qualificado: DataPrev (GovCloud), Serpro (MultiCloud), Telebrás, Nic.br;
    - Orientar recursos reembolsáveis (Finep, BNDES e FAPs) para projetos de inovação com taxas atraentes;
    - Financiamento do BNDES para fornecedores de *hardware* e *software*, com requerimentos de conteúdo tecnológico local
        - Nas áreas em que existem competências no país: requisitos de conteúdo local de fornecedores nos moldes atuais do Finame: índice de credenciamento (IC) (de no mínimo 50%),

composto pela soma do índice de estrutura de produto (IEP) (custo local/custo total de no mínimo 30%) com ganhos oriundos dos qualificadores (relativos a esforços tecnológicos); e

        - Nas áreas com capacitações locais incipientes: adoção de Plano de Nacionalização Progressiva no nível da firma, nos moldes implementados para a indústria eólica e fotovoltaica.

- Encomendas tecnológicas para soluções integradas vinculadas a missões:
    - Cadeias agroindustriais sustentáveis e digitais para a segurança alimentar, nutricional e energética: logística e rastreabilidade para a garantia de procedência e qualidade de alimentos, associado aos programas de compra de alimentos para alimentação escolar;
    - SUS: sistema de regulação nacional integrado, sistema de prontuário nacional integrado, medicina preventiva, gestão de endemias;
    - MEC: integrar programas e ações do MEC em projetos de promoção e capacitação do SPID;
    - Infraestrutura, saneamento, moradia e mobilidade:
        - tecnologias para soluções integradas em cidades inteligentes
        - plataformas customizáveis por Estados e municípios para oferta de aplicativos públicos e abertos de intermediação para provisão de serviços (ex. transporte de pessoas e mercadorias)

  - Transformação digital da indústria para ampliar a produtividade;
  - Bioeconomia, descarbonização e transição e segurança energéticas;
  - Soberania e defesa nacionais: segurança cibernética.

- Digitalização e utilização de serviços digitais baseados em dados por todo o tecido produtivo do país:
  - Articulação dos programas Rota de Integração da TIC e Brasil Mais Produtivo com a recuperação e fortalecimento da rede Sibratec, atuando como difusora e indutora da adoção de soluções e serviços nacionais.

- Fortalecer políticas de educação básica de qualidade e da rede de universidades e instituições de pesquisa; além do fortalecimento e consolidação, efetiva e ofensiva, da rede de instituições de fomento e financiamento de CT&I (Finep, CNPq, Capes, Embrapii, Institutos Públicos e Privados de Ciência Tecnologia e Inovação, Embrapa, e Fundações de Amparo à Pesquisa, Associações Científica, a Cooperação Internacional, BNDES, BNB, Sudene e outras), observando o reforço a capacitações regionais, conforme apontado no capítulo IX.

3. Setor Financeiro

- Regulação do Banco Central incidente sobre *fintechs* e serviços digitais de bancos, estabelecendo armazenamento e processamento de dados no país como compulsório e financiamento para ampliação e consolidação de *data centers* de instituições financeiras; e
- Viabilização para que o DREX seja baseado em plataforma de *blockchain* nacional.

4. Medição da Economia de Dados

- Fortalecimento do órgão brasileiro coordenador do sistema nacional de estatísticas, o IBGE, com destaque para investimentos em infraestrutura de centros de processamento de dados e concursos públicos para recomposição e ampliação do corpo de especialistas.
- Implementação de programa formal e estruturado de parceria com principais órgãos de estatística no exterior que têm buscado avançar na mensuração da Economia de Dados e explorar as perspectivas de adoção de metodologias e as necessidades de adaptação destas ao contexto e necessidades nacionais.
- Parceria estruturada e continuada com o Cetic.br para a realização de pesquisas regular e periódica de mensuração da Economia de Dados.

Considerações finais

A partir dos resultados da pesquisa realizada, apresentados nos capítulos deste livro, foi possível traçar um panorama do processo de transformação digital no mundo e seus impactos na economia, política, cultura e soberania dos países analisados. As diretrizes e propostas relacionadas neste capítulo são um exercício resultante da observação desta transformação, efeitos e enfrentamentos de alguns países e do estado da arte das políticas no Brasil.

Evidencia-se que o domínio sem precedentes de grandes corporações internacionais de tecnologias digitais ameaça o papel de Estados-nações, com poder até mesmo de invisibilizar culturas, fragilizar economias, desestabilizar democracias e desafiar soberanias nacionais mundo a fora, como pode ser observado por sua atuação e disputas em vários países, inclusive no Brasil. Tais experiências acendem alertas em vários segmentos da sociedade, o que contribui para a ampliação da compreensão dos riscos envolvidos ao se optar por ser mero usuário de tais tecnologias e da urgência em criar mecanismos de proteção da soberania nacional. Com isso, pode-se reconhecer que, se os desafios são enormes, o atual momento traz oportunidades para enfrentamentos.

Os esforços civilizatórios para a regulação adequada das atividades digitais e estabelecimento de limitações legais à essa atuação desmedida das empresas transnacionais visam garantir o Estado Democrático de Direito e a soberania do país. Associado a isso, para seu desenvolvimento, é vital avançar em projetos de redução da dependência tecnológica digital e de dados, por meio de formulação e implementação de políticas que busquem construir e consolidar capacitações inovativas e produtivas nacionais e a participação efetiva nas transformações digitais em curso. Promover a consciência e literacia da população, a valorização da cultura e da diversidade, um sistema produtivo e inovativo digital nacional e o controle sobre a Economia de Dados serão essenciais para uma inserção mais soberana, justa e adequada às necessidades do país. A transformação digital em curso é de natureza muito dinâmica e é urgente que o país se capacite e tenha instrumentos eficazes e seguros para conduzir esse processo.

BLOCO 4

CONCLUSÕES E SUGESTÕES PARA O CASO BRASILEIRO

CAPÍTULO XI

POLÍTICAS PARA SOBERANIA DIGITAL EM PAÍSES SELECIONADOS E CAMINHOS PARA O BRASIL

HELENA MARIA MARTINS LASTRES
CRISTINA LEMOS
ANA ARROIO
JOSÉ EDUARDO CASSIOLATO
JORGE BRITTO
MARCELO G. P. MATOS
MARCOS DANTAS

Introdução

Nas discussões com os autores deste livro sobre a difusão da Economia de Dados e os conceitos e indicadores capazes de captar as revolucionárias mudanças associadas, usamos a metáfora dos "óculos". Nessa analogia, são as teorias, conceitos, indicadores, etc. que compõem as lentes e molduras para representar os fenômenos os quais se objetiva entender, analisar e operar. Em linha com a visão estruturalista latino-americana, tal noção enfatiza a necessidade e relevância de usar conceitos e modelos analíticos e de política contextualizados e sistêmicos. Daí a insistência que os "óculos" usados sejam apropriados ao contexto analisado e consigam enxergar o conjunto dos elementos foco da atenção.[1]

Como vimos ao longo deste livro, o exame e avaliação dos diferentes "óculos estrangeiros" para a Economia de Dados exigiu sua contextualização e o exercício da visão sistêmica. Um primeiro alvo foi, portanto, resgatar as conclusões sobre os diferentes marcos conceituais e de medição disponíveis internacionalmente, os quais, longe de consensuais, apresentam vantagens e restrições distintas, conforme resumido nos dois primeiros capítulos.

Ao iniciar a pesquisa que originou o livro, confirmamos que os termos usados para designar a atual fase do processo de acumulação são inúmeros. Parece haver consenso que o capitalismo mudou em aspectos importantes, porém, cada autor tende a realçar esse ou aquele aspecto em suas análises, conformando um processo nem sempre convergente e ainda em aberta disputa, do que resulta variada pletora nominalista. Fala-se em Era, Sociedade, Economia, Paradigma, Revolução, Modo de Produção, Capitalismo, Feudalismo, etc.; substantivos aos quais se adicionam adjetivos que os qualificam como: da Informação (ou Informacional), dos Dados, Digital, das TICs, das Plataformas, dos Algoritmos, das Nuvens, Cibernético,

---

1 Ver LASTRES, Helena Maria Martins; CASSIOLATO, José Eduardo; DANTAS, Marcos. "Estado atual da conceituação e mensuração da Economia de Dados no Brasil". Nota Técnica 12 do Projeto EconDados. *RedeSist e Cicef*, 2024; MATOS, Marcelo Pessoa de *et al.* (Coord.). *Arranjos produtivos locais*: referencial, experiências e políticas em 20 anos da RedeSist. Rio de Janeiro: E-Papers, 2017.

Cognitivo, de Vigilância, da Manipulação, do Controle, da Exposição, do Espetáculo, etc.[2]

Aquelas contribuições consideradas capazes de iluminar caminhos para o caso brasileiro foram selecionadas e examinadas. O esforço subsequente foi o de desenvolver um quadro teórico-conceitual para lidar com a complexa natureza do paradigma socioeconômico digital e, especialmente, as novidades trazidas pelo salto na capacidade de geração, processamento e utilização de dados em larga escala. Tendo em vista a carência de literatura nesses temas, mesmo em nível internacional, isso foi feito desde uma ótica brasileira, visando criar uma perspectiva "nossa" a respeito do significado e das implicações das transformações em curso. Várias questões nortearam e ampliaram os esforços de pesquisa cujos resultados encontram-se resumidos neste livro.

O que geralmente é chamado de Economia de Dados, quais atividades se incluem nessa designação e quem se beneficia das mesmas ou é prejudicado?

Como falar de uma economia – marcada pela hegemonia dos dados no processo de produção de riqueza – se seus donos originais não sabem quanto valem ou como são usados, e não possuem qualquer controle dos mesmos?

Como medir o que ainda não é inteiramente definido, valorado e precificado?

Como os países de diferentes partes do mundo têm compreendido a Economia de Dados, planejado e implementado políticas para seu desenvolvimento e regulação no século XXI?

---

2 Destaque especial cabe à designação Economia da Contribuição Digital, conforme proposto no Segundo Manifesto Convivialista. Ver: https://convivialism.org/what-is-convivialism/manifestos/.

Em que medida estariam os países periféricos condenados a formas de desenvolvimento tecnológico utilizadas contra si próprios? Como criar alternativas a tal condenação?

Como evoluir da posição de simples fornecedores e consumidores de dados e alcançar a soberania produtiva e tecnológica em um cenário dominado por poucas, mas poderosas corporações, as quais acumulam riqueza superior à de vários países do mundo?

Que papéis os Estados têm assumido no enfrentamento dos desafios geopolíticos e geoeconômicos digitais e na implementação de políticas apropriadas?

Quais iniciativas bem-sucedidas são relevantes ao caso brasileiro? Quais são os possíveis caminhos a trilhar?

1 O que revelam as principais conclusões do livro

1.1 As ameaças e desafios da ainda invisível Economia de Dados mundial

Visando responder às questões acima, nos capítulos deste livro e nas notas técnicas que lhes dão base,[3] vimos que as tentativas de

---

3 A pesquisa foi realizada em países selecionados da América, África, Ásia, Oceania, União Europeia e (B)RICS. Ver ARROIO, Ana. "Economia de Dados na perspectiva das Organizações Multilaterais e nos (B)RICS: mitos, conceitos e sistemas de mensuração para informar políticas públicas no Brasil". Nota Técnica 2 do Projeto EconDados. *RedeSist e Cicef*, 2024; BRITTO, Jorge. "Economia de Dados: conceitos e sistemas de medição nos EUA e Canadá". Nota Técnica 4 do Projeto EconDados. *RedeSist e Cicef*, 2024; FALCÓN, M. L. "Economia de Dados: conceito, mensuração e repercussões na agenda de políticas da União Europeia". Nota Técnica 1 do Projeto EconDados. *RedeSist e Cicef*, 2024; GONZALO, Manuel; BORRASTERO, Carina. "América Latina y la Economía de Dados: definiciones, mediciones, temas de agenda e implicancias de política". Nota Técnica 8 do Projeto EconDados. *RedeSist e Cicef*, 2024; LEMOS, Cristina. "Economia de Dados:

conceituar a Economia de Dados estão longe de alcançar consenso e que os conceitos e sistemas de mensuração empregados mundialmente ainda são difusos, altamente imprecisos e não são soberanos: sua produção, disseminação e uso dependem de tecnologias, equipamentos, sistemas e consultorias estrangeiras. Foi também evidenciado que a maioria dos países tende: a emular as orientações, metodologias e indicadores desenvolvidos por organismos multilaterais, como Banco Mundial, FMI e OCDE; e a focalizar o uso das tecnologias digitais e dos dados, ficando de fora as estimativas sobre capacitações e produção e inovação próprias, impactos econômicos, políticos, sociais, ambientais, etc.

Vimos que as novidades incluem principalmente práticas de valorização do capital e de produção, comercialização, consumo e descarte de bens e serviços digitais, além de significativas alterações no modo de operação e atuação das empresas e nas relações, forma e conteúdo do trabalho. As novas dinâmicas econômicas, financeiras, sociais e políticas estabelecidas continuam exigindo inovação nas abordagens em diferentes áreas.[4]

Dentre as principais características que desafiam as bases da teoria econômica tradicional, ressaltamos três conjuntos:

- Intangibilidade – trata-se de produtos elaborados, comercializados, consumidos e descartados a partir do acesso à

abordagens conceituais, sistemas de mensuração e políticas em países e blocos de países selecionados na África, Ásia e Oceania". Nota Técnica 3 do Projeto EconDados. *RedeSist e Cicef*, 2024; LIMA, Severino José de; ARRUDA, Danilo Raimundo de; PINTO, Pablo Aurélio Lacerda Almeida. "Medição da economia baseada em dados: impactos, desafios e oportunidades para o Nordeste brasileiro". Nota Técnica 9 do Projeto EconDados. *RedeSist e Cicef*, 2024; MATOS, Marcelo P. "Economia de Dados: conceituações, sistemas de mensuração e políticas no Brasil". Nota Técnica 5 do Projeto EconDados. *RedeSist e Cicef*, 2024.

4 Ver também CASSIOLATO, José Eduardo; DANTAS, Marcos; LASTRES, Helena Maria Martins. "Marco conceitual e analítico da Economia de Dados". Nota Técnica 11 do Projeto EconDados. *RedeSist e Cicef*, 2024.

internet e a uma interface adequada e que substituem uma série de outros que usam intensivamente recursos materiais e energéticos;

- Não rivalidade, ubiquidade e reutilização – os insumos e produtos digitais podem ser consumidos simultaneamente por um número ilimitado de pessoas, não se esgotam com o uso e existem enquanto os meios onde ficam depositados não forem degradados. A possibilidade de reutilização confere a característica de serem replicáveis infinitamente, mantendo todas as qualidades do original, a custo zero ou ínfimo;

- Novas formas *on-line* de comercialização e de pagamento, que levam à transformação do consumidor em coprodutor do serviço que consome e fornecedor de informações sobre seu perfil, conteúdos e experiências. Muitas dessas formas, imperceptíveis para grande parte dos indivíduos que as utilizam, continuam ainda sendo chamadas de "gratuitas".

Agrava essa situação o fato de essas novidades desafiarem os sistemas de medição vigentes e a própria teoria econômica tradicional, já que as principais iniciativas para sua conceituação e medição resultam de abordagens teóricas que não têm conseguido ultrapassar suas próprias restrições para tratá-las de forma adequada. Além da notória confusão entre dados, informações e conhecimento, são ignoradas as especificidades desses recursos que agora se colocam no centro da geração de valor. Soma-se a completa ausência de consideração sobre as questões de poder envolvidas e os riscos da difusão – ainda invisibilizada e desregulada – da digitalização.

Ao resumir as principais novidades introduzidas, Shoshana Zuboff[5] aponta que o capitalismo industrial após transformar as

---

5 ZUBOFF, Shoshana. *The age of surveillance capitalism*: the fight for a human future at the new frontier of power. Nova York: Public Affairs Books, 2018.

matérias-primas da natureza em mercadorias, agora reivindica "a matéria da natureza humana para uma nova invenção de mercadorias": é a natureza humana que é "raspada, dilacerada e levada para o projeto de mais um século". Sublinha-se, portanto, que tais novidades incluem atividades e produtos ainda não inteiramente conhecidos. Ainda menos conhecidos são seus impactos, os quais incluem:

- a extração de imensas quantidades de dados e informações que vêm sendo vendidas sem o conhecimento de seus donos, visando à "microssegmentação comportamental" e outros mecanismos de manipulação e "sequestro cognitivo" altamente personalizados;[6]
- a revolução no mundo do trabalho, a crescente precarização e o aprofundamento da divisão internacional do trabalho;
- enquanto a maioria das regiões do mundo encontra-se privada de capacidades tecnológicas digitais próprias, a enorme concentração de poder das grandes corporações digitais (GCDs) que comandam tal evolução já supera o de vários países;
- a transformação da maioria dos países em consumidores de produtos e processos desenvolvidos pelo oligopólio formado pelas GCDs;
- a articulação entre as GCDs e os Estado de seus países de origem, com reflexos na dinâmica geopolítica internacional, inclusive através de diversas manifestações do exercício de múltiplas formas de "*soft power*";

---

6 Ver também ZUBOFF, Shoshana. "O neoliberalismo destroçou tudo. Temos que começar do zero". *El Pais*, 11 out. 2020; LASTRES, Helena Maria Martins; CASSIOLATO, José Eduardo; BASTOS, Carlos Pinkusfeld. "Serviços públicos como vetores do bem-estar e reestruturação econômica". *Texto para discussão sobre o Desenvolvimento*, CICEF, nº 1, jul. 2022.

- a criação de novas formas de dependência, vulnerabilidade e colonialismo, ainda mais deletérias aos países periféricos;[7]
- a falta de um balanço ambiental da digitalização. Fala-se muito das vantagens da "desmaterialização", mas também dos crescentes e imensos gastos de água e energia,[8] assim como dos investimentos articulados na conformação da denominada "Revolução Verde" entre as GCDs e os grandes grupos financeiros e da indústria química;[9]
- a "espionagem em massa", "ascensão dos dados e a morte da política" e a proposta de a "regulação algorítmica" substituir as políticas dos Estados-nacionais pela nova capacidade acumulada pelas GCDs de, além de realizar sua própria autorregulação, também gerenciar nossas vidas;

---

7 E, como apontado por Ricaurte, especialmente os países multiétnicos com altos níveis de desigualdade social correm um risco maior de "marginalização dupla ou tripla por meio de tecnologias digitais e epistemologias de dados dominantes". (RICAURTE, Paola. "Data epistemologies: the coloniality of power, and resistance". *Television & New Media*, vol. 20(4), 2019). Ver LEMOS, Cristina. "Economia de Dados: abordagens conceituais, sistemas de mensuração e políticas em países e blocos de países selecionados na África, Ásia e Oceania". Nota Técnica 3 do Projeto EconDados. *RedeSist e Cicef*, 2024; LASTRES *et al.*, 2024.

8 Disponível em: https://www.ihu.unisinos.br/634276-a-inteligencia-artificial-bebe-quilometros-de-milhoes-de-litros-de-agua. E estima-se que o consumo digital de energia responda por 14% do total mundial. (https://www.youtube.com/watch?v=yzXzRb_Iel8).

9 Ao criticar tais articulações e as novas formas de colonialismo, "ditadura digital" e "revolução verde", Vandana Shiva alertou quanto às tentativas de negociar as funções da natureza, clamando: "o último passo da colonização é o que chamo mente nullius: a colonização de nossas mentes... temos que recuperar as nossas comunicações, o nosso conhecimento, as nossas sementes, a biodiversidade... Não são propriedade desses piratas de hoje" (SHIVA, Vandana. "Da colonização das sementes à colonização da mente". *Fronteiras*, 2020).

- os aspectos excludentes da IA e demais tecnologias digitais, que reforçam desigualdades de gênero, raça e classe, dado que os parâmetros usados são maiormente definidos por equipes pouco diversas, formadas principalmente por homens brancos, com um olhar que carrega a falta de diversidade, equidade e inclusão. Desenhado sobre esse olhar, o novo sistema de dominação digital corre o risco de perpetuar e agravar exclusões históricas, criando novas e elevadas barreiras de acesso ao mercado profissional e à educação;[10]
- o crescente isolamento, epidemias de solidão, as polarizações e o empobrecimento de nossas vivências e expectativas, na medida em que os seres humanos passam a se subordinar às distorções sectárias do império dos "algoritmos enviesados", da vigilância e manipulação. A chamada Sociedade da Exposição ganha impulso e inaugura-se o panóptico digital,[11] utilizando-se da liberdade do próprio indivíduo

---

10 Estudos demonstram que em sistemas de reconhecimento facial governamental estadunidense, as mulheres mais escuras tinham 32 vezes mais probabilidades de serem mal classificadas do que os homens mais claros (BUOLAMWINI, J. A. "Gender Shades: Intersectional phenotypic and demographic evaluation of face datasets and gender classifiers". *Program in Media Arts and Sciences*, School of Architecture and Planning, Massachusetts Institute of Technology (MIT), 2017). As implicações da classificação fenotípica incorreta para direitos civis fundamentais não podem ser subestimadas. Ver o capítulo V e ARROIO, Ana. "Economia de Dados na perspectiva das Organizações Multilaterais e nos (B)RICS: mitos, conceitos e sistemas de mensuração para informar políticas públicas no Brasil". Nota Técnica 2 do Projeto EconDados. *RedeSist e Cicef*, 2024.

11 Han introduziu a ideia de "panóptico digital" – atualizando as contribuições de Jeremy Bentham no século 18 – visando descrever as novas formas de controle e vigilância e discutir os efeitos das tecnologias digitais nas relações sociais e no comportamento, privacidade e autonomia dos indivíduos. (HAN, Byung-Chul. *Psicopolítica*. Petrópolis: Vozes, 2017).

> como ferramenta para aprisioná-lo e influenciar negativamente o livre desenvolvimento de sua personalidade.[12]

As conclusões de nossas pesquisas, além de confirmarem a superficialidade e existência de variadas e até contraditórias interpretações sobre os avanços e impactos da digitalização, reafirmaram que as análises realizadas são permeadas de ambiguidades e conflitos de interesse, em um processo cuja evolução não está determinada e depende da disputa entre diferentes perspectivas, a qual reflete a forte influência das forças hegemônicas mundiais. Foi, sobretudo, evidenciado que, na metade da terceira década do milênio, a denominada Economia de Dados resulta e espelha um conjunto de elementos que caracterizam a evolução do capitalismo marcado pela: (i) hegemonia da lógica da "convenção financista neoliberal" nas atividades produtivas, inclusive aquelas digitais, e que visam extrair, processar, analisar e comercializar dados; (ii) associação entre financeirização e digitalização, em cenário de liberalização e desregulamentação; e (iii) insistente tentativa de minimizar o papel dos Estados nacionais e transferir as políticas públicas para o setor privado.[13]

---

12 Ver capítulo I; CASSIOLATO, José Eduardo; DANTAS, Marcos; LASTRES, Helena Maria Martins. "Marco conceitual e analítico da Economia de Dados". Nota Técnica 11 do Projeto EconDados. *RedeSist e Cicef*, 2024; LASTRES *et al.* (2024).

13 CASSIOLATO, José Eduardo; DANTAS, Marcos; LASTRES, Helena Maria Martins. "Marco conceitual e analítico da Economia de Dados". Nota Técnica 11 do Projeto EconDados. *RedeSist e Cicef*, 2024.

As advertências de autores como Pasquale,[14] Zuboff[15] e Brevini e Pasquale,[16] que grande parte das atividades exercidas pelas GCDs são realizadas em bases ilegais, agravam ainda mais o quadro de invisibilidades e desafios colocados pela Economia de Dados mundial. Nessa linha tem sido reiterada a necessidade de entender que: trata-se de travar uma "luta por um futuro humano na nova fronteira do poder", inclusive porque todos os dados, celebrados como big data, estão enredados em ativos roubados e deveriam ser tratados como "ativos tóxicos";[17] "privacidade é poder" e os direitos humanos estão em risco, ameaçando muitas outras áreas da nossa vida;[18] essas não são perversões, são inerentes à forma desregulada como funciona o "sistema capitalista de rapina".[19]

Objetivando dar conta dos desafios colocados, argumentamos, desde os capítulos I e II, ser mais apropriado falar de uma Economia Política de Dados e Digital, o que exige incorporar, na formulação teórica e analítica, elementos que extrapolam os limites das principais contribuições da base da Economia Neoclássica. Com isso, visamos:

- compreender as transformações associadas à digitalização e à hegemonia dos dados, plataformas e algoritmos sob o

---

14 PASQUALE, Frank. *The black box society*: the secret algorithms that control money and information. Cambridge: Harvard University Press, 2015.

15 ZUBOFF, Shoshana. *The age of surveillance capitalism*: the fight for a human future at the new frontier of power. Nova York: Public Affairs Books, 2018.

16 BREVINI, Benedetta; PASQUALE, Frank. "Revisiting the Black Box Society by rethinking the political economy of big data". *Big Data & Society*, 2020.

17 ZUBOFF, Shoshana. *The age of surveillance capitalism*: the fight for a human future at the new frontier of power. Nova York: Public Affairs Books, 2018.

18 VÉLIZ, Carissa. *Privacidade é poder*. São Paulo: Contracorrente, 2021.

19 BLAKELEY, Grace. *Vulture capitalism*: Corporate crimes, backdoor bailouts, and the death of freedom. Simon and Schuster, 2024.

comando das GCDs, as quais crescentemente controlam o processo mundial de produção de riqueza e vêm ampliando suas atividades, visando maximizar a extração de valor – de indivíduos, trabalhadores, governos e demais organizações, em processos caracterizados como "hipercolonialismo";

- sugerir formas de orientar e regular o sistema produtivo digital, principalmente na perspectiva dos países que, como o Brasil, se colocam maiormente como fornecedores de informação e consumidores de bens e serviços digitais.

Daí a importância dos esforços realizados na busca, dentre as abordagens disponíveis, daquelas que aportam elementos capazes de contribuir para uma nova ótica: contextualizada, sistêmica e integrada, com capacidade de abranger as diferentes atividades, agentes e territórios envolvidos na geração de valor e de caracterizar o sistema produtivo e inovativo digital mais amplo. Tal quadro analítico, em vez de ignorar, coloca em seu centro as condições brasileiras para o enfrentamento das novas formas e impactos da divisão internacional do trabalho, de dependência e colonialismo, comandadas pelos detentores dos meios de produção e comercialização digital e de dados.[20]

Sublinha-se que uma das principais contribuições da pesquisa realizada foi a caracterização pioneira do sistema produtivo e inovativo digital brasileiro, como apresentado no capítulo I, a qual visou fornecer uma estrutura para orientar a produção de informações e indicadores capaz de representar o estado atual da Economia de Dados e Digital no Brasil. As vantagens pragmáticas desse enfoque, também para finalidades analíticas e de proposição de políticas, são detalhadas por Lastres e Cassiolato.[21]

---

20 Ver principalmente os capítulos I, II e VIII deste livro.

21 LASTRES, Helena Maria Martins; CASSIOLATO, José Eduardo. "Enfrentando a invisibilidade da digitalização: caminhos para mapear o sistema produtivo digital". *Cicef, Dossiê Capitalismo de plataformas,*

1.2 A Economia Digital brasileira em águas turvas e turbulentas

Vários indicadores de fontes internacionais, mesmo que esparsos, mostram o peso e a relevância da digitalização no Brasil. No livro foi salientado que: somos o 10º maior mercado global de serviços de TICs; 88% da população brasileira tem acesso à internet; 91% das empresas utilizam cabos de fibra ótica; e registrou-se o crescimento de 37%, em 2023, em nosso tráfego de internet. Mais de 210 milhões de aparelhos celulares estavam ativos, no início de 2024 (96,9% da população). O WhatsApp está instalado em aproximadamente 92% dos telefones celulares e o país abrigava 144 milhões de usuários de mídia social em janeiro de 2024.[22] Adiciona-se que, de 2019 a 2021, o iFood – principal plataforma de pedidos do país – passou de 20 milhões para 66 milhões de pedidos entregues por mês e, em setembro de 2024, já eram mais de 100 milhões.[23]

A despeito da grande importância da digitalização no país, a análise da Economia de Dados brasileira revelou:

- os estágios ainda muito iniciais de seu entendimento e do reconhecimento de sua relevância e impactos pelas atuais gerações;
- o marco legal ainda em construção, a incipiência de definições pertinentes e de iniciativas estruturadas de mensuração das atividades de dados e digitais no país;
- a inclinação à emulação de padrões vindos de fora (para regulação, métricas, conceitos e políticas), à resignação

---

regulação e desenvolvimento. Cadernos do Desenvolvimento, nº 39. set.-dez. 2024.

22 Ver também https://outraspalavras.net/trabalhoeprecariado/sangue-lucros-no-capitalismo-de-plataformas/.

23 Capítulos II e X.

ao poder das GCDs e ao papel de meros consumidores de seus sistemas e produtos digitais;

- a reduzida compreensão sobre a importância da definição de conceitos e indicadores, e de seu papel que, longe de ser neutro, constituiu processo político e estratégico relevante;
- a proliferação de iniciativas bem-informadas por parte de organizações de fomento, órgãos públicos, secretarias de ministérios, mas que se apresentam isoladas, sem articulação dentro de uma estratégia nacional sólida;
- que a ausência de entendimento e inexistência de conceitos apropriados e mensurações oficiais em muito dificulta a definição e integração de políticas, ações, metas claras e instrumentos adequados para que estas sejam atingidas.[24]

Em seminário internacional realizado em julho de 2024, o Presidente do IBGE afirmou que o Brasil ingressa no segundo quartil do século XXI sem dispor de um sistema nacional de dados estratégico, integrado e soberano. Acrescentou que o IBGE ainda não faz isso, mas tem potencial de fazê-lo através do Sistema Nacional de Geociências, Estatística e Dados; e reiterou que sem informação e sem controles, a própria soberania de qualquer nação se encontra comprometida.[25]

Como argumentado no primeiro capítulo deste livro, quando começava a se expandir o que, atualmente, entendemos por Economia de Dados, era possível acompanhar sua dinâmica e, portanto, sua dimensão econômica ou geopolítica e avaliar seus impactos. A maior dificuldade para agora mensurar, compreender e orientar tal expansão, reside na suposta impossibilidade de efetuar tal mensuração

24 Ver detalhes nos capítulos VIII, IX e X.

25 Ver também Belli (2023); ALVA, Oscar Arruda; PARANÁ, Edemilson. "Official statistics and big data in Latin America: Data enclosures and counter-movements". *Big Data & Society*, 2024.

devido à chamada "opacidade" dos dados. Isso ocorre porque toda a infraestrutura responsável pelo tráfego de dados, incluindo a internet, deixou de ser pública, foi privatizada em quase todo o mundo, inclusive no Brasil, ao final da década 1980 e ao longo dos anos 1990.

Mostra-se importante sublinhar que o Estado brasileiro possui um relevante histórico. Nas décadas de 1970/1980, as políticas para a informática e telecomunicações foram implementadas, almejando conquistar soberania nacional. Significativos resultados foram alcançados, quando essas tecnologias iniciavam seu processo de difusão em escala global. Destaque cabe à densa institucionalidade e capacitações criadas nas organizações de ensino e pesquisa, no meio empresarial e de política, promoção, financiamento e regulação. Algumas foram perdidas, outras continuam. Ressalta-se a criação do Serpro, em 1964; Empresa Brasileira de Telecomunicações (Embratel), 1965; Telebras, 1972, e seu Centro de Pesquisa e Desenvolvimento (CPqD), 1976; e Computadores e Sistemas Brasileiros (Cobra), 1978.[26]

Assim, em meados dos anos 2020, nos encontramos impedidos de monitorar, orientar e regular os fluxos de dados nacionais e transfronteiriços, embora tal controle seja possível, como nos mostram as experiências de alguns poucos países que mantêm sua soberania nessa área. Ao privatizar a infraestrutura digital, o Estado

---

26 Somam-se vários outros centros de ensino e pesquisa brasileiros, nomeadamente o Instituto Tecnológico de Aeronáutica (ITA), criado em 1950, onde foi construído o Zezinho, primeiro computador brasileiro, como resultado de trabalho de graduação de quatro formandos de 1961; e o Laboratório Nacional de Computação Científica (LNCC) criado em 1980, pioneiro pela primeira conexão brasileira com a internet em 1988. Ver DANTAS, Vera. *Guerrilha Tecnológica*: a verdadeira história da Política Nacional de Informática. Rio de Janeiro: LTC Editora, 1988; DANTAS, Marcos. *O crime de prometeu*: como o Brasil obteve a tecnologia da informática. Rio de Janeiro: Abicomp, 1989; LASTRES, Helena Maria Martins; CASSIOLATO, José Eduardo; DANTAS, Marcos. "Estado atual da conceituação e mensuração da Economia de Dados no Brasil". Nota Técnica 12 do Projeto EconDados. *RedeSist e Cicef*, 2024; e https://www.gov.br/lncc/pt-br.

brasileiro abriu mão de conhecer a dimensão e a dinâmica de sua Economia de Dados.

Como apontado em Dantas, Lastres e Cassiolato,[27] aspectos centrais para qualquer projeto de desenvolvimento precisam estar presentes na formulação e implementação de uma real política nacional de transformação digital, soberania e segurança cibernética. No entanto, segundo os acordos que o governo firmou, entre 2020 e 2022, com a Microsoft, o Google e outras empresas estrangeiras, qualquer órgão do Estado brasileiro – em quaisquer dos três poderes e instâncias federativas – pode usar as plataformas de tais GCDs para armazenar seus dados financeiros, administrativos e outros, trocar mensagens, realizar reuniões remotas, etc. Isso apesar dos alertas e ações coletivas alegando que essas corporações operam uma "máquina de vigilância" que rastreia e registra indefinidamente as informações pessoais, violando várias leis nacionais e internacionais. Enquanto isso, as capacidades já existentes no Brasil, como a Rede Nacional de Pesquisa, a Telebras, o Serpro ou Dataprev, entre outras, permanecem subutilizadas, sem recursos nem motivações para evoluírem.[28]

De fato, agravante significativo para a soberania nacional é que os equipamentos, plataformas e demais meios de comunicações do próprio Estado dependem de fornecedores estrangeiros. E como complementado por Silveira:[29] o aplicativo denominado SouGov pelo governo brasileiro – que serve os mais de um milhão de funcionários

---

27 LASTRES, Helena Maria Martins; CASSIOLATO, José Eduardo; DANTAS, Marcos. "Estado atual da conceituação e mensuração da Economia de Dados no Brasil". Nota Técnica 12 do Projeto EconDados. *RedeSist e Cicef*, 2024.

28 Ver capítulos VIII e X.

29 SILVEIRA, Sérgio Amadeu da. "Neocolonialismo ou imperialismo de dados? As novas veias abertas da América Latina?" *Conocimiento, poder y transformación digital en América Latina*. Iberoamericana Vervuert, 2024a.

civis e militares – passou a utilizar uma plataforma de serviços cognitivos: o Watson de uma empresa privada estadunidense, a IBM; e 72% das instituições públicas de ensino e pesquisa passaram a utilizar plataformas e servidores fornecidos principalmente pelo Google e Microsoft.[30]

No caso brasileiro, como resultado da mudança radical na linha da política de informática, nos anos 1990, tanto o Estado, quanto a sociedade e a economia ficaram crescentemente vulneráveis aos interesses, padrões e estratégias das GCDs, o que desafia nossa soberania em múltiplas dimensões, pois como vimos especialmente no bloco 3 deste livro:

- a impossibilidade de implementar projetos nacionais estruturantes de desenvolvimento de longo prazo, somada à ausência de entendimento e mensuração da Economia Digital e seus impactos, em muito dificulta a implementação das políticas requeridas para a soberania digital e também a interação entre organismos e instâncias da Administração Pública, ampliando a fragmentação e as vulnerabilidades do Estado e governos;
- os planos e estratégias nacionais constituem maiormente diretrizes abstratas, sem programas e ações concretas e instrumentos de política específicos;
- a adoção acrítica dos conceitos, tecnologias e sistemas difundidos internacionalmente caracteriza a política de inserção do país como mero fornecedor de informações e usuário das tecnologias e produtos fornecidos pelas GCDs,

30 Ver também DANTAS, Marcos. "A privatização da educação através das plataformas de ensino remoto". *Entrevista*, 5 out. 2020.

reforçando o papel de "cobaias desavisadas"[31] e "servos voluntários";[32]

- a tônica das políticas – ao recair sobre os benefícios de tal adoção, independentemente das especificidades técnicas e de quais agentes, meios, competências produtivas e tecnológicas e atividades são fortalecidos – acaba contribuindo para reforçar as estratégias e o poder das GCDs;
- o significativo poder de compra do Estado brasileiro não se direciona ao desenvolvimento do sistema produtivo e inovativo digital nacional, perdendo a chance de mobilizar capacitações produtivas e inovativas desse país continental e de ampliar a soberania do próprio Estado e governos.[33]

3 Principais desafios colocados pelos avanços da digitalização

3.1 Mitos e falácias da Economia de Dados

Dentre os vários mitos, espelhos e nebulosidades que dificultam o entendimento da digitalização, vimos que um dos principais entraves identificados remete à predominância dos enfoques teóricos ortodoxos nos esforços de conceituar, mensurar e desenhar políticas

---

31 Morozov alude ao poder das GCDs de rastrear, digitalizar e vender quase tudo, mas sem que os cidadãos saibam do que efetivamente se trata, sendo colocados para estudos e visando influenciar seus modos de viver. (MOROZOV, Evgeny. *Big tech*: a ascensão dos dados e a morte da política. São Paulo: Ubu, 2018).

32 VAROUFAKIS, Yanis. *Technofeudalism*: What killed capitalism. Brooklyn: Melville House, 2024.

33 Ver capítulo II, IX e X; LASTRES, Helena Maria Martins; CASSIOLATO, José Eduardo; DANTAS, Marcos. "Estado atual da conceituação e mensuração da Economia de Dados no Brasil". Nota Técnica 12 do Projeto EconDados. *RedeSist e Cicef*, 2024; Pessanha (2020).

para essa área. A predominância de preceitos neoliberais, dos mais óbvios ao mais sutis, foi evidenciada pela pesquisa realizada. A iniciar pela recorrente alusão à suposta "falta de alternativas", geralmente associada aos riscos de não se engajar no processo hegemônico comandado pelas GCDs, contribuir para ampliar o fosso tecnológico e "perder o trem da história".

Lemos[34] nota que grande parte dos países perseguem estratégias de "transformação digital" e, apesar de reconhecerem as ameaças inerentes à falta de soberania e outras, parecem convencidos de ser mais arriscado não se engajar nesse processo. Acrescenta ainda que o tema central nas ações dos diferentes países é a proteção dos dados individuais, estimando-se que até janeiro de 2023, 162 países implementaram leis para tal. Além do foco na proteção individual – característica marcante das políticas adotadas também no Brasil – as propostas de soberania resultam fundamentalmente da promoção de "autonomia dos usuários e de autodeterminação individual".[35]

No debate das novidades, testemunhamos o ressurgir dos vieses resultantes de visões neoliberais e das discussões já superadas, desde meados do século passado, sobre a suposta "neutralidade da ciência

34 LEMOS, Cristina. "Economia de Dados: abordagens conceituais, sistemas de mensuração e políticas em países e blocos de países selecionados na África, Ásia e Oceania". Nota Técnica 3 do Projeto EconDados. *RedeSist e Cicef*, 2024.

35 Ver capítulos II, VIII e X; MATOS, Marcelo P. "Economia de Dados: conceituações, sistemas de mensuração e políticas no Brasil". Nota Técnica 5 do Projeto EconDados. *RedeSist e Cicef*, 2024; LASTRES, Helena Maria Martins; CASSIOLATO, José Eduardo; DANTAS, Marcos. "Estado atual da conceituação e mensuração da Economia de Dados no Brasil". Nota Técnica 12 do Projeto EconDados. *RedeSist e Cicef*, 2024.

e tecnologia",[36] a pretensa postura "tecnolibertária" da internet e as fantasiosas promessas da digitalização, que incluem as crenças que:[37]

- as GCDs, seus sistemas, algoritmos e produtos digitais são neutros e não interferem, exceto para nos servir;
- a tecnologia empodera e coloca os usuários no controle, presumindo uma mítica simetria entre as GCDs e usuários;
- as GCDs agem para garantir a "liberdade de expressão" como um valor superior que garante democracias, respeitando os contratos locais e nacionais, o que impediria as consequências negativas de sua atuação;
- os ajustes necessários para resolver eventuais resultados danosos das novas tecnologias podem ser realizados pelas próprias empresas, e eventuais danos maiores podem ser mitigados por "salvaguardas regulatórias", supostamente independentes;
- as implicações da coleta massiva de dados nos países centrais produzem os mesmos efeitos econômicos, políticos e socialmente moduladores que nos países periféricos.

---

36 Ver, por exemplo, SABATO, Jorge. *El pensamiento latinoamericano en la problemática ciencia, tecnología, desarrollo, dependencia*. Argentina: Paidos, 1975.

37 Ver capítulos II e X; DANTAS, Marcos. *A lógica do capital-informação*: a fragmentação dos monopólios e a monopolização dos fragmentos num mundo de comunicações globais. Rio de Janeiro: Contraponto, 1996; LEMOS, Cristina. "Economia de Dados: abordagens conceituais, sistemas de mensuração e políticas em países e blocos de países selecionados na África, Ásia e Oceania". Nota Técnica 3 do Projeto EconDados. *RedeSist e Cicef*, 2024; ARROIO, Ana. "Economia de Dados na perspectiva das Organizações Multilaterais e nos (B)RICS: mitos, conceitos e sistemas de mensuração para informar políticas públicas no Brasil". Nota Técnica 2 do Projeto EconDados. *RedeSist e Cicef*, 2024; LASTRES *et al.*, 2024.

E como alerta Couldry,[38] o próprio termo Inteligência Artificial (IA) constitui um mito do colonialismo digital por tratar-se de uma descrição equivocada que cria um reconhecimento equivocado: "Não é inteligência, nem é artificial, porque depende do trabalho humano para treiná-la. É apenas probabilística, não é criativa", num processo que visa realizar uma redefinição fundamental do conhecimento e de suas relações de poder, o qual se impõe "com a nossa participação, que incorporamos a IA na vida cotidiana sem entender o que está em jogo...":

> O colonialismo de dados prepara o terreno para um novo modo de produção capitalista e organização socioeconômica, enquanto coexiste com o legado neocolonial. É uma continuação da tentativa do Ocidente de impor uma única versão de racionalidade ao mundo.[39]

Os debates se desdobram no mundo, abordando temas como o reforço das injustiças epistêmicas e cognitivas; das cegueiras sociotécnicas maiormente raciais e de gênero e classe; dos alertas sobre exclusões e ampliação de fossos; do retrocesso de conquistas na diversidade e dos riscos da "monocultura científica".[40]

---

38 COULDRY, 2022.

39 Disponível em: https://www.youtube.com/watch?v=2u7SBVHOTZ0.

40 Paola Ricaurte enfatiza que as epistemologias centradas nos dados devem ser entendidas como uma expressão da colonialidade do poder que se manifesta como uma "imposição violenta de novas formas de ser, pensar e sentir" as quais negam a existência de visões e epistemologias alternativas e ameaçam a vida na Terra. A autora recomenda a adoção de epistemologias alternativas de dados que respeitem as populações, a diversidade cultural e os diferentes contextos (RICAURTE, Paola. "Data epistemologies: the coloniality of power, and resistance". *Television & New Media*, vol. 20(4), 2019). Ver capítulo II; LEMOS, Cristina. "Economia de Dados: abordagens conceituais, sistemas de mensuração e políticas em países e blocos de países selecionados na África, Ásia e Oceania". Nota Técnica 3 do Projeto EconDados. *RedeSist e Cicef*, 2024; e LASTRES *et al.* (2024).

A questão da soberania e da colonialidade, tratada em diferentes capítulos deste livro, manifesta-se desde a mimetização dos conceitos e sistemas de mensuração até os esforços de definição dos "embrionários marcos legais e regulatórios brasileiros, concebidos e pactuados nos países centrais", como ressaltado no capítulo VIII. Também são relevantes as conclusões das políticas propostas pela maioria dos países, que o domínio tecnológico das GCDs se coloca como inquestionável e as formas de limitar seu controle e garantir soberania de dados para fazer frente a esse poder se dariam principalmente através da regulamentação, a qual teria uma capacidade fictícia.[41]

Em suma, nos países analisados, alcançar a soberania digital constitui objetivo central, porém, de modo retórico, dado que os limites dessa soberania estão demarcados pelo domínio e interferência nas infraestruturas, tecnologias, padrões e orientações exercidos pelas GCDs.[42] Reafirmarmos, portanto, a relevância de evoluir na apreensão dos atuais entraves ao desenvolvimento,

- desmistificando as falácias da lógica neoliberal, que restringe as aspirações para recriar um mundo melhor, vencendo a naturalização de ideias vazias que: fazem crer que a forma atual seja vista como a mais avançada e única alternativa

---

41 ARROIO, Ana. "Economia de Dados na perspectiva das Organizações Multilaterais e nos (B)RICS: mitos, conceitos e sistemas de mensuração para informar políticas públicas no Brasil". Nota Técnica 2 do Projeto EconDados. *RedeSist e Cicef*, 2024.

42 Capítulos V, VI e VIII; MATOS, Marcelo P. "Economia de Dados: conceituações, sistemas de mensuração e políticas no Brasil". Nota Técnica 5 do Projeto EconDados. *RedeSist e Cicef*, 2024; LEMOS, Cristina. "Economia de Dados: abordagens conceituais, sistemas de mensuração e políticas em países e blocos de países selecionados na África, Ásia e Oceania". Nota Técnica 3 do Projeto EconDados. *RedeSist e Cicef*, 2024; ARROIO, Ana. "Economia de Dados na perspectiva das Organizações Multilaterais e nos (B)RICS: mitos, conceitos e sistemas de mensuração para informar políticas públicas no Brasil". Nota Técnica 2 do Projeto EconDados. *RedeSist e Cicef*, 2024.

possível; escamoteiam questões centrais; criam falsos dilemas e escondem os interesses dos parcos (mas poderosos) agentes tanto financeiros, agigantando-os com termos como "o mercado", quanto produtivos, glamourosamente chamados de big techs.

- superando a falta de clareza sobre agentes, atividades e impactos;
- vencendo as distorções associadas ao predomínio de indicadores, visões e modelos analíticos e de política elaborados por e para outros países, os quais, além de inadequados a nosso contexto, produzem exclusões e contribuem para limitar a possibilidade de criar alternativas;
- entendendo que a datificação e os sistemas de Inteligência Artificial produzem um novo grau de "epistemicídio" associado à tentativa de apropriação da vida humana e ao risco de captura da própria capacidade de discernimento e exercício do livre arbítrio.[43]

Daí as conclusões que, no Brasil, desde a conceituação de Economia de Dados, é necessário definir "quais diferentes vozes e epistemes devem ser potencializadas" (capítulo VIII). Reiteramos que de forma alguma podemos nos conformar com a situação que nos obriga a contratar e utilizar os "óculos dos outros" em vez daqueles adequados a nossas condições. E, como elaborado nos próximos itens, essas tendências e associadas restrições e consequências não são exclusividade do segmento da Economia de Dados.

43 Ver detalhes em SOUZA SANTOS, 2013; LASTRES *et al.*, 2024.

3.2 A imbricada, invisível e perversa relação entre digitalização e financeirização

O aprofundamento da digitalização ganhou impulso na transição para o Terceiro Milênio, resultando e refletindo as mudanças político-institucionais que caracterizaram o ambiente dos países mais desenvolvidos do mundo naquele período: o progressivo movimento de liberalização e desregulação dos mercados mundiais e, sobretudo, dos sistemas financeiros e dos mercados de capitais.[44]

Ressalta-se em particular, a sobreposição da lógica financeira à produtiva; e especialmente as articulações estreitas entre o aprofundamento da financeirização e da digitalização (capítulo II). Como notado por Milton Santos a "dupla tirania do dinheiro e da informação" forneceu as bases do sistema ideológico validado pelo "pensamento único" e legitimou as características do novo *ethos* nas relações sociais e interpessoais, influenciando o caráter e as formas de agir dos Estados, das empresas e dos indivíduos. Um dos corolários de tal situação é a "perversidade sistêmica", refletida na aceleração dos processos hegemônicos; no acirramento da competitividade, na confusão dos espíritos, na violência estrutural, na "esquizofrenia do território", no ataque à política do Estado e na imposição de uma política comandada pelas empresas.[45]

Em linhas semelhantes, Conceição Tavares[46] argumentou que:

> ...a grande perversidade na produção da globalização atual não reside apenas na polarização da riqueza e da pobreza, na

---

44 LASTRES, Helena Maria Martins; ALBAGLI, Sarita. *Informação e globalização na era do conhecimento*. Rio de Janeiro: Campus, 1999.

45 SANTOS, Milton. *Por uma outra globalização*: do pensamento único à consciência universal. Rio de Janeiro: Record, [2000] 2012.

46 TAVARES, Maria da Conceição. "Prefácio". *In*: SANTOS, Milton. *Por uma outra globalização*: do pensamento único à consciência universal. Rio de Janeiro: Record, [2000] 2012.

> segmentação dos mercados e das populações submetidas, nem mesmo na destruição da Natureza. A novidade aterradora reside na tentativa empírica e simbólica de construção de um único espaço unipolar de dominação. A tirania do Dinheiro e da Informação, produzida pela concentração do capital e do poder, tem hoje uma unidade técnica e uma convergência de normas sem precedentes na história do capitalismo.[47]

Belluzzo[48] assinalou que a acumulação de riqueza monetária pode se desvencilhar dos "incômodos da produção material", aperfeiçoando a natureza do denominado *money manager capitalism*, o qual se distingue pelo caráter universal e processos permanentes de "inovação criativa", "capazes de suplantar as façanhas mais espetaculares do que aquelas imaginadas por Karl Marx ao desenvolver o conceito de capital fictício".

De fato, e como assinalado em todo o livro, especialmente nos capítulos I e II, a velocidade alcançada pela "revolução digital", no início do milênio – e ainda mais acelerada pela pandemia da Covid-19, do início da terceira década – explodiu o uso de redes e sistemas e a demanda por bens e serviços digitais, impondo novos modos de organização econômico-financeira, favorecendo as GCDs e demais agentes envolvidos na digitalização, em muito ampliando as assimetrias de poder e riqueza.[49]

---

47 TAVARES, Maria da Conceição. "Prefácio". *In*: SANTOS, Milton. *Por uma outra globalização*: do pensamento único à consciência universal. Rio de Janeiro: Record, [2000] 2012, pp. 2/3.

48 BELLUZZO, Luiz Gonzaga. "Os emergentes e a globalização financeira". *In*: LASTRES, Helena Maria Martins *et al*. (Coord.). *O futuro do desenvolvimento*: ensaios em homenagem a Luciano Coutinho. Campinas: Editora da Unicamp, 2016.

49 Para detalhes ver também LASTRES, Helena Maria Martins; APOLINÁRIO, Valdênia; CASTRO, Sérgio; MATOS, Marcelo. "Transformações e aprendizados da Covid-19 e a dimensão territorial da saúde: por uma nova geração de políticas públicas para o

Sublinha-se que a ausência de um projeto nacional é especialmente grave em contextos de aprofundamento da digitalização e da financeirização e transformações correlatas, cujas consequências são multidimensionais e especialmente impactantes num país como o Brasil, onde, há anos, clama-se pela volta do planejamento de longo prazo.[50] Não podemos aceitar e naturalizar o fato que há meio século não existe no país o que se possa de fato chamar de projeto nacional.[51]

Nessa discussão, Santos apontou que nesse:

> período histórico, a crise é estrutural. Por isso, quando se buscam soluções não estruturais, o resultado é a geração de mais crise. O que é considerado solução parte do exclusivo interesse dos atores hegemônicos, tendendo a participar de sua própria natureza e de suas próprias características.[52]

O autor notou ainda que:

---

desenvolvimento". *Cadernos do Desenvolvimento*, vol. 16, nº 28. Rio de Janeiro: Cicef e Fiocruz, 2021.

50 LASTRES, Helena Maria Martins *et al. O futuro do desenvolvimento*: ensaios em homenagem a Luciano Coutinho. Campinas: Editora da Unicamp, 2016; LASTRES, Helena Maria Martins; CASSIOLATO, José Eduardo; BASTOS, Carlos Pinkusfeld. "Serviços públicos como vetores do bem-estar e reestruturação econômica". *Texto para discussão sobre o Desenvolvimento*, CICEF, nº 1, jul. 2022.

51 Pochmann, por exemplo, argumenta que há mais de 40 anos, o país abandonou o projeto nacional de desenvolvimento, apesar de tratar-se de um dos mais bem sucedidos exemplos de industrialização no século XX e alude à "grande desistência histórica", com consequências na política, na economia (marcada por uma "regressão sistêmica que obrigou à gestão da pobreza") e na cultura (notada pelo "empobrecimento dominado pelos meios de comunicação em massa") (POCHMANN, Marcio. *A grande desistência histórica e o fim da sociedade industrial*. São Paulo: Ideias & Letras, 2022).

52 SANTOS, Milton. *Por uma outra globalização*: do pensamento único à consciência universal. Rio de Janeiro: Record, [2000] 2012, p. 17.

- por intermédio do dinheiro, o contágio das lógicas redutoras ... leva a toda parte um nexo contábil (as regras e condições da financeirização neoliberal), que avassala tudo;
- as soluções locais enfrentam dificuldades ainda mais ampliadas, dadas as ameaças permanentes da concorrência dos agentes mais poderosos.

3.3 Principais falácias e restrições à implementação de projetos de longo prazo

Na discussão dos principais entraves a serem enfrentados no Brasil, Belluzzo[53] aponta alguns que contribuem para obscurecer a compreensão do capitalismo "como economia monetário-financeira em permanente movimento". Com sua crítica certeira e mordaz, o autor ressaltou as hipóteses "camufladas em uma aura técnica e científica", que passam a ser "transformadas em ferramentas". E exemplificou usando o caso da "famigerada necessidade" de alcançar o ajuste fiscal: "as pessoas são 'informadas' que precisam se sacrificar, aceitar cortes nos gastos sociais e menos direitos e benefícios trabalhistas, ou encarar a destruição da economia – tudo em nome da ciência econômica".[54]

Como resumido por Leda Paulani,

> aquilo que se conhece e vende como ciência econômica está coalhado de "verdades", reproduzidas e repetidas *ad nauseam* pela mídia corporativa, sem haver o mínimo espaço para contestação. O "terrorismo econômico", que há muito nos flagela, se alimenta de tais "verdades".

---

53 BELLUZZO, 2023.

54 Disponível em: https://www.cartacapital.com.br/economia/ideologia-e-economia/.

Refere-se aqui novamente à alegada necessidade de estabelecer uma "âncora fiscal", outro nome que, como nota a autora, passou-se a dar "capciosamente, ao famigerado e criminoso teto de gastos", o qual constitui "parte do projeto de destruição neoliberal de nosso Estado". Trata-se de mais uma falácia ideológica que faz "parte do terraplanismo que domina o discurso econômico há muito tempo e que é, no Brasil, particularmente pernicioso".[55]

Reafirma-se que, já há anos, tais restrições vêm impedindo o planejamento e a definição de projetos de desenvolvimento de longo prazo. Temos inclusive sido chamados, em diferentes idiomas, de masoquistas por nos autoimpingir e insistir nessas estratégias "austericidas" e que exigem a manutenção de taxas elevadas de juros,[56] as quais levam, inclusive, à destruição de conquistas sociais expressas por garantias constitucionais, como no caso da saúde, educação, previdência social e demais direitos humanos.[57] Evidentemente que consiste em desatino, especialmente dentro do próprio Estado, aceitar e naturalizar tais restrições!

Daí também a conclusão que caminhos mais adequados para enfrentar a "gastança generalizada de recursos" e controlar as finanças públicas seriam o de cortar os "gastos parasitas e ineficientes", como:

---

55 PAULANI, Leda Maria. "Terraplanismo econômico e terrorismo fiscal". *A Terra é Redonda*, 05 fev. 2021. Disponível em: https://aterraeredonda.com.br/terraplanismo-economico-e-terrorismo-fiscal/. Acessado em: 26.12.2024.

56 Obriga-se o Estado e as autoridades públicas, além da grande maioria do povo da oitava economia mundial a conviver, de forma desnecessária, com a segunda maior taxa real de juros dentre 40 países. Disponível em: https://terapiapolitica.com.br/a-taxa-de-juros-do-brasil-e-a-segunda-mais-alta-do-mundo/.

57 Disponível em: https://bit.ly/4h120Cz. Ver também: GHOSH, Jayati. "The social consequences of inflation in developing countries". *The Economic and Labour Relations Review*, jun. 2023; https://bit.ly/41yMrgS.

- os pagamentos de juros da dívida pública que, de 1º de janeiro 2023 a setembro 2024 consumiram R$ 1,4 trilhão do Orçamento da União;[58] e
- os benefícios tributários a empresas e pessoas físicas são estimados em cerca de R$ 550 bilhões, em 2025, volume três vezes superior ao orçamento do Bolsa Família, que representa quase 20% da arrecadação projetada pela Receita Federal e em muito supera o volume de recursos destinados para o Programa Nova Indústria Brasil. Dentre os beneficiários destacam-se o agronegócio e várias corporações transnacionais, inclusive digitais.[59]

Mostra-se, assim, urgente superar a reprodução acrítica e superficial de termos – como "responsabilidade fiscal", "autonomia do banco central", etc. – e preenchê-los, com o conteúdo resultante de debates com os conjuntos da sociedade sobre o que se espera para seu futuro e o papel dos Estados. Tais falácias continuam a amarrar o Estado brasileiro, impedindo-o de enfrentar de forma adequada os desafios dessa imensa vulnerabilidade causada pela dependência e falta de soberania digital, a qual ameaça sua própria sobrevivência.

3.4 A vulnerabilidade dos Estados

Argumentamos no livro que no atual quadro de grandes transformações, torna-se ainda mais vital a atuação dos Estados no enfrentamento das crescentes desigualdades entre países e populações, a calamidade climática, os avanços desregulados da financeirização

---

58 Disponível em: https://terapiapolitica.com.br/e-as-despesas-com-juros/.

59 Disponível em: https://www.cartacapital.com.br/economia/em-meio--a-debates-sobre-ajuste-fazenda-divulga-lista-inedita-de-empresas-e--setores-beneficiados-por-renuncias-fiscais/; https://www.cartacapital.com.br/economia/cappelli-pecha-de-governo-gastador-e-farsa-e-renuncias-tem-de-entrar-em-discussao; https://www.gov.br/mcom/pt-br/noticias/2024/janeiro/governo-federal-lanca-nova-industria-brasil.

e da digitalização, os ataques à democracia, as disputas geopolíticas e os conflitos militares. Mas, ao mesmo tempo, o próprio futuro dos Estados é questionado. Especialmente a imposição de determinações que, nos anos 1980, aprofundaram o neoliberalismo e instituíram o predomínio da desregulamentação e privatização, minimizaram incisivamente suas capacidades e funções. Registra-se, a partir de então, a já mencionada renúncia do Estado brasileiro de alguns de seus papéis essenciais e dos importantes ativos construídos ao longo dos anos, com a terceirização e privatização de várias de suas funções e a criação de agências reguladoras; e, como planejador, com a crescente submissão às regras e condições da financeirização global.

Destaca-se que a ausência de projetos nacionais de desenvolvimento de longo prazo, em muito fragilizou a sobrevivência das empresas estatais e seu papel como centro ancoradouro e difusor da modernização produtiva e tecnológica, o que aprofundou a "especialização regressiva"[60] e a reprimarização da economia. Tudo isso levou a perdas de espaços, recursos, capacidades e importantes postos de trabalho, além de estimular o convite a empresas estrangeiras e a aquisição de bens e serviços de monopólios transnacionais.[61]

Adiciona-se que a camisa de força colocada pela "convenção neoliberal financista",[62] com sua aversão a riscos, novidades e di-

---

60 COUTINHO, Luciano Galvão. "A especialização regressiva: um balanço do desempenho industrial pós-estabilização". *In*: VELLOSO, João Paulo dos Reis (Coord.). *Brasil:* desafios de um país em transformação. IX Fórum Nacional. Rio de Janeiro: José Olympio, 1997.

61 Ver COUTINHO, Luciano; BELLUZZO, Luiz Gonzaga de Mello. "Desenvolvimento e estabilização sob finanças globalizadas". *Economia e Sociedade*, nº 7, dez. 1996; DANTAS, Marcos; LASTRES, Helena Maria Martins; CASSIOLATO, José Eduardo. "Panorama da Economia de Dados no Brasil nos anos 2020". Nota Técnica 13 do Projeto EconDados. *RedeSist e Cicef*, 2024; capítulos I e II deste livro.

62 ERBER, Fabio. "As convenções de desenvolvimento do governo Lula: um ensaio de Economia Política". *Revista de Economia Política*, vol. 31, nº 1, 2011.

versidades, focaliza o curtíssimo prazo e impõe regras e condições que – além de inviabilizar vários tipos de políticas estratégicas – impedem o apoio aos que mais necessitam: as comunidades e agentes informais, pequenos e situados em territórios marginalizados. De fato, as condições e regras para financiamento – definidas por agentes privados localizados em um único país – operam como poderosa "política implícita",[63] dificultando e mesmo impedindo o apoio a agentes, atividades e territórios de vários tipos, e que leva:

- ao acirramento dos processos de "competitividade espúria"[64] extremamente deletérios principalmente ao trabalho e meio ambiente;
- à conformação de "regimes malignos"[65] que desestimulam investimentos;
- ao reforço de dependências, exclusões, concentrações e desigualdades.

Reafirma-se a alta vulnerabilidade associada às regras e condições financeiras, as quais, no Brasil, atualmente – e já foram muito diferentes no passado – permitem apoiar qualquer tipo de empresa, inclusive as gigantes transnacionais, mas não quem mais precisa e não possui outra alternativa de apoio, senão do Estado. Tais condições excludentes, decisivas no financiamento, têm poder superior

---

63 HERRERA, Amílcar O. "Los determinantes sociales de la política científica en América Latina: Política de Científica Explicita y Política Científica Implícita". *In*: SABATO, Jorge. *El Pensamiento Latinoamericano en la problemática Ciencia, Tecnología, Desarrollo, Dependencia*. Argentina: Paidos, 1975.

64 FAJNZYLBER, Fernando. "Competitividad internacional: evolución y liciones". *Revista de la CEPAL*, 36, 1988.

65 COUTINHO, Luciano Galvão. "Regimes macroeconômicos e estratégias de negócios: uma política industrial alternativa para o Brasil no século XXI". *In*: LASTRES, Helena Maria Martins; CASSIOLATO, José Eduardo; ARROIO, Ana. *Conhecimento, sistemas de inovação e desenvolvimento*. Rio de Janeiro: Editora da UFRJ/Contraponto, 2005.

aos objetivos de qualquer política operada pelo Estado nacional! O corolário reafirma a anulação de qualquer plano de desenvolvimento, em especial, os de longo prazo, e a amarração completa do Estado aos ditames da financeirização sob o "domínio do dólar". Não é por acaso que quase a totalidade das políticas sociais já implementadas no país apoiaram-se em dispositivos de "excepcionalidades".[66]

Um articulado e muito sério entrave colocado aos Estados nacionais, consiste na extrema vulnerabilidade posta pela falta de coordenação, segurança e soberania digital, que como já vimos – no Brasil e em diversas outras partes do mundo – além dos frequentes apagões, possibilitam disponibilizar nossos dados; espionar altos dirigentes dos Estados nacionais; manipular decisões de indivíduos e representantes de todo tipo, inclusive políticos; e armar complôs e golpes de Estado.

Sublinha-se que o papel do Estado na digitalização é fundamental: como criador, utilizador, depositário, coordenador, gestor e regulador político dos dados e informações públicas e privadas. Tal importância – reafirmada nos capítulos deste livro – faz dos Estados o alvo principal das estratégias das GCDs, tendo em vista serem os maiores clientes de seus sistemas digitais e, ao mesmo tempo, geradores de valiosos dados sobre o país, a sociedade e ativos estratégicos nacionais. Reitera-se, sobretudo, a urgência de avançar na regulamentação cibernética e retirar das GCDs e suas plataformas

---

66 Ver LASTRES, Helena Maria Martins *et al*. *O futuro do desenvolvimento*: ensaios em homenagem a Luciano Coutinho. Campinas: Editora da Unicamp, 2016; LASTRES, Helena Maria Martins *et al*. "Convenções neoliberais, Basileia e o futuro dos bancos de desenvolvimento: o caso do BNDES". *Cadernos do Desenvolvimento*, vol. 18, nº 35. Rio de Janeiro: Cicef, 2023, onde discutimos o papel do BNDES e demais bancos de desenvolvimento e como a regulação financeira internacional introduziu amarras que impedem o cumprimento de suas funções.

o poder de decidir o que se pode usar e postar ou não, conforme seus interesses e difusos e opacos "termos de uso".[67]

Mostra-se necessário enxergar e entender essas e outras ameaças, que estão no centro das disputas por hegemonia mundial, mas continuam ainda difíceis de apreender devido à sua intangibilidade, novidade e, consequentemente, invisibilidade.

Enfatiza-se que o futuro dos Estados depende de suas capacidades de enfrentar os desafios à sua própria existência e de planejar e implementar políticas, especialmente as que implicam nas requeridas mudanças estruturais de longo prazo, dentro de uma nova lógica capaz de aliar dinamismo produtivo e inovativo com sustentabilidade, soberania e coesão social e territorial e de colocar em seu centro a vida e o bem-viver, ao contrário da lógica das competições, conflitos armados e demais disputas.

Reiteramos, assim, a urgência tanto de focalizar os principais eixos capazes de garantir a inclusão, soberania e a almejada sustentabilidade social, cultural, ecológica, econômica, tecnológica, digital e política; quanto de realizar sua requerida modernização, com ampliação e consolidação da participação popular no desenho, implementação, acompanhamento e avaliação de políticas.

Encerramos este item corroborando a ênfase dada por Celso Furtado – em uníssono com vários pensadores nacionais e internacionais – à necessidade de um projeto nacional capaz de orientar a reconstrução, especialmente em momentos de grandes mudanças, mesmo quando a conjuntura de desmantelamento do Brasil e da América Latina parece deslocar essa possibilidade para um horizonte longínquo. Lembramos ainda que Furtado ao longo de sua obra, questionou com vigor tanto a importação e uso de conhecimentos

---

67 DANTAS, Marcos. "A matemática da desordem informacional". *A Terra é Redonda*, 5 mai. 2024. Disponível em: https://aterraeredonda.com.br/a-matematica-da-desordem-informacional/. Acessado em: 13.01.2025.

abstratos e descontextualizados, quanto os modos como esses eram impostos ao mundo inteiro; alertou sobre as teorias e conceitos que contribuem para ofuscar e reafirmou que tais tentativas, além de inadequadas e reforçadoras de dependências e desigualdades, retardavam os necessários e apropriados desenvolvimentos.[68]

4 Políticas para a soberania digital em países selecionados

Quanto às políticas para a digitalização, vimos que a maior parte dos países têm desenhado políticas para a transformação digital, partindo de proposições de organismos internacionais. A prioridade ao uso das tecnologias e produtos digitais conforma-se com a posição extremamente vulnerável de usuários, aceitando-se os papéis subordinados na nova divisão internacional do trabalho. Ficam geralmente fora das agendas orientações sobre o enfrentamento adequado dos impactos sociais, ambientais, econômicos e políticos, assim como o desenvolvimento de capacitações, tecnologias, produção e inovação próprias, e, por conseguinte, o desenvolvimento soberano.

A análise das experiências dos países analisados confirma que:

- na orientação da transformação digital, são copiados e reforçados os modelos de governança, as visões e os discursos dominantes. Com isso, ficam ainda mais limitadas as possibilidades de desenvolvimento dos sistemas produtivos e inovativos digitais próprios;

68 Para detalhes ver Cassiolato e Lastres (CASSIOLATO, José Eduardo; LASTRES, Helena Maria Martins. "O papel da ciência, tecnologia e inovação ao desenvolvimento: relendo Furtado em tempos de pandemia". *In*: QUINTELA, Adroaldo *et al.* (Coord.). *Celso Furtado*: os combates de um economista. São Paulo: FPA e Expressão Popular, 2020) além das várias contribuições de Furtado listadas nas referências bibliográficas deste livro.

- as diferentes esferas dos Estados nacionais se tornam as principais clientes das grandes corporações, que oferecem os serviços de infraestrutura, conectividade, sistemas de armazenamento em nuvens, *data centers*, plataformas, além de vários bens e serviços;
- esse conjunto de restrições coloca em xeque a autonomia para tomada de decisões, a segurança digital e de dados e a própria soberania dessas nações.

Porém, foi também reiterado que poucos países têm implementado políticas que partem de uma compreensão de seus próprios problemas, no âmbito da economia e geopolítica global, e visam endogeneizar partes importantes do sistema produtivo digital. Nos países que têm trilhado tal caminho, os papéis de coordenação, orientação e atuação direta dos Estados têm sido fundamentais.

A experiência de alguns países – especialmente aqueles dos (B) RICS, União Europeia, Austrália, Indonésia e Vietnã – ilustra como políticas de Estado podem ter êxito no enfrentamento da acelerada vulnerabilização decorrente da forma como a digitalização se difunde. A iniciar pela importância estratégica conferida à temática – geralmente tratada no mais alto nível decisório, com a liderança de Presidentes ou primeiros-ministros dos países – e os esforços de conscientização e auscultação popular. Principais lições incluem ainda:

- Autonomia em relação ao sistema financeiro mundial hegemônico e capacidade de elaborar políticas para transformações no longo prazo;
- Reforço do papel do Estado como promotor e coordenador, tanto do sistema oficial de estatísticas e informações, quanto do sistema produtivo e inovativo digital e de dados (SPID), visando alcançar segurança e soberania nacional. Para além de orientar e regular o setor privado, os Estados desempenham também o papel de controlador único ou maior das empresas que fazem parte desses sistemas digitais;

- Desenvolvimento de Estados e governos digitais, altamente modernizados e capacitados para atendimento e resposta por meio de serviços públicos digitais acessíveis, abrangentes e eficientes. E com integração, controle e soberania dos bancos de dados e capacidade de processá-los e utilizá-los em benefício da sociedade, no planejamento, formulação e implementação de políticas de desenvolvimento.

- Centralidade das compras públicas, usadas para o desenvolvimento de alternativas locais para a produção de insumos e a provisão de variados bens e serviços digitais.

A análise das principais iniciativas para soberania digital em países selecionados recomenda, sobretudo, implementar políticas que visem criar capacitações próprias em todo o sistema produtivo digital e de dados, focalizando as atividades do governo e com capacidade de extensão aos setores privados. Dentre as políticas específicas adotadas, destacam-se aquelas que visam enfrentar seus principais desafios nacionais e podem indicar caminhos para o caso brasileiro:

- o pioneirismo e as especificidades da experiência de planejamento e regulação da União Europeia, que prevê a ampliação do controle dos Estados, dos "escudos antiopas" e outros modos de proteção das empresas consideradas estratégicas dos países membros;

- os objetivos do Vietnã em investir em todo o sistema de produção e inovação de bens e serviços, incluindo P&D, e apoiar processos de conscientização e mobilização para uma cultura digital, com participação ativa de comunidades locais, de universalização do acesso e alfabetização e capacitação digital, visando garantir a soberania dos dados nacionais;

- a ênfase na conscientização e implementação de consultas participativas para definição da política digital na Austrália;

- os objetivos da Rússia em minimizar dependências e criar competências tecnológicas endógenas no sistema produtivo, inovativo, priorizando a soberania e a segurança nacional, cujos resultados já alcançados incluem o desenvolvimento e uso de *softwares* nacionais pelos órgãos governamentais e a adoção de um Sistema Operacional Alternativo que serve a todos os Ministérios e demais órgãos do Estado, às grandes empresas, etc.;
- a estratégia centrada na proteção dos interesses públicos e soberania nacional da China – também baseada em um sistema operacional com infraestrutura e capacitações próprias – e que utiliza o poder de compra estatal para estimular e endogeneizar o desenvolvimento industrial e tecnológico;
- a prioridade da China e Rússia à adoção de definições e estratégias próprias para mega plataformas de internet ("Operadores de Infraestrutura de Informação Crítica") que permitem maior controle da economia, segurança nacional e transferências internacionais de dados.[69]

5 Principais linhas de proposições

O aprofundamento da digitalização marca a história do capitalismo, no século XXI, e amplia as ameaças colocadas aos diferentes países, seus Estados, economias, sociedades e sistemas político-institucionais. Daí a urgência em recuperar o caráter central da soberania digital e repensar modos possíveis de desenvolvimento capazes de garantir a democracia e a sustentabilidade social, ecológica, econômica e política. Reitera-se, sobretudo, a essencialidade de pensar o futuro superando a lógica – absolutamente destrutiva e insustentável – das camisas de força financeiras, guerras e demais

69 Ver capítulos do bloco 2 deste livro, especialmente IV, V e VI.

disputas; e trabalhar para ampliar a lógica da solidariedade, cooperação, coesão e sustentabilidade sistêmica.

5.1 No quadro do futuro mundial

Olhando para o futuro, mostra-se necessário e oportuno mobilizar as sociedades brasileira e internacional para pensar e debater o futuro do país e do mundo numa perspectiva de inclusão, justiça, coesão, segurança, soberania e sustentabilidade, visando planejar agendas nacionais e internacional, no horizonte de 2025 a 2050, capazes de refletir os avanços nos espaços ocupados pelas vozes e visões do Sul.

As oportunidades de ampliar as visões, conquistas e propostas do Sul devem ser multiplicadas. Articulando o G20, BRICS+, Mercosul, América Latina e demais países do Sul, recomenda-se ampliar as visões e proposições de modelos alternativos e comuns para:

1. Apoiar as diferentes formas de consolidar o papel e as ações-chave dos Estados nacionais:

- planejando, implementando e coordenando políticas com visão integrada e de longo prazo, através de processos democráticos, coletivos e participativos, de diálogo social e de parcerias com a sociedade;
- criando plataformas de colaboração internacional para articular e transformar os Estados, empresas, investimentos e serviços públicos, capacitando e qualificando servidores e compartilhando experiências e conhecimentos;
- gerando e difundindo alternativas soberanas capazes de garantir proteção e autonomia aos Estados-nação frente ao poder, maiormente estadunidense, do sistema financeiro mundial e das GCDs;

- enfrentando as várias ameaças relacionadas às amarras do "financismo perverso" e o desregulado avanço da digitalização com seus volumosos, e sem precedentes históricos, números de casos de afrontas às regras e instituições, as quais incluem além do extermínio dos potenciais competidores das GCDs, inúmeros outros de cunho ético e moral;[70]

- potencializando as funções dos Estados e seu poder de compra – instrumento poderoso e capilarizado de desenvolvimento produtivo e tecnológico – orientado para um futuro soberano, inclusivo, coeso e sustentável;[71]

- garantindo o acesso seguro e de qualidade aos serviços públicos e promovendo a qualificação produtiva e inovativa de sistemas e arranjos produtivos locais (APLs) "portadores de futuro" para prestação desses serviços e fornecimento de insumos.[72]

2. Fomentar, nos moldes da iniciativa Aliança Global contra a fome e a pobreza, a criação e consolidação da:

- Aliança Mundial para a Sustentabilidade Social e Ecológica;

- Aliança Mundial para a Sustentabilidade Econômica, Tecnológica, Digital e Política.

---

70 Ver capítulos II e IX.

71 Amadeu (2024) estima que o poder de compra público represente mais de metade das aquisições de TI. https://capitaldigital.com.br/nao-existe-nuvem-soberana-com-transferencia-internacional-de-dados/.

72 Ver detalhes em LASTRES, Helena Maria Martins; CASSIOLATO, José Eduardo; DANTAS, Marcos. "Estado atual da conceituação e mensuração da Economia de Dados no Brasil". Nota Técnica 12 do Projeto EconDados. *RedeSist e Cicef*, 2024.

Tanto os capítulos deste livro, como as notas técnicas que lhes embasam,[73] trazem detalhes e muitas outras importantes recomendações de políticas. O resumo realizado acima consiste em uma mostra da riqueza de sugestões ali oferecidas. A convergência de tais linhas de proposições reitera inclusive a oportunidade histórica de aproveitar as possibilidades abertas pela afirmação brasileira no plano político internacional, com a presidência brasileira no G20 e nos BRICS+, a partir do reforço às importantes formas de cooperação já estabelecidas nessa e várias outras áreas.

5.2 Novos caminhos para o Brasil

Um dos principais argumentos deste livro é que o nosso futuro depende do fortalecimento do Estado brasileiro e de suas capacidades

---

73 Ver os casos da União Europeia, (FALCÓN, M. L. "Economia de Dados: conceito, mensuração e repercussões na agenda de políticas da União Europeia". Nota Técnica 1 do Projeto EconDados. *RedeSist e Cicef*, 2024); EUA e Canadá (BRITTO, Jorge. "Economia de Dados: conceitos e sistemas de medição nos EUA e Canadá". Nota Técnica 4 do Projeto EconDados. *RedeSist e Cicef*, 2024); (B)RICS (ARROIO, Ana. "Economia de Dados na perspectiva das Organizações Multilaterais e nos (B)RICS: mitos, conceitos e sistemas de mensuração para informar políticas públicas no Brasil". Nota Técnica 2 do Projeto EconDados. *RedeSist e Cicef*, 2024); países selecionados da América Latina, (GONZALO, Manuel; BORRASTERO, Carina. "América Latina y la Economía de Dados: definiciones, mediciones, temas de agenda e implicancias de política". Nota Técnica 8 do Projeto EconDados. *RedeSist e Cicef*, 2024) e da África, Ásia e Oceania (LEMOS, Cristina. "Economia de Dados: abordagens conceituais, sistemas de mensuração e políticas em países e blocos de países selecionados na África, Ásia e Oceania". Nota Técnica 3 do Projeto EconDados. *RedeSist e Cicef*, 2024); Brasil (MATOS, Marcelo P. "Economia de Dados: conceituações, sistemas de mensuração e políticas no Brasil". Nota Técnica 5 do Projeto EconDados. *RedeSist e Cicef*, 2024) e Nordeste brasileiro (LIMA, Severino José de; ARRUDA, Danilo Raimundo de; PINTO, Pablo Aurélio Lacerda Almeida. "Medição da economia baseada em dados: impactos, desafios e oportunidades para o Nordeste brasileiro". Nota Técnica 9 do Projeto EconDados. *RedeSist e Cicef*, 2024).

de planejar, coordenar e implementar políticas que – além de garantir os direitos fundamentais da cidadania digital e sua própria soberania – coloquem em seu centro a vida e o bem-viver de modo inclusivo, participativo e sustentável no longo prazo. A mobilização, o apoio popular e a cooperação internacional possuem papéis essenciais para tal.

Contrariamente às visões derrotistas e conformistas neoliberais, lembramos das contribuições de diferentes correntes do pensamento que focalizam os períodos de grandes transformações nos paradigmas socioeconômicos e buscam identificar, além dos desafios, as possíveis oportunidades para países que desenvolvem capacitações para ingressar em seus patamares mais avançados. De fato, no início de qualquer paradigma, as incertezas e resistências são imensas, impondo uma série de restrições, mas também recompensas àqueles países e organizações com capacidade de reconhecer e rapidamente se posicionar na liderança das transformações. Entretanto, reafirma-se também a existência de uma importante literatura que discute as vantagens dos "*latecomers*".[74]

Um argumento central deste livro é que o Estado e o governo brasileiro precisam dispor de infraestrutura e todos os meios e conteúdos próprios, com criptografia própria, para manter suas bases de dados e de comunicações protegidas e estruturadas para gestão e planejamento e para o fornecimento de serviços públicos de qualidade. Fundamentalmente, propõe-se avançar além do papel de simples usuários e reforçar as estruturas e capacidades produtivas e inovativas nacionais para alcançar autonomia e soberania nessas tecnologias e produtos. Isso implica apoiar projetos integrados

---

74 Ver PEREZ, Carlota. "Technological change and opportunities for development as a moving target". *Cepal Review*, 75. Cepal, 2001; CASSIOLATO, José Eduardo; LASTRES, Helena Maria Martins; MACIEL, Maria Lucia (Coord.). *Systems of innovation and development*: evidence from Brazil. Cheltenham: Edward Elgar, 2003; LASTRES, Helena Maria Martins. *Advanced materials revolution and the Japanese system of innovation*. Londres: Macmillan, 1994.

para o desenvolvimento de conhecimentos, equipamentos, sistemas, plataformas e demais bens e serviços digitais adequados às nossas necessidades locais e nacionais.

Mostra-se urgente preencher as lacunas, descoordenação e descontinuidades da atuação do Estado e das políticas públicas, sobretudo, oferecendo serviços de conectividade e acesso a informações em todo o território brasileiro. O direito à informação, como expansão e aprofundamento da cidadania, possibilita que os cidadãos acessem informações, pessoais e coletivas, cabendo ao Estado prover as condições para tal. Urge, portanto, enfrentar as ameaças digitais à soberania e ao governo e Estado, aproveitando a oportunidade de, em nível nacional:[75]

- lançar um programa de criação no curto e longo prazos de um sistema produtivo e inovativo digital, potencializado pelo uso do poder de compra do Estado e apropriado à sua operação, abrangendo desde a infraestrutura – cabos ópticos, satélites e redes de satélites (constelações), equipamentos (computadores, celulares etc.), meios de armazenamento (nuvens e outros), controle e processamento, plataformas, redes, serviços de troca de mensagens etc. – até os demais bens e serviços. E com possibilidades de fornecer alternativas de acesso ou uso de tecnologias digitais a organizações e indivíduos que queiram não se submeter aos bens e serviços fornecidos por corporações transnacionais;
- apoiar os sistemas produtivos e inovativos portadores de futuro com ênfase nos serviços públicos essenciais – saúde, educação, alimentação, moradia, saneamento, energia, mobilidade, conectividade e informações, cultura etc. – os quais podem mobilizar inúmeras capacidades produtivas e inovativas territoriais, gerando empregos formais, com baixa pegada ecológica, e com potencial de renovar e

75 Para detalhes, ver LASTRES *et al.*, 2024.

modernizar, inclusive digitalmente, as estruturas produtivas e inovativas.[76]

- acelerar a composição de uma ação governamental concertada de soberania e gestão digital, consolidando a exigida interoperabilidade, coordenação transversal e multiministerial, articulando as ações planejadas e executadas nos vários ministérios e agências, visando, além de agilizar a tomada de decisões, organizar projetos e alocar recursos para potencializar seu alcance;
- criar formas de garantir o efetivo controle das atividades das GCDs atuantes no território brasileiro;
- rever e anular iniciativas e contratos anteriormente realizados com as GCDs que ferem ou fragilizam a segurança e soberania nacional;
- reavaliar e reajustar programas de apoio ao desenvolvimento produtivo, científico, tecnológico e inovativo que não consideram as implicações para a soberania nacional na concessão de recursos que beneficiam maiormente as GCDs;
- realizar séries de programas de sensibilização e auscultação popular visando informar e qualificar os objetivos das políticas.

Uma recomendação principal refere-se à oportunidade de liderar a criação de uma Iniciativa Mundial em prol dos Estados Digitais Soberanos (IMEDS) – centrada em sistemas produtivos e inovativos integrados para uso dos Estados nacionais – contemplando o conjunto de equipamentos, acessórios, aplicativos, plataformas e demais

76 O país poderia ser muito beneficiado se houvesse condições de criar novas empresas estatais capazes de ocupar o centro do SPID nacional e de ancorar estímulos ao sistema inteiro. Como foi feito no passado com a criação da Petrobras, Eletrobras, Embraer e muitas outras.

infraestruturas e meios para produção, obtenção, armazenamento, compartilhamento, regulação e uso e difusão de informações de todos os tipos, inclusive financeiras, de modo autônomo e democrático.

Destaque especial cabe ao papel dos bancos públicos de desenvolvimento como indutores e financiadores do desenvolvimento do sistema produtivo e inovativo digital e como demandantes de soluções tecnológicas locais para ampliação do acesso digital, equipamentos, plataformas, *softwares*, algoritmos, etc. Recomenda-se, portanto, que tal iniciativa seja liderada pelo NDB – o New Development Bank – o Banco dos BRICS – e o BNDES.

De modo estreitamente articulado, recomenda-se que o Brasil participe da criação do sistema de transferências financeiras internacionais alternativo àquele estabelecido como único pela Sociedade para Telecomunicações Financeiras Interbancárias Mundiais (SWIFT, na sigla em inglês), que completou 50 anos em 2023.

Em resumo, sublinha-se que, além de contribuir para resolver questões de direito cidadão, de segurança e soberania política e geopolítica prementes, tais iniciativas possuem a capacidade de embasar a modernização da estrutura produtiva brasileira e dos demais países participantes, abrindo espaços significativos para a criação de novos e qualificados empregos e irradiando inovatividade e dinamismo produtivo.

Como frisado, o Brasil tem uma história que não pode ser ignorada em qualquer discussão sobre estratégias nacionais para a Economia Digital. Ressalta-se a densa institucionalidade criada nos centros de ensino e pesquisa, no meio empresarial e de política, promoção, financiamento e regulação. Não podemos nos conformar com a situação que nos obriga:

- a contratar e utilizar os "óculos dos outros" em vez daqueles adequados a nossas condições;
- a permanecer como usuários passivos e desavisados dos produtos ofertados pelas GCDs;

- a ampliar nossas vulnerabilidades e dependências de países e empresas estrangeiras.

Tanto no Brasil, quanto em outros países do Sul, acumulamos vasta experiência e conhecimentos. Falta avançar nas formas de resiliência política e em defesa do próprio Estado democrático, o que requer impedir desde as reiteradas privatizações, ataques e dilapidação do patrimônio estatal até a revisão dos processos de "criminalização do apoio ao desenvolvimento".[77]

Reafirma-se também a oportunidade de repensar o Brasil, priorizando o aprofundando da integração latino-americana e dos BRICSs e demais países do Sul Global. Para tal reiteramos a importância vital de:

- criar e reforçar modelos contextualizados de pensamento, conceitos, indicadores e políticas para enfrentar os principais desafios colocados com o aprofundamento dos processos de financeirização, digitalização, emergência climática e desigualdades;
- vencer a hegemonia epistêmica que desclassifica e neutraliza outros sistemas de conhecimento;
- desmistificar as pretensas ideias e modelos únicos, difundidos como universais, tanto na arena acadêmica, quanto empresarial e política. Grande parte deles refletem dogmas, assim como interesses dos países e organismos que atualmente comandam as esferas econômicas e políticas mundiais. Tais ideias e modelos são, em geral, baseados em um único ponto de vista, via de regra, considerado "neutro", "isento" e "técnico". Contudo, são restritos e enviesados, fragmentam e limitam a implementação de

---

77 Ver LASTRES, Helena Maria Martins *et al.* *O futuro do desenvolvimento*: ensaios em homenagem a Luciano Coutinho. Campinas: Editora da Unicamp, 2016.

políticas capazes de promover qualquer mudança qualitativa, e deixam "fora dos radares" grande parte das atividades e agentes produtivos dos países periféricos. E, ainda, desconsideram todos os demais modelos, que automaticamente passam a ser considerados políticos ou ideológicos, nas piores concepções desses termos.

Considerações finais

Finalizamos este capítulo e livro num momento em que se travou uma importante batalha entre uma GCD e um Estado nacional: o brasileiro. Tal batalha, deflagrada em setembro de 2024, pela Suprema Corte do Brasil, ao suspender, em todo o país, os serviços da plataforma X (ex-Twitter), ocupou o centro dos noticiários nacionais, com destaque, também, na imprensa internacional. Organizações da comunidade científica-tecnológica e da sociedade civil brasileira e internacional manifestaram profunda preocupação quanto à soberania tecnológica e inclusão digital no Brasil, diante da vulnerabilidade do país frente à dependência de poucos conglomerados estrangeiros no acesso à internet. Como foi o caso da Carta Aberta ao Ministério das Comunicações enviada pela Coalisão Direitos da Rede que enfatizou:

> A situação é alarmante: o Brasil não possui uma política nacional articulada de inclusão digital, há uma lacuna de oferta de conectividade em diversos territórios do país e uma dependência tecnológica de empresas estrangeiras, constituindo uma barreira à garantia dos direitos fundamentais.[78]

---

78 Ver https://teletime.com.br/11/09/2024/coalizao-cobra-soberania-tecnologica-ao-mcom-apos-crise-com-a-starlink/ e https://direitosnarede.org.br/2024/09/23/carta-publica-contra-o-ataque-das-big-techs-a-soberania-digital/; https://direitosnarede.org.br/2024/09/11/carta-aberta/.

Estudar e concomitantemente vivenciar as especificidades e impactos de tal contexto nos leva a experimentar o duplo desafio refletido na dificuldade de captar, no dia a dia, os fatos que resumem as condições de seus tempos. Por um lado, evidentemente, essa tarefa torna-se interminável. Por outro, coloca-se o desafio de identificar os eventos mais significativos e que marcarão nossa história, no turbilhão diário. Isso potencializado por tratar-se do tema central desse livro: os avanços vertiginosos e simultâneos da digitalização, observados nos anos 2020.

Visando exercitar as vantagens da criação de conhecimentos que nossa autoria coletiva neste capítulo provê, dentre as várias contribuições registradas no livro, frisamos as seguintes:

A perda do monopólio do Estado brasileiro sobre a infraestrutura de telecomunicações, nos anos 1980, nos impede não apenas de controlar os fluxos de dados intra e transfronteiras, mas inclusive de conhecer, monitorar e regular tais fluxos. Ao privatizar a infraestrutura por onde os dados transitam, o Estado brasileiro abdicou da possibilidade de conhecer e dominar a dimensão e a dinâmica da Economia de Dados no país. Não temos mais noção do que trafega nas redes, da sua dimensão e nem de seus impactos econômicos, sociais, ambientais e políticos. Nossas vulnerabilidades se cristalizam. Acrescenta-se que essas redes privadas estão ampliando suas infraestruturas visando fortalecer sua atuação. Mostra-se extremamente preocupante que, hoje, boa parte das comunicações brasileiras do Estado, e especialmente das Forças Armadas, dependa de corporações estrangeiras. Assim, para falar de cibersegurança deve-se pensar seriamente em formas de controle da infraestrutura, além de outras camadas. Na nossa pesquisa, as experiências de alguns poucos países que preservam sua segurança digital nos mostram ser perfeitamente possível estabelecer tal controle e soberania.[79]

---

79 Para detalhes ver capítulos V e VI; e DANTAS, Marcos. "A matemática da desordem informacional". *A Terra é Redonda*, 5 mai. 2024.

Sem conseguir enxergar, mensurar, entender e avaliar a difusão da digitalização e seus impactos, torna-se impossível implementar políticas adequadas, inclusive as de regulação. As GCDs que comandam tal difusão, evidentemente, não têm interesse em romper tal invisibilidade. Ao contrário. Essas têm sido, inclusive, criticadas por dissimularem os riscos econômicos, sociais, ambientais e políticos envolvidos em suas atividades. Em especial, o fato que nossos dados e informações são comercializados e usados contra nós mesmos, manipulando nossas escolhas e expectativas; e que, através desses meios, as GCDs vêm obtendo e acumulando receitas derivadas maiormente de operações chamadas de "extraoficiais", mas desmascaradas como roubo.

Reafirma-se a estreita articulação das GCDs com os grandes oligopólios "gestores de ativos financeiros". De modo sem precedência na história do capitalismo, conjuntamente tais corporações adquirem poder político e econômico muito acima dos Estados nacionais. Em seu papel de proprietárias de infraestruturas, tidas como imprescindíveis, as GCDs beneficiam-se das novas formas de aferir rendas – de difícil quantificação – de indivíduos, empresas e governos, capturando informações de forma opaca, ilegal e à margem de controle e cujo acesso é bloqueado.

Após mais de meio século de continuidade de tal situação, ela se aprofunda assustadoramente. Ainda sem um quadro político e regulatório adequado, passam a ser legitimadas e naturalizadas as práticas das GCDs tanto de expropriação de direitos humanos críticos, quanto de seus "modelos de negócio", repassadores de mensagens distorcidas e de ódio e projetados para viciar. Reitera-se que tal atuação reforça a concentração da riqueza e do poder, como nunca antes visto na história da humanidade. Daí as recomendações que a comercialização de dados pessoais e demais práticas associadas de manipulação sejam banidas, assim como foram a escravidão e

---

Disponível em: https://bit.ly/4h5ZjzQ. Acessado em: 13.01.2025, em https://www.youtube.com/watch?v=nbDgtUvl1Lg.

outras formas de exploração e comercialização de seres humanos e declaramos ilícito o tráfego de órgãos. Precisamos despertar e declarar ilegal a manipulação e a comercialização da liberdade humana, condensada em dados individuais.

Por fim, reitera-se que a soberania implica no controle democrático pelos Estados e pela população; e que a soberania digital democrática exige a criação de capacidades dos Estados para gerar, disponibilizar e controlar os dados e informações de suas sociedades; orientar o desenvolvimento científico e tecnológico; e possibilitar que seus cidadãos utilizem, mas também compreendam, concordem e produzam tecnologias digitais avançadas. Reafirma-se que o Estado brasileiro possui um histórico que não pode ser ignorado, pois quando essas tecnologias iniciavam seu processo de difusão, em escala global, importantes políticas para a informática e telecomunicações foram implementadas almejando alcançar soberania nacional. Portanto, uma conclusão primordial do livro é que quando foi prioritário fazer, fizemos, e se precisar fazer novamente, antenados com o futuro, faremos. Não será por falta de capacitações.

Finalizamos prestando homenagens e citando a Professora Conceição Tavares:

> País soberano é aquele que reconhece a realidade mundial, mas não deixa se intimidar... fazendo escolhas corretas e negociando com seriedade e responsabilidade, tentando superar os limites do Presente para abrir espaços ao Futuro.[80]

80 TAVARES, Maria da Conceição. "A retomada da hegemonia norte-americana". *Brazilian Journal of Political Economy*, 1985, p. 15.

LISTA DE SIGLAS

Abcom: Associação Brasileira de Comércio Eletrônico

ABES: Associação Brasileira das Empresas de Software

ABS: Australian Bureau of Statistics

ANPD: Autoridade Nacional de Proteção de Dados

AWS: Amazon Web Services

B2B: Business-to-business

BEA: Bureau of Economic Analysis

BIFN: BRICS Institute of Future Networks (Instituto de Redes Futuras do BRICS)

BIRD: Banco Internacional de Reconstrução e Desenvolvimento

BNB: Banco do Nordeste do Brasil

BNDES: Banco Nacional de Desenvolvimento Econômico e Social

BRI: Belt and Road Initiative, China (Rota da Seda moderna, Iniciativa "Cinturão e Rota")

BRICS: Brasil, Rússia, Índia, China, África do Sul

CAC: Administração do Ciberespaço da China

CAD: Dólar Canadense

CADE: Conselho Administrativo de Defesa Econômica

CAF: Banco de Desarrollo de América Latina y el Caribe

CAPES: Coordenação de Aperfeiçoamento de Pessoal de Nível Superior

CBD: Catálogo de Base de Dados

CCT: Conselho Nacional de Ciência e Tecnologia

CDN: Content Distribution network

CEEI: Centro de Engenharia Elétrica e de Informática

CEITEC: Centro Nacional de Tecnologia Eletrônica Avançada

CEP: Cadastro de Endereçamento Postal

CEPAL: Comissão Econômica para a América Latina e o Caribe

CETIC.br: Centro Regional de Estudos para o Desenvolvimento da Sociedade da Informação

CGI.br: Comitê Gestor da Internet no Brasil

CHESF: Companhia Hidroelétrica do São Francisco

CNPJ: Cadastro Nacional de Pessoa Jurídica

CNPq: Conselho Nacional de Desenvolvimento Científico e Tecnológico

CONSAD: Conselho Nacional de Secretários de Estado de Administração

CPA: Centros de Pesquisa Aplicada

CT&I: Ciência, Tecnologia e Inovação

DATAPREV: Empresa de Tecnologia e Informações da Previdência

DATASUS: Departamento de Informação e Informática do Sistema Único de Saúde

DEPA: Data Empowerment and Protection Architecture (Arquitetura de Proteção de Empoderamento de Dados) da Índia

DFFT: Data Free Flow of Trust (Fluxos de Dados Transfronteiriços de Confiança)

DLT: Decentralized Ledger Technology

EBIA: Estratégia Brasileira de Inteligência Artificial

E-Ciber: Estratégia Nacional de Segurança Cibernética

E-Digital: Estratégia Brasileira para a Transformação Digital

EMBRAPA: Empresa Brasileira de Pesquisa Agropecuária

EMBRAPII: Empresa Brasileira de Pesquisa e Inovação Industrial

ENAP: Escola Nacional de Administração Pública

ESA: European System of Accounts

ETN: Empresa Transnacional

EUA: Estados Unidos da América

FAP: Fundação de Amparo à Pesquisa
FBCF: Formação Bruta de Capital Fixo
FCC: Comisión Federal de Comunicaciones
FDS: Federal Data Strategy
FGV: Fundação Getúlio Vargas
FINEP: Financiadora de Estudos e Projetos
FMI: Fundo Monetário Internacional
FNDCT: Fundo Nacional de Desenvolvimento Científico e Tecnológico
FNP: Frente Nacional de Prefeitos
GCD: Grande Corporação Digital
IA: Inteligência Artificial
IBGE: Instituto Brasileiro de Geografia e Estatística
ICN: International Competition Network
ICT: Instituição Científica e Tecnológica
ID: Identidade Digital
IDMO: India Data Management Office
INE: Instituto Nacional de Estatística
INOVA: Programa Institucional de Pesquisa, Desenvolvimento e Inovação em Cooperação com Empresas
INPI: Instituto Nacional de Propriedade Intelectual
IoT: Internet of Things (das Coisas)
IP: Internet Protocol (protocolo da internet)
IQUANTA: Grupo de Estudos em Computação e Informações Quânticas
ISD: Instituto Santos Dumont
ITA: Instituto Tecnológico de Aeronáutica
LGPD: Lei Geral de Proteção de Dados Pessoais
LNCC: Laboratório Nacional de Computação Científica
LOA: Lei Orçamentária Anual
LPA: Lucro por Ações
MAPA: Ministério da Agricultura e Pecuária
MC: Ministério das Comunicações

MCTI: Ministério de Ciência, Tecnologia e Inovação

MDA: Ministério do Desenvolvimento Agrário e Agricultura Familiar

MDIC: Ministério do Desenvolvimento, Indústria, Comércio e Serviços

MEC: Ministério da Educação

MeitY: Ministry of Electronics and IT da Índia

MF: Ministério da Fazenda

MGI: Ministério da Gestão e Inovação em Serviços Públicos

MIP: Matriz insumo-produto

MIT: Massachusetts Institute of Technology

MoSPI: Ministério de Estatística e Implementação de Programas da Índia

MOST: Ministério da Ciência e Tecnologia da China

MPO: Ministério do Planejamento e Orçamento

MS: Ministério da Saúde

MUD: Mercado Único Digital

NDB: National Development Bank (Banco Nacional de Desenvolvimento) dos BRICS

NDB: National Data Bureau (Agência de Dados Nacionais da China)

NDGFP: National Data Governance Framework Policy (Política Quadro Nacional de Governança de Dados) da Índia

NDRC: National Development and Reform Commission (Comissão Nacional de Desenvolvimento e Reforma da China)

NIB: Nova Indústria Brasil

NIC.br: Núcleo de Informação e Coordenação do Ponto BR

NTS: Núcleo de Tecnologia em Saúde

OCDE: Organização para a Cooperação e Desenvolvimento Econômico

ODS: Objetivos de Desenvolvimento Sustentável

ONU: Organização das Nações Unidas

OPAs: Ofertas Públicas de Aquisição

PaqTcPB: Fundação Parque Tecnológico da Paraíba

PBIA: Plano de IA para o Bem de Todos

PD&I: Pesquisa, Desenvolvimento e Inovação

PDP: Política de Desenvolvimento Produtivo

PIB: Produto Interno Bruto

PME: Pequena e Média Empresa

PNCiber: Política Nacional de Cibersegurança

PNI: Programa Nacional de Apoio aos Ambientes Inovadores

PSD: Plataformas sociodigitais

RBB: Rede Blockchain Brasil

Rede GOV.BR: Rede Nacional de Governo Digital

REDESIST: Rede de Pesquisa em Sistemas Produtivos e Inovativos Locais

RGPD: Reglamento General de Protección de Datos

RNP: Rede Nacional de Pesquisa

ROSKOMNADZOR: Serviço Federal de Supervisão de Comunicações, Tecnologia da Informação e Meios de Comunicação de Massa da Federação Russa

ROSSTAT: Serviço Federal de Estatística da Federação Russa

RRF: Resilience and Recuperation Funds

SADC: Southern African Development Community (Comunidade para o Desenvolvimento da África Austral)

SCN: Sistema de Contas Nacionais

SERPRO: Serviço Federal de Processamento de Dados

SIN: Sistema Elétrico Nacional

SINGED: Sistema Nacional de Geociências, Estatísticas e Dados

SNA: System of National Accounts

SPID: Sistema Produtivo e Inovativo Digital

STATISTICS CANADA: Canada National Statistical Agency

STEM: Ciências, Tecnologia, Engenharia e Matemática

STF: Supremo Tribunal Federal

SUDENE: Superintendência do Desenvolvimento do Nordeste

STF: Supremo Tribunal Federal

SUS: Sistema único de Saúde

TCU: Tribunal de Contas da União

TELEBRAS: Telecomunicações Brasileiras S.A.

TIC: Tecnologias da Informação e Comunicação
UE: União Europeia
UEPB: Universidade Estadual da Paraíba
UFCG: Universidade Federal de Campina grande
UFG: Universidade Federal de Goiás
UFPB: Universidade Federal da Paraíba
UFPE: Universidade Federal de Pernambuco
UFRN: Universidade Federal do Rio Grande do Norte
UIT: União Internacional de Telecomunicações
UNCTAD: United Nations Conference on Trade and Development (Conferência da ONU sobre Comércio e Desenvolvimento)
Unicamp: Universidade Estadual de Campinas
UNSD: United Nations Statistics Division (Comissão de Estatística da ONU)
USP: Universidade de São Paulo
VIRTUS: Núcleo de Pesquisa, Desenvolvimento e Inovação em Tecnologia da Informação, Comunicação e Automação
WEF: World Economic Forum

LISTA DE FIGURAS, GRÁFICOS E TABELAS

Capítulo I

Capítulo II

Capítulo III

Capítulo IV

Capítulo V

Capítulo VII

Capítulo IX

Capítulo X

REFERÊNCIAS BIBLIOGRÁFICAS

AALBERS, Manuel. "Corporate financialization". *In*: RICHARDSON, Douglas *et al*. (Coord.). *The International Encyclopedia of Geography*: People, the Earth, Environment, and Technology. Oxford: Wiley, 2019.

ABES. *Mercado Brasileiro de Software*: panorama e tendências. São Paulo: ABES, 2023.

ACEMOGLU, Daron; JOHNSON, Simon. "Big tech is bad. Big A.I. Will Be Worse". New York Times, 09 jun. 2023b. Disponível em: https://www.nytimes.com/2023/06/09/opinion/ai-big-tech-microsoft-google--duopoly.html. Acessado em: 18.12.2024.

______. *Power and Progress*: Our Thousand-Year Struggle Over Technology and Prosperity. UK: Hachette, 2023a.

ACEMOGLU, Daron; MAKHDOUMI, Ali; MALEKIAN, Azarakhsh; OZDAGLAR, Asu. "Too Much Data: Prices and Inefficiencies in Data Markets". *American Economic Journal: Microeconomics*, vol. 14, nº 4, 2022.

ACEMOGLU, Daron; RESTREPO, Pascual. "The wrong kind of AI? Artificial intelligence and the future of labour demand". *Cambridge Journal of Regions, Economy and Society*, vol. 13, nº 1, 2020.

AFFELDT, Pauline; KESLER, Reinhold. "Big tech acquisitions: towards empirical evidence". *Journal of European Competition Law & Practice*, vol. 12, nº 6, 2021.

AKCIGIT, Ufuk; ATES, Sina. "What Happened to US Business Dynamism?" *National Bureau of Economic Research*, 2019.

ALI, Syed Mustafa. "A brief introduction to decolonial computing". *XRDS: Crossroads. The ACM Magazine for Students*, vol. 22, nº 4, 2016.

______. "Descolonizar a computação". *In*: GROHMANN, Rafael (Coord.). *Os laboratórios do trabalho digital*. São Paulo: Boitempo, 2021.

ALVA, Oscar Arruda; PARANÁ, Edemilson. "Official statistics and big data in Latin America: Data enclosures and counter-movements". *Big Data & Society*, 2024. Disponível em: https://journals.sagepub.com/doi/10.1177/20539517241229696. Acessado em: 26.12.2024.

ARRIGHI, Giovanni. *The long twentieth century*: money, power, and the origins of our times. Londres: Verso, 1994.

ARROIO, Ana. "Economia de Dados na perspectiva das Organizações Multilaterais e nos (B)RICS: mitos, conceitos e sistemas de mensuração para informar políticas públicas no Brasil". Nota Técnica 2 do Projeto EconDados. *RedeSist e Cicef*, 2024.

ARROIO, Ana; TAVARES, João Marcos Hausmann. "Mudanças na Geopolítica Mundial a partir da Ascensão dos BRICS". TD DIT Nº 07. 4ª Fase Projeto BRICS, RedeSist, IE/UFRJ, jul. 2015. Disponível em: http://redesist.ie.ufrj.br/images/Textos_Discussao_DIT/2015/TD_07_2015.pdf. Acessado em: 26.12.2024.

ARROW, Kenneth J. "Economic Welfare and the Allocation of Resources for Invention". *In*: *The Rate and Direction of Inventive Activity*: Economic and Social Factors. National Bureau Committee for Economic Research. Princeton: Princeton University Press, [1962] 1977.

ATKINSON, Robert D. "A US Grand Strategy for the Global Digital Economy". *Policy Report, Information Technology and Innovation Foundation* (ITIF), jan. 2021.

Australian Government, Department of The Prime Minister and Cabinet. *Australian Data Strategy*, The Australian Government's whole-of-economy vision for data, 2021.

AZAÏS, Christian; CORSANI, Antonella; DIEUAIDE, Patrick. *Vers un capitalisme cognitif*. Paris: L'Harmattan, 2001.

AZMEH, Shamel; FOSTER, Christopher; ECHAVARRI, Jaime. "The International Trade Regime and the Quest for Free Digital Trade". *International Studies Review*, 22(3), 2020.

BAILEY, Rishab; PARSHEERA, Smriti. "Data localization in India: paradigms and processes". *CSI Transactions on ICT*, vol. 9, 2021. Disponível em: https://doi.org/10.1007/s40012-021-00337-4. Acessado em: 26.12.2024.

BARBOSA, Alexandre Costa. "A soberania digital sustentável como base para o futuro da internet". *Comciência – Revista eletrônica de jornalismo científico*, 12 dez. 2022. Disponível em: https://www.comciencia.br/tag/alexandre-costa-barbosa/. Acessado em: 26.12.2024.

BAREFOOT, Kevin; CURTIS, Dave; JOLLIFF, William; NICHOLSON, Jessica R.; OMOHUNDRO, Robert. "Defining and Measuring the Digital Economy". *Bureau of Economic Analysis* (BEA), 2018.

BARRIOS, Lucas de Góis. "Soberania, planejamento estatal e transformação digital: análise comparada dos instrumentos jurídicos da União Europeia e do Brasil". *Revista Semestral de Direito Econômico*, Porto Alegre, vol. 2, nº 1, 2023. DOI: 10.51696/resede.e2106. Acessado em: 26.12.2024.

BARTHES, Roland. *Mythologies*. Trad. Annette Lavers. Nova York: Noonday Press, 1957.

BASTOS, M. "State policies and private interests: the struggle over information technology policy in Brazil". *In*: SCHMITZ, Hubert; CASSIOLATO, José Eduardo (Coord.). *Hi-tech for industrial development*: Lessons from the Brazilian experience in electronics and automation. Londres: Routledge, 1992.

BAUMGARTEN, Maira (Coord.). *Sociedade, conhecimentos e colonialidade*: olhares sobre a América Latina. Porto Alegre: Editora da UFRGS, 2016.

BAUMS, Ansgar. "Digitale Standortpolitik in der Post-Snowden-Welt". *In*: FRIEDRICHSEN, Mike; BISA, Peter-J. (Coord.). *Digitale Souveränität*: Vertrauen in der Netzwerkgesellschaft. Berlim: Springer-Verlag, 2016.

BEA. *Introducing Consumer Durable Digital Services into the BEA Digital Economy Satellite Accoun*t. 2023. Disponível em: https://www.bea.gov/system/files/papers/BEA-WP2023-5.pdf.

______. *Issue Paper on Recording Valuation of Data, Free Assets, and Free Services in National Accounts*. Paper prepared for the ISWGNA Digitalization Task Team, 2020.

______. *Toward a Digital Economy Satellite Account*. 2021a. Disponível em: https://www.bea.gov/data/special-topics/digital-economy. Acessado em: 09.01.2025.

______. *Treatment of Data in National Accounts*. 2019. Disponível em: https://www.bea.gov/system/files/2019-05/Paper-on-Treatment-of-Data-BEA-ACM.pdf.

______. *Updated Digital Economy Estimates*. June 2021b. Disponível em: https://www.bea.gov/system/files/2021-06/DE%20June%202021%20update%20for%20web%20v3.pdf.

BEAN, Charles. "Independent Review of UK Economic Statistics". *Final Report*. Londres: LSE, 2016. Disponível em: https://assets.publishing.service.gov.uk/government/uploads/system/uploads/attachment_data/file/507081/2904936_Bean_Review_Web_Accessible.pdf. Acessado em: 26.12.2024.

BELLI, Luca *et al*. *Cibersegurança*: uma visão sistêmica rumo a uma proposta de marco regulatório para um Brasil digitalmente soberano. Rio de Janeiro: FGV Direito Rio, 2023. Disponível em: https://direitorio.fgv.br/publicacao/ciberseguranca-uma-visao-sistemica-rumo-uma-proposta-de-marco-regulatorio-para-um-brasil.

BELLI, Luca. "Exploring the Key AI Sovereignty Enablers (KASE) of Brazil, to build an AI Sovereignty Stack". *In*: BELLI, Luca; GASPAR, Walter B. (Coord.). *The Quest for AI Sovereignty, Transparency and Accountability*. Official Outcome of the UN IGF Data and Artificial Intelligence Governance Coalition. Japão, out. 2023.

BELLI, Luca; GASPAR, Walter B. *The Quest for AI Sovereignty, Transparency and Accountability*, Official Outcome of the UN IGF Data and Artificial Intelligence Governance Coalition. Preliminary version of the report. UN Internet Governance Forum. Japão, out. 2023.

BELLUZZO, Luiz Gonzaga. "Os emergentes e a globalização financeira". *In*: LASTRES, Helena Maria Martins *et al*. (Coord.). *O futuro do desenvolvimento*: ensaios em homenagem a Luciano Coutinho. Campinas: Editora da Unicamp, 2016. Disponível em: www.redesist.ie.ufrj.br. Acessado em: 13.01.2025.

BELLUZZO, Luiz Gonzaga; COUTINHO, Renata. *Desenvolvimento Capitalista no Brasil*: ensaios sobre a crise. São Paulo: Brasiliense, 1982.

BENKLER, Yochai. "Don't Let Industry Write the Rules for AI". *Nature*, vol. 569(7755), 2019.

BHATTACHARYA, Pramit. "India's Statistical System: Past, Present, Future". *Carnegie*, 2023. Disponível em: https://carnegieendowment.org/2023/06/28/india-s-statistical-system-past-present-future-pub-90065. Acessado em: 10.01.2025.

BLAKELEY, Grace. *Vulture capitalism*: Corporate crimes, backdoor bailouts, and the death of freedom. Simon and Schuster, 2024.

BOLAÑO, César; ZANGHELINI, Fabrício. "A dialogue between the concept of the Industrial-Economic Healthcare Complex and the Brazilian Political Economy of Information, Communication and Culture". *Journal of Latin American Communication Research*, vol. 12, nº 1, 2024.

BOURDIEU, Pierre. *A economia das trocas simbólicas*. São Paulo: Perspectiva, 1992.

______. *O poder simbólico*. Rio de Janeiro: Bertrand Brasil, 2001.

BRASIL. Ministério do Desenvolvimento, Indústria, Comércio e Serviços. *Nova indústria Brasil, forte, transformadora e sustentável*: Plano de Ação para a neoindustrialização 2024-2026. Brasília: CNDI, MDIC. 2024. Disponível em: https://www.gov.br/mdic/pt-br/assuntos/noticias/2024/janeiro/brasil-ganha-nova-politica-industrial-com-metas-e-acoes-para-o-desenvolvimento-ate-2033. Acessado em: 10.01.2025.

______. Ministro da Ciência, Tecnologia, Inovações e Comunicações. *Estratégia Brasileira para a Transformação Digital*. 2018. Disponível em: https://www.gov.br/mcti/pt-br/centraisde-conteudo/comunicados-mcti/estrategia-digital-brasileira/estrategiadigital.pdf. Acessado em: 10.01.2025.

BRAUDEL, Fernand. *La dynamique du capitalisme*. Paris: Flammarion, 1985.

BRAUN, Benjamin; CHRISTOPHERS, Brett. "Asset manager capitalism: an introduction to its political economy and economic geography". *Environment and Planning A: Economy and Space*, vol. 56, nº 2, 2024.

BREVINI, Benedetta. "Creating the Technological Saviour: Discourses on AI in Europe and the Legitimation of Super Capitalism". *In*: VERDEGEM, P. (Coord.). *AI for Everyone?* Critical Perspectives. Londres: University of Westminster Press, 2021.

BREVINI, Benedetta; PASQUALE, Frank. "Revisiting the Black Box Society by rethinking the political economy of big data". Big Data & Society, 2020.

BRIA, Francesca. "Public policies for digital sovereignty". *Platform Cooperativism Consortium conference*, Nova York, 2015. Disponível em: https://www.academia.edu/19102224/Public_policies_for_digital_sovereignty. Acessado em: 10.01.2025.

BRICS Institute of Future Networks (BIFN). 2023. Disponível em: https://www.bifn.org/achievements.html.

BRITTO, Jorge. "Economia de Dados: conceitos e sistemas de medição nos EUA e Canadá". Nota Técnica 4 do Projeto EconDados. *RedeSist e Cicef*, 2024.

BRYAN, Kevin A.; HOVENKAMP, Erik. "Antitrust limits on startup acquisitions". Review of Industrial Organization, vol. 56, 2020.

BRYNJOLFSSON, Erik. "The turing trap: The promise & peril of human-like artificial intelligence". In: ARAYA, D.; MARBER, P. (Coord.). Augmented education in the global age. Londres: Routledge, 2023.

BRYNJOLFSSON, Erik *et al.* "GDP-B: Accounting for the Value of New and Free Goods in the Digital Economy". *NBER Working Paper* 25695, Cambridge, 2019. Disponível em: https://www.nber.org/papers/w25695. Acessado em: 09.01.2025.

BUNDESMINISTERIUM FÜR BILDUNG UND FORSCHUNG. *GAIA-X*: Ein neuer Datenraum für Europa. BMBF, 2019. Disponível em: https://www.bmbf.de/de/gaia-x-ein-neuer-datenraum-fuer-europa-9996.html.

BUOLAMWINI, J. A. "Gender Shades: Intersectional phenotypic and demographic evaluation of face datasets and gender classifiers". *Program in Media Arts and Sciences*, School of Architecture and Planning, Massachusetts Institute of Technology (MIT), 2017.

CADE. *Contribuição do CADE à tomada de subsídios para regulação de plataformas digitais do Ministério da Fazenda*. Brasília: CADE, 2024.

CAF. *El ecosistema y la economía digital en América Latina. Barcelona*. Corporación Andina de Fomento, 2015. Disponível em: https://repositorio.cepal.org/server/api/core/bitstreams/107f2078-e01c-44bc-99f-8-c8ed7b5e088e/content. Acessado em: 10.01.2025.

______. *GOVTECH READINESS ASSESSMENT GUIDE*. [s.l.]. Corporación Andina de Fomento, 2021b. Disponível em: https://scioteca.caf.com/handle/123456789/1858. Acessado em: 10.01.2025.

______. *Hacia la transformación digital de América Latina y el Caribe*: el Observatorio CAF del Ecosistema Digital. Caracas, Corporación

Andina de Fomento, 2017. Disponível em: https://scioteca.caf.com/handle/123456789/1059. Acessado em: 10.01.2025.

______. *Hacia la estrategia para el mercado úico digital de América Latina*. Buenos Aires: Corporación Andina de Fomento, 2016a. Disponível em: https://scioteca.caf.com/handle/123456789/997. Acessado em: 10.01.2025.

______. *La economía digital y las industrias digitales basadas en el conocimiento*. [s.l.]. Corporación Andina de Fomento, 2021c. Disponível em: https://scioteca.caf.com/handle/123456789/1766. Acessado em: 10.01.2025.

______. *Metodología del Índice CAF de Desarrollo del Ecosistema Digital* (IDED). Caracas: Corporación Andina de Fomento, 2016b. Disponível em: https://scioteca.caf.com/handle/123456789/1052. Acessado em: 10.01.2025.

______. *Policy Brief #28*: Gobernanza de datos y capacidades estatales para la pospandemia. [s. l.]. Corporación Andina de Fomento, 2021a. Disponível em: https://scioteca.caf.com/bitstream/handle/123456789/1765/Gobernanza%20de%20datos%20y%20capacidades%20estatales%20para%20la%20pospandemia.pdf?sequence=1&isAllowed=y. Acessado em: 10.01.2025.

CALDERÓN, José Bayoán Santiago; RASSIER, Dylan G. "Valuing the U.S. Data Economy Using Machine Learning and Online Job Postings". *BEA Working Paper Series*, WP2022-13, out. 2022. Disponível em: https://www.bea.gov/system/files/papers/BEA-WP2022-13.pdf. Acessado em: 09.01.2025.

CAMELO, Ana Paula *et al. Soberania digital*: para quê e para quem? Análise conceitual e política do conceito a partir do contexto brasileiro. São Paulo: CEPI FGV-SP, ISOC, Brasil, 2024.

CASILI, Antonio A. *En attendant les robots*: Enquête sur le travail du clique. Paris: Seuil, 2019.

CASSINO, João Francisco; SOUZA, Joyce; SILVEIRA, Sérgio Amadeu da (Coord.). *Colonialismo de dados*: como opera a trincheira algorítmica na guerra neoliberal. São Paulo: Fundação Perseu Abramo, 2021.

CASSIOLATO, José Eduardo *et al.* (Coord.). *Projeto Desafios para o Sistema Único de Saúde no contexto nacional e global de transformações sociais, econômicas e tecnológicas*. Relatório de Pesquisa. Rio de Janeiro: CEE/Fiocruz, 2023.

CASSIOLATO, José Eduardo; DANTAS, Marcos; LASTRES, Helena Maria Martins. "Marco conceitual e analítico da Economia de Dados". Nota Técnica 11 do Projeto EconDados. *RedeSist e Cicef*, 2024.

CASSIOLATO, José Eduardo; GASPAR, W. "Digitalização e Financeirização: imbricações, desafios e possibilidades". Nota Técnica 6 do Projeto EconDados. *RedeSist e Cicef*, 2024.

CASSIOLATO, José Eduardo; GONZALO, Manuel. "O papel do Estado no desenvolvimento dos sistemas de inovação dos BRICS". *RedeSist Desenvolvimento, Inovação e Território, Texto para Discussão*, nº 1, 2015.

CASSIOLATO, José Eduardo; GUIMARÃES, V.; LASTRES, Helena Maria Martins. "Innovation systems for information and communication technologies: the case of Brazil". *In*: BASKARAN, A.; MUCHIE, M. (Coord.). *Bridging the digital divide*: innovation systems for ICT in Brazil, China, Thailand and Southern Africa. Londres: Adonis & Abbey, 2006.

CASSIOLATO, José Eduardo; HEWITT, Tom; SCHMITZ, Hubert. "Learning in industry and government". *In*: SCHMITZ, Hubert; CASSIOLATO, José Eduardo (Coord.). *Hi-tech for industrial development*: Lessons from the Brazilian experience in electronics and automation. Londres: Routledge, 1992.

CASSIOLATO, José Eduardo; LASTRES, Helena Maria Martins. "Discussing innovation and development: converging points between the Latin American school and the Innovation Systems perspective?" *Globelics Working Paper Series*, nº 8, 2008.

______. "O papel da ciência, tecnologia e inovação ao desenvolvimento: relendo Furtado em tempos de pandemia". *In*: QUINTELA, Adroaldo *et al.* (Coord.). *Celso Furtado*: os combates de um economista. São Paulo: FPA e Expressão Popular, 2020.

______. "Sistemas de inovação e desenvolvimento: as implicações de política". *São Paulo em Perspectiva*, vol. 19, nº 1, jan.-mar. 2005. Disponível em: www.redesist.ie.ufrj.br. Acessado em: 09.01.2025.

______. *Globalização e Inovação Localizada*: experiências de sistemas locais no Mercosul. Brasília: IBICT, 1999. Disponível em: www.redesist.ie.ufrj.br. Acessado em: 06.01.2025.

CASSIOLATO, José Eduardo; LASTRES, Helena Maria Martins; MACIEL, Maria Lucia (Coord.). *Systems of innovation and development*: evidence from Brazil. Cheltenham: Edward Elgar, 2003. Disponível em: www.redesist.ie.ufrj.br. Acessado em: 13.01.2025.

CASSIOLATO, José Eduardo; MATOS, Marcelo Pessoa de; LASTRES, Helena Maria Martins. "Innovation Systems and Development". *In*: CURRIE-ALDER, Bruce *et al.* (Coord.). *International Development Ideas, Experience and Prospects*. Oxford: Oxford University Press, 2014.

CASSIOLATO, José Eduardo; SZAPIRO, Marina. "Os dilemas da política industrial e de inovação". *In*: LEAL, Claudio *et al.* (Coord.). *Um olhar territorial para o desenvolvimento*: Sudeste. Rio de Janeiro: BNDES, 2015.

CASSIOLATO, José Eduardo; SZAPIRO, Marina; FALCÓN, Maria Lucia. "Novas tecnologias digitais, financeirização e pandemia Covid-19: transformações na dinâmica global produtiva, no papel do Estado e impactos sobre o CEIS". *Cadernos do Desenvolvimento*, vol. 16, nº 28, 2021.

CASSIOLATO, José Eduardo *et al.* "Territory, development and systemic innovation: a Southern perspective". *In*: TSVETKOVA, Alexandra; SCHMUTZLER, Jana; PUGH, Rhiannon (Coord.). *Entrepreneurial Ecosystems Meet Innovation Systems*: synergies, policy lessons and overlooked dimensions. Londres: Edward Elgar Publishing, 2020.

CASTELLS, Manuel. *A sociedade em rede*. São Paulo: Paz e Terra, 1999.

CEPAL. *Análisis de la huella digital en América Latina y el Caribe*: enseñanzas extraídas del uso de macrodatos (big data) para evaluar la economía digital (LC/TS.2019/12/Rev.1), Santiago, 2019.

______. *Datos y hechos sobre la transformación digital*. Santiago de Chile. 2021a. Disponível em: https://www.cepal.org/es/publicaciones/46766-datos-hechos-la-transformacion-digital-informe-principales-indicadores-adopcion.

______. *El ecosistema y la economía digital en América Latina*. Santiago de Chile, 2015. Disponível em: https://www.cepal.org/es/publicaciones/38916-ecosistema-la-economia-digital-america-latina. Acessado em: 10.01.2025.

______. *Estrategia de transformación digital*: Chile Digital 2035. Santiago de Chile, 2023. Disponível em: https://www.cepal.org/es/publicaciones/49067-estrategia-transformacion-digital-chile-digital-2035.

______. *La nueva revolución digital*: de la Internet del consumo a la Internet de la producción. Santiago de Chile, 2016. Disponível em: https://www.cepal.org/es/publicaciones/38604-la-nueva-revolucion-digital-la-internet-consumo-la-internet-la-produccion. Acessado em: 10.01.2025.

______. *Red de Políticas de Internet y Jurisdicción, Red de Políticas de Internet y Jurisdicción y CEPAL*: informe sobre la situación regional. Santiago de Chile, 2021. Disponível em: https://www.cepal.org/es/publicaciones/46812-red-politicas-internet-jurisdiccion-comision-economica-america-latina-caribe. Acessado em: 10.01.2025.

______. *Tecnologías digitales para un nuevo futuro*. Santiago de Chile. 2021b. Disponível em: https://repositorio.cepal.org/server/api/core/bitstreams/879779be-c0a0-4e11-8e08-cf80b41a4fd9/content.

CGEE. *Estratégia Brasileira para a Transformação Digital* (E-Digital). Ciclo 2022-2026. Brasília, 2022.

CGI.BR. *Educação em um cenário de plataformização e Economia de Dados*. Núcleo de Informação e Coordenação do Ponto Br, 2023.

CHAKRAVORTI, Bhaskar; BHALLA, Ajay; CHATURVEDI, Ravi. "Which countries are leading the data economy?" *Harvard Business Review*, vol. 1, 2019.

CHECKETTS, Levi. *Poor Technology*: Artificial Intelligence and the Experience of Poverty. Minneapolis: Augsburg Fortress Publishers, 2024.

CHENG, Hoi; LAFLEUR, Marcelo; RASHID, Hamid. "Data Economy: Radical transformation or dystopia? Frontier Technology Quarterly". *United Nations Department of Economic and Social Affairs* (DESA), 2019.

CHESNAIS, François. "La théorie des ondes longues et la technologie contemporaine". *A l'Encontre*, 2019. Disponível em: https://alencontre.org/economie/la-theorie-des-ondes-longues-et-la-technologie-contemporaine-ii.html. Acessado em: 08.01.2025.

______. "The entry into a totally new historical phase". *In*: LASTRES, Helena Maria Martins *et al*. (Coord.). *O Futuro do Desenvolvimento*: ensaios em homenagem a Luciano Coutinho. Campinas: Editora da Unicamp, 2016b. Disponível em: www.redesist.ie.ufrj.br.

______. *A Mundialização do capital*. São Paulo: Xamã, 1996.

______. *Finance capital today*: corporations and banks in the lasting global slump. Leiden: Brill, 2016a.

CHESNAIS, François; SAUVIAT, Catherine. "O financiamento da inovação no regime global de acumulação dominado pelo capital financeiro". *In*: LASTRES, Helena Maria Martins; CASSIOLATO, José Eduardo; ARROIO, Ana. *Conhecimento, sistemas de inovação e desenvolvimento*. Rio de Janeiro: Editora da UFRJ/Contraponto, 2005. Disponível em: www.redesist.ie.ufrj.br. Acessado em: 06.01.2025.

CHINA DAILY. *Russia prepares new national program for data economy development*. 2023. Disponível em: https://www.chinadaily.com.cn/a/202307/14/WS64b151c2a31035260b8168c0.html. Acessado em: 10.01.2025.

CHINAGLIA, Arlindo. *Projeto de Lei complementar que institui a Lei Geral de Empoderamento de Dados*. 2023. Disponível em: https://acrobat.adobe.com/id/urn:aaid:sc:VA6C2:deb287b7-498b-46cb-ac25-5770377fca06. Acessado em: 10.01.2025.

CHOHAN, Usman W. "The Decentralized Autonomous Organization and Governance Issues". *Regulation of Financial Institutions eJournal: Social Science Research Network* (SSRN), 5 dez. 2017. Disponível em: http://dx.doi.org/10.2139/ssrn.3082055. Acessado em: 26.02.2025.

CIURIAK, Dan. "Rethinking Industrial Policy for the Data-Driven Economy". *Centre for International Governance Innovation*, Waterloo, Canada, 2018b.

______. "The Data-driven Economy: Implications for Canada's Economic Strategy". *Centre for International Governance Innovation*. Policy Brief No. 151, jun. 2019.

______. "The Economics of Data: Implications for the Data-Driven Economy". *Center for International Governance Innovation*, Waterloo, Canada, 2018a.

CLEMENT, Andrew. "Canadian Network Sovereignty: a Strategy for Twenty-First-Century National Infrastructure Building". *Centre for International Governance Innovation*, 2018.

CLINE, William R. *Informatics and Development*: Trade and Industrial Policy in Argentina, Brazil and Mexico. Washington: Economics International, 1987.

COLOMBINI, Iderley. "Limites lógicos da tese do capitalismo cognitivo". *Revista da Sociedade Brasileira de Economia Política*, vol. 4, nº 65, 2023.

COULDRY, Nick; MEJIAS, Ulises. "The decolonial turn in data and technology research: what is at stake and where is it heading?" *Information, Communication & Society*, vol. 26, Issue 4, 2023. DOI: 10.1080/1369118X.2021.1986102.

COUTINHO, Luciano Galvão. "A especialização regressiva: um balanço do desempenho industrial pós-estabilização". In: VELLOSO, João Paulo dos Reis (Coord.). Brasil: desafios de um país em transformação. IX Fórum Nacional. Rio de Janeiro: José Olympio, 1997.

______. "Regimes macroeconômicos e estratégias de negócios: uma política industrial alternativa para o Brasil no século XXI". *In*: LASTRES, Helena Maria Martins; CASSIOLATO, José Eduardo; ARROIO, Ana. *Conhecimento, sistemas de inovação e desenvolvimento*. Rio de Janeiro: Editora da UFRJ/Contraponto, 2005. Disponível em: www.redesist.ie.ufrj.br. Acessado em: 06.01.2025.

COUTINHO, Luciano Galvão; BELLUZZO, Luiz Gonzaga de Mello. "Desenvolvimento e estabilização sob finanças globalizadas". *Economia e Sociedade*, nº 7, dez. 1996.

COUTINHO, Luciano Galvão; CASSIOLATO, José Eduardo; SILVA, Ana Lucia Gonçalves. Telecomunicações, Globalização e Competitividade. Campinas-SP: Papirus, 1995.

COYLE, Diane *et al.* "The value of data: policy implications". *Bennet Institute for Public Policy*, Cambridge and Open Data Institute, 2020.

COYLE, Diane; MANLEY, Ananbel. "What is the value of data? a review of empirical methods". *Bennett Institute for Public Policy Cambridge*, jul. 2022. Disponível em: www.bennettinstitute.cam.ac.uk/publications/value-of-data/. Acessado em: 09.01.2025.

CREDIT SUISSE. Global Wealth Report 2023. Disponível em: https://www.ubs.com › global › en › family-office-uhnw › reports › global-wealth-report-2023.

CUNNINGHAM, Colleen; EDERER, Florian; MA, Song. "Killer acquisitions". *Journal of Political Economy*, vol. 129, nº 3, 2021.

DANTAS, Marcos. "Informação-valor e corporações-redes: elementos para discutir um novo padrão de acumulação". *Informare*, vol. 3, nº 1-2. Rio de Janeiro: PPCI/IBICT, 1997.

______. "A Economia de Dados no Brasil". *Entrevista, Panorama Setorial da Internet*, ano 15, nº 3, set. 2023.

______. "A matemática da desordem informacional". *A Terra é Redonda*, 5 mai. 2024. Disponível em: https://aterraeredonda.com.br/a-matematica-da-desordem-informacional/. Acessado em: 13.01.2025.

______. "A privatização da educação através das plataformas de ensino remoto". *Entrevista*, 5 out. 2020. Disponível em: https://ihu.unisinos.br/?id=603420. Acessado em: 13.01.2025.

______. "Capitalismo na era das redes: trabalho, informação e valor no ciclo da comunicação produtiva". *In*: LASTRES, Helena Maria Martins; ALBAGLI, Sarita (Coord.). *Informação e Globalização na Era do Conhecimento*. Rio de Janeiro: Campus, 1999.

______. "Informação como trabalho e como valor". *Revista da Sociedade Brasileira de Economia Política*, nº 19. Rio de Janeiro: SEP, 2006.

______. "Informação, trabalho e capital". *In*: ______ *et al. O valor da informação*: de como o capital se apropria do trabalho social na era do espetáculo e da internet. São Paulo: Boitempo, 2022.

______. "Milionários nada por acaso: capital rentista e apropriação do trabalho artístico nas redes do espetáculo". *Eptic Online*, vol. 13, nº 2, mai.-ago. 2011.

______. "The Financial Logic of Internet Platforms: The Turnover Time of Money at the Limit of Zero". *TripleC*, vol. 17, nº 1, 2019.

______. *A lógica do capital-informação*: a fragmentação dos monopólios e a monopolização dos fragmentos num mundo de comunicações globais. Rio de Janeiro: Contraponto, 1996.

______. *O crime de prometeu*: como o Brasil obteve a tecnologia da informática. Rio de Janeiro: Abicomp, 1989.

DANTAS, Marcos; LASTRES, Helena Maria Martins; CASSIOLATO, José Eduardo. "Panorama da Economia de Dados no Brasil nos anos 2020". Nota Técnica 13 do Projeto EconDados. *RedeSist e Cicef*, 2024.

DANTAS, Vera. *Guerrilha Tecnológica*: a verdadeira história da Política Nacional de Informática. Rio de Janeiro: LTC Editora, 1988.

DE LA CHAPELLE, B.; PORCIUNCULA, L. "We Need to Talk About Data: Framing the Debate Around Free Flow of Data and Data Sovereignty". *Internet and Jurisdiction Policy Network*, 2021.

Diario Oficial de la Federación. "ACUERDO por el que se expide la Estrategia Digital Nacional 2021-2024". *Diario Oficial de la Federación*, 2021. https://dof.gob.m. /nota_detalle.php?codigo=5628886&fecha=06/09/2021.

Digital Agency. *Priority Policy Program for Realizing Digital Society*. Japão, 2022. Disponível em: https://www.digital.go.jp/assets/contents/node/basic_page/field_ref_resources/0f321c23-517f-439e-9076-5804f0a24b59/20211224_en_priority_policy_program_02. Acessado em: 10.01.2025.

DIPPON, Christian M. "Economic Value of Internet Intermediaries and the Role of Liability Protections". *NERA Economic Consulting*, 2017. Disponível em: https://internetassociation.org/wp-content/uploads/2017/06/Economic-Value-of-Internet-Intermediaries-the-Role-of-Liability-Protections.pdf. Acessado em: 13.01.2025.

DISTRITO. *Inteligência Artificial Report*. São Paulo: Distrito, jan. 2021.

DONG-HWAN, Ko. "Gwangju's plan to foster chip, AI projects overshadowed by Gyeonggi Province's mega chip cluster decision". *Korean Times*, 19 jan. 2024. Disponível em: https://www.koreatimes.co.kr/www/biz/2024/01/602_367257.html. Acessado em: 10.01.2025.

DOSI, Giovanni. *Technical change and industrial transformation*: the theory and an application to the semiconductor industry. Berlim: Springer, 1984.

DURAND, C. *Techno-féodalisme*: Critique de l'économie numérique. Paris: La Découverte, 2020.

DYER-WITHEFORD, Nick. *Cyber-Marx*: Cycles and circuits of struggle in high-technology capitalism. Illinois: University of Illinois Press, 1999.

EDELMAN, Benjamin; LUCA, Michael; SVIRSKY, Dan. "Racial discrimination in the sharing economy: Evidence from a field experiment". American Economic Journal: Applied Economics, vol. 9, nº 2, 2017.

EDLIN, Aaron; SHAPIRO, Carl. "Opinion: Why Breaking up Facebook Would Likely Backfire". The Mercury News, 2019.

EDUCAÇÃO VIGIADA. "Universidades Federais e Institutos Federais de Educação já gastam quase 17 milhões de reais desde 2021 com a utilização de ferramentas da Google". *Observatório Educação Vigiada*, 3 abr. 2023. Disponível em: https://bit.ly/4biKto8.

EGAN, Eric. "Reviving and Reimagining the Federal Data Strategy for Mission Success". *ITIF – Information Technology & Innovation Foundation*, jun. 2023.

EMBRAPII. Relatório 2014 Contrato de Gestão Embrapii/MCTI. Empresa Brasileira de Pesquisa e Inovação Industrial. Brasília-DF. 2014. Disponível em: https://embrapii.org.br/wp-content/

images/2018/12/5711_embrapii_diagramacao-documentos-15-16_relatorio_desempenho-2014_layout-02-1.pdf.

______. *Relatório Anual*, 2022. Brasília-DF, 2022. Disponível em: https://embrapii.org.br/wp-content/images/2023/04/Relatorio-EMBRAPII-2022.pdf.

ERBER, Fabio. "As convenções de desenvolvimento do governo Lula: um ensaio de Economia Política". *Revista de Economia Política*, vol. 31, nº 1, 2011.

EUROPEAN COMMISSION. *Commission expert group on taxation of the digital economy*. Paris, mai. 2014. Disponível em: https://taxation-customs.ec.europa.eu/expert-group-taxation-digital-economy_en.

EVANGELISTA, Rafael. "Review of Zuboff's The Age of Surveillance Capitalism". *Surveillance & Society*, mar. 2019.

EVANGELISTA, Rafael; MIRANDA, Danilo Santos de. *Para além das máquinas de adorável graça*: cultura hacker, cibernética e democracia. São Paulo: Edições Sesc, 2018.

FAJNZYLBER, Fernando. "Competitividad internacional: evolución y liciones". *Revista de la CEPAL*, 36, 1988.

FALCÓN, M. L. "Economia de Dados: conceito, mensuração e repercussões na agenda de políticas da União Europeia". Nota Técnica 1 do Projeto EconDados. *RedeSist e Cicef*, 2024.

______. "Pobreza y Desigualdad: actualizar el concepto y repensar la política". *Texto para Discussão*, nº 01/2022. Rio: Redesist, 2021. Disponível em: http://www.redesist.ie.ufrj.br/images/Textos_Discussao_DIT/2022/Pobreza_y_Desigualdad_RedeSist.pdf. Acessado em: 09.01.2025.

FASUBRA. *COVID-19*: veja ações da UFPB e UFC. Brasília/DF, 22 abr. 2020. Disponível em: https://fasubra.org.br/geral/covid-19-veja-acoes-da-ufpb-e-ufc/.

FAUSTINO, Deivison; LIPOLD, Walter. *Colonialismo digital*: por uma crítica hacker-fanoniana. São Paulo: Boitempo, 2023.

FEDERAL DEMOCRATIC REPUBLIC OF ETHIOPIA. *Digital Ethiopia 2025*: a digital strategy for Ethiopia inclusive prosperity. 20 dez. 2018. Disponível em: https://www.lawethiopia.com/images/Policy_documents/Digital-Ethiopia-2025-Strategy-english.pdf. Acessado em: 10.01.2025.

FERNANDEZ, Rodrigo *et al*. "The financialisation of big tech". *Stichting Onderzoek Multinationale Ondernemingen*, vol. 1, nº 1, 2020.

FERNANDEZ, Rodrigo; BORTZ, Pablo; ZEOLLA, Nicolas. "The politics of quantitative easing". *SOMO*, Amsterdam, 2018.

FIORI, José Luís. "Para recalcular o futuro, depois da viagem à China". *Jornal GGN*, 18 abr. 2023. Disponível em: https://jornalggn.com.br/geopolitica/para-recalcular-o-futuro-depois-da-viagem-a-china-por-jose-luis-fiori/. Acessado em: 10.01.2025.

FLORIDI, Luciano. "The Fight for Digital Sovereignty: What It Is, and Why It Matters, Especially for the EU". *Philosophy & Technology*, vol. 33, 2020.

FMI. *Measuring The Digital Economy*. Washington: IMF Publication, 2018.

FONSECA JUNIOR, Gelson. *Multilateralismo e Multipolaridade*. CEBRI Policy Papers. Núcleo Multilateralismo, 2000. Disponível em: https://cebri.org/media/documentos/arquivos/CEBRI_PP_Multilateralismo.pdf.

FONTGALAND, Arthur; CORTEZ, Renata. "Manifesto ciborgue". *In*: *Enciclopédia de Antropologia*. São Paulo: Universidade de São Paulo, Departamento de Antropologia, 2015.

FREEMAN, Christopher. "The economics of technical change". A critical survey article. *Cambridge Journal of Economics*, jan. 1993.

______. "The 'National System of Innovation' in historical perspective". *Cambridge Journal of Economics*, vol. 19, 1995.

______. "The greening of technology and models of innovation". *Technological forecasting and social change*, vol. 53, nº 1, 1996.

______. "Um pouso forçado para a 'nova economia'? A tecnologia da informação e o sistema nacional de inovação dos Estados Unidos". *In*: LASTRES, Helena Maria Martins; CASSIOLATO, José Eduardo; ARROIO, Ana. *Conhecimento, sistemas de inovação e desenvolvimento*. Rio de Janeiro: Editora da UFRJ/Contraponto, 2005. Disponível em: www.redesist.ie.ufrj.br. Acessado em: 06.01.2025.

______. *Technology Policy and Economic Performance*: Lessons from Japan. Londres: Frances Pinter, 1987.

______. *The Economics of Hope*: Essays on Technical Change, Economic Growth and the Environment. Londres: Pinter Publishers, 1992.

______. *The Economics of Industrial Innovation*. Londres: Pinter, 1984.

FREEMAN, Christopher; PEREZ, Carlota. "Structural Crises of Adjustment, Business Cycles and Investment Behaviour". *In*: DOSI, Giovanni *et al*. *Technical Change and Economic Theory*. Londres: Pinter, 1988.

FRITZ, Martin. "South Korea invests big in becoming a global chip leader". *Deutch Welle*, 24 jan. 2024. Disponível em: https://www.dw.com/en/south-korea-invests-big-in-becoming-a-global-chip-leader/a-68073870. Acessado em: 10.01.2025.

FROUD, Julie *et al.* "Shareholder value and financialization: Consultancy promises, management moves". *Economy and Society*, 2020.

FUCHS, Christian. "Dallas Smythe today – the audience commodity, the digital labour debate, Marxist Political Economy and Critical Theory. Prolegomena to a digital labour theory of value". *tripleC – Journal for a Global Sustainable Information Society*, vol. 10, nº 2, 2012a.

______. "With or Without Marx? With or Without Capitalism? A Rejoinder to Adam Arvidsson and Eleanor Colleoni". *tripleC – Journal for a Global Sustainable Information Society*, vol. 10, nº 2, 2012b.

FURMAN, Jason. *Unlocking digital competition*: Report of the Digital Competition Expert Panel. 2019. Disponível em: https://assets.publishing.service.gov.uk/media/5c88150ee5274a230219c35f/unlocking_digital_competition_furman_review_web.pdf.

FURTADO, Celso. "Estado e empresas transnacionais na industrialização periférica". *Revista de Economia Política*, vol. 1, nº 1, 1981.

______. *Brasil*: a construção interrompida. Rio de Janeiro: Paz e Terra, 1992.

______. *Desenvolvimento e subdesenvolvimento*. Rio de Janeiro: Contraponto/Centro Internacional Celso Furtado, [1961] 2009.

______. *O capitalismo global*. São Paulo: Paz e Terra, 1998.

______. *O mito do desenvolvimento econômico*. Rio de Janeiro: Paz e Terra, 1974.

______. *Teoria e política do desenvolvimento econômico*. São Paulo: Ed. Nacional, 1975.

G20 DETF. *Toolkit for measuring the Digital Economy*. G20 Digital Economy Task Force. 2018. Disponível em: https://www.itu.int/en/ITU-D/Statistics/Documents/g20-detf-toolkit_FINAL.pdf.

G20. *A Roadmap Toward a Common Framework for Measuring the Digital Economy*. G20 Digital Economy Task Force. OECD. Saudi Arabia, 2020. Disponível em: https://www.oecd.org/sti/roadmap-toward-a-common-framework-for- measuring-the-digital-economy.

GAUTIER, Axel; LAMESCH, Joe. "Mergers in the digital economy". *Information Economics and Policy*, vol. 54, 2021.

GHOSH, Jayati. "The social consequences of inflation in developing countries". *The Economic and Labour Relations Review*, jun. 2023.

GIRARD, Michel; LIONAIS, Michael; MCLEAN, Rob. "What Is Your Data Worth? Insights for CPAs". *Chartered Professional Accountants Canada*, Toronto, 2021. Disponível em: www.cpacanada.ca/en/foresight-initiative/value-creation/data-value-primer-whats-your-data-worth. Acessado em: 09.01.2025.

GLASZE, Georg; DAMMANN, Finn. "Von der 'globalen Informationsgesellschaft' zum 'Schengenraum für Daten' – Raumkonzepte in der Regierung der 'digitalen Transformation' in Deutschland". *In*: DÖBLER, Thomas; PENTZOLD, Christian; KATZENBACH, Christian (Coord.). *Räume digitaler Kommunikation*. Köln: Herbert von Halem Verlag, 2021.

GLENNON, C. *et al*. *First Report on Facts and Figures*. Luxemburgo: Comissão Europeia, 2023.

GlobalData. "Demand for hybrid cloud solutions drives 22.4% CAGR increase in Latin America's cloud computing services market from 2019 to 2023". *GlobalData*, 4 fev. 2020. Disponível em: https://www.globaldata.com/demand-for-hybridcloud-solutions-drives-22-4-cagr-increase-in-latin-americas-cloud-computing-services-market-from-2019-to-2023/.

GLOBO. "Do primeiro computador do Nordeste até o 5G, Campina Grande continua 'escrevendo história de inovação'". *G1 Paraíba*, 11 out. 2023. Disponível em: https://g1.globo.com/pb/paraiba/noticia/2023/10/11/do-primeiro-computador-do-nordeste-ate-o-5g-campina-grande-continua-escrevendo-historia-de-inovacao.ghtml. Acessado em: 10.01.2025.

______. "UFCG e UFPB são 1ª e 3ª colocadas em registros de patentes de invenção no Brasil, diz INPI". *G1 Paraíba*, 05 jan. 2021. Disponível em: https://g1.globo.com/pb/paraiba/noticia/2021/10/05/ufcg-e-ufpb-sao-1a-e-3a-colocadas-em-registros-de-patentes-de-invencao-no-brasil-diz-inpi.ghtml.

GOFF, Patricia. "Cultural Sovereignty in a Digital Age". *In*: CARMENT, David; MACDONALD, Laura; PALTIEL, Jeremy (Coord.). *Canada and Great Power Competition*. Cham: Palgrave Macmillan, 2022.

GOFMAN, Michael; JIN, Zhao. "Artificial intelligence, education, and entrepreneurship". *The Journal of Finance*, vol. 79, nº 1, 2024.

GONZALO, Manuel. "Freeman's broadening contribution revisited: reasoned-history and systemic STI policies from South America to the

Global South". *Innovation and Development*, vol. 12, nº 1, 2021. DOI: 10.1080/2157930X.2021.1930378.

GONZALO, Manuel; BORRASTERO, Carina. "América Latina y la Economía de Dados: definiciones, mediciones, temas de agenda e implicancias de política". Nota Técnica 8 do Projeto EconDados. *RedeSist e Cicef*, 2024.

GONZALO, Manuel; CASSIOLATO, José Eduardo. "A evolução do Sistema Nacional de Inovação da Índia e seus desafios atuais: uma primeira leitura a partir do pensamento latino-americano". *BRICS Policy Papers*, vol. 4, nº 4, 2016.

GONZALO, Manuel *et al.* "Post-investment trajectories of Latin American young technology-based firms: An exploratory study". *Venture Capital*, vol. 15, nº 2, 2013.

GONZALO, Manuel *et al.* "5G Kick-off in India and Brazil: InterState Competition, National Systems of Innovation, and Catch-up. Implications for the Global South". *Seoul Journal of Economics*, vol. 36, nº 1, 2023. DOI: 10.22904/sje.2023.36.1.002. Acessado em: 10.01.2025.

GORDON, Robert. "Is U. S. Economic Growth Over? Faltering Innovation Confronts the Six Headwinds". NBER Working Paper 18315, 2012.

GÖRGEN, James. "Brussels effect under attack: fatigue, digital fallacies and reinvention". *Tech Policy*, 10 set. 2024.

Government of Japan, Science, *Technology and Innovation Basic Plan*, 26 mar. 2021.

GRAHAM-CUMMING, John. "Internet performance during the COVID-19 emergency". *Cloudflare*, 23 abr. 2020. Disponível em: https://blog.cloudflare.com/recent-trends-in-internet-traffic/. Acessado em: 10.01.2025.

GRAMSCI, Antonio. The Gramsci reader: selected writings, 1916-1935. Nova York: NYU Press, 2000.

GREENLEAF, Graham. "Global data privacy laws 2023: 162 national laws and 20 Bills". *UNSW Law & Justice Research Series*, 2023. Disponível em: https://www.privacylaws.com/reports-gateway/articles/int181/int181. Acessado em: 10.01.2025.

GREENWALD, Glenn. *No Place to Hide*: Edward Snowden, the NSA, and the U.S. Surveillance State. Londres: Penguin Books, 2015.

GRIFFITH-JONES, Stephany. “A history of debt crisis management”. *In*: ______. (Coord.). *Third World Debt*: Managing the Consequences. Londres: IFR Publishing Ltd, 1989.

GROHMANN, Rafael. *Os laboratórios do trabalho digital*. São Paulo, Brasil: Boitempo, 2021.

GROHMANN, Rafael; SALVAGNI, Julice. *Trabalho por plataformas digitais*. São Paulo: SESC, 2023.

GROSS, Terry. “How 5 Tech Giants Have Become More Like Governments Than Companies”. *npr*, 26 out. 2017. Disponível em: https://www.npr.org/templates/transcript/transcript.php?storyId=560136311. Acessado em: 09.01.2025.

HAGGART, Blayne. “The Government’s Role in Constructing the Data-driven Economy”. Data Governance in the Digital Age. *Centre for International Governance*, 2018.

HAN, Byung-Chul. *Psicopolítica*. Petrópolis: Vozes, 2017.

HERRERA, Amílcar O. “Los determinantes sociales de la política científica en América Latina: Política de Científica Explicita y Política Científica Implícita”. *In*: SABATO, Jorge. *El Pensamiento Latinoamericano en la problemática Ciencia, Tecnología, Desarrollo, Dependencia*. Argentina: Paidos, 1975.

HIGHFILL, Tina; SURFIELD, Christopher. “New and Revised Statistics of the U.S. Digital Economy, 2005-2021”. *Bureau of Economic Analysis* (BEA), nov. 2022.

HILL, Jonah. “The Growth of Data Localization Post-Snowden: Analysis and Recommendations for U.S. Policymakers and Industry Leaders”. *Lawfare Research Paper Series*, vol. 2, nº 3, 2014.

HOBDAY, Michael. *Telecommunications in Developing Countries*: The Challenge from Brazil. Londres: Routledge, 1990.

HÖPER, Lukas; SCHULTE, Carsten. “Datenbewusstsein im Kontext digitaler Kompetenzen für einen selbstbestimmten Umgang mit datengetriebenen digitalen Artefakten”. *Gesellschaft für Informatik*. Informatik 2021. Lecture Notes in Informatics. Gesellschaft für Informatik, Bonn 2021.

HOWELLS, Thomas F. III *et al*. “Preview of the 2018 Comprehensive Update of the Industry Economic Accounts”. *Survey of Current Business*, vol. 98, 2018. Disponível em: https://apps.bea.gov/scb/

issues/2018/08-august/0818-industry-economic-accounts-preview.htm. Acessado em: 26.02.2025.

HUMMEL, Patrik *et al*. "Sovereignty And Data Sharing". *ITU Journal: ICT Discoveries*, 2018.

HWANG, Jong-Sung. "New Journey to Digital Platform Government Korea's Strategy for Government Innovation". *National Information Society Agency (NIA), The World Bank*, 2023.

IBGE. *Pesquisa de inovação semestral*: indicadores básicos: 2022. IBGE, 2024.

IDC/Open Evidence. *Data Market Final Report*, 2020. Bruxelas: Comissão Europeia, 2020. Disponível em: https://digital-strategy.ec.europa.eu/en/library/european-data-market-study-update.

INAI México. "Normativa y legislación en PDP". 2023. Disponível em: https://micrositios.inai.org.mx/marcocompetencias/?page_id=370#:~:text=Ley%20Federal%20de%20Protecci%C3%B3n%20de%20Datos%20Personales%20en%20Posesi%C3%B3n%20de%20los%20Particulares.

INTERNET SOCIETY. *Navigating Digital Sovereignty and its Impact on the Internet*, Report, dez. 2022.

ISHMAEL, Len. "The New South in a Multipolar World MultiAlignment or Fence Sitting?" Lessons from South Africa, India, and others. *Policy Paper for the New South*, out. 2023. Disponível em: https://www.policycenter.ma/sites/default/files/2023-10/PP_16-23_Len%20Ishmael.pdf. Acessado em: 26.02.2025.

ISWGNA. Digitalization Task Team. "Guidance Note on Treatment of 'Free' Digital Products in National Accounts", 2021.

______. Recording and Valuation of Data in National Accounts, prepared for the 14th meeting of the Advisory Expert Group on National Accounts, 2020. Disponível em: https://unstats.un.org/unsd/nationalaccount/aeg/2020/M14_5_3_1_Recording_of_Data_in_SNA.pdf.

______. *Recording of Data in the National Accounts*. 2022. Disponível em: https://unstats.un.org/unsd/nationalaccount/RAdocs/DZ6_GN_Recording_of_Data_in_NA.pdf.

JIN, Dal Yong. *Digital Platforms, Imperialism and Political Culture*. Nova York: Routledge, 2015.

JUROWETZKI, Roman *et al.* "The Privatization of AI Research(-ers): Causes and Potential Consequences: From university-industry interaction to public research brain-drain?" *arXiv*, 2021.

KARI, Shannon. "The new surveillance state". *Canadian Lawyer*, out. 2017. Disponível em: www.canadianlawyermag.com/author/shannon-kari/the-new-surveillance-state-13735/. Acessado em: 09.01.2025.

KATZ, Jorge. "Structural reforms and technological behaviour: the sources and nature of technological change in Latin America in the 1990s". *Research Policy*, vol. 30, 2001.

KER, Daniel; MAZZINI, Emanuele. "Perspectives on the value of data and data flows". *OECD Digital Economy Papers*, No. 299. Paris: OECD Publishing, 2020. Disponível em: https://doi.org/10.1787/a2216bc1-en. Acessado em: 09.01.2025.

KIRPALANI, Rishabh; PHILIPPON, Thomas. "Data Sharing And Market Power With Two-Sided Platforms". *Nber*, 2020. Disponível em: http://www.nber.org/papers/w28023.

KLIMBURG, Alexander. *The darkening web*: the war for cyberspace. Londres: Penguin Press, 2017.

KOLMOGOROV, A. N. "Science and Technology: Automatic Machines and the Life Process". *Soviet Review*, vol. 3, nº 7, 1962.

KOSKI, Heli A.; KÄSSI, Otto; BRAESEMANN, Fabian. "Killers on the road of emerging start-ups. Implications for market entry and venture capital financing". *ETLA Working Papers*, No. 81, Helsinki, 2020.

KOUTROUMPIS, Pantelis; LEIPONEN, Aija; THOMAS, Llewellyn D. "Markets for data". *Industrial and Corporate Change*, vol. 29(3), 2020. Disponível em: https://doi.org/10.1093/icc/dtaa002.

KRASNER, Stephen D. "Global communications and national power: Life on the Pareto frontier". *World Politics*, vol. 43, nº 3, 1991.

KRISHNA, V. V. "The Role of the State: India". *In*: SCERRI, Mario; LASTRES, Helena Maria Martins (Coord.). *BRICS*: The Role of the State. Nova Delhi: Routledge, 2016.

KURZWEIL, Raymond. "What Is Artificial Intelligence Anyway? As the techniques of computing grow more sophisticated, machines are beginning to appear intelligent –but can they actually think?" *American Scientist*, vol. 73, nº 3, 1985.

KWET, M. "Digital Colonialism: US Empire and the New Imperialism in the Global South". Race & Class 60, n. 4: 3-26. 2019.

LAMA, Fadi. *Why the West Can't Win*: From Bretton Woods to a Multipolar World. Atlanta: Clarity Press, 2023.

LAMBRECHT, Anja; TUCKER, Catherine E. "Algorithmic discrimination? apparent algorithmic bias in the serving of stem ads". *Massachusetts Institute of Technology*, Cambridge, 2017.

LASTRES, Helena Maria Martins *et al.* "Convenções neoliberais, Basileia e o futuro dos bancos de desenvolvimento: o caso do BNDES". *Cadernos do Desenvolvimento*, vol. 18, nº 35. Rio de Janeiro: Cicef, 2023. Disponível em: https://www.cadernosdodesenvolvimento.org.br/ojs-2.4.8/index.php/cdes/article/view/683. Acessado em: 13.01.2025.

______. "Mitos, colonialismo e outros desafios da Economia de Dados". Nota Técnica 7 do Projeto EconDados. *RedeSist e Cicef*, 2024.

LASTRES, Helena Maria Martins. "O futuro do desenvolvimento e os desafios da colonialidade do saber, injustiça cognitiva e leitos de Procusto". TD 01, *RedeSist*/UFRJ, 2017. Disponível em: http://www.redesist.ie.ufrj.br/images/Textos_Discussao_DIT/2017/TD_01_2017_HelenaLastres.pdf. Acessado em: 26.02.2025.

______. *Advanced materials revolution and the Japanese system of innovation*. Londres: Macmillan, 1994.

LASTRES, Helena Maria Martins; ALBAGLI, Sarita. *Informação e globalização na era do conhecimento*. Rio de Janeiro: Campus, 1999. Disponível em: http://www.redesist.ie.ufrj.br/livros/informacao-e-globalizacao-na-era-do-conhecimento. Acessado em: 06.01.2025.

LASTRES, Helena Maria Martins; APOLINÁRIO, Valdênia. "Saúde e serviços públicos essenciais como eixo da nova geração de políticas para o bem-viver". *13º Congresso ABRASCO*, Salvador/BA, nov. 2022. Disponível em: http://www.redesist.ie.ufrj.br/images/Textos_Discussao_DIT/ 2022/TDI_02_2022_.pdf.

LASTRES, Helena Maria Martins; APOLINÁRIO, Valdênia; CASTRO, Sérgio; MATOS, Marcelo. "Transformações e aprendizados da Covid-19 e a dimensão territorial da saúde: por uma nova geração de políticas públicas para o desenvolvimento". *Cadernos do Desenvolvimento*, vol. 16, nº 28. Rio de Janeiro: Cicef e Fiocruz, 2021. Disponível em: http://www.cadernosdodesenvolvimento.org.br/ojs-2.4.8/index.php/cdes/article/view/552. Acessado em: 13.01.2025.

LASTRES, Helena Maria Martins; CASSIOLATO, José Eduardo. "APLs, conhecimento, desenvolvimento e os desafios da colonialidade do saber". *In*: MATOS, Marcelo Pessoa de *et al.* (Coord.). *Arranjos produtivos locais*: referencial, experiências e políticas em 20 anos da RedeSist. Rio de Janeiro: E-Papers, 2017.

______. "Enfrentando a invisibilidade da digitalização: caminhos para mapear o sistema produtivo digital". *Cicef, Dossiê Capitalismo de plataformas, regulação e desenvolvimento. Cadernos do Desenvolvimento*, nº 39. set.-dez. 2024.

______. "Imperativos do futuro brasileiro". *Jornal dos Economistas – Corecon*, 413, jan. 2024.

LASTRES, Helena Maria Martins; CASSIOLATO, José Eduardo; ARROIO, Ana. *Conhecimento, sistemas de inovação e desenvolvimento*. Rio de Janeiro: Editora da UFRJ/Contraponto, 2005. Disponível em: www.redesist.ie.ufrj.br. Acessado em: 06.01.2025.

______. "Sistemas de inovação e desenvolvimento: mitos e realidades da economia do conhecimento". *In*: LASTRES, Helena Maria Martins; CASSIOLATO, José Eduardo; ARROIO, Ana. *Conhecimento, sistemas de inovação e desenvolvimento*. Rio de Janeiro: Editora da UFRJ/Contraponto, 2005. Disponível em: www.redesist.ie.ufrj.br. Acessado em: 06.01.2025.

LASTRES, Helena Maria Martins; CASSIOLATO, José Eduardo; BASTOS, Carlos Pinkusfeld. "Serviços públicos como vetores do bem-estar e reestruturação econômica". *Texto para discussão sobre o Desenvolvimento*, CICEF, nº 1, jul. 2022a. Disponível em: https://doi.org/10.29327/5286216. Acessado em: 26.02.2025.

______. "Internet, Comunicação e Regulação no Brasil". *Texto para Discussão sobre o Desenvolvimento*, Rio de Janeiro, Cicef, nº 2, ago. 2022b. Disponível em: https://doi.org/10.29327/5286224. Acessado em: 26.02.2025.

LASTRES, Helena Maria Martins; CASSIOLATO, José Eduardo; DANTAS, Marcos. "Estado atual da conceituação e mensuração da Economia de Dados no Brasil". Nota Técnica 12 do Projeto EconDados. *RedeSist e Cicef*, 2024.

LASTRES, Helena Maria Martins *et al. O futuro do desenvolvimento*: ensaios em homenagem a Luciano Coutinho. Campinas: Editora da

Unicamp, 2016. Disponível em: www.redesist.ie.ufrj.br. Acessado em: 13.01.2025.

LAZONICK, William. "The Financialization of the U.S. Corporation: What Has Been Lost, and How It Can Be Regained". *Seattle University Law Review*, vol. 36(2), 2013.

LAZONICK, William; MAZZUCATO, Mariana. "The risk-reward nexus in the innovation-inequality relationship: who takes the risks? Who gets the rewards?" *Industrial and Corporate Change*, vol. 22, nº 4, 2013.

LEE, M. "Google ads and the blindspot debate". *Media, Culture and Society*, vol. 33, nº 3, 2011.

LEMOS, Cristina. "Economia de Dados: abordagens conceituais, sistemas de mensuração e políticas em países e blocos de países selecionados na África, Ásia e Oceania". Nota Técnica 3 do Projeto EconDados. *RedeSist e Cicef*, 2024.

LETTA, Enrico. "Much more than a Market: speed, security, solidarity". *European Council Report*, 2024. Disponível em: https://www.consilium.europa.eu/media/ny3j24sm/much-more-than-a-market-report-by-enrico-letta.pdf. Acessado em: 09.01.2025.

LI, Wendy C. Y.; NIREI, Makoto; YAMANA, Kazufumi. "Value of Data: There's No Such Thing As A Free Lunch in the Digital Economy". U.S. *Bureau of Economic Analysis Working Papers*, Washington, DC, 2019. Disponível em: https://www.bea.gov/research/papers/2018/value-data-theres-no-such-thing-free-lunch-digital-economy. Acessado em: 26.02.2025.

LIGHT, Larry. "More than half of all stock buybacks are now financed by debt. Here's why that's a problem". *Fortune*, 20 ago. 2019. Disponível em: https://fortune.com/2019/08/20/stock-buybacks-debt-financed/. Acessado em: 09.01.2025.

LIMA, Severino José de; ARRUDA, Danilo Raimundo de; PINTO, Pablo Aurélio Lacerda Almeida. "Medição da economia baseada em dados: impactos, desafios e oportunidades para o Nordeste brasileiro". Nota Técnica 9 do Projeto EconDados. *RedeSist e Cicef*, 2024.

LIU, Huju; McDONALD-GUIMOND, Julien. "Measuring digital intensity in the Canadian economy". *Economic and Social Reports*, 24 fev. 2021.

LIU, Lizhi. "The Rise of Data Politics: Digital China and the World". *Studies in Comparative International Development*, 19 mar. 2021.

Disponível em: https://link.springer.com/article/10.1007/s12116-021-09319-8. Acessado em: 26.02.2025.

LOJKINE, Jean. *A revolução informacional*. São Paulo: Cortez, 1995.

LOWRY, Anna. "Russia's Digital Economy Program: An Effective Strategy for Digital Transformation?" *The Palgrave Handbook of Digital Russia Studies*, 2020. Disponível em: https://link.springer.com/chapter/10.1007/978-3-030-42855-6_4. Acessado em: 10.01.2025.

MANDEL, Ernest. *Long Waves of Capitalist Development*: a Marxist Interpretation. 2ª ed. Londres: Verso, 1995.

MANDEL, Michael. "The Economic Impact of Data: Why Data is not like Oil". *Progressive Policy Institute*, Washington, 2017. Disponível em: https://www.progressivepolicy.org/wp-content/uploads/2017/07/PowerofData-Report_2017.pdf. Acessado em: 26.02.2025.

MANSELL, Robin. "Digital technology innovation: Mythical claims about regulatory efficacy". *Journal of the European Institute for Communication and Culture*, vol. 30, nº 2, 2023.

MARQUES, Rodrigo Moreno. "Trabalho e valor nas mídias sociais: uma análise sob as lentes do marxismo". *Trabalho & Educação*, vol. 27, nº 3, set.-out. 2018.

MARSHALL, T. H. "Citizenship and Social Class". *In*: MANZA, Jeff; SAUDER, Michael. *Inequality and Society*. Nova York: WW Norton & Co., [1950] 2009. Disponível em: https://www.academia.edu/7565276/Marshall_citizenship_and_social_class. Acessado em: 09.01.2025.

MARTENS, Bertin. "An Economic Policy Perspective on Online Platforms". *JRC Technical Report*, European Commission, 2016. Disponível em: https://publications.jrc.ec.europa.eu/repository/handle/JRC101501. Acessado em: 06.01.2025.

MARX, Karl. *Grundrisse (Manuscritos econômicos de 1857-1858)* São Paulo: Boitempo, [1976] 2011.

______. *O Capital*: crítica da Economia Política, Livro II. São Paulo: Boitempo, [1885] 2014.

MATOS, Marcelo Pessoa de. "Economia de Dados: conceituações, sistemas de mensuração e políticas no Brasil". Nota Técnica 5 do Projeto EconDados. *RedeSist e Cicef*, 2024.

MATOS, Marcelo Pessoa de; ARROIO, Ana. "O Brasil e a Cooperação em Ciência, Tecnologia e Inovação com os BRICS". TD DIT - Nº 10/2015.

4ª Fase Projeto BRICS, REDESIST – IE/UFRJ, jul. 2015. Disponível em: http://redesist.ie.ufrj.br/images/Textos_Discussao_DIT/2015/TD_10-2015.pdf. Acessado em: 09.01.2025.

MATOS, Marcelo Pessoa de *et al.* (Coord.). *Arranjos produtivos locais*: referencial, experiências e políticas em 20 anos da RedeSist. Rio de Janeiro: E-Papers, 2017.

MATTHAN, Rahul; RAMANN, Shreya. "India's Approach to Data Governance". *In*: FEIGENBAUM, Evan A.; NELSON, Michael R. (Coord.). *Data Governance, Asian Alternatives How India and Korea Are Creating New Models and Policies*. Washington: Carnegie Endowment for International Peace, 2022. Disponível em: https://carnegieendowment.org/2022/08/31/data-governance-asian-alternatives-how-india-and-korea-are-creating-new-models-and-policies-pub-87765.

MATTOO, Aaditya; MELTZER, Joshua P. "International data flows and privacy: the conflict and its resolution". *The World Bank*, 2018.

MAZZUCATO, Mariana *et al.* "Reimagining the Platform Economy". *Project Syndicate*, fev. 2021. Disponível em: https://www.project-syndicate.org/onpoint/platform-economy-data-generation-and-value-extraction-by-mariana-mazzucato-et-al-2021-02. Acessado em: 10.01.2025.

MAZZUCATO, Mariana. "From market fixing to market-creating: a new framework for innovation policy". *Industry and Innovation*, vol. 23, nº 2, 2016.

______. "Mission-oriented innovation policies: challenges and opportunities". *Industrial and Corporate Change*, vol. 27, nº 5, 2018.

______. *The entrepreneurial state, debunking private vs. public sector myths in risk and innovation*. Londres: Anthem Press, 2013.

MECON. Argentina Productiva 2030. Misión 7. *Profundizar el avance de la digitalización escalando la estructura productiva y empresarial nacional*. Plan para el Desarrollo Productivo, Industrial y Tecnológico. Ciudad Autónoma de Buenos Aires: Ministerio de Economía de la Nación, 2023. Disponível em: https://www.argentina.gob.ar/produccion/argentina-productiva-2030/misiones-argentina-productiva-2030/07-profundizar-el-avance-de.

MEDINA, Eden. "Designing freedom: regulating a nation: socialist cybernetics in Allende's Chile". *Journal of Latin American Studies*, vol. 38, nº 3, 2006.

MEITY. *National Data Governance Framework Policy* (NDGFP – Draft). Índia, 2023. Disponível em: https://www.meity.gov.in/writereaddata/files/National-Data-Governance-Framework-Policy.pdf.

MEJÍAS, Ulises; COULDRY, Nick. "Colonialismo de datos: repensando la relación de los datos masivos con el sujeto contemporáneo". *Virtualis*, vol. 10, nº 18, 2019b.

______. "Datafication". *Internet Policy Review*, vol. 8, nº 4, 2019a. DOI: 10.14763/2019.4.1428.

MEJIAS, Ulisses Ali. "A fazenda, a fábrica e o centro de dados". *Tierra comum*, 22 jun. 2020. Disponível em: https://www.tierracomun.net/blog/centro-de-dados. Acessado em: 10.01.2025.

MIELLI, Renata. "Apresentação". *In*: NIC.BR. *Pesquisa sobre o setor de provimento de serviços de Internet no Brasil*: TIC Provedores 2022. São Paulo: Comitê Gestor da Internet no Brasil, 2023.

MILAN, Stefania; TRERÉ, Emiliano. "Big data from the South (s): Beyond data universalism". *Television & New Media*, vol. 20, nº 4, 2019.

MILNER, Helen V. "The digital divide: The role of political institutions in technology diffusion". *Comparative Political Studies*, vol. 39, nº 2, 2006.

MITCHELL, J. "Digital supply-use tables: a step toward making digital transformation more visible in economic statistics". *OECD Going Digital Toolkit Notes*, No. 8, OECD Publishing, Paris, 2021. https://doi.org/10.1787/91cbdd10-en

MOROZOV, Evgeny. "Critique de la raison techno-féodale". *Variations – Revue internationale de théorie critique*, nº 26, 2023.

______. *Big tech*: a ascensão dos dados e a morte da política. São Paulo: Ubu, 2018.

MOSCO, Vincent. *The Digital Sublime*: Myth, Power and Cyberspace. Cambridge: The MIT Press, 2004.

MYTELKA, Lynn. "The telecommunications equipment industry in Brazil and Korea". *In*: ______. (Coord.). *Competition, Innovation and Competitiveness in Developing Countries*. Paris: OCDE, 1999.

NDB. *General Strategy for 2022-2026*: Scaling ip Development Finance for a Sustainable Future. 2023. Disponível em: https://www.ndb.int/wp-content/uploads/2022/11/NDB_StrategyDocument_Eversion-1.pdf.

NEUFELD, Dorothy. "Ranked: The 100 Biggest Public Companies in the World". *Visual Capitalist*, 26 dez. 2022. Disponível em: https://www.

visualcapitalist.com/biggest-public-companies-in-the-world-2022/. Acessado em: 09.01.2025.

NOCHTEFF, Hugo. "Government policies for the data processing industries in Argentina, Brazil and Mexico". *Regional Meeting for the Initiation of a Regional Network for Microelectronics in the ECLAC Region*, UNIDO, Caracas, jun. 1985.

NYE, Joseph S.; OWENS, William A. "America's information edge". *Foreign Affairs*, vol. 75, 1996.

O'NEIL, Cathy. *Weapons of math destruction*: How big data increases inequality and threatens democracy. Nova York: Crown, 2017.

OCDE. "Data shaping firms and markets". *OECD Digital Economy Papers*, No. 344. Paris: OECD Publishing, 2022b. Disponível em: https://doi.org/10.1787/7b1a2d70-en.

______. *Guidelines for Supply-Use tables for the Digital Economy*. Working Party on National Accounts. Prepared for the meeting of the Informal Advisory Group on Measuring GDP in a Digitalised Economy. 2020a. Disponível em: http://www.oecd.org/officialdocuments/publicdisplaydocumentpdf/?cote=SDD/CSSP/WPNA(2019)1/REV1&docLanguage=En.

______. "A roadmap toward a common framework for measuring the digital economy". *OECD publishing*, Report for the G20 Digital Economy Task Force Saudi Arabia, 2020c.

______. "Improving the visibility of digital transformation in economic statistics through the use of digital supply and use tables". *Working Party on National Accounts*. Paris: OECD, 2020d.

______. "Measuring The Value of Data and Data Flows". *OECD Digital Economy Papers*, No. 345, dez. 2022a. Disponível em: https://www.oecd.org/en/publications/measuring-the-value-of-data-and-data-flows_923230a6-en.html. Acessado em: 09.01.2025.

______. "Perspectives on the value of data and data flows". *OECD Digital Economy Papers*, No. 299, dez. 2020e.

______. Action 1 Tax Challenges Arising from Digitalisation. 2024. Disponível em: https://www.oecd.org/tax/beps/beps-actions/action1/.

______. *Going Digital Toolkit Note*: Measuring the economic value of data. 3 jan. 2022.

______. *Going Digital*: Shaping Policies, Improving Lives. Paris: OECD Publishing, 2019a. Disponível em: https://dx.doi.org/10.1787/9789264312012-en.

______. *Mapping Approaches to Data and Data Flows*. Report for the G20 Digital Economy Task Force. Saudi Arabia, 2020b.

______. *Measuring the digital economy*: a new perspective. Paris: OECD Publishing, 2014. Disponível em: http://dx.doi.org/10.1787/9789264221796-en.

______. *Measuring the Digital Transformation*: a Roadmap for the Future. Paris: OECD Publishing, 2019b. Disponível em: https://dx.doi.org/10.1787/9789264311992-en.

______. *OECD Handbook on Compiling Digital Supply and Use Tables*. Paris: OECD Publishing, 2023. Disponível em: https://doi.org/10.1787/11a0db02-en.

______. *Tax Challenges Arising from Digitalisation of the Economy* – Global Anti-Base Erosion Model Rules (Pillar Two). 2021. Disponível em: https://www.oecd-ilibrary.org/taxation/tax-challenges-arising-from-digitalisation-of-the-economy-global-anti-base-erosion-model-rules-pillar-two_782bac33-en.

______. *The OECD Going Digital Measurement Roadmap*. 2022c. Disponível em: https://www.oecd.org/digital/the-oecd-going-digital-measurement-roadmap-bd10100f-en.htm.

OLIVEROS, E.; SABATER, V. L. *Economía de los Datos*. Barcelona: Fundación Telefónica/Ed. Ariel, 2017.

ONDRÁŠIK, Branislav. "Death of the 'Free Internet Myth'". *Masaryk University Journal of Law and Technology*, vol. 1, nº 2, 2007.

ONU. "Data economy: radical transformation or dystopia?" *Frontier Technology Quarterly*, 2019. Disponível em: https://www.un.org/development/desa/dpad/publication/frontier-technology-quarterly-january-2019/.

______. "Partnering for a Brighter Shared Future: Progress Report on The Belt and Road Initiative in Support of The United Nations 2030 Agenda for Sustainable Development". *United Nations Department of Economic and Social Affairs*, 2022. Disponível em: https://www.un.org/sites/un2.un.org/files/progress_report_bri-sdgs_english-final.pdf. Acessado em: 26.02.2025.

ORMAY, Larissa. "Propriedade intelectual e rendas informacionais". *In*: DANTAS, Marcos *et al.* (Coord.). *O valor da informação*: de como o capital se apropria do trabalho social na era do espetáculo e da internet. São Paulo: Boitempo, 2022.

OXFAM. "Survival of the Richest: How we must tax the super-rich now to fight Inequality?" *OXFAM Policy Papers*, 2023. Disponível em: https://oxfamilibrary.openrepository.com/bitstream/handle/10546/621477/bp-survival-of-the-richest-160123-en.pdf. Acessado em: 26.12.2024.

PASCUAL, Manuel. "A Inteligência Artificial bebe quilômetros de milhões de litros d'água". *El País* e *Instituto Humanitas Unisinos*, 17 nov. 2024. Disponível em: https://ihu.unisinos.br/categorias/634276-a-inteligencia-artificial-bebe-quilometros-de-milhoes-de-litros-de-agua. Acessado em: 26.12.2024.

PASQUALE, Frank. *The black box society*: the secret algorithms that control money and information. Cambridge: Harvard University Press, 2015.

PAULANI, Leda Maria. "Terraplanismo econômico e terrorismo fiscal". *A Terra é Redonda*, 05 fev. 2021. Disponível em: https://aterraeredonda.com.br/terraplanismo-economico-e-terrorismo-fiscal/. Acessado em: 26.12.2024.

PEREZ, Carlota. "Technological change and opportunities for development as a moving target". *Cepal Review*, 75. Cepal, 2001.

______. "Technological revolutions and techno-economic paradigms". *Cambridge Journal of Economics*, vol. 34, nº 1, 2010.

______. *Technological revolutions and financial capital*. Londres: Edward Elgar Publishing, 2003.

PESSANHA, Roberto Moraes. "Capitalismo de plataformas". *Blog do Roberto Moraes*, 2020a. Disponível em: http://www.robertomoraes.com.br/2020/06/capitalismo-de-plataformas-e-appficacao.html. Acessado em: 26.05.2025.

PESSANHA, Roberto Moraes. "Capitalismo sob a hegemonia financeira e o poder no Brasil". Espaço e Economia - *Revista brasileira de geografia econômica*, nº 21, 17 jun. 2021.

______. "Inovação, financeirização e startups como instrumentos e etapas do capitalismo de plataformas". *In*: GOMES, Maria Terezinha; TUNES, Regina; OLIVEIRA, Floriano (Coord.). *Geografia da inovação*: território, redes e finança. Rio de Janeiro: Consequência, 2020b.

PIKETTY, Thomas. *O Capital no século XXI*. Rio de Janeiro: Intrínseca, 2013.

PINHEIRO, Patricia Peck. *Proteção de Dados Pessoais*: comentários à Lei n. 13709/2018 (LGPD). 4ª ed. São Paulo: SaraivaJur, 2022.

POCHMANN, Marcio. *A grande desistência histórica e o fim da sociedade industrial*. São Paulo: Ideias & Letras, 2022.

POHLE, Julia; THIEL, Thorsten. "Digital Sovereignty". *Internet Policy Review*, vol. 9, nº 4, 2020.

PREBISCH, Raul. *O Manifesto Latino-Americano e outros ensaios*. Rio de Janeiro: Contraponto/Centro Internacional Celso Furtado, [1949-1981] 2011.

QUIJANO, Aníbal. "Colonialidad y modernidad/racionalidad". *Perú Indígena*, vol. 13, nº 29, 1992.

______. "Colonialidade do poder, Eurocentrismo e América Latina". *In*: *A colonialidade do saber*: eurocentrismo e ciências sociais. Perspectivas latino-americanas. CLACSO, Consejo Latinoamericano de Ciencias Sociales, Buenos Aires, 2005.

RAMOS-CARVALHO, Priscila; GOUVEIA, Fabio Castro; RAMOS, Marcos Gonçalves. "Inteligência Artificial: análise bibliométrica de pesquisas acadêmicas". *Informação & Informação*, vol. 27, nº 3, 2022.

RASSIER, Dylan G. *et al.* "Treatment of Data in National Accounts". *Paper prepared for the BEA Advisory Committee*, mai. 2019.

RAULINO, Gabriela. "Capital e trabalho nas plataformas sociodigitais". *In*: DANTAS, Marcos *et al.* (Coord.). *O valor da informação*: de como o capital se apropria do trabalho social na era do espetáculo e da internet. São Paulo: Boitempo, 2022.

REICH, Robert. *The Work of Nations*: Preparing Ourselves for 21st Century Capitalism. Nova York: Vintage Books, 1992.

RESENDE, André. "Referência na tecnologia, Campina Grande teve 1º computador do Norte e Nordeste do Brasil". *G1 Paraíba*, 11 out. 2019. Disponível em: https://g1.globo.com/pb/paraiba/noticia/2019/10/11/referencia-na-tecnologia-campina-grande-teve-1o-computador-do-norte-e-nordeste-do-brasil.ghtml. Acessado em: 26.12.2024.

RICAURTE, Paola. "Data epistemologies: the coloniality of power, and resistance". *Television & New Media*, vol. 20(4), 2019.

RIKAP, Cecilia. "Same end by different means: Google, Amazon, Microsoft and Facebook's strategies to dominate artificial intelligence". *CITYPERC Working Paper*, No. 2023-03, Londres, 2023.

______. *Capitalism, Power and Innovation*: Intellectual Monopoly Capitalism Uncovered. Abingdon: Routledge, 2021. Disponível em: https://doi.org/10.4324/9780429341489.

RUSHKOFF, Douglas. *Survival of the richest*: Escape fantasies of the tech billionaires. Nova York: WW Norton & Company, 2022.

SABATO, Jorge. *El pensamiento latinoamericano en la problemática ciencia, tecnología, desarrollo, dependencia*. Argentina: Paidos, 1975.

SADOWSKI, Jathan. "The internet of landlords: Digital platforms and new mechanisms of rentier capitalism". *Antipode*, vol. 52, nº 2, 2020.

SAGASTI, Francisco R.; COOK, Cecilia. "La ciencia y la tecnología en América Latina durante el decenio de los ochenta". *Comercio Exterior*, vol. 37, nº 12, 1987.

SANTOS, Milton. *Por uma outra globalização*: do pensamento único à consciência universal. Rio de Janeiro: Record, [2000] 2012.

SARGENT, Tim; DENNISTON, Laura. "Valuing Data Where Are We, and Where Do We Go Next?" *Centre for International Governance Innovation*, set. 2023.

SAUVIAT, Catherine; CHESNAIS, François. "As transformações das relações salariais no regime de acumulação financeira". *In*: LASTRES, Helena Maria Martins; CASSIOLATO, José Eduardo; ARROIO, Ana. *Conhecimento, sistemas de inovação e desenvolvimento*. Rio de Janeiro: Editora da UFRJ/Contraponto, 2005. Disponível em: www.redesist.ie.ufrj.br. Acessado em: 06.01.2025.

SCASSA, Teresa. "Considerations for Canada's national data strategy". Data governance in the digital age. *Centre for International Governance Innovation*, 2018.

SCERRI, Mario. "The Role of the State: South Africa". *In*: SCERRI, Mario; LASTRES, Helena Maria Martins (Coord.). *The Role of the State*. India: Routledge, 2016.

SCHILLER, Dan. "How to think about information". *In*: MOSCO, Vincent; WASKO, Janet. *The Political Economy of Information*. Madison: The University of Wisconsin Press, 1988.

SCHMITZ, Hubert; CASSIOLATO, José Eduardo. *Hi-tech for industrial development*: lessons from the Brazilian experience in electronics and automation. Londres: Routledge, 1992.

SCHOLZ, Trebor. *Digital Labor*: the Internet as Playground and Factory. Nova York: Routledge, 2013.

SCHWAB, Klaus. *The Fourth Industrial Revolution*. Nova York: Portfolio Penguin, 2017.

SERGIPE. Rede Governo. Aracaju/SE, jan. 2023. Disponível em: https://sead.se.gov.br/sergipe-tera-100-de-cobertura-de-banda-larga/.

______. *Sergipe terá 100% de cobertura de banda larga*. Aracaju/SE, dez. 2019. Disponível em: https://emgetis.se.gov.br/rede-governo/.

SESTINO, Andrea; KAHLAWI, Adham; DE MAURO, Andrea. "Decoding the data economy: a literature review of its impact on business, society and digital transformation". *European Journal of Innovation Management*, 2023.

SEVIGNANI, Sebastian. "The commodification of privacy on the Internet". *Science and Public Policy*, vol. 40, 2013.

SHIVA, Vandana. "Da colonização das sementes à colonização da mente". *Fronteiras*, 2020. Disponível em: https://www.fronteiras.com/leia/exibir/vandana-shiva-da-colonizacao-das-sementes-a-colonizacao-da-mente. Acessado em: 26.12.2024.

SHOKER, A. "Digital Sovereignty Strategies for Every Nation". *ACIG*, Vol.1, nº 1, 2022. Disponível em: https://mail.google.com/mail/u/0/#inbox/FMfcgzGwHfrfzrwcKnrcKfkLlWwFLlSB?projector=1&messagePartId=0.2.

SILVEIRA, Sérgio Amadeu da. "A hipótese do colonialismo de dados e o neoliberalismo". *In*: CASSINO, João Francisco; SOUZA, Joyce; SILVEIRA, Sérgio Amadeu da (Coord.). *Colonialismo de dados*: como opera a trincheira algorítmica na guerra neoliberal. São Paulo: FPA, 2021.

______. "As big techs integram o aparato de poder dos EUA". *Operamundi*, 14 mai. 2024c. Disponível em: https://operamundi.uol.com.br/opiniao/as-big-techs-integram-o-aparato-de-poder-dos-eua/. Acessado em: 26.12.2024.

______. "Colonialismo digital, imperialismo e a doutrina neoliberal". *In*: FAUSTINO, Deivison; LIPPOLD, Walter. *Colonialismo digital*: por uma crítica haker-fanoniana. São Paulo: Boitempo, 2023a.

______. "Lula e a Inteligência Artificial". *Outras palavras*, 18 mar. 2024b. Disponível em: https://outraspalavras.net/outrasmidias/lula-e-a-inteligencia-artificial/. Acessado em: 26.12.2024.

______. "Não haverá soberania digital sem o Estado". *Unisinos*, 13 set. 2023b. Disponível em: https://ihu.unisinos.br/espiritualidade/78-noticias/632277-nao-havera-soberania-digital-sem-o-estado. Acessado em: 26.12.2024.

______. "Neocolonialismo ou imperialismo de dados? As novas veias abertas da América Latina?" *Conocimiento, poder y transformación digital en América Latina*. Iberoamericana Vervuert, 2024a. Disponível em: https://www.iberoamericana-vervuert.es/capitulos/ 9783968694344_003.pdf. Acessado em: 26.12.2024.

SINGH, N. *Digital India as an Innovation System*. Santa Cruz: University of California, 2021. Disponível em: https://www.zbw.eu/econis-archiv/bitstream/11159/469403/1/EBP078260566_0.pdf.

SINGH, Parminder Jeet. "Digital Industrialisation in Developing Countries – A Review of the Business and Policy Landscape". *IT for Change*, India, 2018.

SINGH, Parminder Jeet; VIPRA, Jai. "Economic Rights Over Data: a Framework for Community Data Ownership". *Development*, vol. 62, 2019.

SLOTIN, Jenna. *What Do We Know About the Value of Data? Global Partnership for Sustainable Development Data*, 2018. Disponível em: https://www.data4sdgs.org/sites/default/files/services_files/Value%20of%20Data%20Report_Final_compressed_0.pdf. Acessado em: 26.12.2024.

SOUSA SANTOS, Boaventura de. *Epistemologies of the South*: Justice Against Epistemicide. Boulder: Paradigm Publishers, 2014.

SOUSA SANTOS, Boaventura de; MENESES, Maria Paula. *Epistemologias do Sul*. Coimbra: Almedina, 2009.

SOUZA, Joyce; AVELINO, Rodolfo; SILVEIRA, Sérgio Amadeu da (Coord.). *A sociedade de controle*: manipulação e modulação nas redes digitais. São Paulo: Hedra, 2018.

SRNICEK, Nick. *Platform Capitalism*. Cambridge: Polity Press, 2017.

STATISTA. *Volume of data/information captured*, 2021.

STATISTICS CANADA. *Measuring digital economic activities in Canada, 2010 to 2017*. 3 mai. 2019d.

______. "Measuring the digital economy: The Canadian digital supply and use tables 2017-2019". Economic Commission for Europe. *Conference of European Statisticians*. Group of Experts on National Accounts. 2021a.

______. *Digital supply and use tables, 2017 to 2019*. 26 jul. 2021. Disponível em: https://www150.statcan.gc.ca/n1/daily-quotidien/210420/dq210420a-eng.htm. Acessado em: 09.01.2025.

______. *Measuring Digital Economic Activities in Canada*: Initial Estimates. Latest Developments in the Canadian Economic Accounts. 2019a.

______. *Measuring investment in data, databases and data science*: Conceptual framework. Series: Latest Developments in the Canadian Economic Accounts. 2019b. Disponível em: https://www150.statcan.gc.ca/n1/en/catalogue/13-605-X201900100008.

______. *The value of data in Canada*: Experimental estimates. 2019c. Disponível em: https://www150.statcan.gc.ca/n1/pub/13-605-x/2019001/article/00009-eng.htm. Acessado em: 09.01.2025.

STIGLER COMMITTEE ON DIGITAL PLATFORMS. *Final Report*, 2019. Disponível em: https://research.chicagobooth.edu/stigler/media/news/committee-on-digitalplatforms-final-report. Acessado em: 09.01.2025.

STIGLITZ, Joseph. "The Contributions of the Economics of Information to the Twentieth Century". *The Quarterly Journal of Economics*, vol. 115, nº 4, nov. 2000.

SUMMA, Harald A. "How GAIA-X is paving the way to European data sovereignty". *Dotmagazine*, mar. 2020. Disponível em: https://www.dotmagazine.online/issues/cloud-and-orientation/build-your-own-internet-gaia-x. Acessado em: 26.12.2024.

SZAPIRO, Marina Honório de Souza. *Capacitação Tecnológica em Telecomunicações no Brasil*. Rio de Janeiro: IE/UFRJ, 1999. (Dissertação de Mestrado).

SZAPIRO, Marina Honório de Souza; MATOS, Marcelo Pessoa; CASSIOLATO, José Eduardo. "Sistemas de Inovação e Desenvolvimento". *In*: RAPINI, Márcia Siqueira; SILVA, Leandro Alves; ALBUQUERQUE, Eduardo da Motta e (Coord.). *Economia da ciência, tecnologia e inovação*: fundamentos teóricos e a economia global. Curitiba: Prismas, 2017.

TAVARES, Maria da Conceição. "A retomada da hegemonia norte-americana". *Brazilian Journal of Political Economy*, 1985.

______. "Prefácio". *In*: SANTOS, Milton. *Por uma outra globalização*: do pensamento único à consciência universal. Rio de Janeiro: Record, [2000] 2012.

TAVARES, Maria da Conceição; MELIN, Luiz Eduardo. "Pós-escrito 1997: a reafirmação da hegemonia norte-americana". *In*: TAVARES, Maria da Conceição; FIORI, José Luís (Coord.). *Poder e dinheiro*: uma Economia Política da globalização. Petrópolis: Vozes, 1997.

TAYLOR, John; KUKUTAI, Tahu. "Indigenous data sovereignty: Toward an agenda". In. Acton, ACT, Australia: Australian National University Press, 2016.

TEKLESELASSIE, Tsegay Gebrekidan. *Developing Ethiopia's Digital Economy*: Lessons from China. United Nation Conference on Trade and Development South-South Integration and the SDGs: Enhancing Structural Transformation in Key Partner Countries of the Belt and Road Initiative, 2021.

TELLO, Andrés. "Sobre el colonialismo digital: datos, algoritmos y colonialidade tecnológica del poder en el sur global". *Inmediaciones de la Comunicación*, vol. 18, nº 2, 2023. Disponível em: http://www.scielo.edu.uy/pdf/in/v18n2/1688-8626-in-18-02-89.pdf. Acessado em: 26.12.2024.

TENENTE, Luiza. "'Guerra' entre países por respiradores mecânicos e produção nacional insuficiente são entrave para o combate ao coronavírus no Brasil". *G1*, 5 abr. 2020. Disponível em: https://g1.globo.com/bemestar/coronavirus/noticia/2020/04/05/guerra-entre-paises-por-respiradores-mecanicos-e-producao-nacional-insuficiente-sao-entrave-para-o-combate-ao-coronavirus-no-brasil.ghtml. Acessado em: 26.12.2024.

THE ECONOMIST. "The world's most valuable resource is no longer oil, but data". *The Economist*, 06 mai. 2017.

THOMAS, Imani *et al*. "Protecting privacy rights in the digital age". *Max Bell School of Public Policy*, 2023.

TOWNES, Miles. "The spread of TCP/IP and the Political Origins of the Internet". Department of Political Science. *The George Washington University*, 2015.

TRÉNOR, Inés de Alvear. "Nueva regulación de las inversiones extranjeras directas en sectores estratégicos de España y de la UE, incluido el de Defensa". *Instituto Elcano*, 2020. Disponível em: https://www.realinstitutoelcano.org/analisis/nueva-regulacion-de-las-inversiones-extranjeras-directas-en-sectores-estrategicos-de-espana-y-la-ue-incluido-el-de-defensa/. Acessado em: 26.12.2024.

UE, IDC/Open Evidence, *Data Market Final Report*, 2020a. Disponível em: https://digital-strategy.ec.UEropa.UE/en/library/UEropean-data--market-study-update.

UE. "Digital Rights and Principles". *Blog EC*, 2023c. Disponível em: https://digital-strategy.ec.UEropa.UE/en/policies/digital-principles.

______. *Comisión Europea*, SWD 297, 2017. Disponível em: https://eur-lex.europa.eu/legal-content/EN/TXT/?qid=1505305081643&uri=SWD:2017:297:FIN#footnoteref9.

______. *Declaration on Digital Rights and Principles for the Digital Decade*. 2023b. Disponível em: https://UEr-lex.UEropa.UE/legal-content/EN/TXT/?uri=OJ:JOC_2023_023_R_0001.

______. *Digital Compass* 2030. 2021b. Disponível em: https://UEfordigital.UE/wp-content/uploads/2021/03/2030-Digital-Compass-the-UEropean--way-for-the-Digital-Decade.pdf.

______. *Digital Decade Policy Programme* 2030. 2022b. Disponível em: https://UEr-lex.UEropa.UE/eli/dec/2022/2481/oj.

______. *Directiva Protección de Datos persona física 1725 de 2018*. Disponível em: https://edps.UEropa.UE/sites/edp/files/publication/regulation_UE_2018_1725_es.pdf.

______. *Union European Blockchain Services Infrastructure*. 2023f. Disponível em: https://ec.UEropa.UE/digital-building-blocks/wikis/display/EBSI/What+is+ebsi.

______. *European Digital Infrastructure Consortium* (EDIC). 2022d. Disponível em: https://digital-strategy.ec.UEropa.UE/en/policies/edic.

______. *Legislation in Progress – Artificial intelligence act*. 2023e. Disponível em: https://www.UEroparl.UEropa.UE/RegData/etudes/BRIE/2021/698792/EPRS_BRI(2021)698792_EN.pdf.

______. *Next Generation Plan*. Thematic Analysis. 2022a. Disponível em: https://ec.UEropa.UE/economy_finance/recovery-and-resilience-scoreboard/thematic_analysis.html?lang=es.

______. *Reglamento 868/22022 sobre gobernanza europea de datos*. 2022e. Disponível em: https://www.boe.es/buscar/doc.php?id=DOUE-L-2022-80835.

______. *Report on the state of the Digital Decade*. 2023-d. Disponível em: https://digital-strategy.ec.UEropa.UE/en/library/2023-report-state-digital-decade.

______. *Digital Economy and Society Index* (DESI). The EU ICT Sector and its R&D Performance. 2021a. Disponível em: https://digital-strategy.ec.europa.eu/en/policies/desi-rd-ict.

UE/CE. *Digital Strategy*, 2024f. Disponível em: https://digital-strategy.ec.europa.eu/en/policies/regulatory-framework-ai.

______. *Capital markets union 2020 action plan*: a capital markets union for people and businesses. 2020-b. Disponível em: https://finance.ec.europa.eu/capital-markets-union-and-financial-markets/capital-markets-union/capital-markets-union-2020-action-plan_en?prefLang=es.

______. *European data act enters force putting place new rules fair and innovative data economy*. 2024d. Disponível em: https://digital-strategy.ec.europa.eu/en/news/european-data-act-enters-force-putting-place-new-rules-fair-and-innovative-data-economy.

______. Eurostat. *Benchmark revision of national accounts and balance of payments*: Overview on motivation, main changes and implementation aspects. 2024c. Disponível em: https://www.stat.si/StatWeb/File/DocSysFile/13789/2024-benchmark-revision-overview.pdf.

______. *Livro Branco das Infraestruturas Digitais*. Bruxelas, 2024b. Disponível em: https://digital-strategy.ec.europa.eu/en/library/white-paper-how-master-europes-digital-infrastructure-needs.

______. *Proposal for a Directive*: Capital markets union: clearing, insolvency and listing package. 2022c. Disponível em: https://finance.ec.europa.eu/publications/capital-markets-union-clearing-insolvency-and-listing-package_en?prefLang=es.

______. *Regulatory framework*. 2024e. Disponível em: https://digital-strategy.ec.europa.eu/en/policies/regulatory-framework-ai.

______. *Scoreboard*, 2024a. Disponível em: https://ec.europa.eu/economy_finance/recovery-and-resilience-scoreboard/index.html.

UE/IDC/Open Evidence, *Data Market Final Report*. 2023a. Disponível em: https://ec.UEropa.UE/newsroom/dae/redirection/document/87523 .

UE/Parlamento Europeu. *Ley de IA de la UE*: primera normativa sobre inteligencia artificial. 2023g. Disponível em: https://www.

europarl.europa.eu/pdfs/news/expert/2023/6/story/20230601STO93804/20230601STO93804_es.pdf.

UFCG. *Andamento do projeto do Radiotelescópio Bingo é avaliado em evento na UFCG*. Universidade Federal de Campina Grande, Campina Grande/PB, 8 jul. 2019. Disponível em: https://portal.ufcg.edu.br/ultimas-noticias/967-andamento-do-projeto-do-radiotelescopio-bingo-e-avaliado-em-evento-na-ufcg.html.

UFCG. Universidade Federal de Campina Grande. Centro de Ciências e Tecnologia. Campina Grande/PB, 2024. Disponível em: https://cct.ufcg.edu.br/. Acessado em: 05.05.2024.

______. *Curso de Computação da UFCG*. História. Universidade Federal de Campina Grande, Campina Grande/PB, 2022. Disponível em: https://www.computacao.ufcg.edu.br/unidade-acad%C3%AAmica/hist%C3%B3ria. Acessado em: 10.01.2025.

______. *Curso de Computação da UFCG. História*. Universidade Federal de Campina Grande, Campina Grande/PB, 8 mar. 2021. Disponível em: https://www.ufpb.br/ufpb/contents/noticias/covid-19-ufpb-obtem-patente-de-ventilador-pulmonar-portatil#.

UFRN. *Instituto Metrópole Digital*. Universidade Federal do Rio Grande do Norte. Natal-RN, 2024. Disponível em: https://www.metropoledigital.ufrn.br/portal/.

UIT. *Índice de Cibersegurança Global*. 2020. Disponível em: https://www.itu.int/dms_pub/itu-d/opb/str/D-STR-GCI.01-2021-PDF-E.pdf. Acessado em: 10.01.2025.

UIT. *Partnership on Measuring ICT for Development*: Core Indicators. 2022. Disponível em: https://www.itu.int/en/ITUD/Statistics/Pages/coreindicators/default.aspx

UNCTAD. *Digital Economy Report 2021*: Cross-border data flows and development: for whom the data flow, 2021.

______. *Using Digital Supply-Use Tables in developing economies*, 2023.

US CONGRESS Investigation of Competition in Digital Markets, *Majority Staff Report and Recommendations*. US Subcommittee on Antitrust, Commercial Law and Administrative Law of the Committee of the Judiciary. Washington DC, 2020.

VALENTE, Jonas. *Das plataformas online aos monopólios digitais*: tecnologia, informação e poder. Belo Horizonte: Dialética, 2021.

VAN DIJCK, José; POELL, Thomas; DE WAAL, Martijn. *The platform society*: Public values in a connective world. Oxford: Oxford University Press, 2018.

VAROUFAKIS, Yanis. *Technofeudalism*: What killed capitalism. Brooklyn: Melville House, 2024.

VÉLIZ, Carissa. *Privacidade é poder*. São Paulo: Contracorrente, 2021.

VERCELLONE, C. *Capitalismo cognitivo*. Conoscenza e finanza nell'epoca postfordista. Roma: Manifestolibri, 2006.

VERSIGNASSI, Alexandre; BARROS, Camila. "Donos do Mundo: os fundos que mandam nas maiores empresas da Terra". *Vocesa*, 2023. Disponível em: https://vocesa.abril.com.br/mercado-financeiro/donos--do-mundo-os-fundos-que-mandam-nas-maiores-empresas-da-terra/. Acessado em: 26.12.2024.

VILAKAZI, Thando. "Policy Brief 5: Policy Proposals for South Africa on the Digital Economy". *Industrial Development Think Tank*, mai. 2020. Disponível em: https://www.compcom.co.za/wp-content/uploads/2021/07/CCRED-Policy-Brief_Policy-proposals-for-SA-on-the-digital-economy.pdf. Acessado em: 26.12.2024.

VILGIS, Veronika; JORDÁN, Valeria; PATIÑO, Alejandro. "Medición de la economía de Internet en América Latina: los casos del Brasil, Chile, Colombia y México". *Comisión Económica para América Latina y el Caribe* (CEPAL), 2023. Disponível em: https://www.cepal.org/es/publicaciones/48908-medicion-la-economia-internet-america-latina-casos-brasil-chile-colombia-mexico. Acessado em: 26.12.2024.

Web Foundation. *Barómetro de los Datos Abiertos* – Edición de los Líderes. Washington DC.

WEBER, Steven. "Data, development, and growth". *Business and Politics*, vol. 19(3), 2017.

WEF. *Articulating Value from Data*. 2021. Disponível em: https://www3.weforum.org/docs/WEF_Articulating_Value_from_Data_2021.pdf. Acessado em: 09.01.2025.

WEST, Sarah Myers. "Data Capitalism: Redefining the Logics of Surveillance and Privacy". *Business & Society*, vol. 58(1), 2019. DOI: i1.o0r.g1/107.171/0770/07006756053013717771188185.

______. "Data Capitalism: Redefining the Logics of Surveillance and Privacy". *Business & Society*, 2017. DOI:10.1177/0007650317718185.

WILLIAMS, Raymond. "Communication Technologies and Social Institutions". *In*: ______. (Coord.). *Contact*: Human Communication and its History. Londres: Thames & Hudson, 1981.

WORLD BANK. *Data for Better Lives*. Word Development Report 2021.

YOON, Kyong. "Discourse of the Post-COVID 19 New Deal in South Korea". *East Asia*, vol. 38, 2021.

ZUBOFF, Shoshana. "Big other: surveillance capitalism and the prospects of an information civilization". *Journal of information technology*, vol. 30, nº 1, 2015.

______. "O neoliberalismo destroçou tudo. Temos que começar do zero". *El Pais*, 11 out. 2020. Disponível em: https://brasil.elpais.com/ideas/2020-10-11/shoshana-zuboff-o-neoliberalismo-destrocou-tudo--temos-que-comecar-do-zero.html. Acessado em: 26.12.2024.

______. *The age of surveillance capitalism*: the fight for a human future at the new frontier of power. Nova York: Public Affairs Books, 2018.

SOBRE OS AUTORES

ANA ARROIO

Pós-doutorado em Relações Internacionais pela Oxford University e Princeton University (Woodrow Wilson School of International and Public Affairs), Inglaterra e Estados-Unidos. Ph.D. em Desenvolvimento Industrial e Política de CT&I, SPRU, Sussex University, Inglaterra (2000). Mestre em Relações Internacionais pela PUC-RJ (1989) e jornalista pela Carleton University, Canadá (1984). Pesquisadora associada da RedeSist, do Instituto de Economia da UFRJ desde 2000. Foi Coordenadora de Cooperação Internacional e de Relações com o Mercado na Empresa Brasileira de Inovação Industrial – EMBRAPII (2014 – 2022) e Gerente de Desenvolvimento e Inovação da Federação das Indústrias do Rio de Janeiro – FIRJAN (2003 – 2014). E-mail: aarroio@gmail.com.

CARINA BORRASTERO

Doctora en Ciencias Sociales (Universidad de Buenos Aires), Profesora de Economía Industrial en la Facultad de Ciencias Económicas de la Universidad Nacional de Córdoba-Argentina e Investigadora del CONICET en el Centro de Investigaciones en Ciencias Económicas (Córdoba). Trabaja sobre Desarrollo socioeconómico, con especial interés en temas de Desarrollo productivo e Innovación. Ha publicado numerosos textos sobre desarrollo industrial, teorías del desarrollo y tecnologías digitales, en 2022 co-coordinó con Manuel Gonzalo la Misión 7 del Plan Argentina Productiva 2030 Profundizar el avance de la digitalización escalando la estructura productiva y empresarial nacional, y en la actualidad dirige el proyecto de investigación Digitalización en las empresas industriales de Córdoba (UNC y Secretaría de Políticas Universitarias de la Nación). E-mail: cariborrastero@gmail.com.

CRISTINA RIBEIRO LEMOS

Economista pela Universidade Federal do Rio de Janeiro (UFRJ), Mestre e Doutora em Engenharia de Produção pela Coordenação dos Programas de Pós-Graduação em Engenharia (Coppe/UFRJ). É pesquisadora associada da Rede de Pesquisa em Sistemas e Arranjos Produtivos e Inovativos (RedeSist/IE/UFRJ), desde sua criação em 1997. Pesquisadora aposentada do Instituto Nacional de Tecnologia do Ministério da Ciência, Tecnologia e Inovação (1986/2016), foi assessora da Presidência da Finep (2004/7) e do Presidente do BNDES (2007/16). E-mail: crlemos2@gmail.com.

DANILO RAIMUNDO DE ARRUDA

Economista pela Universidade Federal de Campina Grande (UFCG), com mestrado em Economia pela Universidade Federal da Paraíba (UFPB) e doutorado em Economia pela Universidade Federal do Rio de Janeiro (UFRJ). Professor no Centro de Ciências Humanas, Sociais e Agrárias (CCHSA) da UFPB e pesquisador na Rede de Pesquisa em Sistemas e Arranjos Produtivos e Inovativos Locais (RedeSist) do Instituto de Economia da UFRJ. Atua em temas como: inovação e tecnologia, arranjos e sistemas produtivos e inovativos locais, políticas públicas em ciência, tecnologia e inovação (CT&I) e economia regional do Nordeste. Pesquisador da RedeSist. E-mail: dra@academico.ufpb.br.

HELENA MARIA MARTINS LASTRES

Economista, UFRJ; Pós-doutorado em Inovação e Sistemas Produtivos Locais, Université Pierre Mendès-France, Grenoble, França; Ph.D. em Desenvolvimento Industrial e Política de CT&I, Sussex University, Inglaterra; Mestre em Economia da Tecnologia, COPPE/UFRJ; Pesquisadora Associada ao Programa de Pós-graduação do IE/UFRJ, desde 1993, onde ajudou a criar e atualmente coordena a Rede de Pesquisa em Sistemas e Arranjos Produtivos e Inovativos Locais (www.redesist.ie.ufrj.br). Pesquisadora Titular Aposentada do Ministério da Ciência e Tecnologia. Foi Assessora do Presidente do BNDES; onde coordenou o Comitê de Arranjos Produtivos, Desenvolvimento Regional, Inovação e Meio Ambiente; Professora Visitante da Universidade de Rennes I (França); Pesquisadora Visitante da Universidade de Tóquio (Japão). É associada fundadora e membro do Conselho Deliberativo do Centro Internacional Celso Furtado (Cicef). Email: hlastres@ie.ufrj.br – CV Lattes: http://lattes.cnpq.br/2121301539226593 – Orcid: https://orcid.org/0000-0001-5708-9163.

JORGE NOGUEIRA DE PAIVA BRITTO

Economista pela Universidade Federal do Rio de Janeiro, Mestrado em Economia da Indústria e da Tecnologia pela Universidade Federal do Rio de Janeiro e Doutorado em Economia da Indústria e da Tecnologia pela Universidade Federal do Rio de Janeiro, com Doutorado-sanduiche no SPRU da Universidade de Sussex (Inglaterra). É professor da Universidade Federal Fluminense (UFF) e pesquisador colaborador da RedeSist e da UFRJ. Tem larga experiência na área de Economia da Tecnologia e da Inovação, com ênfase em Organização e Política Industrial e Tecnológica atuando principalmente nos seguintes temas: arranjos e sistemas produtivos, cooperação interindustrial, redes de firmas e sistemas setoriais e regionais de inovação. Responsável pela orientação de diversas dissertações de mestrado e teses de doutorado. Coordenador de diversos projetos de pesquisa e realização de atividades de consultoria para agências de fomento nacionais e internacionais. E-mail: britto.jorge@gmail.com.

JOSÉ EDUARDO CASSIOLATO – coordenador geral adjunto do projeto

Pós-doutorado na Universidade Pierre Mendes-França (França); doutorado e mestrado na Universidade de Sussex (Inglaterra); economista graduado na Universidade de São Paulo (USP). Professor de Economia da Inovação no Instituto de Economia da Universidade Federal do Rio de Janeiro (IE/UFRJ); Coordenador da Rede de Pesquisa em Sistemas e Arranjos Produtivos e Inovativos Locais (RedeSist, IE/UFRJ); Membro do Conselho Superior da Fundação Oswaldo Cruz (Fiocruz). Associado fundador do Centro Internacional Celso Furtado (Cicef). Membro do conselho editorial de revistas científicas no Brasil e no exterior. Foi Secretário de Planejamento do Ministério da Ciência e Tecnologia, Brasil; Secretário Geral e Presidente da Rede Global sobre Economia da Aprendizagem, Inovação e Capacitação (Globelics), Professor Visitante da Universidade de Rennes I (França), Visiting Fellow da Universidade de Sussex (Inglaterra) e do Massachusetts Institute of Technology (MIT, EUA). Escreveu e publicou livros e artigos em português, inglês, francês e espanhol. Ocupa o sexto lugar em publicações em economia na América Latina do Latin America Scientist and University Rankings 2024. https://www.adscientificindex.com/?con=Latin+America&tit=Economics++%26+Econometrics&q=Economics. E-mail: cassio@ie.ufrj.br.

MANUEL GONZALO

Licenciado en economía magna cum laude por la Universidad de Buenos Aires (UBA), Magister en Economía y Desarrollo Industrial por la Universidad Nacional de General Sarmiento (UNGS) y Doctor en Economía por la Universidad Federal do Rio de Janeiro (UFRJ). Investigador-docente en la Licenciatura en Economía del Desarrollo de la Universidad Nacional de Quilmes (UNQUI), en la Licenciatura en Economía de la UNDEC (Universidad Nacional de Chilecito) y Co-coordinador del grupo de trabajo sobre India del Consejo Argentino para las relaciones Internacionales (CARI). Cuenta con 20 años de experiencia en investigación, docencia y asistencia técnica a gobiernos, organismos nacionales e internacionales y *think tanks* tales como CEPAL, BID, MINDEF, MINPROD, MECON, BRICS Policy Center, Fiocruz, etc. Fue investigador visitante del Center for Development Studies (CDS), JNU, India, y es investigador asociado a la RedeSist, IE/UFRJ. Ha dado clases en grado, posgrado y doctorado en diferentes universidades de Argentina, Brasil e India. Miembro del Comité Científico de Lalics y miembro de Globelics. E-mail: gonzalo.manolo@gmail.com.

MARCELO GERSON PESSOA DE MATOS

Economista. Doutor em Economia pela Universidade Federal Fluminense (UFF). Professor adjunto do Instituto de Economia da Universidade Federal do Rio de Janeiro (IE/UFRJ) e do Programa de Pós-graduação em Políticas Públicas, Estratégias e Desenvolvimento (PPED-IE/UFRJ). Pesquisador da RedeSist. E-mail: marcelomatos@ie.ufrj.br.

MARCOS DANTAS

Professor Titular aposentado da Escola de Comunicação da UFRJ. Doutor em Engenharia de Produção pela COPPE-UFRJ, é professor do Programa de Pós Graduação em Comunicação e Cultura da ECO-UFRJ e do Programa de Pós Graduação em Ciência da Informação do IBICT-UFRJ. É Conselheiro do Conselho de Administração do Núcleo de Informação e Coordenação do Ponto BR (NIC.Br) e do Conselho de Administração da Financiadora de Estudos e Projetos (FINEP). Sócio da ULEPICC, INTERCOM, ESOCITE e do Centro Internacional Celso Furtado para Estudos e Políticas para o Desenvolvimento (Cicef). Já exerceu os cargos de Secretário de Planejamento e Orçamento do Ministério das Comunicações e Secretário de Educação a Distância do Ministério da Educação, conselheiro do Conselho Consultivo da ANATEL, entre outras funções públicas. É autor de A lógica do capital-informação: fragmentação dos monopólios e monopolização dos fragmentos num mundo de comunicações globais (Ed. Contraponto, 1996; 2ª ed., 2002); O valor da informação: de como o capital se apropria do trabalho social na era do espetáculo e da internet (Ed. Boitempo, 2022) e várias outras publicações sobre Economia Política da Informação, Comunicação e Cultura, Políticas Públicas em Tecnologias Digitais com foco principal nas plataformas da internet, Propriedade Intelectual, Regulamentação dos Meios de Comunicação etc. E-mail: marcos.dantas@eco.ufrj.br.

MARIA LUCIA DE OLIVEIRA FALCÓN

Doutora em Sociologia pela Universidade de Brasília. Mestre em Economia pela Universidade Federal da Bahia. Agrônoma pela Universidade Federal da Bahia. Especialização em Gestão em Qualidade e Produtividade pelo MCT/Missão no Japão e em Blockchain e Fintech pelo IEBS/Espanha. Pesquisadora Visitante na Universidade de Santiago de Compostela, Faculdade de Ciências Econômicas, Espanha. Professora Associada aposentada pela Universidade Federal de Sergipe (UFS). Atualmente desenvolve Pós-Doutorado na ENSP/Fiocruz na área de Complexo Econômico-Industrial da Saúde/Economia de Dados. É pesquisadora da RedeSist do Instituto de Economia da UFRJ e Professora Colaboradora no Mestrado Profissional de Economia (Propec) da UFS com as disciplinas Macroeconomia e Transformação Digital do Sistema Financeiro. E-mail: luciafalcon@academico.ufs.br.

PABLO AURÉLIO LACERDA DE ALMEIDA PINTO

Economista pela Universidade Federal de Campina Grande e Administrador pela Universidade Estadual da Paraíba, mestrado em Economia pela Universidade Federal da Paraíba e doutorado em Economia pela Universidade Federal de Pernambuco. Professor

Associado da Universidade de Pernambuco (UPE). Coordenador do Programa de Pós-Graduação em Gestão do Desenvolvimento Local Sustentável da Faculdade de Administração de Pernambuco (GDLS-FCAP) e Líder do Grupo de Estudo e Pesquisa em Análise para Gestão e Inovação. Tem experiência em Economia Regional Aplicada, atuando principalmente nos seguintes temas: Economia da Energia, Economia da Saúde, Economia da Educação, Métodos Quantitativos, Análise de Investimentos, Mudanças Climáticas e Vulnerabilidades no Semiárido Brasileiro. E-mail: pablo.aurelio@upe.br.

SEVERINO JOSÉ DE LIMA

Engenheiro Agrônomo pela Universidade Federal da Paraíba. Mestre em Sociologia Rural pela Universidade Federal da Paraíba e Doutor em Ciências Sociais em Desenvolvimento, Agricultura e Sociedade pela Universidade Federal Rural do Rio de Janeiro. Professor da Universidade Federal de Campina Grande. Estágio Pós-Doutoral pela Redesist/IE/UFRJ. Pesquisador colaborador da Redesist. Tem experiência em desenvolvimento regional, trabalho e inovação; impactos sociais e ambientais de projetos de energias renováveis no Nordeste Semiárido; e ensino de sociologia. Áreas de atuação: Ciências Humanas; Sociologia; Desenvolvimento regional, trabalho e inovação. E-mail: lima.severino1802@gmail.com.

A Editora Contracorrente se preocupa com todos os detalhes de suas obras! Aos curiosos, informamos que este livro foi impresso no mês de abril de 2025, em papel Pólen Natural 80 g/m².